U0605663

新编市场调查与预测

主　编　万　华　张宏志
副主编　王剑平　唐　羽　万　伟

东北大学出版社
·沈阳·

© 万　华　张宏志 2011

图书在版编目（CIP）数据

新编市场调查与预测／万华，张宏志主编. —沈阳：东北大学出版社，2011.8
（2019.6 重印）
ISBN 978-7-81102-998-7

Ⅰ.①新…　Ⅱ.①万…　②张…　Ⅲ.①市场调查—高等学校—教材　②市场预测—高等学校—教材　Ⅳ.①F713.5

中国版本图书馆 CIP 数据核字（2011）第 163299 号

出 版 者：东北大学出版社
　　　　　地址：沈阳市和平区文化路 3 号巷 11 号
　　　　　邮编：110004
　　　　　电话：024—83687331（市场部）　83680267（社务室）
　　　　　传真：024—83680180（市场部）　83680265（社务室）
　　　　　E-mail：neuph @ neupress. com
　　　　　网址：http：// www. neupress. com
印 刷 者：沈阳航空发动机研究所印刷厂
发 行 者：东北大学出版社
幅面尺寸：185mm × 260mm
印　　张：18. 5
字　　数：460 千字
出版时间：2011 年 8 月第 1 版
印刷时间：2019 年 6 月第 3 次印刷
责任编辑：牛连功　王延霞　郎　坤
责任校对：一　方　北　辰
封面设计：刘江旸
责任出版：唐敏智

ISBN 978-7-81102-998-7　　　　　　　　　　　　定　　价：32. 00 元

前　言

市场调查与预测是一门实践性很强的课程，只有具备广博的相关学科知识，多进行实践，才能不断增长才干，提高能力，真正掌握并用好市场调查与预测这门现代技术。

本书从分析市场调查的案例和现代市场运行的特征出发，全面阐述市场调查的方式、方法和具体技术。在预测部分，根据现代市场运行规律，从市场预测的基本原理出发，介绍了市场预测的各种理论和具体模型。这样可使读者对现代市场行为以及市场调查与预测的各种理论、方法先有一个深刻的理解，然后在此基础上探讨市场调查和市场预测的方方面面的问题，使读者能综合运用和分析判断。

本书以市场调查过程为主线，全面系统、深入浅出地阐述了市场调查与预测的基本概念、基本原理，着重介绍了市场调查与预测的基本方法、技巧以及国内外最新市场调查与预测技术，内容包括：市场调查概述、市场调查总体方案设计、抽样设计、问卷设计、市场调查方式、市场调查资料与数据的搜集方法、市场调查资料的整理与分析、各种定性定量的预测方法等。本书各章都给出了教学要求和引导案例，还有各章小结、复习思考题，以及案例分析，供师生在教学过程中选用。

本书由万华、张宏志担任主编并统稿；王剑平、唐羽、万伟担任副主编，协助主编统稿、校稿，并完成相关资料的收集和案例的编写、整理工作。具体编写分工为：戴环宇，第一章；卢晶，第二章；张宏志，第三、四、五章；王剑平，第六章；万华，第七、八、九、十、十一章；唐羽，第十二章；万伟，各章节案例收集及资料整理。

在本书编写过程中，参考了大量国内外有关市场调查与预测的专著、教材、论文以及一些企业的实例等，有些内容为本书所引用，在此谨向这些文献和资料的作者及相关企业表示深深的感谢！

由于编者水平有限，书中难免会有不妥之处，恳请读者批评指正。

编　者

2011 年 7 月

目　录

第一章 市场调查概述

本章教学基本要求

1. 了解市场调查的产生与发展
2. 掌握市场调查的含义、特征与作用
3. 熟悉市场调查的类型
4. 了解市场调查的内容
5. 掌握市场调查的原则
6. 掌握市场调查的程序
7. 了解市场调查与预测的学科特点
8. 了解市场调查、预测、决策三者之间的关系

"中国将出兵朝鲜" 一字千金

在 20 世纪 50 年代，美国出兵朝鲜之前，除了美国兰德公司对这次战争进行了战略预测之外，还有一家名叫德林的公司，倾其所有，甚至不惜亏本倒闭，花巨资研究并完成了有关朝鲜战争问题的报告。经过大量研究分析，该公司认为：如果美国向朝鲜出兵，中国也一定会出兵；若中国出兵，美国注定要失败。

在美国决定出兵朝鲜的前 18 天，德林公司拟将这份研究报告以 500 万美元的价格出售给美国对华政策研究所，但对方认为价码太高因而没买。可嫌贵的后果是什么呢？正如后来历史的发展，美国盲目出兵朝鲜，中国随即派出了志愿军抗美援朝，使美军惨败。美国远东军司令长官麦克阿瑟将军讽刺美国政府：不愿花一架战斗机的价钱，却花掉了数艘航空母舰的价钱打了这场预先可以避免的战争。

朝鲜战争结束后，美国人为了吸取教训，仍花费 280 万美元买回了德林公司的这项研究成果。

由此可以看出，没作调研失败了这固然是可恨的，但作了调研却没有参考调研结果这更是可悲。只有未雨绸缪，事先进行市场调研，广泛论证，作出科学决策这才是可取的。

1

　　商场如战场，市场调查在企业的营销活动中也扮演着十分重要的角色。美国市场营销学家菲利普·科特勒说过，"真正的市场营销人员所要采取的第一个步骤，就是要进行市场调查"。市场调查是企业市场营销活动的起点，是进行营销决策的依据，也是开拓市场和发展市场的前提。因此，企业要进行市场营销活动，就必须了解和掌握市场调查的相关知识。

第一节 ▌ 市场调查的发展历程

　　市场经济是一个复杂而又多变的过程，要认识市场变化的规律，就必须通过市场调查获得市场的各种信息资料，并加以整理、分析，得到有用的市场信息。市场调查作为一种经商之道和经营手段，是伴随市场经营活动的产生而出现的。

一、市场调查的产生与发展

（一）萌芽期：20世纪前

　　有正式记载的为制订营销决策而开展的第一次系统的营销调查是 1879 年由广告代理商艾尔作的。该调查的主要对象是本地官员，目的是了解他们对谷物生产的期望水平，以便为农业设备制造者制订一项广告计划。第二次系统的调查是在 19 世纪末 20 世纪初由杜邦公司作的。它对推销人员提交的有关顾客特征的报告进行了系统的整理。在 1895 年，学院研究者开始进入市场调查领域。明尼苏达大学的一名心理学教授哈洛·盖尔使用邮寄问卷调查方法研究广告，他邮寄了 200 份问卷，最后收回 20 份，回收率为 10%。随后，美国西北大学的怀特·斯考特将实验法和心理测量法运用到广告实践中。

（二）建立期：20世纪初—20世纪30年代

　　1911 年，当时最大的出版商柯蒂斯出版公司成立商业调查部，这是最早在企业中设立的企业市场调查部，首任经理是被称为市场调查先驱的佩林。这个调查部不仅为本企业服务，还为其他企业提供市场调查服务，如对农具市场和 100 个大城市的主要百货商店都进行过调查，在当时被称为一流的调查组织。

　　柯蒂斯公司的成功，使得越来越多的企业开始建立市场调查部。美国橡胶公司于 1915 年成立商业调查部；斯韦夫特公司于 1917 年成立商业调查部，首任主管是耶鲁大学的一位博士。

　　1929—1939 年，美国政府和有关地方工商团体共同配合，对全美国进行了一次商业普查。这次普查被称为美国市场调查工作的一个里程碑，它揭示了美国市场结构的全部情况，此后规定每隔 5 年举行一次调查，以观察市场变动的规律。后来，这种普查改叫商业普查，至今仍定期举行。

（三）巩固提高期：20 世纪 30 年代末—50 年代初

20 世纪 30 年代以后，随着心理学家的加入，以及统计方法在市场调查领域的应用和突破，市场调查的方法得以丰富，市场调查结果更加科学可信，市场调查范围进一步扩大。与此同时，市场调查理论也得到了较快的发展。1937 年，由美国市场营销协会组织专家集体编写的出版物《市场调查技术》问世。同年，布朗的《市场调查与分析》出版，该书成为一本被广泛使用的有关市场调查的教材。市场调查逐渐成为一门新兴的学科，并带动了市场调查业的兴起。1948 年，全美就有 200 多家专门从事市场调查的公司，仅尼尔逊公司一家的营业额就超过 4000 万美元。

（四）快速发展期：20 世纪 50 年代至今

20 世纪 50 年代以来，随着电子计算机的问世及其在市场调查中的广泛应用，市场调查进入一个快速发展的时期。依据统计方法进行的市场细分研究和消费者动机研究出现了。尼尔逊公司采用统计方法计算出收看电视和电视广告的观众总数，并根据不同年龄、性别、家庭状况对访问对象进行交叉分析，使得不同消费者对问题回答的差异性显现出来。

更为重要的是，20 世纪 60 年代初计算机的快速发展，使得调查数据的分析、储存和提取能力大大提高，使市场调查业成为一个具有发展前景的新兴产业，产生了如尼尔逊公司、兰德公司、斯坦福德公司等一批著名的调查公司。据有关资料统计，全世界设有全国性市场调查协会的国家有 32 个以上，如美国、英国、法国、日本、意大利、荷兰、巴西、墨西哥、罗马尼亚等国，国际性市场调查组织也遍布世界各地。其中，国际知名市场调查组织如表 1.1 所列。

表 1.1　　　　　　　　　　　国际知名市场调查组织

名　称	地　点
国际市场营销联盟（International Marketing Federation）	荷兰海牙
民意调查世界协会（World Association for Public Research）	美国威廉斯城
欧洲民意和营销调查学会（European Society for Opinion Marketing Research）	荷兰阿姆斯特丹
欧洲工业市场营销调查协会（European Association for Industrial Marketing Research）	英国伦敦

二、现代信息技术下市场调查的新发展

（一）市场调查投入不断加大

市场如战场，市场竞争越来越激烈，企业利用市场调查为预测和决策服务的频率大为提高，在市场调查上的投入也大大增加。一些大公司的调查经费约占公司全部销售额的 1%～3%。20 世纪 90 年代，美国电话电报公司用于市场调查的费用高达 3.47 亿美元，比贝尔实验室用于基础研究的经费还高出一大截。

（二）市场调查方法更加先进

随着计算机和网络的出现，市场调查形成了一个以计算机为中心的网络系统，其最大特点是：在市场资料的收集、整理和分析的各个阶段都可以实现计算机化，从而提高

调查效率和准确性。20世纪90年代以来，市场调查方法发展的一个主要趋势是大力应用信息技术，如通过安装在超市的账单扫描器收集市场信息，用微机和移动式终端来分析资料，应用多媒体技术进行电话访谈和用因特网进行网上市场调查，等等。

有关机构曾经作过统计：通过电子邮件发出400份调查问卷，收回160份只需要3个小时。而从前，通过邮寄完成这样的工作量至少需要几天甚至几周的时间。利用因特网进行调查的另一个好处是费用低廉，据测算，其调查成本仅仅是电话调查的三分之一。

（三）市场调查已趋向产业化

市场调查已经趋向产业化，成为一个新兴的由市场调查供应者和需求者组成的市场化的服务产业。市场调查行业的供应者和需求者及其关系如图1.1所示。

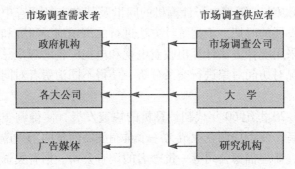

图1.1　市场调查行业的供应者和需求者关系图

在市场调查供应者中，市场调查公司是专门化水平最高、最重要的市场调查供应者。一个国家市场调查公司的数量和质量，是衡量一国市场调查发展水平的主要标志。据统计，荷兰人口几百万，调查机构有500个。英国伦敦有60多个商业调查机构，可以提供全方位服务。

三、我国市场调查的发展现状

市场调查在我国发展缓慢。新中国成立以后，中央政府和地方政府都设立了统计机构，对国民经济、社会发展等资料进行全面收集、整理和分析，并在20世纪50年代成立了城市抽样调查队伍，了解城市职工生活状况及市场变动情况。但长期以来我国一直否认市场的存在，忽视市场信息的价值，市场信息作为产业形式发展起步很晚，整个社会对市场信息的商品属性及其价值的认识程度不高。

我国市场调查为市场服务是在20世纪80年代中期产生的，由于出现得很晚，企业领导市场意识淡薄，加上市场调查的教育和宣传工作开展得不够，另外，作为市场调查主体的市场调查人员知识水平、政策水平、工作能力等方面存在着很大的差异，因此导致市场调查需求量很小。

随着20世纪90年代我国经济开始向市场化方向发展，一批外资和国内私营市场调查公司开始在市场经济进程中涌现，并为企业提供规范化咨询服务。经过5年左右的发展，一部分按市场规律运作的调查公司脱颖而出，如"零点调查""盖洛普（中国）咨询""华南国际市场研究""慧聪信息""浩辰商务"等。这些信息咨询与市场调查公司以其高质量的专业化服务赢得了市场，并在竞争中逐步站稳了脚跟。

第二节 市场调查的含义、特征与作用

一、市场调查的含义

所谓市场调查，就是运用科学的方法，系统地搜集、记录、整理和分析有关市场的信息资料，从而了解市场发展变化的现状和趋势，为市场预测和经营决策提供科学依据的过程。

市场调查的整个过程就像一个高明的医生通过望、闻、问、切的手段，了解病情，搜集病人的有关资料。其中："望"就好比市场调查的观察法；"问"就好比市场调查的询问法；"闻"与"切"就好比市场调查的实验法。综合应用各种调查方法，了解病情，分析病因，为预测病情发展，为决策最佳的治疗方案提供依据。没有调查就没有发言权。没有深入地开展市场调查，没有充分地掌握市场信息就无法预测市场发展变化的客观规律性，也就无法为企业经营决策提供科学依据。

二、市场调查的特征

作为企业经营活动的基础，市场调查执行着自己的特殊职能和任务，它具有如下特征。

（一）市场调查具有较强的针对性

市场调查的针对性是由企业经营活动的目的性所决定的。市场调查工作不但费时、费力，而且还有费用的支出。因此，市场调查在保证达到市场调查要求的前提下，要尽量节约费用，不能盲目进行，即企业必须根据所要生产或经营的产品（或服务）进行市场调查。这里应该避免的是，一些企业未对本企业的实际情况作充分和科学的分析，就借用别人的市场调查结果或市场上某些现象表现出来的某种信息作出生产经营的决策，这种做法虽然省时省力，但却要冒很大的风险，在市场竞争激烈的情况下，可能招致经营失败。

市场调查既要针对产品，也要针对竞争对手进行，因为竞争已经成为企业经营战略的重要组成部分，要想在竞争中取胜，就必须了解竞争者的实力和优势，从而确定企业的竞争是采取直接对抗还是退避迂回的策略。

（二）市场调查具有普遍性

在激烈的市场竞争中，市场调查工作不能只停留在生产或经营活动以前的阶段进行，而应该在生产和经营整个过程中，在售前、售中、售后的各个阶段都进行市场调查，收集一切可以为企业所用的信息资料，从而对决策随时修正，使企业能够适应市场不断变化的形势。同时，市场调查活动也是发现潜在市场的有效方法，对开拓新的市场领域有积极作用。

以第二次世界大战后世界经济发展最快的日本为例。日本人在考虑打入和渗透美国市场时，由于对美国国内市场了解甚少，于是开展了"疯狂的情报收集活动"，而当他们成功地进入美国市场以后，仍然大规模地进行情报的收集和市场调查工作，并在决策中充分利用获取的情报，从而保住了已占有的市场份额。由此可看出，多方面、经常性地收集和积累情报，是一个企业立于不败之地的非常重要的前提，也是市场调查在动态的市场中所必须执行的职能。

（三）市场调查具有科学性

市场调查是为企业决策而进行的重要活动。为减少市场调查的盲目性和人、财、物的浪费，对所需要收集的资料和信息必须事先规划。例如，采用何种调查方式，问卷如何拟定，调查对象该有哪些，等等。为了使企业能够最准确地获得反映市场情况的资料和信息，而又不增加费用开支，在调查内容的确定上就要考虑那些影响程度最大的因素，并将诸多的因素合理搭配，以最简洁明了而又易于应答的方式呈现给调查对象。

市场调查的一个重要环节就是对资料的整理和分析，这一个环节是掌握市场的本质，从而把握住影响市场发展趋势的关键因素。由于市场是由消费者组成的，它与一般的物理现象不同，受到人的生理和心理的影响。例如，同样一幅照片或一种商品在同一时间、同一地点引起人们不同的联想，而作了稍微的改动之后，又会出现新的联想。所以，简单汇总市场信息并不能解决市场调查中所遇到的很多问题；还需运用统计学、数学、概率论及社会学等学科的知识去进行整理、统计、分类和进一步的分析。

（四）市场调查结果具有不确定性

市场调查根据调查内容的不同可采用不同的方式，但由于被调查者的心理状态常常会有变化，从而增加了对市场调查结果进行分析的难度。如果市场调查人员只是根据那些可以找到的有关销售方面的统计数字来研究问题，所得出的结果有时会与实际相差甚远，就不能为企业的经营决策提供有价值的资料。即使考虑到了消费者的心理因素，但因顾客现场购买时对商品的选择与被调查时有意识地回答问题的心理状态有所不同，也会使调查结果与实际有所偏差。

例如，有些市场调查人员发现，当他们向被调查者询问洗发水的有关问题时，得到的回答肯定是洗发水最重要的是能够把头发洗干净并具有护理头发的功能；但当市场调查人员把货样拿给人们看时，却有很多人总是先闻一闻有没有香味。又例如，在美国，长期以来肥皂制造商搞不清粉红色香皂是否受欢迎，因为每当把不同颜色的香皂摆在人们面前时，他们总是指着粉红色的那块，但是在商场里粉红色的香皂却很少成为热门货。

这些现象就是调查结果的不确定性，它常常会使市场调查人员感到无所适从。在工业品的市场调查中，由于工业品的特殊用途，这种不确定性并不明显；但在日用消费品的调查中，由于消费者的心理状态会随个人消费习惯不同、消费环境不同以及商品本身的多样性而不断变化，这种不确定性常常会表现得很明显。这时市场调查人员不仅要"听其言"，而且要"观其行"，否则，调查结果就会出现很大的误差。

（五）市场调查具有时效性

市场是开放的、动态的，会随时间的变化而变化，随经济的发展而不断发展。例如，随着国家经济政策的调整，市场会发生相应的变化。一定时期的流行产品有时会无人问津，而滞销商品有可能在一定时期以后成为新的畅销产品。市场调查是在一定时间范围内进行的，它所反映的只是某一特定时期的信息和情况，在一定时期内具备有效性，但在这一段时间后又会出现新情况、新问题，就会使以前的调查结果滞后于市场的发展。此时如果仍沿用过去市场调查的结论，只会使企业延误大好时机，陷入困难的境地。例如，当电视机的生产能力已经超过需求量，但还未在市场上表现出来时，若仍以过去的"电视机生产供不应求"的结论作为决策依据，盲目引进国外设备或扩大生产能力，其结果肯定是产品的大量积压；若此时能加强市场调查，了解消费者需求的变化，根据消费者的需求变化来改进电视机的性能、规格和款式，并在此基础上研究开发消费者期望的新产品，就会使电视机的销售情况大不相同。

三、市场调查的作用

（一）市场调查为企业经营决策提供依据

"没有调查就没有发言权"，同样，对于一个真正意义上的企业来讲，要占领市场并获得预期效果，必须依赖行之有效的经营决策，而行之有效的经营决策要以科学的市场预测为前提条件，这就必须以搞好市场调查、及时掌握市场信息为基础。因而，从一定意义上讲，市场调查是市场预测、经营决策过程中必不可少的一部分，是企业经营决策的前提。经营决策决定了企业的经营方向和目标，它的正确与否，直接关系到企业的成败。因此，瞄准市场，使生产或经营的产品符合消费者的需要是经营决策中首先需要解决的问题。

（二）市场调查有助于企业开拓市场，开发新产品

任何产品都不会在现有的市场上永远保持销售旺势，要想扩大影响，继续盈利，就不能把希望只寄托在一个有限的地区范围内。当一种产品在某个特定市场上未达到饱和状态时，企业就应开始着眼于更远的地区辐射，这已经成为非常迫切的问题了。通过市场调查活动，企业不仅可以了解其他地区对产品的需求，甚至可以了解到国外市场的需求状况，使企业掌握该向哪些地区发展、有无发展余地等有用信息，从而决定下一步的经营战略。

（三）市场调查有利于企业在竞争中占据有利地位

"人无我有，人有我转"的经营策略是企业对付市场竞争的有效方法。知己知彼才能与竞争对手进行较量，这同样要借助于市场调查——通过调查摸清竞争对手占有市场的情况以及竞争产品受欢迎的原因。要想达到在竞争中取胜的目的，就必须掌握竞争对手的经营策略、产品优势、经营力量、促销手段及未来的发展意图等。企业面对的可能是一个竞争对手，也可能是多个竞争对手，是采取以实力相拼的策略还是避开竞争，另觅新径的策略，要根据调查结果并结合企业实际作出决策。在竞争中占据有利地位，并不一定非要进行直接的面对面的竞争——直接竞争的损耗将会很大。因此，通过市场调查，了解对手的情况，就可以在竞争中发挥自己的长处，或针对竞争者的弱点，突出自身的特色，以吸引消费者选择本企业的产品。一旦竞争决策有误，经营的失败不仅表现为市场占有率的减少，也意味着对手的进一步强大。因此，市场调查对企业在竞争中取胜意义重大。

第三节 市场调查的类型与内容

一、市场调查的类型

根据不同的分类方法，市场调查可以分为不同的类型。

（一）狭义市场调查与广义市场调查

按市场调查的范围分类，市场调查可以分为狭义市场调查与广义市场调查。其中，狭义市场调查是指对市场的生产性消费需求和生活性消费需求所进行的调查。这类市场调查，主要包括市场商品供应量、销售量及其变化的状态，还包括商品流通渠道的运、销、存等一系列市场营销运作的调查。广义的市场调查，是指在狭义市场调查基础上，还包括从商品使用价值角度与消费角度所进行的产品分析，如对产品的性能、形状、规格、质量、价格等进行的调查分析。

（二）消费者市场调查与产业市场调查

按消费者购买商品的目的分类，市场调查可以分为消费者市场调查与产业市场调查。其中，消费者市场调查是指以满足个人生活需要为目的的商品供应、销售、购买与使用调查；而产业市场调查是指为满足加工制造等生产性活动需要而形成的生产资料市场的调查。不论是生产企业还是商业企业，都必须以消费者为中心，重视消费者市场的调查，把企业经营活动与市场联系起来，寻求发展机会，形成良好的市场机制。

（三）批发市场调查与零售市场调查

按商品流通领域的不同环节分类，市场调查可以分为批发市场调查与零售市场调查。不论是批发市场还是零售市场都是中间市场，其购销活动一头连着生产者，另一头连着消费者。批发市场调查是对商品从生产领域输送到流通领域过程中所发生的交易批量、批次、金额以及批发风险等进行调查。零售市场是上连众多批发商业企业，下连广大消费者并直接服务于消费者的市场，故对其调查尤为重要。

（四）探测性调查、描述性调查和因果性调查

根据市场调查的要求和目的的不同，市场调查可分为探测性调查、描述性调查和因果性调查。

探测性调查又称初步调查。它是调查者对所出现的问题不知道症结所在，心中无数，无法确定要调查哪些内容而进行的简单调查。如市场产品销路不畅，问题可能出在产品质量和功能上，也可能是价格、渠道、促销措施、竞争、需求变化等原因。但究竟是什么问题，无法确定，这时，宜采用走访、座谈收集资料等方法，初步了解情况，发现问题所在，为正式深入调查扫清障碍，做好准备。这种初步调查，方法要尽量简单，时间要短，发现问题是关键。

描述性调查是市场调查的主要形式。在对问题已有初步了解的情况下，采用询问、观察、实验等方法，了解问题的详细情况，通过对市场客观资料的收集、整理和分析，认识市场问题的特征，为解决问题提供依据。这种调查主要是对市场信息资料，如企业

生产经营记录、会计资料、统计报表、外部环境资料、客户资料等进行系统收集，全面分析，如实反映，描述市场变化过程，为决策提供依据。

因果性调查是为了挖掘市场某一问题的原因与结果之间的关系而进行的专题调查。市场不断变化，直接影响着企业经营成果。有结果就有原因，因果性调查就是侧重了解市场变化莫测原因的调查。市场上，各种现象是互相联系的，但这种联系并不一定都是确定性的因果关系。因果性调查旨在发现、寻找经济现象之间的因果联系，从而了解解决问题从何处着手，作出科学的经营决策。因果性调查强调调查方法的科学性，有关市场变量的选择要考虑它们的相关性，出现时间的先后顺序，以及量化的因果关系模式。

（五）经常性市场调查、定期市场调查和临时性市场调查

按调查的时间划分，市场调查可分为经常性市场调查、定期市场调查和临时性市场调查。

经常性市场调查是指企业在市场营销活动中，需要随时根据市场变化，不断地作出经营管理决策，为了科学决策的要求，需要掌握必要的市场信息，因此也就要经常开展市场调查活动。按照企业管理、经营决策的要求，每次调查的时间、内容一般都是不固定的。

定期市场调查是指企业针对市场情况和经营决策的要求，按时间定期所作的市场调查。它的形式有月末调查、季末调查、年终调查等。通过定期调查，可以分析研究一定时间内企业经营活动的内外部情况，以便科学地认识市场环境，定期按计划指导经营活动。

临时性市场调查又称一次性调查。它是企业投资开发新产品，开拓新的市场，建立新的经营机构或者根据市场某些特殊情况而开展的临时性的市场调查活动。这种调查的目的是了解市场的基本情况，如市场范围、规模、交通条件和竞争对手等。一般来说，这类信息变化不十分频繁，在一定时间内具有相对稳定性，而这些情况又是开展经营活动的前提，所以针对这些问题作一次性调查，将市场基本情况的信息存入"管理档案"，是十分必要的。

（六）按产品层次、空间层次等划分的不同类型

按产品层次可以分为不同商品市场的调查，例如，可以分为日用工业品市场调查、食品副食品市场调查等。每类商品还可以分为不同的小类，如日用工业品市场调查中可分为服装、鞋帽、家电、钟表、百货、针织等商品市场的调查；而每种商品市场调查又能够细分为不同消费档次、商品品种的市场调查，如服装市场可分为高档时装、中档服装、大众服装市场的调查。中档服装市场调查又可分为女装、男装、童装市场的调查。另外还有不同季节不同品种的商品市场调查等。

按空间层次可以分为全国性市场调查、区域性市场调查和地区性市场调查。推而广之，还可以有国际商品市场调查。从地区性上分，市场调查又可以分为农村市场调查和城市市场调查等。

二、市场调查的内容

市场调查的内容主要由企业不可控因素的调查和企业可控因素的调查两个部分组

成。

（一）企业不可控因素的调查

企业不可控制的因素，主要是影响企业营销活动的外部环境因素，包括消费者、市场需求、市场竞争和宏观环境等。

1. 消费者调查

消费者是购买、使用和处置企业产品的人。消费者是企业无法控制的，但他们却左右着企业的营销活动，没有一个现代企业敢于忽视消费者。对消费者的调查，是企业的一项基础性工作，也是一项常规性工作。对于消费者的调查一般包括：消费者构成调查；消费者购买动机调查；消费者购买行为特征调查；消费者获得产品信息的途径调查；消费者使用产品的行为特征调查；消费者使用产品后的评价调查等。

2. 市场需求调查

市场需求就是市场机会，掌握当前市场需求和潜在需求及其变化趋势的信息，是企业营销决策的前提。市场需求调查一般包括：市场需求总量调查；市场需求结构调查；市场需求的影响因素调查；市场未满足需求的调查等。

3. 市场竞争调查

面对异常激烈的市场竞争，企业仅仅了解消费者的需求是不够的，还必须了解自己的竞争对手。在"发现并满足消费者需求"的市场营销观念已经被企业广泛接受的今天，不研究竞争者的战略和策略而要取得竞争优势是不可能的。从某种意义上说，了解竞争者是现代企业头等重要的事情，是企业选择营销战略和策略的先决条件。对竞争者的调查主要包括：竞争者的市场地位调查；竞争者的营销目标调查；竞争者的营销策略调查；竞争者的竞争反应模式调查等。

4. 宏观环境调查

企业的营销活动始终处于复杂多变的市场营销环境之中，市场营销环境包括宏观环境和微观环境。市场营销环境尤其是宏观环境是企业不能控制的营销因素。企业经营的优劣成败，就在于是否能不断地调整自己的经营战略和策略，主动适应环境的变化，抓住环境提供的市场机会，避免环境变化带来的威胁。因此，建立企业预警系统，调查和监测环境的细微变化，提高企业对环境的应变能力，就显得特别重要。宏观环境调查包括：政策法律环境调查；科技环境调查；人口环境调查；自然环境调查等。

（二）企业可控因素的调查

在营销活动中，有许多因素是企业可以控制的，这些因素主要是影响企业营销活动的企业内部因素，可以归纳成四大类——产品、价格、分销渠道和促销。对这四大类因素的调查是企业市场调查的主要内容。

1. 产品调查

产品调查就是收集消费者对本企业产品的评价和偏好信息，以评估产品满足需求的状况，其核心是产品的适用性。在现代以市场为导向的营销观念中，产品是一个整体概念，是一个多要素的组合体，包括产品的概念、实体、品牌形象、产品包装、售后服务等。这些都在调查范围之内。

2. 价格调查

产品价格是企业可控因素中最活跃、最敏感、最难以有效控制的因素。企业为产品所规定的价格是否适当，关系到产品的销售量、市场占有率与利润的大小，以及产品与企业形象的好坏等。然而，定价又不完全是企业单方面所能决定的，它还涉及消费者和经销商的利益，受到他们以及市场供求状况、竞争产品价格及其他各种社会环境因素的影响和制约。因此，企业在为产品定价或调整价格之前，进行价格调查是非常必要的。价格调查包括：产品需求性质与价格弹性调查；消费者价值感受调查；竞争产品的价格调查；成本调查等。

除此之外，企业价格调查还有不少项目，如国家的价格法规和政策、国内外经济形势和金融形势、汇率和利率的高低等，企业可以根据实际需要确定具体调查项目。

3. 分销渠道调查

在商品经济中，由于生产和消费相分离而产生的空间矛盾、时间矛盾、产品品种数量矛盾、价格矛盾、所有权矛盾等是由分销渠道及其成员来解决的，因此，企业设计好能适应自己产品特点、生产情况和市场情况的分销渠道，选择好合适的渠道成员，组建好分销渠道和有效地管理好自己的分销渠道是实现企业营销目标的必要途径。分销渠道调查一般包括：渠道类型调查；渠道成员调查；渠道管理情况调查等。

4. 促销调查

促销就是企业采用广告、人员推销、营业推广和公共关系等方式将产品或服务的有关信息传递给消费者，从而引起他们的注意，激发他们兴趣，刺激他们的需求，促进他们的购买。在现代竞争激烈的市场环境中，促销活动是企业营销活动中又一个重要组成部分。促销调查包括：广告效果调查；人员推销调查；营业推广效果调查；公众舆论调查；企业形象调查；公关活动效果调查等。

第四节 市场调查的原则与程序

市场调查不是无原则、无程序的，坚持和遵循市场调查的原则和程序，是做好市场调查工作的基础。因此，任何企业无论在何时何地从事市场调查工作，都要遵守一定的调查原则并安排好调查的程序。

一、市场调查的原则

一般来说，在进行市场调查时应遵循以下原则。

（一）坚持实事求是的原则

坚持实事求是是指市场调查要尊重事实，反对弄虚作假；要客观全面，防止主观片面；要以实践为准，不唯书、不唯上。只有坚持实事求是的原则，才能真正发挥市场调查的应有作用。

（二）坚持准确、及时、全面、系统的原则

准确是指各项调查资料必须真实、准确，符合实际。如果调查资料不准确，将直接影响市场预测的科学合理性，最终导致决策失误。及时是指按调查工作计划的进度要

求，及时开展调查，及时汇总统计，及时形成调查结论，及时提供给有关部门使用。全面是指调查所搜集的资料内容全面、完整，要求调查的各项目都不缺、不漏、不重，能全面反映调查主体的全貌。系统是指市场调查的各项资料满足并符合其内在相互联系，数据结构协调一致，分析深入，结论科学可信。

（三）坚持深入反馈的原则

市场调查是一项艰苦细致的工作，要把握市场的脉搏，要揭示市场内在的错综复杂的联系，要认识市场变化的本质规律，必须深入市场，要从市场搜集第一手资料，要深入再深入，要不怕吃苦，不怕流汗，不怕麻烦，不怕打击，要敢于说真话，办实事。同时，市场调查不能一蹴而就，要反复实践，不断反馈，不断总结。

（四）坚持勤俭节约的原则

市场调查是要付出代价并发生各种调查成本费用的。但要尽量节约调查经费，力争用最少的费用取得最佳的调查效果，要提倡少花钱、多办事、办好事的精神，勤俭节约，搞好市场调查。

二、市场调查的程序

市场调查一般按以下几个步骤完成。

（一）确定问题与假设

市场调查的首要步骤便是清楚地界定所要调查的问题与范围，并确定调查的用途与假设前提。如果对问题的说明含糊不清，或对所要研究的问题作了错误的界定，那么调查所得的结果将无法协助企业制定正确的决策。因此，在开始进行调查之前，应先明确以下几点。

1. 调查目的

调查目的即调查的主题。要先确定市场调查应调查研究些什么问题，达到什么目的。有些调查是属于多目的的，也就是属于比较广泛性的市场调查。例如，某一服饰公司拟推出设计较为新颖的服饰，除了需要调查一般对象的式样喜好程度和购买潜力外，同时希望了解该服饰的配饰设计是否理想，则此项调查目的（主题）包括了多层意义在内，而在整体的计划中必须都列入考虑。

2. 调查范围

问题及调查目的的确定，基本上决定了调查的范围。就调查的内容而言，调查范围即指调查项目；而就调查方法而言，调查范围则指抽样范围或调查对象。此处所指的调查范围是广义的，也就是包括调查哪些项目以及调查对象的范围等。

3. 假设问题的设定

在问题确定之后，市场调查人员往往必须针对某些问题寻求其假设因素，以便从这些假设因素中找出影响问题症结的特定因素，作为设定调查主题的依据。上述这些步骤即可构成假设问题的设定。

4. 情势分析

在市场调查的过程中，观察市场环境，发掘问题所实施的步骤称为情势分析。它一方面收集与分析企业内部的记录以及各种有关的次级资料，另一方面要访问企业内外对有关问题有丰富知识与经验的人士。情势分析通常可提供足够的资讯，协助调查研究人员与企业主管共同界定所要研究的问题。

5. 非正式调查

非正式调查指在情势分析与正式调查之间所作的各种调查措施。非正式调查的目的在于研究由情势分析结果所提出的问题假设，求证其是否能在实施时一一实现。

非正式调查是正式调查的前哨。为了获得正确性与广泛性的答案结果，非正式调查时一方面要与情势分析的结果相对照，另一方面可与消费者、零售业者、批发业者等直接面谈，听听他们对产品与市场动态的看法。这些被访问者的选择，不必依据统计上严密的抽样条件，可先由较少者开始，逐渐扩增至可获得满意的结果即可。由于此种调查为非正式的，通常不用正式的问卷，也不准备录音机，尽量使被访问者无拘无束、自由自在地发表意见。也因为如此，非正式调查通常不将调查结果列成表格或统计报告。另外，如果有好几个人一起参与非正式调查工作，则各人可就访问结果提出简单的报告并互相讨论。

在进行非正式调查时，有时也将企业内部相关的主管、销售人员或广告代理者等列入面谈的对象。如果这种探索性的研究已足够满足行销决策的需要，则研究调查工作可到此为止，无须再作进一步的调查。否则将继续进行下面的工作。

（二）拟订调查计划

拟订调查计划是在问题与假设确定之后接着所要进行的阶段，且为整个市场调查过程中最重要的阶段，因此必须尽可能按部就班地执行，这样才能确保整个调查工作的顺利进行，所获得的结果才可能具有准确性。

一般而言，完整的调查计划，其内容必须包含下列项目。

（1）确定最后调查的特定目的与范围。

（2）确定所需资料的种类。

（3）确认资料的来源。

（4）准备收集资料的表格。

（5）确定所需的调查人员。

（6）确定所需的费用。

（7）确定所需的时间与日程。

（8）说明抽样计划。

调查计划的拟定，一般可按如下步骤实施：确定调查的目的；确定资料的种类与来源；确定收集资料的方法，设计收集资料的工具与表格；抽样设计；预试；编制预算与时间估计。

（三）收集资料

根据调查计划中的抽样设计进行抽样，并依据调查计划中所提出的资料收集的方法实地去收集各种资料。在实地收集资料时，对访问员或实验人员的甄选、训练及监督等都应特别重视。如果这些资料收集人员未能按照调查计划去实地收集资料，则可能使得整个市场调查作业失去价值。不管调查计划如何周详细密，在实地收集资料时，往往会发生一些预料不到的问题。因此，在实地收集资料期间，必须经常查核、监督及训练资料收集人员，并随时与他们保持密切的联系。

（四）整理与分析资料

整理分析资料主要包括以下几项。

1. 整理初级资料

资料收集完成之后，便是整理资料。首先需审查初级资料，将不合逻辑、可疑或显然不正确的部分剔除，补充不完整的资料，统一数量单位，适当分类并加以编辑，以供编表之用。

2. 证实样本的有效性

企业主管经常怀疑市场调查中样本的真实性，因此调查人员若能证实样本的有效性或可靠性，则会增加企业主管对调查结果的信心。

常用的证实样本有效性的方法有下列两种。

（1）利用随机抽样法。依此法可估计样本本身的统计误差。

（2）采用配额式抽样。先决定样本是否够大，即样本的稳定性如何，然后与其他来源相对照，以查看样本的代表性。

3. 编表与制图

编表是将调查结果做好的资料分类，然后绘成简单有用的图表，以便分析与利用。目前编表的工作都可用电脑处理，既省时又省力，且所制作出来的图表整齐美观。

4. 资料分析

资料的分析可用文字说明，也可用图表解释。此外，资料的分析都采用统计方法，计算一些统计数及进行推论，并由此进行详尽且深入的分析，进而解释分析的结果。

（五）提出调查报告

市场调查程序的最后一个阶段便是根据所得出的调查结果，赋予其意义（解释结果），并据以撰写调查报告，提出有关解决问题的建议或结论。

报告的撰写应针对阅读者的需要与方便，力求简明扼要而且有说服力。调查报告大致可分为两种：一种是通俗性报告，另一种是技术性报告。前者主要是向企业主管报告之用，应以生动的表达方式说明调查的重点及结论；后者内容较丰富，除说明研究发现与结论之外，还应详细说明调查方法，并提供参考性的文件资料。

第五节 市场调查与市场预测

一、市场调查与预测的学科特点

市场调查与市场预测之所以能构成一门学科，是市场经济发展到现阶段的产物，是市场调查和市场预测实践经验的概括和提炼。其产生的原因主要有6个：一是买方市场的形成，促使企业去研究买方市场的运行特点、规律及企业的市场营销策略；二是市场竞争日益激烈，迫使企业去研究市场竞争的规律和竞争对手的情况，以制定企业的竞争策略；三是市场地理边界的扩展，国内市场和国际市场一体化，企业为了扩大市场范围，需要进行更大范围的市场研究；四是消费者需求的多样化和多变性，促使企业不断获取市场信息，以决定为谁生产，生产什么，生产多少，何时何地生产，如何进行市场营销等；五是管理决策的科学化、民主化，要求通过市场调查和市场预测提供更多的市场信息和市场预测分析依据；六是市场调查和市场预测实践活动客观上要求进行理论概括和提炼，以便为市场调查和市场预测提供理论指导。

市场调查与预测是一门研究市场信息的获取、处理、分析和运用的实践性和综合性很强的学科，它主要具有以下特点。

（一）以市场信息为研究对象

对市场信息的研究，包括市场信息的获取、处理、分析和运用等要素和环节。市场调查与预测并不是研究市场的本身，而是研究市场现象的信息，通过信息去认识市场，把握市场运行的规律，为管理决策提供信息支持服务。

（二）以市场学、经济学、管理学为理论基础

要进行市场调查与预测必须熟悉市场现象和市场经济理论，因此，市场调查与预测要以市场学、经济学、市场营销学、管理学为理论基础。从学科归属上看，市场调查与预测应该归属于管理科学，即信息管理科学的一个分支。

（三）以统计学为方法论基础

市场调查的各种方式方法大多源于统计学中的统计调查方式方法，市场调查数据的处理和分析，往往需要运用统计整理和统计分析的多种方法，市场预测模型的建立和运用，也需要运用统计学的知识和方法。因此，市场调查与预测的方法论基础应该是统计学。

（四）市场调查与预测是一门实践性、综合性很强的学科

市场调查与预测既要阐明市场研究的方法论，又要阐明市场研究方法的具体应用，其理论基础和方法论基础涉及多门学科。市场调查与预测的技术手段就涉及调查技术、预测技术、计算机技术等。因此，市场调查与预测是一门实践性、综合性很强的学科。

二、市场调查与市场预测的关系

市场调查与市场预测是市场研究的两个重要的部分，并形成一门新兴的学科。但市场调查与市场预测是两个既有联系又有区别的概念。

（一）市场调查与市场预测的联系

1. 市场调查可以为市场预测提供研究方向

企业在经营管理活动中，需要研究和解决的问题很多，通过市场调查可以发现问题的症结所在，从而为问题的解决和决策提供信息支持，同时亦可发现需要作进一步预测研究或可行性研究的课题，即为市场预测提供课题和研究方向，帮助市场研究者、经营管理者确定市场预测的目标。

2. 市场调查可以为市场预测提供信息

企业进行市场预测时，必须对市场信息进行科学分析，从中找出规律性的东西，才能得出较为准确的预测结论。而市场调查获得的大量信息资料正是市场预测的资料来源，这些资料可为市场预测模型的建立与求解提供大量历史数据和现实数据，也可为定性预测提供大量的基础性的预测分析依据，从而有助于取得较为准确的预测结果。

3. 市场调查方法可以丰富和充实预测技术

市场调查方法主要应用于信息的获取和处理，有的还可直接应用于市场预测分析，即预测性调查研究。市场预测的一些方法也是在市场调查方法的基础上充实、提高而形成的。如预测中的"专家意见法"就是吸收了市场调查的方法，经过反复实践而形成的，既简便实用，又避免了结果的不确定性和离散性。有些简单的市场调查方法，如问卷填表法、访问座谈法等，若在内容中加进预测项目，同样可以得到准确的预测结果。

4. 市场预测的结论可用市场调查来验证和修订

市场预测不是凭空臆想的，而是建立在认识和把握客观规律的基础之上的一种预见和推断，是在科学理论指导下作出的有一定科学根据的推断。市场预测的结论正确与否，最终要由市场发展的实践来检验。因此，市场调查不仅能够检验事先所作出的预测结果，还能够分析、论证预测成功或失误的原因，总结经验教训，不断提高市场预测的水平。另外，在作出预测以后，也可以通过市场调查获得新的信息，对预测结果进行修正。

（二）市场调查与市场预测的区别

1. 研究的侧重点不同

市场调查和市场预测虽然都可研究市场上的供求关系及其影响因素，但市场调查侧重于市场现状和历史的研究，是一种描述性研究，目的是了解市场客观实际的情况，弄清事实真相，获取市场信息；市场预测则侧重于市场未来的研究，是一种预测性研究，着重探讨市场供求关系的发展趋势及各种影响因素，目的是对未来的市场作出推断和估计。

2. 研究的结果不同

市场调查与市场预测的最终目的都是通过对市场的研究，为各种决策提供依据。但市场调查所获得的结果反映市场的是各种数据和资料，涉及的内容比市场预测要广泛得多，因而既可作为市场预测的依据和资料，也可直接为管理部门决策提供依据。而市场预测所获得的结果是关于未来市场发展的预测报告，是一种有一定科学根据的假定，主要为制订未来的发展计划或规划提供预测性的决策依据。

3. 研究的过程和方法不同

市场调查是获取、处理和分析市场信息的过程；市场预测是利用市场信息进行信息的深加工和作出预测结论的推断过程。从研究方法看，市场调查的方法多属于了解情况、认识市场、获取信息的研究；而市场预测的方法则多是建立在定性分析基础上的定量测算，许多方面需要运用数学方法和建立预测模型进行预测分析和推断。

总之，市场调查与市场预测是市场研究的两个重要环节，市场调查和市场预测既有区别又有联系，市场调查比市场预测的范围和作用更为广泛，市场调查是市场预测的基础，市场预测是市场调查的拓展和延伸。

三、市场预测与决策的关系

市场预测与决策是既相互区别又密切联系的两种经营管理过程的活动。市场预测属于认识的范畴，通过市场预测可以更清楚地了解未来市场的变化情况，它从方法论上研究市场发展的客观规律，研究如何提高预见的科学性、准确性。市场预测不是目的，而是实现决策的一种手段，为决策提供服务，即为确定合理的目标和选择实现决策目标的方法提供科学的依据。市场决策是经营管理的核心——因为经营管理需要围绕着市场进行，而决策的好坏关系到企业的未来。决策为企业生存发展过程中存在的问题研究对策，即如何最合适、最科学地在时机、成本、收益三者之间进行分析、比较和选择，进而进行组织实施。决策不仅属于认识的范畴，而且属于实践的范畴。通过预测，决策者能够开阔自己的视野，增强对决策问题的认识，给最终的决策提供更多科学的依据。预测对各种可能出现的情况提出各种不同的应对方案给决策者，决策者利用预测方案作出相应的决策。一般而言，预测结果的准确性越高，则决策目标和方案选择的依据越可靠。所以，从整体上讲，市场预测是管理决策过程的重要组成部分，是科学决策的前提和保证。

简言之，市场预测是对未来的市场营销活动作出陈述，而决策是对未来的市场营销活动作出决定；市场预测侧重于对未来市场的发展变化进行科学的分析，提出多种预测方案，而决策则侧重于对多种预测方案进行评价，选择最佳预测方案。

本章小结

市场调查，就是运用科学的方法，系统地搜集、记录、整理和分析有关市场的信息资料，从而了解市场发展变化的现状和趋势，为市场预测和经营决策提供科学依据的过程。市场调查具有较强的针对性、普遍性、科学性、不确定性和时效性特征。市场调查的作用体现在为企业经营决策提供依据；有助于企业开拓市场，开发新产品；有利于企业在竞争中占据有利地位。

按照不同的分类方法，市场调查可以分为狭义市场调查与广义市场调查；消费者市场调查与产业市场调查；批发市场调查与零售市场调查；探测性调查、描述性调查和因果性调查；经常性市场调查、定期市场调查和临时性市场调查。另外，市场调查还可以按产品层次、空间层次等区分不同的类型。市场调查的内容分企业不可控因素和可控因素两个方面。企业不可控制的因素，主要是影响企业营销活动的外部环境因素，包括消费者、市场需求、市场竞争和宏观环境等。企业可控因素主要是影响企业营销活动的企业内部因素，可以归纳成四大类：产品、价格、分销和促销。对这四大类因素的调查是企业可控因素调查的主要内容。

市场调查要依据一定的原则，主要包括：坚持实事求是的原则；坚持准确、及时、全面、系统的原则；坚持深入反馈的原则；坚持勤俭节约的原则。同时市场调查要按照一定的程序来进行。一般来说，市场调查有5个步骤，即确定问题与假设；拟订调查计划；收集资料；整理与分析资料；提出调查报告。

市场调查与预测是一门研究市场信息的获取、处理、分析和运用的实践性和综合性很强的学科。它具有以下特点：以市场信息为研究对象；以市场学、经济学、管理学为理论基础；以统计学为方法论基础；是一门实践性、综合性很强的学科。市场调查与市场预测的关系既密切联系又相互区别。

复习思考题

1. 简述市场调查的产生与发展。

2. 中国市场调查的发展现状如何？

3. 市场调查的含义是什么？

4. 市场调查有什么特征？

5. 市场调查的作用有哪些方面？

6. 市场调查的类型有哪些？

7. 市场调查的内容有哪些方面？

8. 市场调查的原则有哪些？

9. 市场调查的程序分哪几个步骤？

10. 市场调查与市场预测的关系是什么？

11. 市场调查与预测的学科特点是什么？

江崎公司的成功之路

日本泡泡糖市场年销售额为 740 亿日元，其中大部分被劳特所垄断。可谓江山唯劳特独坐，其他企业再想挤进泡泡糖市场谈何容易。但江崎糖业公司对此并不畏惧。公司成立了市场开发班子，专门研究霸主劳特的不足：第一，以成年人为对象的泡泡糖市场正在扩大，而劳特却仍旧把重点放在儿童泡泡糖市场上；第二，劳特的产品主要是果味型泡泡糖，而现在消费者的需求正在多样化；第三，劳特多年来一直生产单调的条板状泡泡糖，缺乏新型式样；第四，劳特价格是 60 日元，顾客购买时需多掏 10 日元的硬币，往往感到不便。通过分析，江崎糖业公司决定以成人泡泡糖市场为目标市场，并制订了相应的市场营销策略。不久便推出功能型泡泡糖四大产品：司机用泡泡糖，使用了浓度薄荷和天然牛黄，以强烈的刺激消除司机的困倦；交际用泡泡糖，可清洁口腔，祛除口臭；体育用泡泡糖，内含多种维生素，有益于消除疲劳；轻松型泡泡糖，通过添加叶绿素，可以改变人的不良情绪。同时，江崎公司还精心设计了产品的包装和造型，价格定为 50 日元和 100 日元两种，避免了找零钱的麻烦。功能型泡泡糖问世后，像飓风一样席卷全日本。江崎公司不仅挤进了由劳特独霸的泡泡糖市场，而且占领了一定的市场份额，从 0 猛升至 25%，当年销售额达 175 亿日元。

问题：试分析江崎公司是如何取得成功的？

美国李维斯公司的分类市场调查

美国李维斯公司是以生产牛仔裤而闻名世界的。20 世纪 40 年代末期的销售额仅为 800 万美元，但到 20 世纪 80 年代销售额达到 20 亿美元，40 年间增长了 250 倍。这主要得益于他们的分类市场调查。该公司设有专门负责市场调查的机构，调查时应用统计学、行为学、心理学、市场学等知识和手段，按不同国别分析研究消费者的心理差异和需求差别，分析研究不同国家经济情况的变化、环境的影响、市场竞争和时尚趋势等，并据此制订公司的服装生产和销售计划。例如，1974 年公司对联邦德国市场的调查表明，大多数顾客认为服装合身是首选条件，为此，李维斯公司随即派人在该国各大学和工厂进行服装合身测验。一种颜色的裤子就定出了 45 种尺寸，因而扩大了销售。李维斯公司根据美国市场调查，了解到美国青年喜欢合身、耐穿、价廉和时髦的衣着，为此李维斯公司将这四个要素作为产品的主要目标，因此该公司的产品在美国青年市场中长期占有较大的份额。近几年，李维斯公司通过市场调查，了解到许多美国女青年喜欢穿男裤，为此，公司经过精心设计，推出了适合妇女需要的牛仔裤和便装裤，使该公司妇女服装的销售额不断增长。虽然美国及国际服装市场竞争激烈，但是李维斯公司靠分类市场调查提供的信息，确保了经营决策的正确性，使公司在市场竞争中处于不败之地。

　　问题：李维斯公司的分类市场调查对你有何启示？

第二章　市场调查策划

吉利公司市场调查的成功案例

男人长胡子，因而要刮胡子；女人不长胡子，自然也就不必刮胡子。然而，美国的吉利公司却把"刮胡刀"推销给女人，居然大获成功。

吉利公司创建于1901年，其产品因使男人刮胡子变得方便、舒适、安全而大受欢迎。进入20世纪70年代，吉利公司的销售额已达20亿美元，成为世界著名的跨国公司。然而吉利公司的领导者并不以此为满足，而是想方设法继续拓展市场，争取更多用户。就在1974年，公司提出了面向妇女的专用"刮毛刀"。

这一决策看似荒谬，却是建立在坚实可靠的市场调查的基础之上的。

吉利公司先用一年的时间进行了周密的市场调查，发现在美国30岁以上的妇女中，有65%的人为保持美好形象，要定期除腿毛和腋毛。这些妇女之中，除使用电动刮胡刀和褪毛剂之外，主要靠购买各种男用刮胡刀来满足此项需要，一年在这方面的花费高达7500万美元。相比之下，美国妇女一年花在眉笔和眼影上的钱仅有6300万美元，染发剂5500万美元。毫无疑问，这是一个极有潜力的市场。

根据市场调查结果，吉利公司精心设计了新产品，它的刀头部分和男用刮胡刀并无两样，采用一次性使用的双层刀片，但是刀架采用了色彩鲜艳的塑料，并将握柄改为弧形以利于妇女使用，握柄上还印压了一朵雏菊图案。这样一来，新产品立即显示出了女性的特点。

为了使雏菊刮毛刀迅速占领市场，吉利公司还拟定几种不同的"定位观念"到消费者之中征求意见。这些定位观念包括：突出刮毛刀的"双刀刮毛"；突出其创造性的"完全适合女性需求"；强调价格的"不到50美分"；表明产品使用安全的"不伤玉腿"等。

最后，公司根据多数妇女的意见，选择了"不伤玉腿"作为推销时突出的重点，刊登广告进行刻意宣传。结果，雏菊刮毛刀一炮打响，迅速畅销全球。

这个案例说明，市场调查研究是经营决策的前提，只有充分认识市场，了解市场需求，对市场作出科学的分析判断，决策才具有针对性，从而拓展市场，使企业兴旺发达。

> 市场调查策划就是为了保证市场调查的科学性和有效性而进行的，是市场调查的前期准备工作。本章通过市场调查组织类型的介绍，阐明如何建立有效的组织机构，并阐述如何通过调查策划过程来保证调查活动的有效进行，同时探讨市场调查问卷设计和态度测量等重要内容。

第一节 市场调查组织

市场调查作为经济活动中的一种群体活动，需要系统的组织和周密的计划，方能保证调查工作的顺利进行，从而取得预期的经济效果。所谓市场调查策划，就是在市场调查之前对调查过程中的各个方面进行全盘考虑和安排，包括如何建立调查组织、制订调查计划及实施调查活动的一系列筹划活动。

市场调查组织是实施市场调查活动的机构。它是市场调查策划的内容之一，同时也是进行有效市场调查的根本保证。

一、国内外市场调查组织概况

（一）国外市场调查组织

市场调查作为一种经济活动由来已久，但作为现代市场营销的基础进行有计划、有组织的市场调查却产生于 20 世纪初期。当时，随着生产力水平的提高，企业生产的产品数量越来越多，产品销售已成为广大企业极为关注的问题，即如何才能把产品顺利地销售出去。因此，市场调查成为营销管理的重要内容和有效工具，市场调查的个体行为逐步成为有组织的群体，即成立必要的机构，配备专业人员从事市场调查活动。世界上第一个专业性市场调查组织是美国柯蒂斯出版公司。1911 年该公司成立商业调查部，在进行大量市场调查的基础上，提出了许多有见解的市场调查理论与方法，成为市场调查这门学科的先驱。与此同时，美国其他一些公司也开始重视市场调查组织的建立，如杜邦公司、通用汽车公司、通用电气公司等都先后成立了专门的市场调查部门从事市场调查活动。第二次世界大战以后，市场调查机构已发展成为社会中的一项重要行业，规模日益壮大。

日本的市场调查组织也比较强大，如日本丰田公司的市场调查部，汇集数学、统计、机械工程等各类专家 60 余人。该调查部除每年定期进行两次市场需求动向调查外，还进行 5~6 次不定期抽样调查，涉及调查对象人数之多和动用调查费用之高，在日本企业界首屈一指。可以说，市场调查组织在国外已经成为社会的重要行业。

（二）国内市场调查组织

新中国成立前，由于我国商品经济不发达，在相当一段时间内，既没有全国性的或大规模的市场调查，也没有形成专业性的市场调查组织。

新中国成立以后，为了适应国民经济有计划发展的需要，国家及各级政府相应建立了含有调查工作内容的统计机构，对宏观经济指数进行统计和分析，并高度重视社会经济方面的市场调查。但由于经济体制的限制，市场调查的作用没有体现出来。

总体来说，我国市场调查业起步于 20 世纪 80 年代末，1987 年中国调研统计研究所诞生，这是我国第一家市场调查机构。90 年代以来，市场调查业在我国得到了巨大的发展，北京、上海、广州等国内较发达城市创建了一批商业性的专业市场调查公司。同时，国际上有影响力的跨国调查公司如"盖洛普""麦肯锡"等纷纷进入我国开展业务。据 2006 年中国市场调查协会调查，我国已有调查机构近 2100 家，但专业性调查机构只有 700~800 家；从营业规模看，营业额在 5000 万元以上的有 6~8 家，营业额在 1000 万~5000 万元的有 11~15 家，1000 万元以下的大约有 70 家，其中，年营业额在 1000 万元及以上的公司主要集中在沪、京、穗三地，这些公司的年营业额占了全行业营业额的 80%。这显示出我国市场调查业具有巨大的市场空间和发展潜力。

同时，在我国市场调查业的发展历程中，已经产生了一批颇具实力的本土化专业市场调查公司，如央视-索福瑞媒介研究有限公司、新生代市场监测机构有限公司、北京零点研究集团等商业性市场调查公司都已经成为行业内具有一定影响力和带动力的大型调查公司并朝着大型化和综合化的方向发展。市场调查业的服务内容也从最初的以简单数据提供为主发展为专业化的市场调查与咨询研究报告。

尽管我国市场调查行业取得了一定的成绩，但还存在一定的不足。如市场调查业的服务主体参差不齐，少数大型的专业调查公司占据了绝大部分市场份额，多数小型的市场调查公司还处于摆脱生存危机阶段；各类市场调查机构缺乏具有足够专业素养和实践经验的从业人员，调查的设备、技术和手段相对落后；由于缺乏必要的法律规范和有效的管理措施，致使有些调查公司的业务运作很不规范等。而这些与我国市场经济的发展并不相匹配。

随着全球一体化进程的加快，企业对市场调查机构的要求越来越高，我国市场调查机构应加强自身的建设和管理，并参照国际先进市场调查机构的经验，加快规范我国的市场调查工作，使市场调查在法制的轨道上运作。随着我国经济的高速发展，市场调查业必将迎来新的发展。

二、市场调查机构及类型

市场调查机构的类型大体可以分为两种。一种是企业外部的专业性的市场调查机构，另一种是企业内部自设的市场调查部门。

（一）专业市场调查机构

专业市场调查机构是独立于企业之外的调查机构。它可以受社会或者企业各方委托从事市场调查活动，并以此为获利手段。通常是规模小或者无力自设市场调查部门的企业委托专业的市场调查机构来进行市场调查。

1. 专业市场调查机构的类型

（1）专门从事市场调研业务的市场调研公司。这类调查机构在国外的数量很多，他们的产生是社会分工日益专业化的表现，也是当今信息社会的必然产物。主要有以下3种类型的公司。

① 综合性市场调查公司。这类公司专门搜集各种市场信息，当有关单位和企业需要时，只需交纳一定费用，就可随时获得所需资料。同时，它们也承接各种调查委托，具有涉及面广、综合性强的特点。

② 咨询公司。这类公司一般由资深的专家、学者和有丰富实践经验的人员组成，为企业和单位进行诊断，充当顾问。这类公司在委托方进行咨询时，也要进行市场调查，对企业的咨询目标进行可行性分析。当然，它们也可接受企业或单位的委托，代理或参与调查设计和具体调查工作。

③ 广告公司的调查部门。广告公司为了制作出打动人心的广告，取得良好的广告效果，就要对市场环境和消费者进行调查。广告公司大都设立调查部门，经常大量地承接广告制作和市场调查。

（2）政府机构设立的调研部门。如国家、省、市级的统计部门、审计和工商行政管理部门等所设的调研机构，各专业管理机构和委员会下属的调研部门等也都可以归属于专业的市场调研主体。随着政府机构的功能转化，信息服务的功能越来越重要，政府机构下设的调研部门的地位越加显著。从某种意义上说，大专院校、研究部门以及学术团体等也可以认为是市场调研的专业机构。

（3）市场信息网络。市场信息网络是现代市场调查的一种新形式，也可算做一种新的特殊的市场调查机构。市场信息网络可分为宏观市场信息网络和微观市场信息网络两种。

宏观市场信息网络即中心市场信息网络，它是为整个市场服务的信息管理系统，是纵横交错、四通八达的市场信息网络系统的综合。

微观市场信息网络又称基础市场信息网络，是以单个企业为典型代表的企业市场信息系统，它可为企业提供市场经营活动所需的各种信息。

2. 专业市场调查机构的业务范围

专业市场调查机构的职能主要是为其客户提供调查服务，展开市场调查，收集并提供社会和企业所需要的各种数据、资料、信息、建议等，以达到特定的调查目的。具体来讲，专业市场调查机构的业务主要有以下几方面。

（1）承接市场调研项目。专业市场调研机构一般拥有各类专业的专门人才，其调研员的社会交往与应变能力较强，调查的实际经验比较丰富，有能力承接来自社会各方的委托，并能够较好地完成调研任务，调研结果真实可信、准确度较高，能承接的调研课题较广，调研项目也较多。

（2）提供市场咨询。专业市场调查机构在日常经营业务活动中积累了相当数量的研究成果，涉及不同的研究类型和研究领域，正是凭借这一雄厚的专业优势以及长期从事这一行业的经验，再结合宏观经济形势、政府政策倾向等，它可以为社会和企业提供诸如产品投放、营销网络、促销手段、实施与控制等市场营销体系方面的各类咨询服务，从而为企业进行科学决策与经营管理提供依据。

（3）提供市场资料。专业市场调查机构一般拥有稳定、高效的信息网络，订有各种专业报纸杂志，定期采购各种统计年鉴、行业名录等信息工具书，加之日常市场调研的成果积累，所以它们掌握着大量的经归类整理的比较有时效性的现成资料与信息，这些现成资料与信息就成为它们为社会和企业服务的重要资源。

（4）进行业务培训。专业市场调查机构除自身拥有一定的专门人才外，一般都聘请专家学者、企业中高层次主管为顾问，因此可以开展有关企业战略、市场营销、人力资源管理、商务沟通等领域的新知识、新政策、新经验方面的专项培训，从而为企业培养这些方面的管理人才。

（二）企业内部的市场调查机构

目前，国外许多大的企业和组织，根据生产经营的需要，大都设立了专门的调查机构，市场调查已成为这类企业固定性、经常性的工作。例如，可口可乐公司设立了专门的市场调研部门，并有一个副总经理负责管理。这个部门的工作人员有调查设计员、统计员、行为科学研究者等。

1. 企业市场调查部的设置

企业设置市场调查部的情况因企业规模和性质的不同而异。从规模来看，规模比较大的企业内部自设市场调查部的较多。如美国目前有77%的公司设有市场调查部门，负责市场调查工作。从企业性质来看，消费资料制造业比生产资料制造业设置的市场调查部要多，尤其是与消费者生活密切相关的食品、服务、家电行业更为重视市场调查部门的设置。如美国，根据调查资料表明，在消费资料制造业中有46%的企业设置市场调查部门，而生产资料制造业中仅有10%的企业设置调查部。例如，美国福特汽车公司设立了专门的市场调查部门，并由一位副总经理负责管理，这个部门的组织方式如图2.1所示。

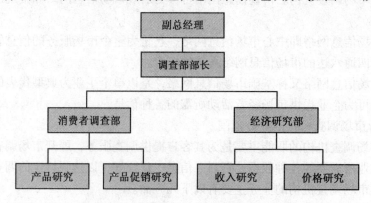

图2.1　美国福特公司的市场调查机构

2. 企业市场调查部的规模

市场调查部的规模大小不一，大的可拥有员工几十人，小的仅有两三人，但市场调查部属于企业的组织管理系统，往往是独立部门，它在业务上虽然需要与其他部门保持联系，但调查业务不受限制，在很多情况下，调查部与经济主管负责人有密切的联系。如果将调查业务安排在销售部，则很难发挥市场调查的应有作用。

3. 企业调查机构的职能

（1）收集企业所需要的各类资料。决策层在制订战略或营销策略时，都需要依据一定的历史资料和现时资料，而这些资料需要调查机构长期地收集、整理、分析。

（2）制订调研方案，负责调查实施。制订调研方案、实施市场调查是企业市场调查机构的主要职能。一般而言，企业所作的市场调查是由专业市场调查机构组织实施的，但需要企业派遣调查人员直接或间接参与市场调查，负责调查可靠性的监督、调查工作和企业实际情况之间的协调衔接以及从整个调查过程中进行专业的学习等。

（3）分析调查结果，提交调查报告。调查收集到的一系列现成的资料和数据，只是一些表面的现象，而隐藏在现象背后的本质的东西才是决策者所需要的。因此，需要对调查结论进行详细的分析总结，提出建设性的方案，供决策层进行科学决策时使用。

（三）企业市场调查部的关键问题

1. 市场调查部的经费来源

市场调查部门的建立和调查活动的运作常常受到该部门经费的影响。调查部门的经费一般有固定来源和变动来源两种。前者是企业根据调查部门的工作量定期支付一定的固定费用，这种费用来源比较稳定，但缺乏激励作用；后者取决于企业年销售额的大小，即占年销售额的比例，这种费用来源方式对调查部门来说有一定的激励作用，费用会因调查部的工作成果有所变化，但风险较大。美国企业的市场调查费用一般为年销售额的15%。

2. 市场调查部的人员构成

市场调查部门的人数多少可视其业务情形而定，如果将调查工作委托专业调查机构办理，或调查工作简单，则部门人数较少即可，需要时可以临时雇用，如日本某大公司特约30～35岁的家庭主妇数百名，经过调查专业训练，一旦有调查任务，则可立即投入调查工作。规模较大的公司，其所设的人数可以多一些。

三、调研专业机构的选择

尽管许多大型企业都设立了自己的市场调研部门，但大多数的企业还是没有条件和能力自设调研与预测部门或自组一套调研班子，然而，这并不是说这些企业就不需要作市场调研。实际上，即使企业自设了调研部门，当它自身的力量无法满足对市场信息的需求时，也需要委托市场调研公司来承担企业自己无法开展的调研工作，特别是对于那些意欲打入国际市场的企业，都必须寻找一些目标市场所在地的市场调研机构对当地市场的供应、需求及流通渠道等进行深入的调查，以利于确定市场策略。因此，如何选择调研机构，从哪里选择调研机构是任何一个企业都必须面对的课题。

（一）调研机构选择的基本原则

选择一家优秀的市场调查公司如同寻找一个战略联盟伙伴，是一件十分细致的工作。不同的市场调查公司的性质及行业对象均有所不同。因此，为取得有效的市场调查，企业在确定借助外部市场调查机构时一般要考虑以下几个方面。

（1）调研机构的信誉。包括社会声誉、组织的稳定性、客户的评价、职业道德及服务态度等。具备良好素质的市场调查公司应该做到能准时和高质量地完成调查项目，具有良好的职业道德。

（2）调研机构的业务能力。包括专业人员应具有的操作能力、提供有价值的资料和营销观念的创新能力等。市场调查公司的人员一般分为专职和兼职两种。公司的研究人员、技术人员等应是专职人员；访问员、复核员、编码员、行业专家等一般是兼职人员。这些可以量化的指标是判断公司实力的硬性标准。

（3）调研机构的调查经验。一方面要考察市场调查公司成立的时间长短、发展经历、先后取得的调研成果、成功的典型案例等；另一方面还要考察公司主要从业人员的从业经验、服务年限、能否与客户很好地进行对话或交流、是否具有灵活性或可变性等。一般来说，资历较长、知名度较高、拥有从业经验较丰富的调查人员是选择调查公司的主要条件。

（4）调研机构的资源配置。主要包括调查公司的人力资源配置是否合理、供市场调查使用的计算机设备、配套的软件包、专用电话设备、录音录像设备、通信工具、交通工具，以及调查公司拥有的社会资源等。

（5）调研公司的经费报价。调研公司的调查经费报价是选择市场调查机构的焦点，也是决定合作与否的关键。为此，企业应了解调查经费的预算项目和定价标准。一般来说，最便宜的报价不一定是最好的，企业在招标时，既要比较报价也要比较质量，才能得到有竞争力的投标。

（二）选择调研机构来实施调研的优点

（1）无地理和语言上的障碍。专业调研机构专门从事调研预测工作，具备各方面人才，不受调研项目在地理和语言上的限制，因而便于获得所需的有关资料。

（2）节约成本。尽管委托专业市场调研机构进行调研与预测需支付一定的费用，但是，同样的调研项目，如果由委托单位的人员自行调研与预测，则需要更多的时间和开支才能达到同样效果。专业调研机构有丰富的经验，可以以更高的效率、充实的资料和专业的设备等资源优势大大降低成本费用。

（3）具有客观性。专业调研机构在感情上和事业上与项目本身或市场没有什么牵连，所以它们更能客观、冷静地对项目进行调研与预测，而本企业的调研机构和人员往往做不到这一点。另外，专业调研机构专门的训练、专业的知识、专业的设备更能减少各项调研与预测误差，使结论更为准确。

四、市场调查人员的选择与培训

市场调研是一项高智力性的工作，又是一项繁杂、辛苦的工作。所有各项工作最终均是由具体的人员承担和完成的。调研与预测人员本身的素质和条件，将直接决定市场调研活动的成败优劣。为此，调查人员应具备一定的素质和条件，并能时常得到专业的培训。

（一）调查人员应具备的素质

调查人员作为现代经济管理人员，应具备一般经济管理人员均应具备的素养，包括政治思想素养、文化知识素养、经营管理素养、道德品格素养、性格风度素养等。由于工作的特殊性，调查人员的下列素质和条件尤为重要。

1. 具有较高的职业道德修养

市场调查工作涉及的范围较广，在调查中会经常触及许多十分棘手和敏感的问题，涉及不少单位和个人的切身利益，也会遇到影响调查正常进行的各种干预和阻挠。调查人员要做到实事求是，客观公正，具有强烈的社会责任感和事业感，不能以虚假的调查结果来迎合某些单位和个人的意思。

2. 要有高度的敏感性

由于市场调查人员要接触各类人物和错综复杂的事物，因此要能根据不同的情况灵活处置。又由于市场信息大多具有很强的时效性，转瞬即逝，因此必须及时处理。我国处于市场经济高速发展和改革时期，市场变化更快，为此，要求调查人员思想活跃、敏锐，能及时、正确地感应客观环境的变化，善于认识和接受新事物，不因循守旧、思想保守，不麻木不仁、闭目塞听。

3. 要有广博的知识、广泛的兴趣

市场调查工作的特性，要求调查人员的知识面要广，兴趣也要广泛。作为专业性的调查人员，需要具有相关专业知识，比如市场知识、消费行为知识、市场调研与预测知识，而且知识面要宽，如果知识面窄，兴趣太专，必然会影响其事业和综合分析能力，也不利于与社会进行广泛的接触。

4. 要有较高的综合分析能力

市场调查的根本目的在于正确认识市场，了解各种经济现象及其本质。由于市场的复杂性，要求调查人员必须实行全面的综合分析，善于从大量细小、孤立的资料中看出问题的实质、规律和趋势，从而正确把握事物的全貌和本质，提供全面、准确、适用的市场信息。

5. 要为人诚恳

调查人员要给人一种亲切、自然和信任感；要善于与人交往，有良好的交际能力和语言表达能力。

6. 要掌握现代科学知识

调查人员要懂得现代信息科学的有关知识，掌握一定的信息处理技术和方法。

（二）调查人员的组织与培训

要使调查人员成为合格人才，一是在选用人员时要严格把关；二是对现有人员进行有针对性的严格培训，并将培训后仍不合格者调离；三是调查人员本人应加强学习，自觉提高自己的素养。

1. 政策法规和制度的培训

随着市场调查活动的不断发展和完善，国际和国内相继出台了有关法律法规，如我国国家统计局为规范涉外调查服务，制定了《涉外社会调查活动管理暂行办法》。此外，各个市场调查机构本身也有自己的一套内部管理方法，如保密制度、访问工作协议等。因此，作为市场调查员，对这些相关的法规、准则等都应该了解并严格执行，以保证所进行的调查工作合法、有效。

2. 技能培训

技能培训包括基本技能培训和访问技巧培训两个方面。基本技能主要是指调查人员应具备的基本的调查能力。例如，如何阅读、表达、观察、作记录，如何与人进行沟通，如何设计问卷，与受访者保持怎样的距离为宜等。访问技巧则是指，为保证调查工作的顺利完成，调查员在调查工作过程中所采用的一系列技巧性活动。技能培训具体包括以下几个方面。

(1) 确认合格被调查者的技巧（包括筛选方法）。

(2) 入户的技巧。

(3) 营造和睦气氛的技巧。

(4) 安排和组织访问的技巧。

(5) 发问与追问的技巧。

(6) 提高问卷回答率的技巧。

(7) 引导被访问者集中注意力而不离题的技巧。

(8) 保证回答者如实准确回答问题的技巧。

(9) 恰当结束访问的技巧。

上述的技巧问题运用得好坏影响到调查工作完成的时间与质量，调查员应在工作中不断培养和提高这些技能。

3. 项目专项培训

由于不同的调研课题有着各自不同的特殊情况，掌握了基本技能的调查员还必须进行专项培训才能正式参与调查。专项培训主要包括与项目有关的基本专业知识、项目基本情况介绍、问卷分析、操作人员注意事项及模拟调查等。

（三）培训的方法

1. 集中讲授的方法

这是目前培训中采用的主要方法，其方式一般是聘请有关专家、调查方案设计者等开设有针对性的培训班。例如，聘请有关市场调查专家讲授市场调查的基本理论与方法；请有丰富经验的调查人员面授调查技巧、经验；请企业主管人员讲解国家的经济形势和本企业生产经营情况等。这样的培训应该是经常性的，但应该注意突出重点、针对性强、讲求实效。

2. 模拟训练的方法

这是一种由受训人员参加并具有一定真实感的训练方法。国外许多企业常常采用这种方法培养调查人员的市场敏感性和分析判断能力。一是通过扮演不同角色，即人为地制造一种调查环境，通过不同的角色扮演，一对一地模拟实际调查情况。二是通过案例分析，即结合某个企业的实际案例进行分析，用以培养受训者处理各种情况的能力。采用这种方法，应事前做好充分准备，并在模拟时尽可能地将调查中可能遇到的困难和各种问题表现出来。这样才能做到真正地锻炼员工并达到训练的效果。

3. 哈雷斯培训法

哈雷斯培训法是经济学家哈雷斯根据市场调查的经验提出的。他认为，对于调查人员，除了进行一般的调查知识的培训外，还应该针对市场调查人员的不同层次和不同要求，进行不同程度和不同内容的培训。在培训对象上，哈雷斯认为应该将受训者分为监督员与访问员，监督员是较高层次的调查人员，他们要召集和训练访问员，检查、指导访问员的工作并控制调查进度。由于监督员需要熟悉调查的每一个步骤，善于带领和训练访问员，因此需要对他们进行更为严格的全面的训练。在培训方法上，哈雷斯认为应该主要采用书面训练法和口头训练法，前者是为了增加必要的知识，后者是为了提高应变能力。

综上所述，要成为一名优秀的市场调查人员，除了必须具备基本的素质以外，还应该注重实际调查能力的培养和锻炼，应该经常参与调查活动，尽量涉及多范围的调查，以丰富自己的实践经验和遇事的应变能力。

第二节 ▎ 市场调查方案设计

一、市场调查方案设计的含义

市场调查方案设计，就是根据调查研究的目的和调查对象的性质，在进行实际调查之前，对调查工作总任务的各个方面和各阶段进行通盘考虑和安排，以提出相应的调查实施方案，制订合理的工作程序。

市场调查的范围可大可小，但无论是大范围的调查工作还是小规模的调查工作，都会涉及相互联系的各个方面和全部过程。这里所讲的调查工作的"各个方面"，是指要考虑到调查所涉及的各个组成项目。例如，对某市超市竞争能力进行调查，就应将该市所有（或抽选出）超市的经营品种、质量、价格、服务信誉等方面作为一个整体，对各种既相互区别又有密切联系的调查项目进行整体考虑，避免调查内容上出现重复和遗漏。

这里所说的"全过程"，是指调查工作所需经历的各个阶段和环节，即调查资料的搜集、整理和分析等。只有对此事先作出统一考虑和安排，才能保证调查工作有秩序、有步骤地顺利进行，减少调查误差，提高调查质量。

二、市场调查方案设计的内容

市场调查的方案设计就是对调查工作各个方面和全过程进行通盘考虑，应包罗整个调查工作过程的全部内容。调查方案是否科学、可行，是整个调查成败的关键。市场调查方案设计主要包括以下几个内容，具体如图2.2所示。

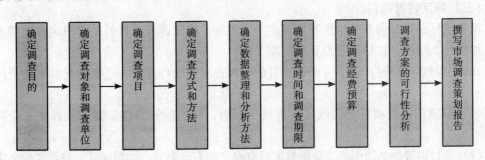

图2.2　调查方案设计流程图

（一）确定调查目的

市场调查方案设计的第一步就是在背景分析的前提下确定市场调查的目的。这是调查过程中最关键的一步。目的不同，调查的内容、调查的对象和调查的方法也就不同。对于接受委托的调查公司来说，当客户提出了调查的要求后，先要弄清楚的是以下 3 个问题。

（1）客户为什么要进行调查，即调查的意义。

（2）客户想通过调查获得什么信息，即调查的内容。

（3）客户要利用调查信息做什么，即提供什么样的信息才能解决客户所面临的问题。

实践中，有时客户提出的目标不是很明确，这就要求调查研究人员与客户进行反复沟通，达成共识。在目前大多数市场调查中，一项调查的目标通常有好几个。人们常说："对一个问题作出恰当定义等于解决了问题的一半。"所以，研究人员必须对每一个目标及相应要调查的问题有一个清楚的定义。

（二）确定调查对象和调查单位

明确了调查目的之后，就要确定调查对象和调查单位，这主要是为了解决向谁调查和由谁来具体提供资料的问题。调查对象就是根据调查目的、任务确定的调查的范围及所要调查的总体，它是由某些性质上相同的许多调查单位所组成的；调查单位就是所要调查的社会经济现象总体中的个体，即调查对象中的每一个具体单位，它是调查实施中需要具体回答各个调查项目的承担者。

在确定调查对象和调查单位时，应该注意以下 3 个问题。

（1）由于市场现象具有复杂多变的特点，因此在许多情况下，调查对象也是比较复杂的，必须以科学的理论为指导，严格规定调查对象的含义，并划清它与其他有关现象的界限，以免造成调查实施时由于界限不清而发生的差错。例如，以城市职工为调查对象，就应明确职工的含义，划清城市职工与非城市职工、职工与居民等概念的界限。

（2）调查单位的确定取决于调查目的和对象，调查目的和对象变化了，调查单位也要随之改变。例如，要调查城市职工本人基本情况时，这时的调查单位就不再是每一户城市职工家庭，而是每一个城市职工了。

（3）不同的调查方式会产生不同的调查单位。如果采取普查方式，调查总体内所包括的全部单位都是调查单位；如果采取抽样调查方式（绝大多数情况），则用各种抽样方法抽出的样本单位是调查单位。为此，要明确地给出具体的抽样设计思路。

（三）确定调查项目

调查项目是指对调查单位所要调查的主要内容。确定调查项目就是要明确向被调查者了解些什么问题，这是问卷设计的前期工作。

在确定调查项目时，除要考虑调查目的和调查对象的特点外，还要注意以下几个问题。

（1）确定的调查项目应当既是调查任务所需，又是能够取得答案的。否则不应列入。

（2）项目的表达必须明确，要使答案具有确定的表示形式，如数字式、是否式或文字式等。否则，会因被调查者产生不同理解而得出不同类型的答案，造成汇总时的困难。

（3）确定调查项目应尽可能做到项目之间相互关联，使取得的资料相互对照，以便了解现象发生变化的原因、条件和后果，便于检查答案的准确性。

（4）调查项目的含义要明确、肯定，必要时可附以调查项目解释。

比如，某公司发现产品的销售量连续几个月下降，管理者想要了解究竟是什么原因造成的。可能的原因很多，比如经济衰退，广告支出减少，消费者偏好转变，渠道不畅，竞争对手的营销策略改变等。对于这么多可能的原因，调查者应先通过探索性分析，通过收集第二手资料，或通过召开小组座谈会获取初步的信息、资料，探明问题后再作进一步的假设。

（四）确定调查方式和方法

在调查方案中，还要规定采用什么组织方式和方法取得调查资料。搜集资料的方式有普查和抽样调查等。具体调查方法有文案法、访谈法、观察法和实验法等。在调查时，采用何种方式、方法不是固定和统一的，而是取决于调查对象和调查任务。例如，在调查中，可对中、高收入阶层和普通工薪阶层采取分层随机抽样调查的方式；对于企事业单位则采取非随机抽样调查的方式。在市场经济条件下，为准确、及时、全面地获得市场信息，尤其应注意多种调查方式的结合运用。

（五）确定数据整理和分析方法

采用实地调查方法搜集的原始资料大多是零散的、不系统的，只能反映事物的表象，无法深入研究事物的本质和规律性，这就要求对大量原始资料进行加工汇总，使之系统化、条理化。目前这种资料处理工作一般可借助计算机进行，这在设计中也应给予考虑，包括确定是采用定性分析还是定量分析的方法；如果采用定量分析，需用何种操作程序以保证必要的运算速度、计算精度及特殊目的。

随着经济理论的发展和计算机的运用，越来越多的现代化统计分析手段可供我们在定量分析时选择，如回归分析、相关分析、聚类分析等。每种分析技术都有其自身的特点和适用性，因此，应根据调查的要求，选择最佳的分析方法并在方案中加以规定。

（六）确定调查时间和调查期限

调查时间是调查资料所需的时间。如果所要调查的是时期现象，就要明确规定资料反映的是调查对象从何时起到何时止的资料；如果所要调查的是时点现象，就要明确规定统一的标准调查时点。

调查期限规定了调查工作的开始时间和结束时间。包括从调查方案设计到提交调查报告的整个工作进度，也包括各个阶段的起始时间，其目的是使调查工作能及时开展、按时完成。为了保证提供信息资料的时效性，在可能的情况下，调查期限应尽可能缩短。

通常一个市场调查项目的进度安排大致要考虑以下几个方面。

（1）总体方案论证、设计。

（2）抽样方案设计。

（3）问卷设计、测试、修改和定稿。

（4）调查员的挑选与培训。

（5）调查实施。

（6）数据的整理、录入和分析。

（7）调查报告的撰写。

（8）有关鉴定、发布会和出版。

（七）确定调查经费预算

市场调查费用的多少通常视调查范围和难易程度而定。不管何种调查，费用问题总是十分重要和难以回避的，因此对费用的估算也是调查方案设计的内容之一。在美国，单项小规模调查需要花费约 5000 美元，大规模调查的花费会超过 10 万美元。在我国，小规模的调查一般花费几千元至上万元，大规模的调查可能需要几十万元人民币。

一般来说，市场调查所需要花费的费用包括以下几个方面。

（1）调查方案设计费。

（2）抽样方案设计费。

（3）问卷设计费（包括测试费）。

（4）问卷印刷、装订费。

（5）调查实施费（包括培训费、交通费、调查员和督导员劳务费、礼品费和其他费用等）。

（6）数据编码、录入费。

（7）数据统计分析费。

（8）调查报告撰写费。

（9）办公费用。

（10）其他费用。

（八）调查方案的可行性分析

在对复杂社会经济现象所进行的调查中，所设计的方案通常不是唯一的，需要从多个方案中选出最优的方案。同时，调查方案的设计也不是一次就完成的，而要经过必要的可行性研究，对方案进行试点和修改。可行性分析是指，对企业在现有的条件下能否顺利地完成此项调查，并达到预期目的进行分析。可行性研究是科学决策的必经阶段，也是科学设计调查方案的重要步骤。因此，上述几步工作完成后，就要进行调查方案的可行性分析。对调查方案进行可行性分析一般使用逻辑分析法、经验判断法和预调查法等。

1. 逻辑分析法

逻辑分析法主要是检查所设计调查方案的内容是否符合逻辑。比如某市高、中档商品房市场需求的调查，以调查对象为例，不符合逻辑的调查就是调查对象包含了没有经济收入的学生。

2. 经验判断法

经验判断法就是组织一些具有丰富调查经验的人士，对设计出的调查方案加以初步研究和判断，以说明方案的可行性。比如，对中小学生教育软件的需求调查，就不要采用电话调查法。经验判断法能够节省人力和时间，在比较短的时间内作出结论。但这种方法也有一定的局限性，这主要是因为人的认识是有限的，有差异的，事物在不断发生变化，各种主、客观因素都会对人们判断的准确性产生影响。

3. 预调查法

预调查是整个调查方案可行性研究中的一个十分重要的步骤，对于大规模市场调查来讲尤为重要。通过预调查，可以发现调查指标设计是否正确，哪些需要增加，哪些需要减少，哪些说明和规定需要修改和补充。预调查可使调查方案的制订既科学合理，又解决实际问题。

（九）撰写市场调查策划报告

通过可行性分析，证实此次调查能在预定的经费和时间下顺利完成后，组织开展调查的部门就可以向上级或公司相关部门提交市场调查策划报告，或称为项目建议书，还可以称为市场调查计划书。它包含市场调查过程的所有阶段。市场调查策划报告的格式可能有所区别，但大多数策划报告含有以下部分。

（1）概要。概述报告书中各部分的要点，提供整个项目的概况。

（2）背景。描述与市场调查问题相关的背景和来龙去脉。

（3）调查问题及研究目的。通常，市场调查问题包括其内涵的各种组成要素，应陈述清楚。市场调查的目的应明确说明。

（4）市场调查的方法。明确市场调查与预测问题中应用的有关方法，如假设、模型、相关因素分析等，也应在建议策划书中作适当的交代。

（5）市场调查设计。所确定的市场调查设计应该具体化。以下几个方面的信息是必须提供的：需获取的信息类别；抽样设计和样本规模；调查表的特征，包括所提问题的类型、时间长度、平均会见时间等；实施调查表的方法，如邮寄、电话询问、人员访问等；测量技术等。

（6）现场工作和资料收集。包括谁去收集信息，怎样收集资料，以及保证资料收集质量的措施等。

（7）资料分析。包括资料分析的方法，分析结果的表达形式等。

（8）报告。报告中还应包括市场调查结果的汇报形式。比如，是否要有阶段性成果的报告，最终报告的形式等。

（9）费用和时间。市场调查的费用预算和时间进度日程表应详细列明。

（10）附录。报告中还应附上有价值的各种附录。

市场调查策划报告样式如表2.1所示。

表2.1   市场调查策划报告

调查题目：	
调查单位：	
调查人员：	
调查负责人：	
日期：　　年　月　日至　　年　月　日	
（一）调查背景和目的：	
（二）调查内容：	
（三）调查方式：	
（四）调查对象：	
（五）调查地点：	
（六）经费估计：	
负责人审批意见：	申请人：
财务审批意见：	申请日期：　　年　月　日

第三节 | 问卷设计

一、问卷与问卷设计的含义

问卷，也叫调查表、访问表格或询问工具，它是一种以书面形式了解被调查对象的反应和看法，并以此获得资料和信息的载体。

问卷是为了达到研究目的和收集必要数据而设计好的一系列问题，是收集来自被调研对象信息的正式一览表。

问卷设计是依据调研的目的，开列所需了解的项目，并以一定的格式将其有序地排列组合成调查表（问卷）的活动过程。

问卷设计工作应包含了解问卷设计目标、明确问卷在何种访问方式下使用、选择问卷的形式、设计问句、设计问句结构、进行问句总体组合等，最终形成科学合理、容易为调查者和被调查者所接受、符合调查要求、能有效获取所需信息资料的调查表。

二、问卷设计的原则

毋庸置疑，问卷设计是一门学问，同时具有较强的艺术性。在设计问卷时要求设计者具有一定的技巧性、灵活性和创造性。虽然问卷类型、问卷内容各异，不同设计者也有不同的设计风格，但都需满足问卷设计的根本要求，即在一定成本下获取最小误差的有效数据。这一要求体现在问卷设计的基本原则上。

（一）功能性原则

功能性原则是问卷设计的基本原则，即实现问卷的基本功能，达到规范设计和满足调查客户需求的目的。这一原则具体表现在易执行、完整性、准确性和可行性等几个方面。

（二）可靠性原则

所谓可靠性原则，是指作为数据收集工具的问卷，应保证数据在一定的条件下维持的稳定性。具体来说，即调查者、被调查者和调查环境的不同，都可能引起数据波动，问卷应具有一定的稳定性，以减少这三方面干扰对数据质量的影响。

（三）效率原则

在遵循功能性原则和可靠性原则的前提下，问卷设计应保证最大效率原则。简单地说，就是在保证获得同样信息的条件下，应选择最简洁的询问方式，以使问卷的长度、题量和难度最小，节省调查成本。一方面，在一定成本下，要使问卷尽量获取到全面、准确、有效的信息，但不能一味追求容量大、信息多，询问与本次调查目的无关的问题；另一方面，追求高效率并不简单等于低成本，一味节约成本可能会以数据准确性和可靠性降低为代价，反而造成低效率。

（四）可维护性原则

问卷设计往往不是一次性完成的，好的问卷需要经过反复的修改和检验，待错误全部修正后再正式开展大规模的调查。一份便于修正的问卷应当结构清晰，不同的调查项目之间有明确的界限，当一个项目的内容进行调整时不会影响到问卷的其他部分。此外，还应注意问卷的可对比性和连续性。如果设计问卷时仅从本次调查出发，忽略问卷的标准化，数据口径不一，缺乏时间、空间和内容的可比性，将会极大地限制数据的利用价值。

三、问卷设计的过程

问卷设计是一个创造性的过程，应该因人、因时、因条件制宜，但是这并不意味着可以随心所欲。调查过程必须遵循一个符合逻辑的顺序。经过长期的实践，人们总结出以下基本步骤。

（一）明确调研主题与所需的资料

市场调研项目委托人往往只给出一个大致的范围，但是委托人的调研意图对资料需求的层次和全面性以及调研报告的形式和观点表述具有很大的影响。问卷设计时，首先必须充分了解委托人的意图和要求，明确调研的主题，使得在问卷设计之前对这些问题有准确的把握。

问卷设计时，还必须明确需要收集哪些方面的材料。在拟订问卷以前，调研人员必须首先着手比较容易的第二手资料的收集，而第一手资料是用以弥补第二手资料的不足和检验其准确性的。因此，问卷设计必须在掌握第二手资料的基础上，确定所需的通过书面形式得到的第一手资料的内容。而对于已掌握的第二手资料，除非需要进行证实，通常不必出现在问卷之中，以保证整份问卷的严谨和篇幅的紧凑。

（二）明确调查对象的类型和特点

不同的调研项目具有不同的对象，不同的调查对象具有不同的特点。调查问卷必须针对具体的调查对象的特点进行设计，才能保证问卷的合理性。为此，在正式进行问卷设计时应明确调查对象的类型，是企业还是个人，是生产商还是经销商，是现实消费者还是潜在消费者，等等。在明确调查对象类型的前提下，还必须充分掌握各对象的特征。

（三）明确数据收集的方法

明确所需获取的信息之后，研究人员需要决定怎样收集这些信息，即明确数据收集的方法。在实际调查中，问卷主要用于询问调查。常用的调查形式包括访员访问调查、电话调查、邮寄调查和网络调查，具体如表 2.2 所列。

表 2.2　　　　　　　　　　　　　常用调查形式比较

调查形式	访员访问调查	电话调查	邮寄调查	网络调查
投入的人力	多且不易控制	较少且易于控制	少	少
费用	高	较少	少	少
调查周期	时间较长	时间短，且易于控制	时间较长，且不易控制	时间短，且不易控制
调查对象	范围较广，适用性强	难以包含全部目标总体，但与调查样本联系方便，且不受样本分布区域限制	调查对象要求有一定文字理解与表达能力，但不受样本分布区域的限制	难以包含全部目标总体，但不受样本分布区域限制

续表2.2

调查形式	访员访问调查	电话调查	邮寄调查	网络调查
回复率	较高	较低	低	低
数据质量	收集的数据较准确、可靠	减少了访问引起的非抽样误差,而且在调查过程中可以及时解决疑难问题	没有调查人员的指导,容易产生误答、错答、缺答	没有调查人员的指导,容易产生误答、错答、缺答
调查内容	适于广泛的、较复杂的问题,不适于某些敏感性问题	内容有限制	内容有限制,但可以用匿名方式调查一些敏感性问题	内容有限制,可用匿名方式调查一些敏感性问题
收集的资料	书面信息资料,在收集数据的同时了解实际情况	只有口头信息,难以深入探讨	只有书面信息,难以深入探讨	只有书面信息,难以深入探讨
其他		调查过程与数据编码、录入过程结合在一起		调查过程与数据编码、录入过程结合在一起

总的来说,访员访谈调查由于调查内容广泛、数据准确、成功率高等优点,使用较普遍,但所需成本较高,调查周期较长。邮寄调查的调查对象分布广泛,可适用于规模较大、调查内容不甚复杂、对总体推算的精确度要求不高且总体成本构成比较单一的调查项目。电话调查随着电话普及率的迅速增长,适用面越来越宽。网络调查成本低、速度快,虽然难以保证数据质量,但使用频率越来越高,尤其适宜对专题信息的搜集、对特定群体的调查,或者作为其他调查的补充。不同调查形式各有利弊。比如为得到较高质量的数据而选择派人员访问,需要牺牲一定的时间与费用;而为了节省费用,选用邮寄调查或网络调查,得到的数据质量可能较低。在选择调查形式时需要依据调查要求和客观条件进行权衡。

(四)设计问卷

在完成上述3个步骤之后,就可以进入问卷的设计阶段了。问卷设计又可以分为问卷设计和问卷编排两个子过程。这部分在本节第四部分具体介绍。

(五)问卷评估与修订

问卷草拟成形后,可以由设计人员,也可以请具有丰富经验的专家对问卷进行初步的评估。评估应该是全方位和深入仔细的,以下是一些供参考的评估主要方面。

(1)问卷与委托人的意图相吻合的程度。

(2)问卷与所需信息资料的吻合程度。

(3)问卷与调查对象类型、特点的适应程度。

(4)问卷与调查形式的适应程度。

(5)问卷的主题是否明确。

(6)问卷是否太长。

(7)问卷是否杂乱。

(8)问卷中的问句是否合理。

(9)问卷的编排是否合理。

（10）问卷的形式，包括大小、形状、颜色、字体是否合理美观。

（11）问卷的印制是否精良等。

经过评估，对发现的问题和不足尽量给予解决，进行再设计或加以完善，形成比较正式的问卷初稿。

（六）获得各方认同

问卷初稿出来后，需要征求有关方面或人员的意见，获得他们的认同。首先，必须将问卷交给委托单位过目，听取他们的意见，以求全面表达委托人的调研意图。其次，需要呈送给公司的决策人员，包括总经理、营销经理审阅。最后，要给项目组的所有成员过目，尤其是要注意征求问卷的实施者——调查人员——的意见，获得他们的认同。

（七）预试与修订

问卷设计好以后，还有必要对问卷进行小范围的试验。可以在同事中或经挑选的普通用户当中进行试答。对问卷进行小组试验可以在以下几方面产生作用：鉴定问卷是否能被调查对象充分理解；鉴定问卷内容是否充分反映了所需资料的内容；可能有助于提供多项选择问句的答案；可以确定访问所需的平均时间。

当然，小组试验也可以在对第一实验结果进行审定后再进行多次的试验。对问卷进行必要的试验次数越多，所产生的效果也就越好。

经试验，可能会发现一些不足或需完善的地方，设计人员应加以改善和修订。

（八）印　制

上述工作全部完成以后，即可制作一份正式调查所用的问卷，具体涉及制表、打印和印刷 3 个环节。

四、问句设计

所谓问句，一般的理解是指询问的句子。市场调研中构成问卷基本要素的问句，不仅指一般意义上的提问用的句子，还包括将要记录的答案、计算机编号和说明怎样回答等部分。

（一）问句的类型

1. 从问句的作用来划分

（1）心理调节性问句。指能引起回答者兴趣，烘托合作气氛的问句。这类问句应是容易回答而又不太直接，且口气温和的问题。由于在询问正式问题之前一般要设计一两个这类问题，因此又称其为前导性问题。例如，在调查对电子商务的看法之前，可问："现在许多人都在商谈电子商务，您注意到了吗？"

（2）过滤性问句。指逐步缩小提问范围，引导被调查者很自然地对所要调查的某一专门主题作出回答的问句形式。这种询问法，不是开门见山，单刀直入，而是采取投石问路、引水归渠的方法，一步一步地深入，最后引出被调查者对某个所要调查问题的真实想法。这种问句形式通常用于了解被调查者对回答有顾虑或者一时难以直接表达的问题。例如，某企业欲了解消费者对购买电视机是否影响孩子学习的意见。若一次性提问（非过滤式提问）："你不购买电视机是怕影响孩子的学习吗？"会给被调查者一种很唐突的感觉，是不妥的提问法，因为不购买电视机往往是多种原因引起的，很难直接回答。可用过滤式问句提出问题："你对电视机印象如何？""你是否限制孩子看电视？""你认为看电视有什么用处吗？""有人说看电视对孩子学习有影响，也有人认为看电视没有影响反而有好处，你如何看待这个问题？"

从这些问句中可以看到，通过调查人员的逐步引导，被调查者有一个逐步考虑问题的过程，从而能够自然真实地回答调查者的问题。

（3）试探性或启发性问句。试探性问句的作用是对一些敏感性或接近敏感性的问句探寻被访者是否愿意谈论，以减少阻力，争取配合。启发性问题的作用是唤起被访者的回忆，以提高回答问题的速度和准确性。

（4）背景性问句。其实质是有关被访问者个人背景的问题，包括性别、民族、年龄、住址、职业、职务和文化水平等，有时还包括其心理状况的描述。这类问题对于后续的资料整理和分析是非常重要的。

（5）实质性问句。指要调查的全部信息，是问卷的核心问句。从某种意义上说，上述所有问题都是服务于实质性问句的，因为只有通过这类问句的询问才能达到调研的基本目的。因此，这类问句的量也应是所占比重最大的。从实质性问句所涉及的内容来看，它包括事实性问题、行为性问题、动机性问题、态度性问题和预期性问题等。如要了解酸奶销路如何，至少应设计安排以下一些问题：

"您第一次食用酸奶是在哪里？"

"是自己选择的还是别人推荐的？"

"您是在哪里购买的？"

"在第一次食用酸奶之前，您有什么期望？"

"您是否喜欢喝酸奶？"

"喜欢的程度如何？"

…………

2. 从问句间的联系来划分

（1）系列性问句。指围绕一个调研项目逐步深入并开展的一组问句。例如，向被访问者出示一份"市场导报"，并询问以下几个问题。

① 您是否阅读过这份报纸？（对回答"是"的，接着提问）

② 您一周看几次？（在选项前打钩）

□7　　　□6　　　□5　　　□4　　　□3　　　□2　　　□1

③ 您是从哪里得到的？

□自己订阅的　　　□零买的　　　□借阅的（对回答借阅的，接着问）

④ 在哪里借阅的？

□单位图书馆/资料室　　　□朋友　　　□其他场合

（2）非系列性问句。指设计的各问句之间无递进关系，而是一种平行的关系。例如关于评价某商场综合服务质量的问题，就属于非系列性的问句。

① 您认为该商场外观设计及商品橱窗的装饰：

　　A. 很好　　　B. 较好　　　C. 一般　　　D. 不好　　　E. 很不好

② 您认为该商场的服务质量：

　　A. 很好　　　B. 较好　　　C. 一般　　　D. 不好　　　E. 很不好

③ 您认为该商场售货员的业务水平：

  A. 很好   B. 较好   C. 一般   D. 较差   E. 很不好

④ 该商场售货员对您的接待：

  A. 热情   B. 较好   C. 一般   D. 不好   E. 很不好

⑤ 您认为该商场的售后服务：

  A. 很好   B. 较好   C. 一般   D. 不好   E. 很不好

⑥ 您认为该商场的商品质量：

  A. 很好   B. 较好   C. 一般   D. 不好   E. 很不好

⑦ 您在该商场购得的商品不能令您满意时，一般来说：

  A. 都能得到退换   B. 只有个别的能得到退换   C. 一个都不能退换

⑧ 在该商场买东西时，如果您的利益受到侵害，您是否想到去找消费者协会？

  A. 想到过   B. 没想到   C. 认为没必要   D. 想找，但不知道到哪儿去找

⑨ 您认为该商场哪一类活动搞得最好？

  A. 优质服务竞赛活动   B. 优惠展销   C. 有奖销售

⑩ 您认为该商场急需解决的问题是_____。

  A. 提高服务质量   B. 提高业务水平   C. 改变内部布局

…………

（二）问句的设计

1. 直接性问题、间接性问题和假设性问题

直接性问题是指在问卷中能够通过直接提问方式得到答案的问题。直接性问题通常给回答者一个明确的范围，所问的是个人基本情况或意见，比如"您的年龄""您的职业""您最喜欢的洗发水是什么牌子的"等，这些都可获得明确的答案。这种提问对统计分析比较方便，但遇到一些窘迫性问题时，采用这种提问方式，可能无法得到所需要的答案。

间接性问题是指那些不宜于直接回答，而采用间接的提问方式得到所需答案的问题。通常是指那些被调查者因对所需回答的问题产生顾虑，不敢或不愿真实地表达意见的问题。调查者不应为得到直接的结果而强迫被调查者，使他们感到不愉快或难堪。这时，如果采用间接回答方式，使被调查者认为很多意见已被其他调查者提出来了，他所要做的只不过是对这些意见加以评价罢了，就能排除调查者和被调查者之间的某些障碍，使被调查者有可能对已得到的结论提出自己不带掩饰的意见。

例如，"您认为妇女的权利是否应该得到保障？"大多数人都会回答"是"或"不是"。而实际情况则表明许多人对妇女权利有着不同的看法。如果改问：

A. 有人认为妇女权利应该得到保障的问题应该得到重视。

B. 另一部分人认为妇女权利问题并不一定需要特别提出。

您认为哪些看法更为正确？

对 A 种看法的意见：①完全同意；②有保留的同意；③不同意。

对 B 种看法的意见：①完全同意；②有保留的同意；③不同意。

这样，既可以了解人们对妇女权利的正反态度，同时，也可充分了解各自态度的肯定程度。

假设性问题是通过假设某一情景或现象存在而向被调查者提出的问题。例如："有人认为目前的电视广告过多，您的看法如何？""如果在购买汽车和住宅中您只能选择一种，您可能会选择哪种？"这些语句都属于假设性提问。

2. 开放性问题和封闭性问题

所谓开放性问题，是指所提出问题并不列出所有可能的答案，而是由被调查者自由作答的问题。开放性问题一般提问比较简单，回答比较真实，但结果难以作定量分析，在对其作定量分析时，通常是将回答进行分类。

所谓封闭性问题，是指已事先设计了各种可能的答案的问题，被调查者只要或只能从中选定一个或几个现成答案。封闭性问题由于答案标准化，不仅回答方便，而且易于进行各种统计处理和分析。但缺点是回答者只能在规定的范围内被迫回答，无法反映其他各种有目的的、真实的想法。

3. 事实性问题、行为性问题、动机性问题和态度性问题

（1）事实性问题。指要求被调查者回答一些有关事实性的问题。例如，"您通常什么时候看电视？"设置这类问题主要是为了获得有关事实性资料，因此问题的意见必须清楚，使被调查者容易理解并回答。

通常，在一份问卷的开头或结尾都要求回答者填写其个人资料，如职业、年龄、收入、家庭状况、教育程度、居住条件等，这些问题均为事实性问题，对此类问题进行调查，可为分类统计和分析提供资料。

（2）行为性问题。指对回答者的行为特征进行调查的问题。例如："您是否拥有某物？""您是否做过某事？"

（3）动机性问题。指为了了解被调查者行为的原因或动机而设置的问题。例如："为什么购买某物？为什么做某事？"在提动机性问题时，应注意人们的行为可以是有意识动机，也可以是半意识动机或无意识动机产生的。对于前者，回答者有时会因种种原因不愿真实回答；对于后两者，因回答者对自己的动机不十分清楚，也会造成回答的困难。

（4）态度性问题。指对回答者的态度、评价、意见等进行调查的问题。例如："您是否喜欢某牌子的自行车？"

以上是从不同的角度对各种问题所作的分类。应该注意的是，在实际调查中，几种类型的问题往往是结合使用的。在同一个问卷中，既有开放性问题，也有封闭性问题。甚至同一个问题中，也可将开放性问题与封闭性问题结合起来，组成结构式问题。例如："您家里目前有空调吗？有；无；若有，是什么牌子的？"

同样，事实性问题既可采取直接提问方式，对于回答者不愿直接回答的问题，也可以采取间接提问方式。问卷设计者可以根据具体情况选择不同的提问方式。

（三）问句的答案设计

在市场调查中，无论是何种类型的问题，都需要事先对问句答案进行设计。在设计答案时，可以根据具体情况采用不同的设计形式。

1. 二项选择法

二项选择法也称真伪法或二分法，是指提出的问题仅有两种答案可以选择："是"或"否"，"有"或"无"等。这两种答案是对立的、排斥的，被调查者的回答非此即彼，不

能有更多的选择。例如："您家里现在有吸尘器吗?"答案只能是"有"或"无"。

这种方法的优点是:易于理解和可迅速得到明确的答案,便于统计处理,分析也比较容易。但回答者没有进一步阐明理由的机会,难以反映被调查者意见与程度的差别,了解的情况也不够深入。这种方法,适用于互相排斥的两项择一式问题,及询问较为简单的事实性问题。

2. 多项选择法

多项选择法是指所提出的问题事先预备好两个以上的答案,回答者可任选其中的一项或几项。例如:

您喜欢下列哪一种牌号的牙膏?(在您认为合适的□内画"√")

中华□　芳草□　洁银□　康齿灵□　美加净□　黑妹□

由于所设答案不一定能表达出填表人所有的看法,所以在问题的最后通常可设"其他"项目,以便被调查者表达自己的看法。

这个方法的优点是比二项选择法的强制选择有所缓和,答案有一定的范围,也比较便于统计处理。但采用这种方法时,设计者要考虑以下几种情况:一是要考虑到全部可能出现的结果,及答案可能出现的重复和遗漏;二是要注意选择答案的排列顺序,有些回答者常常喜欢选择第一个答案,从而使调查结果发生偏差;此外,答案较多,使回答者无从选择,或产生厌烦,一般这种多项选择答案应控制在 8 个以内,当样本量有限时,多项选择易使结果分散,缺乏说服力。

3. 顺位法

顺位法是列出若干项目,由回答者按重要性决定先后顺序。顺位方法主要有两种:一种是对全部答案排序;另一种是只对其中的某些答案排序。究竟采用何种方法,应由调查者来决定。具体排列顺序,则由回答者根据自己所喜欢的事物和认识事物的程度等进行排序。例如:

您选购空调的主要条件是(请将所给答案按重要顺序 1,2,3……填写在□中)

价格便宜□　外形美观□　维修方便□　牌子有名□　经久耐用□　噪声低□

制冷效果好□　其他□

顺位法便于被调查者对其意见、动机、感觉等作衡量和比较性的表达,也便于对调查结果加以统计。但调查项目不宜过多,过多则容易分散,很难顺位,同时答案选项的排列顺序也可能对被调查者产生某种暗示影响。

这种方法适用于要求答案有先后顺序的问题。

4. 回忆法

回忆法是指通过回忆,了解被调查者对不同商品质量、牌子等方面印象的强弱。例如:"请您举出最近在电视广告中出现的电冰箱的牌子"调查时可根据被调查者所回忆牌子的先后和快慢以及各种牌子被回忆出的频率进行分析研究。

5. 比较法

比较法是采用对比提问方式,要求被调查者作出肯定回答的方法。例如:

请比较下列不同牌子的可乐饮料,哪种更好喝?(请您在认为好喝的牌子方格□中画"√")

黄山□　　天府□　　非常□　　奥林□　　可口□　　百事□

比较法适用于对质量和效用等作出评价。应用比较法要考虑被调查者对所要回答问题中的商品品牌等项目是否相当熟悉，否则将会导致空项发生。

6. 自由回答法

自由回答法是指提问时可自由提出问题，回答者可以自由发表意见，并无已经拟定好的答案。例如，"您觉得软包装饮料有哪些优、缺点？""您认为应该如何改进电视广告？"等。

这种方法的优点是涉及面广，灵活性大，回答者可充分发表意见，可为调查者搜集到某种意料之外的资料，缩短问者和答者之间的距离，迅速营造一个调查气氛；缺点是由于回答者提供答案的想法和角度不同，因此在答案分类时往往会出现困难，资料较难整理，还可能因为回答者表达能力的差异形成调查偏差。同时，由于时间关系或缺乏心理准备，被调查者往往放弃回答或答非所问，因此此种问题不宜过多。这种方法适用于那些不能预期答案或不能限定答案范围的问题。

7. 过滤法

过滤法又称"漏斗法"，是指最初提出离调查主题较远的广泛性问题，再根据被调查者回答的情况，逐渐缩小提问范围，最后有目的地引向要调查的某个专题性问题。这种方法询问及回答比较自然、灵活，使被调查者能够在活跃的气氛中回答问题，从而增强双方的合作，获得回答者较为真实的想法。但要求调查人员能够把握对方心理，善于引导并有较高的询问技巧。此方法的不足是不易控制调查时间。这种方法适合于被调查者在回答问题时有所顾虑，或者一时不便直接表达对某个问题的具体意见时采用。例如，对那些涉及被调查者自尊或隐私等的问题，如收入、文化程度、妇女年龄等，可采取这种提问方式。

（四）问卷设计应注意的几个问题

对问卷设计总的要求是：问卷中的问句表达要简明、生动，注意概念的准确性，避免提似是而非的问题。具体应注意以下几点。

1. 避免提概括性的问题

概括性问题对实际调查工作并无指导意义。例如："您对某百货商场的印象如何？"这样的问题过于笼统，很难达到预期效果，可具体提问："您认为某百货商场商品品种是否齐全、营业时间是否恰当、服务态度怎样？"等。

2. 避免用不确切的词

"普通""经常""一些"，以及一些形容词，如"美丽"等，这些词语，各人理解往往不同，在问卷设计中应避免或减少使用。例如："你是否经常购买洗发液？"回答者不知经常是指一周、一个月还是一年，所以答案也就缺乏标准，没有实用价值。可以改问："你上月共购买了几瓶洗发液？"

3. 避免使用含糊不清的句子

例如："你最近是出门旅游，还是休息？"出门旅游也是休息的一种形式，它和休息并不存在选择关系，正确的问法是："你最近是出门旅游，还是在家休息？"

4. 避免引导性提问

如果提出的问题暗示出调查者的观点和见解，力求使回答者跟着这种倾向回答，这种提问就是"引导性提问"。例如："消费者普遍认为某牌子的冰箱好，你的印象如何?"引导性提问会导致两个不良后果:一是被调查者不加思考就同意所引导问题中暗示的结论;二是由于引导性提问大多是引用权威或大多数人的态度,被调查者考虑到这个结论既然已经是普遍的结论,就会产生心理上的顺向反应。此外,对于一些敏感性问题,在引导性提问下,被调查者可能不敢表达其他想法。因此,这种提问是调查的大忌,常常会引出和事实相反的结论。

5. 避免提断定性的问题

例如:"你一天抽多少支烟?"这种问题即为断定性问题,被调查者如果根本不抽烟,就会造成无法回答。正确的处理方法是在此问题前加一条过滤性问题:"你抽烟吗?"如果回答者回答"是",可继续提问,否则就可终止提问。

6. 避免提令被调查者难堪的问题

提问太难堪的问题,可能会得到虚假的数据,被访者往往会捏造答案。如果有些问题非问不可,也不能只顾自己的需要、穷追不舍,应考虑回答者的自尊心。例如:"您是否离过婚?离过几次?谁的责任?"又如,直接询问女士年龄也是不太礼貌的,可列出年龄段:20 岁以下,20~30 岁,30~40 岁,40 岁以上,由被调查者挑选。

7. 问句要考虑到时间性

时间过久的问题易使人遗忘,如"去年您的家庭生活费支出是多少?用于食品、衣服的分别为多少?"除非被调查者连续记账,否则很难回答出来。一般可问:"您家上月生活费支出是多少?"显然,这样缩小时间范围可使问题回忆起来较容易,答案也比较准确。

8. 拟定问句要有明确的界限

对于年龄、家庭人口、经济收入等调查项目,通常会产生歧义的理解,如年龄有虚岁、实岁,家庭人口有常住人口和生活费开支在一起的人口,收入是仅指工资还是包括奖金、补贴、其他收入、实物发放折款收入在内,如果调查者对此没有很明确的界定,调查结果也很难达到预期要求。

9. 问句要具体

一个问句最好只问一个要点。一个问句中如果包含过多询问内容,会使回答者无从答起,给统计处理也带来困难。例如:"您为何不看电影而看电视?"这个问题包含了"您为何不看电影?""您为何要看电视?""什么原因使您改看电视?"等。防止出现此类问题的办法是分离语句中的提问部分,使一个语句只问一个要点。

10. 要避免问题与答案不一致

如果所提问题与所设答案不一致,也会干扰被调查者作出客观真实的回答。

您经常看哪个电视栏目?

①经济生活;②电视红娘;③电视商场;④经常看;⑤偶尔看;⑥根本不看。

该问题与所设答案就存在不一致性,问题是看哪些电视栏目。那么答案就应是具体节目,但其所设答案既有具体栏目,也有观看频率,所以问题与答案不一致。

（五）问句的排列

在系统阐述问题后,下一步就是将其排序并形成编排好的问卷。心理学研究表明:调查表排列的前后顺序有可能影响被调查者的情绪。同样的题目,安排得合理、恰当,有利于有效地获得资料。若编排不妥当,可能会影响被调查者作答,影响问卷的回收率，甚至影响调查的结果。所以，在设计问卷时，应站在被调查者的角度，顺应被调查者的思维习惯，使问题容易回答。题目编排的一般原则如下。

1. 问题的编排应具有逻辑性

这是指问题的编排应符合人们思维习惯，否则会影响被调查者回答问题的兴趣，不利于其对问题的回答。一般，采用当面访问时开头宜采用开放式的问题，先营造一个良好、和谐的谈话气氛，保证后面的调查能够顺利进行。采用书面调查时，开头应是容易回答且有趣味性的问题，核心的调查内容应放在中间部分，专门或特殊的问题放在最后。比如，对百货商店项目的调查，第一个问题是："您家中谁到百货商店购物的次数最多？"这个提问简单、易答，能赢得被调查者的合作。

2. 问题的编排应该先易后难

这是指将容易回答的问题放在前面，难以回答的题目放在后面。问卷的前几道题容易作答，能够提高回答者的积极性，有利于他们把问卷答完。如果一开始就让他们感到费力，容易使他们对完成问卷失去兴趣。

一般，对公开的事实或状态的描述要容易一些，因此可放在问卷的前面。而对问题的看法、意见等需要动脑筋思考，因此应放在问卷靠后一点的位置。

另外，从时间的角度来考虑，一份问卷可能包含不同时间段的问题，如近期的事情（最近一周、最近一个月）、远期的事情（前几个月、上一年等）。由于近期的事情容易回想，便于作答，因此应放在问卷较前一点的位置。例如，可先问"您现在使用的是什么牌子的洗发水？"然后再问"在使用这种牌子的洗发水之前您使用过什么品牌？"

3. 敏感性问题、开放性问题和背景部分（人口统计）的问题置于问卷的最后

敏感性问题，如收入、婚姻状况、政治信仰等一般放在问卷的后面，因为这类问题容易遭到被调查者的拒答，从而影响后续问题的问答。如果将这类问题放在后面，即使这些问题被拒答，前面问题的回答资料仍有分析的价值。并且，此时应答者与访问者之间已经建立了融洽的关系，从而增加了获得回答的可能性。

开放性问题一般需要较长时间来作答，而一般的被调查者是不愿意花太多的时间来完成一份问卷的。如果将开放性问题放在问卷前面的位置，会使被调查者觉得答问卷需要很长时间，从而拒绝接受调查。

五、问卷的整体设计

一份问卷的设计是一个系统工程，它体现了设计人员对调研项目的总体思路。因此，不仅要在细节上，即具体的问句中重视技术的运用，还必须重视整份问卷的设计技术。

（一）问卷结构

一份完整的调查问卷通常包括标题、问卷说明、被调查者基本情况、调查内容、编码号、调查者情况等内容。

1. 问卷的标题

问卷的标题要概括说明调查研究主题，使被调查者对要回答什么方面的问题有一个大致的了解。标题应简明扼要，易于引起回答者的兴趣，例如"大学生消费状况调

查"。不能简单采用"问卷调查"这样的标题,它容易引起回答者不必要的怀疑而拒答。

2. 问卷说明

问卷说明旨在向被调查者说明调查的目的、意义。有些问卷还有填表须知、交表时间、地点及其他事项说明等。问卷说明一般放在问卷开头,通过它可以使被调查者了解调查目的,消除顾虑,并按一定的要求填写问卷。问卷说明既可采取比较简洁、开门见山的方式,也可在问卷说明中进行一定的宣传,以引起调查对象对问卷的重视。例如以下两例:

> 同学们:
> 为了了解当前大学生的学习、生活情况,并作出科学的分析,我们特制作此项调查问卷,希望广大同学予以积极配合,谢谢。

> 女士(先生):
> 改革开放以来,我国广告业蓬勃发展,已成为社会生活和经济活动中不可缺少的一部分,对社会经济的发展起着积极的推动作用。我们进行这次公众广告意识调查,其目的是加强社会各阶层人士与国家广告管理机关、广告用户和经营者等各方的沟通和交流,进一步加强和改善广告监督管理工作,促进广告业的健康发展。本次问卷调查并非知识性测验,只要求您根据自己的实际态度选答,不必进行讨论。根据统计法的有关规定,对您个人情况实行严格保密。

3. 被调查者基本情况

这是指被调查者的一些主要特征,如在消费者调查中,消费者的性别、年龄、民族、家庭人口、婚姻状况、文化程度,职业、单位、收入、所在地区等。又如,对企业调查中的企业名称、地址、所有制性质、主管部门、职工人数、商品销售额(或产品销售量)等情况。通过这些项目,便于对调查资料进行统计分组、分析。在实际调查中,列入哪些项目,列入多少项目,应根据调查目的和调查要求而定,并非多多益善。

4. 调查主题内容

调查的主题内容是调查者所要了解的基本内容,也是调查问卷中最重要的部分。它主要以提问的形式提供给被调查者,这部分内容设计得好坏直接影响整个调查的价值。

主题内容主要包括以下几方面:①对人们的行为进行调查,包括对被调查者本人行为进行了解或通过被调查者了解他人的行为;②对人们的行为后果进行调查;③对人们的态度、意见、感觉、偏好等进行调查。

5. 编　码

编码是将问卷中的调查项目变成数字的工作过程,大多数市场调查问卷均需加以编码,以便分类整理,并易于进行计算机处理和统计分析。所以,在问卷设计时,应确定每一个调查项目的编号,为相应的编码作准备。通常是在每一个调查项目的最左边按顺序编号。

例如:①您的姓名;②您的职业……而在调查项目的最右边,可根据每一调查项目允许选择的数目,在其下方画上相应的若干短线,以便编码时填上相应的数字代号。

6. 作业证明记载

在调查表的最后,应附上调查员的姓名、访问日期、时间等,以明确调查人员完成任务的性质。如有必要，还可写上被调查者的姓名、单位或家庭住址、电话等，以便于审核和进一步追踪调查。但对于一些涉及被调查者隐私的问卷，上述内容则不宜列入。

（二）问卷编组的设计

问卷编组设计是指对问卷全部内容的编排、格式、大小、规格、纸张、印刷等进行整体的构思设计。

组成问卷的各部分，排列次序通常是：问卷标题；问卷说明；作业证明记载；调查主题内容；被调查者基本情况；编码。每一部分之间最好有明显的间隔。

问卷格式应该按问卷大小规格来设计，要留出足够多的上下左右四边，并且使文字明显突出。编排应层次分明，选用的字体要醒目。例如，问句靠左排，用粗体字；答案靠右排，用细体字等。字间距与行间距要适当，并且整份问卷要一致。如果是表格，也要排列得层次分明，一目了然。

问题应当只印在纸张一面，而且必须为答案留出足够的空白，特别是自由式问题的答案。关键的词或句子应当画线或大写。

纸张和印刷应精美，显示问卷的重要性和价值。尤其是邮寄访问时，制作精美的问卷能增加回收率。

问卷的每一页都应当印有一个供识别用的顺序号，以免在整理时各页分散；而且问卷要装订整齐、牢固。

总之，问卷的编组，要给人以清爽、轻松和美观的感觉，避免有零乱、拥挤、沉重的压迫感。这对于访问能否顺利进行，被调查对象是否乐意回答有很大影响。

第四节　态度测量

一、态度测量与态度测量表法的含义

态度测量就是调查人员根据被调查者的可能认识或认识程度，就某一问题列出若干答案，设计态度测量表，再根据被调查者的选择来确定其认识或认识程度（态度）。

态度测量表，就是通过一套事先拟定的用语、记号和数目，来测量人们心理活动的度量工具，它可将所要调查的定性资料进行量化。

二、态度测量表的种类

（一）根据测量尺度分类

1. 类别量表

类别量表亦称名称量表，是根据事物的某一特点，对事物属性进行分类，用名称或数字来代表事物或性质，是给事物进行简单归类的一种量表形式。类别量表的例子如下：

性别：□男 1　　　　　　　□女 2

地理区域：□城市 1　　　　　□农村 2　　　　　□郊区 3

在这里，类别数据只代表事物的性质，只起到给事物分类的作用，数字本身并不具有数量意义，只是为了将对象分类用数字来代表。

2. 顺序量表

顺序量表亦称等级量表，只有等级顺序而无等距的单位和绝对零点，只是按研究对象的某一种属性的顺序排列出等级次序。顺序量表又称次序量表，它能表示各类别之间不同程度的顺序关系。如根据学生的测验成绩排出名次，成绩最好的为1，成绩次之者为2，再次之者为3，依此类推。例如：

请对下列手机品牌按1～4进行排序，其中1表示最喜欢，4表示最不喜欢。

摩托罗拉（　）　　　诺基亚（　）　　　三星（　）　　　索爱（　）

数字实际上表示出了等级的顺序。通过数字的不同，调查者能知道什么品牌的手机最受顾客青睐，什么品牌其次，什么品牌最没有竞争力。但是一般来说，数字既不表明绝对数量，也不表明两个数字之间的差距是相等的。因此，顺序量表的数值具有等级性和序列性的特点，能够进行大小比较，但不能作加减乘除运算。在数据处理上能计算中位数、百分数、等级相关系数、肯德尔和谐系数及秩次方差分析等。

3. 等距量表

等距量表亦称间距量表，是具有相等的单位，但没有绝对零点的量表。等距量表的数量单位之间的间距是相等的，它比顺序量表更为精细，不仅能表示顺序关系，还能测量各顺序位置之间的距离。如，30～32℃与18～20℃的温差是相等的。

由于等距量表具有相等的单位，因此可以进行加减运算，但不能作乘除运算。等距量表可以广泛运用多种统计方法，如平均数、标准差、相关系数以及 t 检验、Z 检验和 F 检验等多种检验。

4. 等比量表

有相等的单位和绝对零点的量表是等比量表，亦称比率量表。等比量表除了具有类别、顺序、等距量表的特征外，还有一个具有实际意义的绝对零点。零点是指测量的起点或参照点。有些零点是人为确定的，称相对零点，等比量表是表示各个类别之间的顺序关系成比率的量表，比如对身高、体重、年龄等变量的测量。如0℃，并不意味着没有一点儿温度，而是以人为确定的冰点为参照标准。学生的考试成绩、智商的0分都是相对零点。有些零点具有实际意义，称绝对零点。如年龄、身高、经费开支等都有绝对零点，0岁、0米、0元中的"0"都表示真实的"无"，表示一点儿都没有。

等比量表具有绝对零点，可以进行加减乘除运算，可以表示倍数关系。当然等比量表适用的统计方法就更多。

在上述4种态度测量表中，最常用的是类别量表和顺序量表。因为态度量表本质上是一种顺序关系，很难用差距关系和比率关系来表示，如给洗发水品牌打分，测量的结果不能表示在实际生活中被调查者10次购买洗发水，4次是购买海飞丝，3次是购买夏士莲，2次是购买飘柔，1次是购买潘婷，而只能表示购买时的选择顺序是怎样的。因此，尽管等距量表和等比量表看上去包含的内容更丰富，运算方式更多，但现实运用中却很少使用。

（二）根据态度答案数目分类

如果有利态度的答案数目与不利态度答案数目相等，该量表为平衡量表；否则为不平衡量表。例如："您对某超市服务态度有什么看法?"若答案为非常好、很好、好、一般、不好、差、非常差,则是平衡量表;若答案为非常好、很好、好、一般、不好,则为不平衡量表。

采用平衡量表,受访者的答案分配可能比较均匀,客观性较强;采用不平衡量表,答案可能会偏向有利或不利答案,但优点是可减少答案数目。

三、市场调查中常用的几种量表

目前,在市场调查中常用的量表有评比量表、鲍氏社会距离量表、瑟斯顿量表、李克特量表、语义差异量表和配对比较量表,下面分别作简要说明。

(一) 评比量表

评比量表是市场调查中最常用的一种顺序量表,调查者在问卷中事先拟定有关问题的答案,由回答者自由选择回答;量表的两端为极端性答案,在两个极端之间划分为若干阶段,阶段可多可少,少则 3 个阶段,多则 5 个、7 个或 7 个以上阶段。具体如表 2.3 与表 2.4 所列。

表2.3   3 阶段的量表

不喜欢	无所谓	喜欢
1	2	3

注 表中的记分也可采用 -1,0,1。

表2.4   7 阶段的量表

很不喜欢	不喜欢	稍不喜欢	无所谓	稍喜欢	喜欢	很喜欢
1	2	3	4	5	6	7

注 表中的记分也可采取 -3,-2,-1,0,1,2,3。

在制作评比量表时,应注意中间阶段划分不宜过细,过细往往会使回答者难以作出评价。当然,也可采用不平衡量表,偏向于有利态度的答案,以减少答案数目。

(二) 鲍氏社会距离量表

例如,探讨美国与阿尔巴尼亚人交往的意愿,可能会询问美国人如下问题:

(1) 你愿意让阿尔巴尼亚人住在你的国家吗?

(2) 你愿意让阿尔巴尼亚人住在你的社区吗?

(3) 你愿意让阿尔巴尼亚人住在你家附近吗?

(4) 你愿意让阿尔巴尼亚人住在你的隔壁吗?

(5) 你愿意让你的孩子与阿尔巴尼亚人结婚吗?

注意,上述问题逐渐加强了受访者对阿尔巴尼亚人的亲近程度。开始时,我们要测量美国人与阿尔巴尼亚人交往的意愿;然后逐步发展,设计了一些交往程度不同的问题。这样建立起来的项目称为鲍氏社会距离量表。

鲍氏社会距离量表的项目在程度上有明显差别。如果某人愿意接受某种程度的项目,那么他就应该愿意接受该项目之前的所有项目,因为这些项目的强度更弱。例如,一个能让阿尔巴尼亚人住在自家附近的人,一定也愿意让他住在自己的社区和国家;但却不一定会让阿尔巴尼亚人住在隔壁,或让自己的儿女与阿尔巴尼亚人结婚。这就是各个项目之间强度的逻辑结构。

从经验上看，人们可以期望大多数人都愿意让阿尔巴尼亚人住在美国，但却只有少数人愿意让其子女与他们通婚。在这种情况下，可以称某些项目为"简单项目"。很多人都会接受简单项目，却无法接受困难项目。除了一些不可避免的特例之外，鲍氏社会距离量表的逻辑是，受访者一旦反对某个项目，则对比该项目更困难的项目也会持反对态度。

鲍氏社会距离量表具有经济性，每个受访者能够接受的最难项目的分值就能代表其对量表中其他项目的回答。但鲍氏社会距离量表显然不适用于那些逻辑结构不明显的变量的测量。

（三）瑟斯顿量表

1929 年，瑟斯顿的物理测定法被应用于测定社会态度。瑟斯顿量表试图在变量的指标项目之间建立一种经验型结构，其中最常出现的是"等距"结构。建立这种量表的基本步骤如下。

第一步，由研究者提出若干个可能的指标项目，通常有几十条之多。例如，了解人们对一周 5 天工作日的看法时，可用以下语句：

5 天工作日对人们的精神健康是绝对必要的；

5 天工作日是社会进步的一种表现；

5 天工作日是生产力提高的结果；

5 天工作日是劳动者基本权利的保证；

5 天工作日没有必要；

5 天工作日会使人变得懒惰；

5 天工作日有助于经济繁荣；

5 天工作日会减少人们的收入；

…………

第二步，将这些表述提供给一组评定人员（通常在 10 ~ 20 人），要求他们对每一个项目测量变量的强度进行评判（通过赋值，譬如 1 ~ 13 分），对关系最弱的赋值为 1 分，对关系最强的赋值 13 分，关系强度中等的赋予中间值，依此类推，赋予每个项目一个分值。

第三步，根据评定人员给予每一个项目的分数计算其平均数和标准差。平均数反映了评定人员对某语句态度的集中程度，而标准差则反映了他们态度的离散程度。然后选出得到裁判共识最多的项目，并提出没有得到共识的项目。

第四步，在得到共识的项目中，选择代表 1 ~ 13 分的（一个或多个）项目。在真正调查时向受访者提出，要求他们回答。

和鲍氏社会距离量表一样，瑟斯顿量表也具备经济性和效率。每一位受访者也会得到一个分值（受访者能够接受的最难项目的分值），而这个分值也能充分代表受访者对问卷其他项目的回答。但瑟斯顿量表的使用效率并不高，主要原因在于：①量表的确定费时、费力；②评定人员的选择应有一定的代表性，否则当评定人员的态度和实际受访者态度发生较大差异时，会使这种方法失去信度；③组成变量的项目的含义也会随时间的演进而有所改变，所以每隔一段时间必须对量表进行更新；④无法反映受访者态度在程度上的区别，即当他们表示"反对"时，并不知道他们是反对、很反对还是极反对。李克特量表则可弥补这一不足。

（四）李克特量表

李克特量表是问卷设计中运用十分广泛的一种量表，它也是要求被调查者表明对某一表述赞成或否定，与瑟斯顿量表的不同之处在于，受访者对这些问题的态度不再是简单的同意或不同意两类，而是将赞成度分为若干类，范围从非常赞成到非常不赞成，中间为中性类，这样人们态度上的差别就能充分体现出来。例如：

请您给下面的观点打分：很同意（5分）；比较同意（4分）；讲不清（3分）；不大同意（2分）；很不同意（1分）。

（1）越是有钱，越应该参加保险。（　）

（2）个人没有必要买养老保险。（　）

（3）只有人们的收入达到一定水平，才会考虑保险。（　）

（4）我不大爱生病，没必要参加保险公司推出的医疗保险。（　）

…………

（10）项目保险定价合理。（　）

量表的项目应围绕问题的"典型"观点，所选项目应当分散，代表问题的一个足够宽的范围。此外，需要考虑项目的正负方向，如对"非常满意"正面项目和"非常不满意"负面项目的人都给5分，这样可以避免由于习惯"附和"或"反对"而造成的回答偏差。

（五）语义差异量表

和李克特量表一样，语义差异量表同样要求受访者在两个极端之间进行选择。语义差异量表一般是7级评分量表，两端由相互对立的极端词构成。语义差异量表被广泛应用于品牌、产品和公司形象的研究。语义差异量表在使用时可以分为以下两个步骤。

第一步，确定测量对象后，挑选若干组对立的能够描述测量对象特征的形容词或短语，构建一个语义差异量表，如测量某品牌印象，可以构建如图2.3所示的语义差异量表。

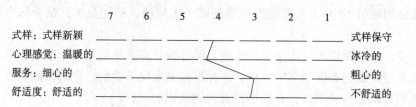

图2.3　语义差异量表

第二步，由受访者在每一组对里的形容词之间进行评分（标出位置）。在受访者回答完成后，调研者可以计算式样、心理感觉、服务、舒适度的平均得分，以这些数字为基础，在表上画出的曲线即显示了消费者对该品牌的印象。研究者也可以利用这些数据和其他变量相结合分析更多的问题。

利用语义差异量表可以迅速高效地检查公司或产品形象，以及与竞争对手相比所具有的长处与不足，但语义差异量表没有一套标准模式，调研人员必须根据调研主题花费较多时间设计量表。对一个特定形象组成要素评分时，受访者可能受到对测试概念总体形象的印象的制约，特别是受访者对各要素不大清楚时可能会产生明显偏差。评分数目点少，则比较结果过于粗糙，数目点太多又超出大多数人的分辨能力，因此常用7点评分。受访者选择7点评分中的4分容易产生保持中立或不了解这组形容词与被测概念间联系的嫌疑。如果一个形象调研中含有大量的4分答案，结果可能得到轮廓不清的中间状态图。

（六）配对比较量表

配对比较量表是通过配对比较的方法来测量人们态度的一种量表。例如，某可乐饮料经销者非常想了解几种牌子的可乐饮料在消费者心目中的地位，就可采用此法。如果现有A，B，C，D4种牌子的可乐饮料，即可将其两两组合成6对，要求受访者（100名）成对比较，并指出何者为佳。如果对A与B的比较中回答A佳，则在A较B为佳栏下记录一人，如果共有20人这样认为，则频数为20，全部6对可乐比较过后所得结果如表2.5所列。

表2.5　　　　　　　　　　　认为牌子 i 较牌子 j 为佳的人数分布

i \ j	A	B	C	D
A	—	80	70	40
B	20	—	30	15
C	30	70	—	35
D	60	85	65	—

为了进一步分析，可将此数转化为频率，如表2.6所列。

表2.6　　　　　　　　　　　认为牌子 i 较牌子 j 为佳的比率

i \ j	A	B	C	D
A	0.50	0.80	0.70	0.40
B	0.20	0.50	0.30	0.15
C	0.30	0.70	0.50	0.35
D	0.60	0.85	0.65	0.50
合计	1.60	2.85	2.15	1.40

在表2.6中，各牌子与自己的比率均为0.5，将每栏的比率相加，就得出各种牌子的态度值。4种牌子的态度值相比，显然以B为最受欢迎：B（2.85）＞C（2.15）＞A（1.60）＞D（1.40）。

配对比较量表属于顺序量表的一种，正如前面所讲的那样，根据顺序量表无法得知态度间的真正差距是多少。例如，上例中B与C的差距是0.70，不能说它就是A与D差距0.20的3.5倍。这种方法适用于品牌（或规格、花色等）不多，而且消费者对各种牌子的商品比较了解的情况。

第五节 | 问卷测试

一份理想的问卷，既要能准确无误地反映所要研究现象的属性，又要能在一定条件下以最小的计量误差得到所需的所有信息。问卷设计完成后，可以通过信度和效度来评价问卷设计质量，尤其是对于量表的测试。

一、信度和效度

信度是指问卷调查结果的一致性、稳定性和可靠性。如果研究现象的属性不变，测量结果也不变，则这种测量是可信的；否则，就是不可信的。以货物质量的测量为例，某种货物第一次所称质量为 50 千克，再称一次仍然是 50 千克，那么作为一种测量方法，使用的磅秤是可信的，因为两次测量结果都是 50 千克，具有前后一致性。如果第一次称为 50 千克，第二次称为 55 千克，则所使用的磅秤就不可信。在市场调查中，所需测量的属性往往比货物质量这类属性复杂得多，其信度问题也就更加复杂。此外，问卷的内容、措辞、问题形式、顺序等都会影响答案的一致性。

效度是指问卷能否真正测量到所要测量的东西，也就是能否达到测量的目的，正确衡量研究者所要了解属性的程度。效度有两个基本要求：一是测量方法确实是测量所要测量对象的属性，而非其他属性；二是测量方式能准确测量该属性。如果某一测量方式符合上述要求，它就是有效的。以测试某课程学习成绩的试卷为例，如果试卷内容过于简单或远远超出学习内容，都无法准确反映学生的学习水平，该试卷就属于无效试卷。

信度仅指测量结果的可靠程度，不涉及测量所得结果是否达到目的；效度则针对测量的目的，考察问卷能否发挥其测度的功能，考察的是测度的有效程度。效度与信度是优良问卷所必备的两项主要条件。信度与效度之间存在的关系，可以用一句话来概括：信度是效度的必要条件而非充分条件。就是说，问卷要有效度就必须有信度，不可信就不可能正确。但是，信度不是效度的充分条件，即有了信度，不一定有效度。

二、信度评价

对于问卷设计，信度评价的方法主要有重复检验法、交错法和折半法。

（一）重复检验法

重复检验法是用同一测量手段对同一群受试者前后测量两次，然后根据两次测试的相关数测度信度。例如，对一群人进行问卷调查后，隔一段时间再用同一份问卷对同一群受访者进行调查，两次测量结果之间的相关系数就反映问卷的信度。该种测验方法要求对同一样本重复实施两次调查，优点是可以提供有关测试结果是否随时间而变化的资料，作为预测受试者将来行为表现的依据；缺点是受时间和经费的限制，现实中往往难以实现。此外，为避免记忆的影响，前后两次测验相隔时间要适度，一般而言，相隔时间越长，稳定系数越低。

（二）交错法

交错法是指研究者设计两份问卷，每一份使用不同的问题，但测量的是同一属性，让同一群受访者回答。然后根据两份问卷测量结果的相关系数计算问卷信度，这种信度称为交错信度。该方法要求两份问卷在题数、形式、内容、难度以及鉴别度等方面都要一致。

（三）折半法

折半法是将一份问卷中的问题随机分为两组（通常要求这两部分问题数目相等），然后考察这两部分的测量结果的相关系数。如果结果高度相关，问卷就是可信的，否则就是不可信的。这种信度称为折半信度。将问卷分为两半的方法很多，常用的是将奇数题和偶数题分开。

重复检验法和交错法均需要实施两次测验，受试者的合作、动机、疲劳和厌烦等因素可能影响测验的实施。因此，只根据一次测验结果就可以估计信度的折半法较受欢迎。

一般来说，信度的判别标准如表 2.7 所列。

表 2.7 信度的判别标准

信度小于等于 0.3	不可信
信度大于 0.3 小于 0.4	初步的研究，勉强可信
信度大于 0.4 小于 0.5	稍微可信
信度大于 0.5 小于 0.7	可信（最常见的信度范围）
信度大于 0.7 小于 0.9	很可信（次常见的信度范围）
信度大于 0.9	十分可信

三、效度评价

低效度的问卷往往无法达到测量目的。在问卷调查中，对效度的评价非常重要，但也十分复杂和困难。研究者可以侧重从 3 个角度进行判断：①观察问卷内容契合主题的程度。②测量调查结果与有关标准间的相关程度。例如，可观察消费者对某种产品的满意状况与对该产品的使用情况的相关性。显著相关时，说明此问卷具有较高的效度。③从实证角度分析其结构效度。

对于问卷设计，效度的度量可以从内容效度、准则效度和构建效度 3 个角度来看。

（1）内容效度。测量内容的适合性和相符性。主要看问卷内容是否抓住或体现调查问卷的所有或主要特征，能不能实现调查的目的。问卷内容与所要调查内容越一致，就说明调查问卷的内容效度越高，调查结果越有效。

（2）准则效度。指用几种不同的测量方式或不同指标对同一变量进行测量时的一致性程度。选择其中的一种方式或指标作为准则，其他的方式或指标与这个准则作比较，如果不同的测量方式或不同指标调查结果高度相关，则具有准则效度。

（3）构建效度。也称结构效度。问卷调查结果能够测量其理论特征，即问卷调查结果与理论预期一致，则认为有构建效度。换言之，构建效度就是调查结果与所要调查属性的同构程度。例如对婚姻满意度调查问卷的效度分析中，根据理论预期，婚姻满意度与婚姻忠诚度相关。调查结果表明，与对婚姻不满意的夫妻相比，对婚姻满意的夫妻不太可能欺骗对方。调查结果与理论预期一致，证明调查问卷具有构建效度。

效度测定的这3种类别，从内容效度、准则效度到构建效度，可视为一个累进的过程，构建效度常被认为是最强有力的效度测量程序。内容效度只需要一个单一的概念和对该概念的一个测量法；准则效度仅需要一个概念，但需要对该概念的两个以上的测量法；而构建效度则不仅需要概念和测量法，而且还需要命题中的相关概念及其测量法。效度是针对某种测评目的而言的，并不具有普遍意义；而且效度分析具有多面性，综合分析各类型的效度才能把握结果的有效性。现实中对效度的分析主要采用定性方法。

本章小结

市场调查组织是实施市场调查活动的机构。它是市场调查策划的主体之一，同时也是进行有效市场调查的根本保证。市场调查机构的类型大体可以分为两种：一种是企业外部的专业性市场调查机构，另一种是企业内部自设的市场调查部门。选择市场调研专业机构来实施调研的优点是减小地理和语言上的障碍；节约成本；具有客观性。市场调研是一项高智力性的工作，又是一项繁杂、辛苦的工作。所有各项工作最终均是由具体的人员承担和完成的。市场调查人员本身的素质和条件，将直接决定市场调研活动的成败优劣。为此，调查人员应具备一定的素质和条件，并能时常得到专业的培训。

市场调查方案，就是根据调查研究的目的和调查对象的性质，在进行实际调查之前，对调查工作总任务的各个方面和各阶段进行的通盘考虑和安排，以提出相应的调查实施方案，制订合理的工作程序。市场调查的方案设计就是对调查工作各个方面和全过程进行通盘考虑，包括整个调查工作过程的全部内容。市场调查方案设计主要包括：确定调查目的；确定调查对象和调查单位；确定调查项目；确定调查方式和方法；确定数据整理和分析方法；确定调查时间和调查期限；确定调查经费预算；调查方案的可行性分析；撰写市场调查策划报告。

所谓问句，一般的理解是指询问的句子。市场调研中构成问卷基本要素的问句，不仅指一般意义上的提问用的句子，还包括将要记录的答案、计算机编号和说明怎样回答等。

依据划分角度不同问句可以分为多种类型。一个问卷的设计是一个系统工程，它体现了设计人员对调研项目的总体思路。因此，不仅要在细节上，即具体的问句中重视技术的运用，还必须重视整份问卷的设计技术。一份完整的调查问卷通常包括标题、问卷说明、被调查者基本情况、调查内容、编码号、调查者情况等内容。

态度测量就是调查人员根据被调查者的可能认识或认识程度，就某一问题列出若干答案，设计态度测量表，再根据被调查者的选择来确定其认识或认识程度（态度）。态度测量表，就是通过一套事先拟定的用语、记号和数目，来测量人们心理活动的度量工具，它可将所要调查的定性资料进行量化。

一份理想的问卷，既要能准确地反映所要研究现象的属性，又要能在一定条件下以最小的计量误差得到所需的所有信息。问卷设计完成后，可以通过信度和效度来评价问卷设计质量，尤其是对于量表的测试。

复习思考题

1. 国内外市场调查组织有哪些？

2. 市场调查机构分哪几种类型？

3. 什么是市场调查方案？市场调查方案的策划步骤是什么？

4. 什么是问卷？什么是问卷设计？在市场调查中问卷有什么作用？

5. 问卷设计的原则有哪些？

6. 问卷设计的过程有哪些？

7. 什么是问句？问句设计包括哪些内容？

8. 一份完整的问卷通常有哪几部分组成？

9. 什么是态度测量？什么是态度测量表？举例说明，并比较类别量表、顺序量表、等距量表和等比量表。

10. 市场调查常用的量表有哪些？

11. 什么是信度和效度，两者的关系如何？

12. 某大型百货商城想了解客户对商城服务的满意度和忠诚度，决定进行一次市场调查，请帮助该商城设计一份市场调查问卷。

案例分析

20 世纪 80 年代初，虽然可口可乐在美国软饮料市场上仍处于领先地位，但百事可乐公司通过多年的促销攻势，以口味试饮来表明消费者更喜欢较甜口味的百事可乐饮料，并不断侵吞着可口可乐的市场。为此，可口可乐公司以改变可口可乐的口味来对付百事可乐对其市场的侵吞。

可口可乐公司花费了两年多的时间对新口味可口可乐饮料进行研究开发，投入了400 多万美元的资金，最终开发出了新可乐的配方。在新可乐配方开发过程中，可口可乐公司进行了近 20 万人的口味试验，仅最终配方就进行了 3 万人的试验。在试验中，研究人员在不加任何标志的情况下，对新老口味可乐、新口味可乐和百事可乐进行了比较试验，试验结果是：在新老口味可乐之间，60% 的人选择新口味可乐；在新口味可乐和百事可乐之间，52% 的人选择新口味可乐。从这个试验研究结果看，新口味可乐应是一个成功的产品。

1985 年 5 月，可口可乐公司将口味较甜的新可乐投放市场，同时放弃了原配方的可乐。在新可乐上市初期，市场销售不错，但不久就销售平平，并且公司开始每天从愤怒的消费者那里接到 1500 多个电话和很多的信件，一个自称原口味可乐饮用者的组织举行了抗议活动，并威胁除非恢复原口味的可乐或将配方公之于众，否则将提出集体诉讼。

迫于原口味可乐消费者的压力，1985 年 7 月中旬，即新可乐推出的两个月后，可口可乐公司恢复了原口味的可乐，从而在市场上新口味可乐与原口味可乐共存，但原口味可乐的销售量远大于新口味可乐的销售量。

问题：1. 新口味可乐配方的市场营销调查中存在的主要问题是什么？

　　　 2. 新口味可乐配方的市场调查应包括哪些方面的内容？

第三章 市场调查方式

浙江省第二次全国残疾人抽样调查

国务院批准于 2006—2007 年开展全国残疾人抽样调查。这是自 1987 年第一次全国抽样调查后，党和政府为发展残疾人事业，促进残疾人事业与国民经济和社会协调发展而采取的重大举措。样本设计师根据调查目的，采用分层、等距、多阶段抽样的方法，在全国范围内，抽出 734 个县（市、区），设计样本量为 260 万，约为全国人口的 0.2%。

此次调查采用抽样调查的方式来完成，在浙江省抽取 25 个县（市、区）100 个乡（镇、街道）共 200 个调查小区，平均每个调查小区抽取 470 人。此次调查的标准时间为 2006 年 4 月 1 日零时，入户调查时间自 2006 年 4 月 1 日起至 2006 年 5 月 31 日结束。在省政府和各抽中县（市、区）政府直接领导下，组织了 25 个调查队、425 名调查员、205 名各科医生、25 名统计员以及 1850 名陪调员，逐户进行询问登记、筛选和残疾评定。浙江省共调查了 33674 户、95392 人，调查的抽样比约为 0.195%；入户见面 75933 人，占调查总数的 79.60%。按照《第二届全国残疾人抽样调查残疾筛查方法》，7 岁以上疑似残疾人筛出率为 20.42%，疑似残疾人检查率达到 99.91%。

该案例中运用了哪些抽样调查方式？各有何特点？

在我们进行市场调查收集资料时，首先会面临到一个问题，就是怎么样选择适合的被调查者。这是一件看起来简单，但是在实际上却是比较复杂的工作，需要根据不同市场调查目的以及调查对象的特点，有针对性地选择不同的被调查者。本章将市场调查方式大体归纳为全面调查与非全面调查两大类，并且分别对两大类各自所包括的具体分类情况加以介绍说明。具体分类如图3.1所示。

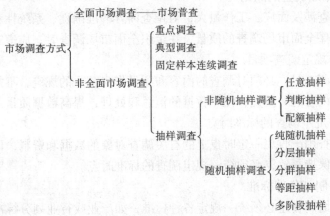

图3.1 市场调查方式分类

第一节 市场调查方式分类

一、全面市场调查

全面市场调查也称市场普查，是对调查对象（总体）的全部单位所进行的无一遗漏的逐个调查。全面调查是一次性调查，其目的是把握在某一时点上一定范围内调查对象的基本情况，如商品库存普查。

（一）全面市场调查的优缺点

从理论上说，全面调查可以取得调查对象全体的可靠数据，这是它的最大优点。但是，从实践来看，全面调查有很多缺点：①大规模的全面调查工作量大，需要耗费大量的人力和财力，很不经济；②大规模的全面调查由于工作量大、范围广、参与调查的人手杂，如果调查组织工作不够周密，调查中很容易出现遗漏、重复或者录入误差；③全面调查时间较长，不能迅速得到调查结果。所以，全面调查很少用于大范围的市场调查工作，只是适用于某些小范围的市场调查。例如，商业批发企业调查供应地区内几百家用户对某种生产资料的需求量，食品公司调查一个县或者一个乡的生猪存栏量等，可以采用普查方式逐一调查。

（二）全面市场调查的方式

（1）向调查对象的所有被调查单位分发调查表，由被调查单位根据自身的现有资料按规定时间填报。这种方式一般适用于对企业、事业单位的市场调查。

（2）调查人员按照调查表项目的要求，直接对被调查单位进行访问、观察和登记。这种方式一般适用于对农村集体经济组织和居民家庭或个人进行调查。

（3）利用国家统计部门或其他部门组织的有关普查机会，收集市场调查所需要的全面资料。例如，人口普查的人口及其构成资料、工业企业普查的有关生产资料的情况等，都有市场调查所需要的重要内容。

（三）全面市场调查的原则

全面市场调查涉及面广，工作量大，对调查内容的准确性、系统性和实效性有较高的要求。为了确保全面市场调查的质量，在组织全面市场调查时，应遵守以下原则。

1. 必须统一规定调查项目

在全面市场调查时，必须对调查的内容和项目作出统一的规定，不能任意改变或增减，以确保调查内容的一致性，便于数据的汇总和处理，提高数据质量。

2. 必须统一规定调查的标准时点

全面市场调查用于收集一定时点上的有关调查对象的数据和资料，因此，为了使调查数据在时间上保持一致，必须统一规定调查的标准时点。

3. 必须统一制订各种标准

进行全面市场调查还必须统一规定各种标准，如产业或行业划分标准、产品分类目录、数据编码、计算方法、数据处理程序等，都必须统一规定和实施，这样才能从各个方面确保调查数据的质量。

4. 必须统一调查的步骤和方法

为了确保全面市场调查资料具有一定的时效性和调查质量，在调查范围内的各个调查点，必须要统一行动、统一进度、统一步骤和方法。

（四）全面市场调查的实施步骤

（1）准备。主要是制订全面市场调查的方案。包括：确定调查对象、调查范围和调查方法，确定调查的内容和具体时间，还有调查经费的安排、数据处理与质量控制等。

（2）试点调查。选择若干调查点作为试点单位，模拟全面调查工作的全过程，用以取得组织实施全面市场调查的经验，检验全面市场调查方案的科学性、可行性，发现问题和缺陷，为进一步改进和完善调查方案提供依据。

（3）正式调查。在试点调查的基础上，就可以组织正式的调查登记工作了。

（4）数据处理。包括：数据处理程序编制、软件使用培训、调查表人工审核、数据录入、计算机审核、数据校正、数据汇总、数据备份、数据存储和建立数据库进行数据管理等。

（5）分析研究。利用调查数据进行多方面的开发和分析研究，为决策者提供多种形式的信息服务。

（6）总结与评估。即对调查工作进行全面总结与评估，总结经验教训，表彰先进，处罚违纪违规的单位和个人。

（五）全面市场调查的应用

由于全面市场调查涉及面广，工作量大，需要耗费大量的人力、物力和财力，而且调查时间长。因此，企业不可能组织大范围大规模的全面市场调查，但是可以组织一些小范围的全面调查，或者对那些不能或不必要进行经常性调查，但对资料的准确性、全面性又要求较高的项目实施全面市场调查。主要包括以下方面。

（1）企业内部有关人力、物力、财力资源的全面调查。如：员工基本情况调查、设备完好率调查等。

（2）企业员工满意度、忠诚度全员测评。

（3）供应商的全面调查。包括对供应商的供货数量、质量、品种、价格、服务、运输、配送、信誉度等情况进行全面调查。这种调查可为优选供应商提供决策所需的信息。

（4）经销商、代理商全面调查。为企业调整、优化营销渠道提供信息支持。

二、重点调查

重点调查是在全体调查对象（即总体）中选择一部分重点单位进行的一种非全面调查。所谓重点单位，是指所要强调的这些单位在总体中占重要地位或者在总体某项标志总量中占绝大比重的单位。如调查某年沈阳市春节市场供应情况，只要对中兴、铁百、兴隆、华联等几家大型零售商店进行调查，便足以反映沈阳市场供应的基本态势——因为这些商业企业的销售额在沈阳市社会商品零售总额中占绝对优势。再如，要了解全国汽车生产的基本情况，只要对少数几个重点汽车生产企业，如上海汽车、长春一汽、东风、北京汽车、中国重型、长安汽车、南京跃进、天津汽车等进行调查即可取得所需要的资料。

（一）重点调查的优缺点

优点：调查单位数目不多，可以节省人力、物力、财力和时间；可以及时获取信息，了解和掌握总体的基本情况；调查工作量小，易于组织。

缺点：若总体各单位发展比较平衡，呈现均匀分布，则不能采用重点市场调查。

（二）重点单位的选择

重点单位的选择正确与否，将直接决定重点单位调查的结果能否正确反映总体的基本情况。因此，在选择重点单位时一定要慎重，按以下原则来选择。

（1）目的性原则。重点调查研究的目的不同，其重点单位也不同。因此，应根据市场调查的目的、调查对象的性质和特点来选择重点单位。

（2）依据性原则。重点单位的选择，必须以代表总体的抽样框为依据，要包括总体的全部单位名单及一些重要的辅助信息。

（3）可控性原则。选择重点单位的数目应注意控制在一个合理的数量界限上，即抽取的重点单位在数目上要尽量少，但其标志总量占总体标志总量的比重又要尽量大。一般来说，这个比重要达到70%～80%。

（4）时空性原则。选择重点单位时，要考虑时间和地点，因为重点单位不是一成不变的，而是因时间、地点不同而不同，所以要因时因地作出选择。

（三）重点市场调查的应用

重点市场调查适用于调查总体呈偏斜分布的状态，而部分重点单位又能比较集中地反映所要研究的项目或指标的场合。如：

（1）调查农产品重点产区的产销情况，以测算农产品资源，分析供求变化；

（2）调查农产品主要批发市场价格走势，以研究市场行情；

（3）调查原材料、能源重点企业的产销情况，以研究原材料能源的供应潜力；

（4）调查零售业中重点零售企业的购销存情况，以研究零售市场的发展趋势；

（5）调查制造业中重点工业企业的产销存情况，以研究主要工业产品的产销情况；

（6）在工商企业中，对重点产品、重点供应商、重点客户进行调查，以寻求营销重点，加强营销管理；

（7）调查研究重点城市、重点经济区域的经济实力和竞争力。

总之，重点市场调查的应用范围很广，只要调查总体具备重点调查所要求的条件——重点单位数很少，但其标志值比重却很大，采用重点调查就能够取得较为理想的调查结果。

三、典型调查

典型调查是在全体调查对象（即总体）中有意识地选择一些具有典型意义或者有代表性的单位进行非全面的专门调查研究。典型调查有两个特点：一是典型单位是从调查对象中有意识地选择的，所以选择出来的典型单位是否具有代表性完全取决于调查者对调查对象的认识程度；二是调查单位较少，人力和费用开支较省，运用比较灵活，调查内容可以多一些。运用这种调查方式，有利于深入实际对问题作比较细致的调查分析，所以在我国市场调查中，这种调查方式得到广泛采用。

商业企业在市场调查中，采用典型调查方式大体有两种情况：一是为了查清市场交易活动中的问题，或者总结经营中的经验教训，有意识地选定具有典型意义的单位，进行解剖麻雀式的调查研究；二是在商品需求和商品资源调查中，从调查总体中有意识地抽选具有代表性的样本单位进行调查，以样本的综合指标来推断总体指标。用典型调查的综合指标推断总体的综合指标，一般只能作出估计，不可能像随机抽样调查那样能计算出抽样误差，也不能指明推断结果的精确度。不过，在总体各单位的差异比较小，所选典型单位具有较大代表性的情况下，以典型调查资料推断总体指标，也可以得到较为满意的结果。

（一）典型调查的优缺点

主要优点：调查单位少，可作深入细致的调查研究，以便深刻揭示事物的本质和规律；另外，调查范围小，调查单位少，可以节省调查的人力、物力和财力，还能节省时间，并且可迅速取得调查结果，快速反映市场情况。

主要缺点：典型单位的选择依赖于调查者的主观判断，难以完全避免主观随意性，如果样本的代表性不强，往往会产生较大的系统性误差。

（二）典型单位的选择

典型市场调查的关键在于典型单位选择的正确与否，这将直接决定典型调查结果的有效性。典型单位的选择应考虑以下几个问题。

1. 选择的依据

典型市场调查实质上是一种非随机抽样的方式，为了提高样本的代表性，防止典型单位抽选的主观随意性和片面性，应以以往的调查资料或所建立的单位目录库为依据，在充分分析、比较和评估的基础上选择有代表性的单位作为典型单位。

2. 选择的数目

应根据调查的目的，调查对象的特点，调查经费的多少，调查精度的要求等合理确定典型单位的数目。另外，如果是定性调研项目，典型单位可少一些；而定量调研的项目，典型单位要多一些。再有，可根据以往同类调研的实践经验，来确定典型单位的必要数目。

3. 选择的方法

（1）取中选典。如果要了解总体的一般数量表现，可选择中等水平（平均型和多数型）的单位作为调查单位。

（2）划类选典。如果要较为准确地估计总体的一般水平，首先应将总体中的所有个体划分为不同的类型，然后再从各类中按其比例大小选择若干典型单位。例如，某县农民家庭彩电需求测算（如表3.1所列）。

表3.1　　　　　　　　　某县农民家庭彩电需求测算表

农户类型	农户数/户		样本户彩电拥有量	
	全县/户	样本/户	拥有户/台	普及率/%
高收入户	71000	86	73	84.9
中收入户	109600	132	100	75.8
低收入户	68000	82	56	68.3
合　　　计	248600	300	229	76.3

（3）解剖麻雀式选典。如果要总结经验或失败的教训，则应选择先进单位或落后单位作为典型，以便作深入细致的调查。

（三）典型市场调查的运作程序

（1）提出典型调查课题。

（2）确定典型调查方式。

（3）制订典型调查方案。

（4）抽取典型样本。

（5）正式实施调查。

（6）调查结果处理。

（四）典型市场调查的应用

典型市场调查的应用主要表现为以下两个方面。

1. 市场定性问题的研究

（1）研究市场的新情况、新事物、新问题。即运用解剖麻雀式的典型调查方式，对新情况、新事物、新问题作深入的调查研究，以揭示它们的典型意义。

（2）总结经验教训。即通过深入细致的典型调查，总结先进单位的成功经验，剖析落后单位的失败教训，以便吸取成功的经验，找出落后的原因。

（3）研究消费者的消费心理、动机、行为、偏好等，以便为潜在的理由和动机求得一个定性的理解。

2. 市场定量问题的研究

（1）利用典型调查的数据来验证全面调查数据的真实性。

（2）利用划类选典的办法测算农产品的产量，以研究农产品供求的变化。

（3）利用划类选典的办法对生产经营者的供产销进行调查研究，以求利用典型样本的数据推断总体的数量特征。

四、固定样本连续调查

固定样本连续调查，是指把随机选定的调研单位固定下来，进行长期连续的调查和观察。主要目的是了解和掌握市场事态在时间历程中的变化趋势，寻找事态发展的连续性、可比性和规律性。实践中，我国的城镇职工家庭和乡村农户生活调查（即家计调查），西方国家的住房调查，都采取固定调查户进行连续调查研究。

（一）固定样本连续调查的方法

（1）要求固定调查户每天记日记，把需要调研的内容详细地记录下来，由调研人员定期收集汇总。如居民家庭收支调查户每天记收支账，禽蛋产销调研的养禽调查户，每天逐笔登记家禽饲养情况，包括饲料投放量、生长率、产蛋数，以及与鲜蛋收支有关的其他账务。又如商品柜组固定调查户每天记录营业日记，反映营业额、客流量、成交率的变化情况。

（2）对固定调查户，每隔一定时间（一个月或一个季度）发给调查表，由被调查户按时填写寄还。

（3）对固定调查户，每隔一定时间进行访问调查、指导，检查记录，收集情况资料。

（4）定期邀请固定调查户代表举行座谈会。

（二）固定样本连续调查的优缺点

优点：①可以从时间的连续中反映市场供求双方的变化动态和发展趋势，有一定的可比性并可保持资料的连贯性。②能及时掌握市场上的各种变化情况。固定样本连续调研都规定有定期的发样和收样时间，以便按时汇总，定期掌握调研对象的变化情况。③有稳定的样本群，便于进行纵向、横向对比。④可以根据需要，有计划地增加调研项目，或者利用固定样本进行针对性较强的转向市场调研。

缺点：①调研对象的日记不易坚持，易出现漏报、缺报，影响资料的准确度。②样本可能随着时间的转移而转移，出现脱节，如果不能及时补充，容易发生偏差。③要付给固定样本一定的补贴费，长期进行费用开支较大。

（三）固定样本调查的范围

（1）消费者固定样本连续调查。以职工家庭（农户）调查为对象，了解消费者需求的变化及购买行为、收入支出、消费结构（购买力投向）等变化情况。

（2）生产者固定样本连续调查。以生产企业调查为对象，了解产品成本变化的因素和趋势，为确定价格提供可靠资料。

（3）零售商固定样本连续调查。以零售商业企业调查为对象，了解商品结构、价格水平、费用、销售量、利润等的变化。

（4）批发商固定样本连续调查。以批发商业企业调查为对象，了解批发销售量、进货渠道、费用、批零差率、利润等的变化情况。

五、抽样调查

抽样调查是指从研究对象的总体中，按照随机性原则抽取一部分单位作为样本进行调查，并且用样本调查的结果来推断总体的非全面市场调查。

抽样调查的目的绝不是仅仅为了了解样本情况，而是通过对样本的了解来推断总体，因此抽样市场调查虽然是一种非全面市场调查，其目的却是为了得到与总体有关的资料。另外，按随机原则抽样，总体的每个单位都有同等被抽中的可能，即样本的抽取完全是客观的，而不能主观、有意识地选择样本。

（一）抽样调查的特点

抽样调查是市场调查中应用最多的方式，它具有以下明显的特点。

（1）抽取样本的客观性。随机抽样调查中的样本是按照随机原则抽取的，这从根本上排除了主观因素的干扰，保证了样本推断总体的客观性。这是抽样调查科学性的根本所在，它使市场调查结果的真实性和可靠性有了基础。

（2）抽样调查可以比较准确地推断总体。抽样调查的最终目的，是用样本调查所计算的指标来推断总体的相应指标。抽样推断的抽样误差不但可以准确计算，还可以根据研究市场问题的需要，对误差的大小加以控制。这有别于典型市场调查和重点市场调查方式。

（3）抽样调查是一种费用比较节省的调查方式。抽样调查仅仅对总体中少数样本单位进行调查，因此在人力、财力、物力方面都比较节省，从而降低了市场调查的费用。更值得注意的是，抽样市场调查还很省时。由于抽样调查的单位少，所需搜集、整理和分析的数据也相应减少许多，因而能够在较短时间内完成市场调查工作，大大节省调查时间。这对于时效性要求较高的市场调查来说，更是一个至关重要的优点，它可以使决策者迅速掌握市场信息。

（4）抽样调查的应用范围广泛。在市场调查中，抽样市场调查所适用的范围很广泛，它可用于不同所有制企业的调查；也可用于不同地区的市场调查。此外，对于不同的商品消费者，对商品的价格都可以采用抽样市场调查方式。

（5）调查方式的科学性。抽样市场调查有充分的数据依据，能够将调查样本代表性的误差控制在允许的范围内。由于调查样本的抽取具有随机性，受主观因素的影响较小，因而调查结果的精确度并不比全面市场调查低，有时还高于全面市场调查。

（6）调查资料获取的及时性。由于抽样市场调查的调查样本较少，搜集、整理和汇总调查资料的工作量相对较少，信息传递的时间自然比全面市场调查短，这就在无形中提高了调查资料的时间价值。

（7）调查结果的准确性。准确性是指调查结果比较接近实际。由于抽样调查只有部分调查样本，调查范围较小，对象集中，同时调查人员相对较少，易于通过培训提高业务能力，因而能在较大程度上克服全面市场调查中因涉及面广、工作量大、人员庞杂、易发生重复和遗漏等问题造成的对调查结果准确性的影响。

（二）抽样调查的适用范围

抽样调查在我国的市场调查中已逐步得到推广应用，虽然全面的市场调查所收集的统计数据比较全面、可靠，但是实施过多，在人力、物力和财力上会遇到困难，特别对一些企事业单位来说，难以负担全面市场调查，而且市场调查的时效性一般都很强，如果调查的时间拖得过长，尤其是在市场情况瞬息万变的竞争环境中，全面市场调查工作尚未结束，市场情况早已发生了变化，这样调查搜集来的统计资料，随着市场情况的变化会减少甚至完全失去其价值。因此，对市场中的某些问题，并不需要作全面市场调查，正如炊事员要知道一锅汤的滋味，不需要将整锅汤都喝完一样。

在市场调查实践中，抽样市场调查主要适用于以下情况。

（1）要全面了解和掌握某种经济现象，但又不可能进行全面的市场调查。例如，具有破坏性或损耗性的商品质量检验：家用电器的耐用性检测、灯泡的使用寿命检查、汽车轮胎的耐磨试验以及农作物的收成预测等。

（2）调查对象的总体范围较大，样本数量过多，全面市场调查虽有可能，但比较困难或没有必要。例如，在调查某种商品的潜在市场需求时，就可以使用抽样市场调查。

（3）对全面市场调查所获资料的质量进行检查和修正。在调查对象样本数量较多的情况下，如果对全面市场调查的精确度要求较高，通常用抽样市场调查方式来对所得资料的质量进行检查和测定。

六、非随机抽样调查

抽样调查大体可分为非随机抽样调查和随机抽样调查两大类。这里先简单介绍非随机抽样调查，而随机抽样调查在下一节介绍。

从调查对象总体中按照调查者主观设定的某个标准抽取样本单位的调查方法，称为非随机抽样调查。这种抽样方式虽然在样本的抽取方法上带有主观性，并会对总体推断的可靠程度产生影响，但由于简便易行，可即时取得所需要的信息资料，因此在市场调查中也常采用。非随机抽样调查主要有任意抽样法、判断抽样法和配额抽样法3种。

（一）任意抽样法

任意抽样法，也称便利抽样法或偶遇抽样法。它是一种随意选取样本的方法，通常没有严格的抽样标准。例如，一些大城市作流动人员购买力调查，往往无法采取随机抽样法，而是在车站、码头、机场、旅馆或大商场，碰到外地旅客就随便进行询问调查。任意抽样法的基本理论根据，就是认为总体中的每一样本都是"同质"的，而事实上，虽然有的总体中的样本基本是同质的，但绝大多数总体中的样本则是"异质"的。这种调查方法一般用于非正式的探测性调查，在总体中各样本的同质程度较大的情况下，运用这种方法也有可能获得具有代表性的调查结果。

（二）判断抽样法

判断抽样法，也称目的调查法，是按照调查的主观经验判断选定调查单位的一种抽样方法。判断抽样有两种做法。一种是由专家判断决定所选样本——一般选取"多数型"或"平均型"的样本为调研单位。"多数型"指在调查总体中占多数的单位，"平均型"指在调查总体中代表平均水平的单位。另一种是利用统计判断选取样本，即利用调查对象（总体）的全面统计资料，按照一定标准选取样本。判断抽样的样本代表性大小如何，完全取决于调查者本身的知识、经验和判断能力。如果总体中调查单位比较少，调查者对调查对象的特征了解得比较清楚，那么运用判断抽样所选择的样本也会有较大的代表性。判断抽样具有挑选样本简便、及时的优点，在精确度要求不是很高的情况下，企业为了迅速获得解决日常经营决策问题所需的客观依据资料，常常使用判断抽样的方法。

（三）配额抽样法

配额抽样法，又称定额抽样法。它先依据调查总体中的某些属性特征（控制特征）将总体划分为若干类型，再按照分类控制特征将各类总体分成若干个子体，依据各子体在总体中的比重分配样本数额，然后由抽样者主观选定样本单位。配额抽样按照分配样本数额时的做法不同可以分为独立控制配额抽样和相互控制配额抽样。

1. 独立控制配额抽样

这种方法分别独立地按照各类控制特性分配样本配额。它对样本单位在各类控制特性中的交叉关系没有作数额上的限制，因此这种方法在抽样时具有较大的机动性。例如表3.2分别按照收入水平、年龄与性别进行独立控制配额抽样的样本分布。

表3.2 　　　　　　　　　独立控制样本配额抽样

收入水平		年　　龄		性　　别	
高	100	50以上	50	男	50
中	70	25~50	100	女	150
低	30	25以下	50	—	—
合计	200	合计	200	合计	200

2. 相互控制配额抽样

以年龄、性别与收入水平作为交叉控制因素进行配额抽样的样本配额分布，如表3.3所列。

表3.3 　　　　　　　　　相互控制样本配额抽样

年龄 \ 收入水平		收入水平						合计
		高		中		低		
	性　　别	男	女	男	女	男	女	
年龄	50以上	6	19	4	13	2	6	50
	25~50	13	37	9	26	3	12	100
	25以下	6	19	5	13	2	5	50
合　计		25	75	18	52	7	23	200
		100		70		30		

第二节 ▎ 抽样技术方案设计

进行市场调查可以采取不同的调查方式，如果采用了抽样调查的方式，就需要进一步解决一系列的抽样技术问题，这就涉及抽样技术方案的设计问题。

一、抽样技术方案设计的基本内容

抽样技术方案是对抽样调查中的总体范围、抽样方式、抽样方法、抽样数目、抽样框、抽样精度、抽样估计、抽样实施细节等技术性问题所作的安排，其目的在于提高抽样调查和抽样推断的科学性和可靠性，控制抽样调查的过程，提高抽样调查的效率，确保抽样调查的质量。抽样技术方案设计的基本内容如下。

（一）明确抽样调查的目的

抽样调查的目的应根据市场调研的任务和要求及管理者和用户的信息需求确定，并与市场调查总体方案设计中界定的调查目的和任务保持一致。从理论上讲，抽样调查的目的就在于用样本数据推断总体的数量特征，因此，抽样调查目的的界定，应对抽样推断的具体项目或指标作出重点说明。

（二）确定总体范围和总体单位

总体范围的确定应根据研究的目的从时间和空间两个方面作出明确的界定，即明确界定调查的总体范围，并对调查总体作适当的划分。总体范围明确后，应进一步明确总体单位是什么，即明确样本单位。例如，某市某年拟对个体经营户的经营情况进行一次抽样调查，调查的总体范围是在本市注册的截至某月末的所有个体经营户，其中每个个体经营户为总体单位。

任何抽样调查都是在一定的目的下进行的。不同的调查目的有着不同的目标总体，这就既需要调查人员根据调查目的获得规模有限且能够代表总体、再现总体数量特征的样本，又需要调查者明确调研范围及实际个体。

（三）确定抽样推断的主要项目

抽样调查的目的在于用样本数据推断总体的数量特征，因此，在抽样技术方案设计中，应对抽样调查需要推断的总体指标或项目作出合理的规定。不必要作出抽样推断的项目就可以列入一般需要了解的调查内容中。例如，关于某市居民轿车需求情况的调查中，有关居民家庭的收支情况、购买欲望、动机等可列入抽样推断的调查项目，而有关汽车的拥有量、普及率等就不必列入抽样推断的项目。主要推断项目的确定，是为设计抽样精度和确定必要的抽样数目提供依据。例如，个体经营户经营情况抽样调查，需要抽样推断的总体指标有从业人员、营业收入、营业支出、雇员报酬、缴纳税费、固定资产原值等，其中营业收入是最核心的指标，也是确定抽样精度和样本量的关键指标。

（四）确定抽样的组织方式

抽样的组织方式多种多样，常用的有简单随机抽样、类型抽样、系统抽样、整群抽样、多阶段抽样等。实际操作时，应根据总体范围大小、各总体单位分布及变异程度、抽样的目的和要求、抽样精度和抽样费用的约束等因素确定合适的抽样组织方式。

具体选择是：如果抽样目标总体范围不大，各总体单位变异又小，可选择简单随机抽样；若抽样目标总体范围大，各总体单位变异大，应选择类型抽样、系统抽样等方式；若样本单位需要经过几个阶段才能抽取和确定，则可选择多阶段抽样。

抽样组织方式的确定，在于确保抽取的样本能够代表总体，即提高样本的代表性、有效性，减少或防止抽样的系统性误差。

（五）确定合适的抽样框

抽样框是一个包括全部总体单位的能够代表总体全貌的目录或名册，是抽取样本的依据。例如：个体经营户经营情况抽样调查的抽样框就是所有个体经营户的名单，工业企业生产经营情况抽样调查的抽样框就是全部工业企业的名单。抽样框通常有企业名录、个体户名录、职工名册、学生名册、社区居民名册等表现形式，可用于不同目的的抽样。抽样框的设计应当力求包括总体的全部个体，并列出必要的辅助信息，以便对个体进行分层或排序处理，为有效地抽取样本提供依据。例如，企业名录库的设计，应包括企业名称、企业性质、行业类别、产量、产值、利润等基础性资料。

（六）确定恰当的抽样方法

抽样方式确定之后，应进一步明确抽取样本的方法。如采用简单随机抽样方式，应明确是重复抽样还是不重复抽样，以及如何具体实施抽样；如采用类型抽样，则应明确如何分类，如何从每一类中抽取样本单位组成样本；如采用系统抽样，则应明确如何对总体单位排序，怎样等距抽取样本单位组成样本；如采用整群抽样，则应明确怎样对总体进行分群，怎样抽取样本群组成样本等。抽样方法的确定应具有可操作性。现在简单介绍一下重复抽样与不重复抽样。

1. 重复抽样

重复抽样也称放回抽样、回置抽样或重置抽样。它是指每一次从总体抽取一个单位进行观察后，再把这个单位重新放回原总体中，继续参加下次抽选。采用这种抽样方法，由于前一次抽中的个体又重新放回原总体中，不会影响后面的抽选，所以总体中每个单位被抽中的机会完全均等，连续抽选各单位都是独立进行的。

重复抽样按是否考虑抽选样本单位顺序，又可分为有序重复抽样和无序重复抽样两种。

2. 不重复抽样

不重复抽样也称不放回抽样、不回置抽样或不重置抽样。它是指每次从总体中抽取一个单位进行观察之后，不再把这个单位重新放回原总体中，使这个总体单位不再继续参加下次抽选。采用这种抽样方法，由于每次抽中的个体不再放回原总体之中，每抽选一次总体中的个体就减少一个，使连续抽选的各个单位不互相独立。但是，总体中各单位仍有均等被抽中的机会。

不重复抽样按是否考虑抽选样本单位顺序，也可分为有序不重复抽样和无序不重复抽样两种。

（七）确定主要指标的抽样精确度

在抽样技术方案设计中，为了控制抽样误差，确定必要的样本量，必须预先提出和明确主要指标的抽样精确度。抽样调查所需要的不是百分之百的准确，只要准确性能满足决策的要求就可以了，不必追求过分的精确，导致付出过多的不必要的代价。抽样精确度或准确度的表现形式通常有抽样极限误差、抽样标准误差和相对抽样标准误差。一般要求相对抽样标准误差不超过3%，可信程度应达到95.45%以上。

（八）确定必要的抽样数目（样本量）

抽样组织方式和抽样精确度确定之后，就可以确定必要的抽样数目，即确定样本量。样本量一般可考虑总体方差、抽样精确度、可信度（概率度）和抽样方式方法进行计算确定。以简单随机抽样为例，样本容量的计算公式为

$$n = \frac{z^2 \sigma^2}{\Delta^2}$$

式中，z——概率度，当概率为95%时，$z = 1.96$；

     σ——总方差或标准差；

     Δ——极限误差。

例如：某一零件的尺寸为10厘米，根据以往的资料，这种零件这一尺寸的标准差为0.8厘米。若置信概率为95%（即概率度为1.96），要求总体估计的抽样极限误差不超过0.1厘米，求合适的样本容量（样本数）。

$$n = \frac{z^2 \sigma^2}{\Delta^2} = \frac{1.96^2 \times 0.8^2}{0.1^2} = 246(件)$$

需要注意的是，任何精确度和样本量的设计都不能回避调查费用这个基本因素。很多情况下，提高精确度往往需要增大样本量，而样本量的增大又会导致费用开支的增加。因此，精确度要求与节省费用要求是矛盾的。从理论上看，抽样误差越小，抽样设计越优；而从实践上看，最优设计应是在一定误差约束下费用最少的抽样设计。因此，样本量的确定应力求在抽样精度和调查费用之间取得平衡。

（九）制订抽样的实施细则

样本量确定之后，为了保证样本单位的有效抽取，还应制订抽样的实施细则——主要包括样本量的分配，样本单位抽取的操作程序，样本单位抽取登记，中选样本单位的分布图制作，个别单位拒绝调查或拒绝回答等特殊问题的处理办法，样本代表性的评价与改进，等等。对于跟踪性的连续性抽样调查来说，还应对样本单位是否需要定期进行部分替换以及替换的规则、数量、时间等作出规定。

（十）设计数据处理与抽样估计的方法

在抽样技术方案设计中，亦可对抽样调查数据的质量控制、审核、汇总处理等作出明确的规定，特别是应根据抽样的组织方式和抽样推断的要求，对统计量（样本指标）的选择与计算方法、抽样标准误差的测定、参数估计或假设检验的方法作出具体的规定。

二、抽样技术方案的评审

主要是评价所设计的抽样技术方案是否具有科学性、可行性和经济性。

（一）评审的内容

（1）抽样技术方案是否体现了调查目的和任务的要求。

（2）抽样技术方案是否完整、周密，有无遗漏。

（3）抽样框的设计是否存在缺陷，总体单位是否有遗漏或重复。

（4）抽样组织方式的选择是否恰当，是否有更好的抽样方式。

（5）抽样精确度的界定是否合适，是否需要提高或降低抽样精确度。

（6）样本量的大小能否满足抽样精确度的要求。

（7）样本量的大小能否满足调查费用的约束。

（8）样本的代表性怎样，样本分布与总体分布是否趋于一致。

（9）抽样估计方法设计是否科学。

（二）评审的方法

（1）逻辑评审法。就是用逻辑分析的方法评审所设计的抽样技术方案各部分内容之间是否相互衔接，其逻辑性、系统性、严谨性如何。如抽样框所代表的总体（抽样总体）与所要获取信息的总体（目的总体）是否一致。

（2）经验判断法。就是组织一些有抽样调查经验的专家，对抽样技术方案设计的科学性、可行性、经济性等进行研究和判断。如抽样组织方式、抽样精确度、样本量的界定是否合适，都可采用抽样专家经验判断法。

（3）样本分布检验法。就是将样本分布图表与总体分布图表进行比较，以判断样本的代表性。

（4）抽样误差检验法。就是利用抽样框提供的辅助信息分别计算总体和样本的均值、方差，以衡量样本的均值是否趋近于总体均值，并决定样本的代表性；亦可进一步计算抽样标准误差和抽样极限误差，与确定的抽样精确度进行比较，以衡量样本的代表性。

（5）试点调查法。对于规模大而又缺乏经验的抽样调查课题来说，可根据设计的抽样技术方案进行试点调查，从中发现抽样技术方案的缺陷和问题，以便修订、补充、完善抽样方案设计。

总之，抽样技术方案设计是一项技术性很强的调查设计工作，如果设计存在严重的缺陷，就会导致抽样调查的失败和调查经费的浪费。因此，既要重视抽样技术方案的设计，又要重视抽样技术方案的评审。只有确保抽样技术方案设计做到符合科学性、可行性和经济性，才能有效地指导和规范抽样调查的过程，提高抽样调查的效率和质量。

三、随机抽样调查方式

随机抽样调查是按照随机原则从调查总体中抽取一定数目的样本单位进行调查，以其结果推断总体的特征属性的一种调查方法。它对调查总体中每一个样本单位都给予平等的抽取机会，即等概率抽取，完全排除了人为的主观因素的选择，这也是它与非随机抽样调查方法的根本区别。随机抽样调查可以具体分为以下几种类型。

（一）简单随机抽样

简单随机抽样，又称单纯随机抽样，是所有随机抽样方法中最简单的一种方法。它按照随机的原则从调查总体中不加任何分类、排序、分组等先行工作，直接地抽取调查样本单位。各单位被抽到的机会完全均等，相互独立，排除了抽样过程中各种主观因素的干扰。

简单随机抽样的方法主要有抽签法和乱数表法（利用乱数表进行随机抽样）。

（1）抽签法。先给调查总体的每个单位编上号码，另在统一规范的纸条上对应标上编码，把纸条充分混合后，手工任意从中抽取，抽到一个号码，就对应上一个单位，直到抽足预先规定的样本数目为止。这种方法在总体单位数目很多的时候，编码做签工作量很大，不容易充分混合，使用不方便。若用计算机抽号，则可以使工作量大大减少。

（2）乱数表法。又称随机号码表法。乱数表，是指含有一系列组别的随机数字的表格。它是利用特制的摇码机器（或用电子计算机），在 0 ~ 9 的阿拉伯数字中按照每组数字位数的要求（如 1 位、2 位、3 位或更多位数字形成一组），自动地随机逐个摇出（或由电子计算机打出）一定数目的号码编成，以备查用。常见的有奖销售摇号用的就是乱数表法。

利用乱数表抽选样本单位，首先要把调查总体中的所有单位加以编码，根据编码的位数确定使用若干个数字。然后，查用事先编排好的乱数表，随机选定任意一列的数字作为开始数，接着可以按从上向下，或者从左往右等任何方向取数，碰上重复的数字应舍掉，碰上超出编号范围的数字也应舍掉，直到抽足预定单位数目为止。

由于市场调查的总体范围较广，总体内部各单位之间的差异程度较大，一般不直接使用这种简单随机抽样，而是与其他抽样方法结合使用。只有在市场调查对象情况不明，难以划分组类或总体内单位间差异小的情况下才直接采用这种方法抽取样本。

（二）分层随机抽样

分层随机抽样法，也称类型抽样或者分类抽样，就是将总体单位按照一定标志（调查对象的属性、特征等）分组，然后在各个类型组中用简单随机抽样方式或其他抽样方式抽取样本单位，而不是在总体中直接抽取样本单位。例如，在进行农村经济调查时，将农村总体按照产粮区、经济作物区、林区、特区、渔区等经济条件分为若干个类型组（层），然后在每层中用简单随机抽样或其他抽样方式抽选若干个农民户进行调查。

分层抽样必须注意以下问题：①必须有清楚的分层界限，在划分时不致发生混淆；②必须知道各层中的单位数目和比例；③分层的数目不宜太多，否则将失去分层的特征，不便在每层中抽样。

采用类型抽样比直接采取简单随机抽样的代表性要高，抽样误差要小。采用类型抽样，可以把差异程度大的各单位划分为性质、属性相近的若干类，使类型内的各单位差异程度小于类型之间的差异程度，即类内方差小于类间方差。在不同类型中分别抽样，就能使样本单位分布更接近于总体的分布，从而提高代表性，减少抽样误差。在市场调查实践中比较多地采用这种抽样方法。分层抽样的具体做法有以下两种。

（1）分层比例抽样。也称等比例分层抽样。先将总体按照相似性原则分为若干层，然后根据各层在总体中所占的比重从层中抽取相应的样本组成研究样本。分层抽样可以避免样本差异过大导致的抽样分布不准确。

每层抽取的样本数计算公式为

$$n_i = \frac{N_i}{N} \cdot n$$

式中，n_i——第 i 层应抽取的样本数；

$\quad\quad N_i$——第 i 层所含单位样本数；

$\quad\quad N$——总体中所含样本总数；

$\quad\quad n$——抽取的样本总数。

【例 3-1】 某省有 1800 个乡，其中山区 540 个，丘陵 360 个，平原 720 个，滨海 180 个，现在要从中抽取 270 个乡来进行农村经济调查，问如何确定各层调查乡数？

解 按照计算公式得

$$n_1(山区) = \frac{540}{1800} \times 270 = 81(个)$$

$$n_2(丘陵) = \frac{360}{1800} \times 270 = 54(个)$$

$$n_3(平原) = \frac{720}{1800} \times 270 = 108(个)$$

$$n_4(滨海) = \frac{180}{1800} \times 270 = 27(个)$$

（2）分层最佳抽样。又称非比例抽样。它是根据各层样本标准差的大小，又考虑到各层在总体中所占比例的差异，而调整各层样本数目的抽样方法。分层最佳抽样可以降低样本分布的不准确性。

每层抽取的样本数计算公式为

$$n_i = n \cdot \frac{N_i S_i}{\sum\limits_{i=1}^{k} N_i S_i}$$

式中，n_i——第 i 层应抽取的样本数；

$\qquad n$——应抽取的样本总数；

$\qquad N_i$——第 i 层所含样本总数；

$\qquad S_i$——第 i 层的标准差（一般为已知数）。

【例3-2】 某公司要调查某地家用电器商品的潜在用户，这种商品的消费同居民收入水平有关，因此以家庭收入为分层基础。假定某地居民，即总体单位数为 20000户，已确定调查样本数为 200 户。家庭收入分高、中、低三层，其中高收入家庭为 2000户，占总体单位数的 10%；中等收入家庭为 6000 户，占总体单位数的 30%；低收入家庭为 12000 户，占总体单位数的 60%。现在又假定各层样本标准差为高收入家庭 300元，中等收入家庭 200 元，低收入家庭 50 元。要求：根据分层最佳抽样法确定各收入层家庭应抽取的户数各为多少。

为了便于观察，将基本数据列于表 3.4。

表 3.4 调查单位数与样本标准差乘积计算表

层（家庭收入）	各层调查单位数（潜在用户）N_i	各层的样本标准差 S_i/元	乘积 $N_i \cdot S_i$
高	2000	300	600000
中	6000	200	1200000
低	12000	50	600000
合计	20000	—	2400000

解 按照计算公式得

$$n_1(高收入) = 200 \times \frac{600000}{2400000} = 50(户)$$

$$n_2(中等收入) = 200 \times \frac{1200000}{2400000} = 100(户)$$

$$n_3(低收入) = 200 \times \frac{600000}{2400000} = 50(户)$$

如果用前面的等比例分层抽样的话，那么，n_1（高收入）$= 200 \times 10\% = 20$（户）；n_2（中等收入）$= 200 \times 30\% = 60$（户）；n_3（低收入）$= 200 \times 60\% = 120$（户）。将前后两种方法抽出的各层样本数作个对比，不难看出，高收入家庭的分层样本数增加了30户，中等收入家庭的分层样本数增加了40户，低收入家庭的分层样本数则减少了70户。由于购买家用电器同家庭收入水平是成正比例变动的，家庭收入水平高的潜在用户相对大于收入水平较低的，所以，增加高、中档层的样本数，相应减少低档层的样本数，将有利于提高样本的准确性。

（三）分群随机抽样

分群抽样是先将市场调查的总体划分为若干个群体，然后以简单随机抽样的方法选取部分群体作为调查样本，对群体内各个单位进行调查的一种随机抽样方法。分群抽样适用于调查总体单位分布较分散并且无法确定分层标准的大总体。当调查总体相当大时，可以进行逐级分群，一直进行到单个群体的数目足够小为止，然后从所有的群中随机抽取一定的群作为调查对象实施调查。分群抽样对总体推断的准确性较差，因而往往与其他方法结合使用。

此法与分层抽样的区别在于分层抽样法分层之间差异明显，而每层内部差异很小；分群抽样正好相反，分成的各群彼此差异不大，而每群之内差异明显。从抽取样本方式来看，分层抽样每层都要按一定数目抽取样本，而分群抽样是抽总群中的若干群，抽出的群全部为样本。

采用分群抽样法可以避免简单随机抽样可能遇到的一些问题。简单随机抽样抽取的样本可能极为分散，各地都有，从而增加了调查往返的时间和费用。分群抽样法最主要的优点是：样本单位比较集中，进行起来比较方便，可以减少调查人员旅途往返的时间，节省费用。其缺点是：样本只能集中在若干群中，不能均匀地分布在总体的各个部分，用以推断总体的准确性较差。但当群体内各单位的差异性大，而群与群之间差异性小时，采用此法可以提高样本的代表性。

分群随机抽样一般采取两段分群抽样法，即先采取纯随机抽样法抽取若干群体，然后对选定的有关群体进行全面调查。例如，调查某城市居民户的情况，拟抽出1000个样本。假定该市共有500个居委会，每一居委会平均有100户居民。这样，就可以以居委会为单位，采用纯随机法抽出10个居委会，共有1000户。然后，将这10个居委会的1000户作为样本，进行普查。

（四）等距抽样

等距抽样又称机械抽样或系统抽样。它是先将总体各单位按照某一标志排列，然后根据一定的抽样距离从总体中抽取样本；或者将总体划分为若干类型，然后在各类型中根据一定的抽样距离抽取样本。系统抽样既可以属于随机抽样，也可以属于非随机抽样，其关键在于第一个样本的抽取方式。

这种抽样是把总体各单位按照一定标志顺序排列，然后依据固定的顺序和间隔抽取调查单位。排列顺序可以以与调查项目无关的标志为依据（叫做无关标志排队），例如按照户口册、姓名笔画、地名、地理位置等排列；也可以以与调查项目直接或间接有关的标志为依据（叫做有关标志排队），例如职工家庭调查中，按照总收入或平均工资由低到高排队，再抽选调查单位。在市场调查中，抽样间隔（或称抽样距离）可以依据总体单位总数和样本单位数计算确定。显然，有关标志排队法要比无关标志排队法效果好，但较为麻烦。

例如：要在 1 个村的 110 户农民中用等距抽样方法抽 10% 的农民（即 11 户）进行家庭收支情况调查。用前面讲述的两种方法抽取样本，具体做法如下。

（1）若按照无关标志排队等距离抽样，只要根据村民户的花名册，用该村的全部村民户除以预定调查的户数，即 110/11 = 10，计算出抽样距离，然后每间隔一个距离（即 10 户）抽 1 户进行调查即可。抽取调查单位的起点，可以从第一组 1～10 号中随机抽出某号，譬如以 7 号为第一个调查单位，则这 11 个调查户应为第 7 户、第 17 户、第 27 户……第 107 户。

（2）若按照与调查项目有关的标志排队等距抽样，通常是在计算出抽样距离后，从其第一组的组中点或半距处，即中间一个单位开始。譬如，上例 110 户村民，按照其家庭人均经济收入排队，已知抽取距离为 10，则第 1 个调查单位应为第 5 户或第 6 户，然后按间距依次抽足 11 户家庭。

等距抽样的有关标志排队法，可以看成一种特殊的分类抽样，这种抽样能够保证抽取的样本在总体中均匀分布，从而能提高代表性，减少抽样误差，而且抽样比较方便，因此在市场调查中常被采用。不过，采用有关标志排队等距抽样同采用分类抽样一样，在调查之前，要掌握调查对象（总体）有关标志的全面资料，否则无法分类，只能采用无关标志排队的等距抽样。

（五）多阶段随机抽样

多阶段随机抽样，也称多级抽样。这种抽样方式是把抽样工作分成两个或几个阶段来进行。在进行市场调查时，如果总体样本单位较少，可以一步就从总体中直接抽取要调查的样本单位。但是，在总体单位较多、分布面广时，就难以一次直接从总体中抽选调查单位，而需要采取多阶段抽样方式，即先抽大单位，再抽小单位，直至最终抽到样本单位。其实，这是一种综合的抽样工作方式，不是一种独立的抽样方式。例如，我国国家统计局调查全国职工家庭人均年收入时就采取了多阶段抽样法，具体工作步骤如下。

第一阶段，先抽选调查城市。把全国城市划分为大、中、小 3 种，并将 3 种类型的各个城市分别按全国 6 个大区归类，然后在各个大区里，对各城市按职工年平均工资水平由高到低排队，依据有关标志排队等距抽样法抽选若干数量的城市确定为调查城市。

第二阶段，在中选的调查城市里挑选调查户。又分为两步进行。

第一步：抽选调查单位。先根据城市的大小确定应抽选的职工人数，然后把应抽选的职工人数按所有制和国民经济部门的职工人数比例分摊；再确定每个调查单位的调查人数，计算出应抽选的调查单位数的抽选距离；最后将各个单位按职工年平均工资由高到低排队，等距抽选调查单位。

第二步：抽选调查户。先将调查单位应调查职工人数按照各类人员的比例分摊，求出各类人员中应调查的职工人数；然后将各类人员按照职工本人的年平均工资由高到低排队，等距抽样，将被选中职工的家庭作为调查户。

当然，在以上 5 种随机抽样方法中，根据总体中每次被随机抽出的样本单位是否仍放回总体后再抽的原则，还可以分为重复随机抽样与不重复随机抽样。在市场调查中常采用的是不重复抽样，重复抽样用得极少。

第三节 ┃ 抽样调查中的误差

误差是指样本指标与总体指标之间的差异。由于抽样调查所调查的对象是调查总体中的一部分样本单位，部分与总体存在误差是不可避免的。

一、误差的类别

误差的大小受许多因素影响，这些因素按照性质不同可分为抽样误差和非抽样误差两大类。抽样误差可进一步分为抽样系统性误差和随机抽样误差；非抽样误差可进一步分为回答误差和不回答误差，其中回答误差又可分为调研者误差、调查员误差和被调查者误差。调查误差类别结构如表3.2所示。

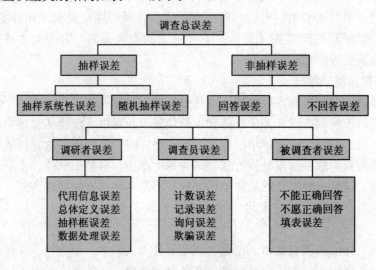

图3.2 调查误差类别结构

二、各种误差及其产生原因

（一）抽样系统性误差

抽样系统性误差是指抽样设计没有遵守随机原则而是有意识地选择变量值较大或较小的单位组成样本，从而导致有严重倾向性的估计误差，即样本不能代表总体，致使抽样推断的结果严重偏大或偏小。这种误差是不允许的，应该避免。

（二）随机抽样误差

随机抽样误差是指调查者即使遵守随机原则抽取样本进行调查，但样本指标与总体指标之间仍会产生不可避免的误差。这种误差是随机的，没有倾向性，它会随样本量的增大而减少。

对任何抽样方案，都会存在许多待选样本，实际中抽到的只是其中一个样本。抽到哪个样本完全是随机的，而抽到不同的样本，对总体的估计就会不同，这就是抽样误差产生的根本原因。

抽样误差的大小与样本指标的代表性之间正好成反比：抽样误差越小，样本的代表性越大；抽样误差越大，样本的代表性越小。正是由于抽样误差的大小直接影响调查数据的质量及结论的价值，因此，一方面，要认识这种误差的不可避免性，分析影响随机误差大小的因素，用科学方法来测定误差的数值，并作定量分析；另一方面，要通过抽样设计和适当增加样本容量等有效措施，把误差控制在可接受的范围内。

（三）调研者误差

调研者误差是由调研者的工作差错造成的非抽样误差。主要包括以下几个方面。

（1）代用信息误差。指调研问题所需要的信息与调研者实际搜集的信息之间不一致而导致的误差。例如，本来需要的是关于消费者选择某种新品牌的信息，但调研者得到的都是关于消费者偏好方面的信息——因为选择的过程不易观察到，所以用偏好信息代用。

（2）总体定义误差。指调研者所定义的总体与研究问题需要的真正总体不一致而产生的误差。例如，要了解某医院在患者心目中的形象，真正的总体应当是某地区的患者，但调研者却把总体定义成了某地区的全体居民。

（3）抽样框误差。指由不完善的抽样框引起的误差，即抽样框中的总体单位有重复或者遗漏而导致的调查误差。例如，在对抽样框采用按营业执照抽选样本调查个体商贩零售额的实践中，有的个体商贩没有执照而利用其他商贩的营业执照；有的个体商贩虽有营业执照，但已转行，不再经营；也有的是无照经营则其营业额被漏掉；更有个体商贩虽有一个摊位却办理了多个营业执照，那么其入选样本的可能性便是其他个体商贩的几倍，这样，重复的总体单位被抽到的概率显然比其他总体单位大，从而破坏了随机性。因此，未能不重不漏地把目标总体的所有单位都包含在抽样框内，就会产生抽样框误差。

（4）数据处理误差。指调研者在数据处理过程中，由于数据分类不当或统计方法不当而导致的误差。

（四）调查员误差

调查员误差指由于调查员的工作差错而造成的误差。主要包括以下几个方面。

（1）计数误差。即调查员在现场观察中发生的计点、计量、计算等差错，如在商场顾客流量观察中，少数顾客可能被调查员漏点或重点而发生计数差错。

（2）记录误差。即调查员在听、理解和记录被调查者的回答时，由于疏忽、粗心等原因而产生的差错。例如，被调查者给出的是中性回答（如"还未作出决定"），但调查员错误地理解成了肯定的回答（如"要买这种新品牌"）。

（3）询问误差。即调查员在询问被调查者的过程中，由于询问不当或询问不完全、不彻底而产生的误差。例如，在调查过程中调查员没有完全按照问卷中的措辞来提问，或者在需要更多的信息时没有进一步询问而产生的误差。

（4）欺骗误差。即调查员伪造部分或全部答案而造成的误差。例如，问卷中要求询问被调查者关于购买动机方面的有关问题，但调查员没有询问，事后调查员又根据自己的个人判断将答案填在问卷中。

（五）被调查者误差

被调查者误差指由于被调查者在回答调查问题时不能正确回答或不愿正确回答等原因而导致的误差。主要包括以下几个方面。

（1）不能正确回答误差。指由于被调查者不能提供准确答案而造成的误差。被调查者不能正确提供答案的原因可能有：不熟悉、不配合、劳累、厌烦、想不起来、问题的格式不好、问题的内容不清楚，以及其他一些因素。例如，一个被调查者想不起来一个月前看过的电视剧的名称或年初时的手头储存现金有多少。

（2）不愿正确回答误差。指由于被调查者不愿提供准确的信息而造成的误差。被调查者有意错答的原因可能有：想给出一个社会上能够接受的答案；为了避免惹麻烦；为了取悦调查员。例如，为了给调查员一个深刻的印象，某被调查者故意说自己在报纸上看过某厂家的产品广告。

（3）填表误差。指当问卷发给或寄给被调查者自填时，可能由于被调查者理解不清，或疏忽大意而导致的错误，及漏填和虚假填写等引起的误差。

（六）不回答误差

不回答误差指被调查者不在家或不合作而产生的因没有回答而导致样本量减少所带来的误差。不回答的主要原因可能有：具体调查时被调查者不在家，未能接触到；被调查者认为调查与己无关；工作忙，怕耽误时间；被调查者怕调查涉及自己的利益等而拒绝接受调查。在市场调查中，由于样本或样本单位是按设计方案抽选出来的，不回答误差可能是随机原因引起的，但不回答会引起样本量的减少，使抽样误差增大。因此，市场调查应尽可能提高被调查者的回答率。

三、调查误差的控制

调查误差的大小直接影响调查的质量和成败。如果调查误差太大，出现严重的系统性误差，就会导致调查的失败，因此，市场调查应重视对调查误差的控制。由于市场调查误差的来源是多方面的，从而决定了调查误差的控制必须是全方位和全程性的。市场调查误差控制的目的在于防止出现抽样的系统性误差，降低各种非抽样性误差，使调查总误差尽可能降低到最小的限度。一些研究表明，非抽样误差比随机抽样误差更严重，在调查总误差中非抽样误差占了主要部分，随机抽样误差相对来说是较小的。

随机抽样误差是可以计算的，而许多形式的非抽样误差根本无法估计。因此，市场调查误差控制，要重视随机抽样误差的控制，更要重视非抽样误差的控制；既要重视事前控制，又要重视事中和事后控制。主要的控制途径有下列几个。

（1）提高样本的代表性。抽样系统性误差的产生主要是样本不能有效地代表总体，所以要消除抽样系统性误差就必须注意提高样本的代表性。为此，应根据总体的分布特征和总体单位的变异情况，选择最优的抽样组织方式，力求样本分布与总体分布趋于一致。

（2）注重样本量的控制。随机抽样误差的大小主要受样本量大小的影响，增加样本量可以减少随机抽样的误差，但要增加调查的工作量，从而会增加非抽样误差。因此，样本量的大小应注意控制在必要的抽样数目水平上，并考虑对回答率的高低作适当的调整。

（3）提高抽样设计的效率。调研者误差的产生大都是由于抽样设计不科学、不严谨、不周密产生的。因此，调研者在抽样设计时，应有事前控制的理念，对总体定义、抽样框设计、测量工具的选择和测量表（问卷）的设计、样本单位的抽取、调查数据的计算方案等方面进行认真的思考、研究和设计，力求少出差错。

（4）重视调查方案的评审。对调查方案的评审，是对调查误差进行事前控制的重要举措，可以防止抽样系统性误差，降低随机抽样误差，减少调研者设计误差。为此，调查方案，特别是抽样技术方案设计完成后，一定要组织各方面的专家进行评审，或作试点性调查，以求发现问题，修改、充实和完善调查方案。

（5）努力降低调查员误差。调查实施前，要严格挑选合适的调查员，重视对调查员的业务技能培训和职业道德教育；调查实施中，要对调查员的调查工作进行必要的监督和指导，建立调查问卷的审计制度和奖惩制度，严防欺骗性误差，降低计数、记录、询问等工作中的疏忽性误差。

（6）努力降低被调查者误差。通过提高调查员的访谈艺术、入门艺术和询问艺术，尽量消除被调查者的顾虑，争取被调查者的理解、支持和合作，力求被调查者能提供准确的信息。对于被调查者不回答的情况，应区别不在家和不合作等情况，采取多次调查法或更换调查员进行调查，以提高回答率。

（7）注意调查误差的事后控制。即在调查资料整理和分析阶段，要建立必要的质量控制办法，防止分类误差、汇总误差、计算误差、分析误差的产生；要努力提高调查结果的解释质量和调查报告的编写质量。

本章小结

从市场调查范围的大小和被调查者的多少来划分，市场调查方式可以归纳为全面调查和非全面调查两大类。全面调查也称市场普查，是对调查对象（总体）的全部单位所进行的无一遗漏的逐个调查，是一种全面调查的组织方式。全面调查是一次性调查，其目的是把握在某一时点上一定范围内调查对象的基本情况。非全面调查分重点调查、典型调查、固定样本连续调查、抽样调查等几种类型。

重点调查是在全体调查对象（即总体）中选择一部分重点单位进行的一种非全面调研。所谓重点单位，是指所要强调的这些单位在总体中占重要地位或者在总体某项标志总量中占绝大比重。典型调查是在全体调查对象（即总体）中有意识地选择一些具有典型意义或者有代表性的单位进行非全面的专门调查研究。固定样本连续调查，是指把随机选定的调研单位固定下来，进行长期连续的调查和观察。主要目的是了解和掌握市场事态在时间历程中的变化趋势，寻找事态发展的连续性、可比性和规律性。抽样调查是按照一定的规则从总体中抽取一部分个体单位作为样本，通过对样本的调查研究所获得的信息资料来推断总体的信息资料的方法，因而抽样调查也称抽样推断。

抽样调查按照调查对象总体中每一个单位被抽取的机会概率是否相等的原则，可以分为非随机抽样调查和随机抽样调查两类。非随机抽样调查主要有任意抽样法、判断抽样法和配额抽样法3种。随机抽样调查主要有简单随机抽样（具体还包括抽签法和乱数表法)、分层随机抽样(具体还包括分层比例抽样和分层最佳抽样)、分群随机抽样、等距抽样、多阶段随机抽样。

市场调查产生的误差来自两大类。一类是非抽样误差,是指在调查统计工作中,由于工作上的种种原因而产生的误差,也叫技术性误差。另一类则是由抽样引起的,称为抽样误差。抽样误差是指总体的位置特性与从样本收集到的数据之间的差异,是由于样本不能完全代表总体所带来的,是抽样调查所固有的。抽样误差可以进行计算与控制,因而也称做可控误差。

复习思考题

1. 市场调查方式有哪些分类?全面调查、重点调查、典型调查和固定样本连续调查各有哪些不同的特点?在市场调查中,这些调查方式在什么场合下较为适用?

2. 什么是非随机抽样?它与随机抽样法的根本区别是什么?非随机抽样中的配额抽样具体怎么做?

3. 分层抽样和分群抽样各有哪些不同的作用?两者的区别在哪里?

4. 在等距抽样中,按照无关标志排队和按照有关标志排队选取样本单位有什么不同?

5. 什么是多阶段抽样?在市场调查中为什么采用多阶段抽样?

6. 什么是抽样误差?抽样误差来源都有哪些?

案例分析

罗斯福竞选美国总统

1929—1933 年的世界经济危机,使美国经济遭到打击,"罗斯福新政"动用行政手段干预经济,损害了部分富人的利益,"喝了富人的血",但广大美国人民从中得到了好处。

在 1936 年的美国总统选举中有两位候选人,即民主党候选人罗斯福(F. D. Roosevelt)和共和党候选人兰登(G. A. London)。有一家文摘杂志(《文学摘要》)在电话号码簿和一些俱乐部成员的名单中选取 1000 万人,以发出询问信的方式进行民意调查,共有 240 万人作出了回答。据此资料,此文摘杂志预测兰登将以获得 57% 的选票获胜,而罗斯福的得票率将是 43%。而选举结果则是罗斯福的得票率为 62%,兰登仅得到 38% 的选票。为此,这家杂志社很快就倒闭了。

自 1916 年以来,这家杂志每次所作的预测都是正确的,因而影响很大。这次,它的预测是基于巨大数字——240 万——的答卷作出的,却预测错误。

当时有电话的家庭有 1100 万户,失业者有 900 万人。有一个叫乔治·盖洛普(George Gallup)的人建立的一个调查组织从 1000 万人中随机选取了 3000 人,就提前知道了文摘将要得出的结论:兰登将以 56% 的选票获胜,这与文摘公布的结果仅差 1%,而这个结论来自 3000 人而非 240 万。盖洛普从更大的范围内随机选取了 5000 人,据此预测罗斯福将以 56% 得票率获胜,而兰登的得票率为 44%,与实际结果差 6%。

问题: 从这个案例分析中能得到什么启发?用样本推断总体获得的结论可靠吗?为什么?怎样保证其可靠性?

第四章　市场调查资料收集方法

本章教学基本要求

1. 掌握实地调查法、文案调查法、网络调查法
2. 熟悉实地调查法常用的具体方法
3. 了解实验法的定义和特点
4. 了解决定实验法有效性的因素
5. 掌握几种常用的实验方法

柯达公司的市场调查

　　彩色感光技术先驱柯达公司，目前产品有 3 万多种，年销售额 100 多亿美元，纯利在 12 亿美元以上，市场遍布全球各地，其成功的关键是重视新产品研制，而新产品研制的成功则取决于该公司采取的反复市场调查方式。以蝶式相机问世为例，这种相机投产前，经过了反复调查。首先由市场开拓部提出新产品的意见，意见来自市场调查，如用户认为最想要的照相机是怎样的？质量和尺码为多少最适合？什么样的胶卷最便于安装、携带等。根据调查结果，设计出理想的相机模型，提交生产部门对照设备能力、零件配套、生产成本和技术力量等因素考虑是否投产，如果不行，就要退回重新设计和修改。如此反复，直到造出样机。样机出来后进行第 2 次市场调查，检查样机与消费者的期望还有何差距，根据消费者意见，再加以改进，然后进入第 3 次市场调查。将改进的样机交消费者使用，在得到大多数消费者的肯定和欢迎之后，交工厂试产。试产品出来后，由市场开拓部门进一步调查新产品有何优缺点？适合哪些人用？市场潜在销售量有多大？定什么样的价格才符合多数家庭的购买力？诸如此类。问题调查清楚后，正式打出柯达牌投产。经过反复调查，蝶式相机一推向市场便大受欢迎。

　　上述小案例的市场调查资料收集方法分别是什么？对你有何启示？

市场调查方式的确定只是解决了如何选择被调查者（用户）的问题。之后，调查工作直接面临的是如何有效地从被选定的调查对象中获得所需要的信息资料，这就是本章将阐述的内容。市场调查资料收集方法，是指调查者在实际调查过程中为获得信息资料所采用的具体方法，本章主要介绍实地调查法、文案调查法和网络调查法，具体如图 4.1 所示。

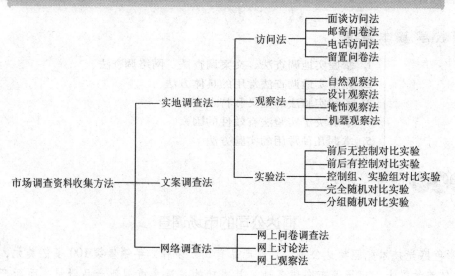

图 4.1 市场调查资料收集方法分类

第一节 ▌ 实地调查法

实地调查法是一种直接调查法，直接深入现场，进入一定情景中去，用自己的感官或借助观察仪器直接"接触"研究对象，调查正在发生、发展、且处于自然状态的社会事物和现象。它能收集到较为真实可靠、直观、具体、生动的一手材料，具有深入、灵活、经济的优点。由于实地调查以定性为取向，所以很少能针对大型群体进行精确的统计性陈述。实地调查得出的结论只是可能的，而不一定是客观的、精确的。

一、实地调查法实施步骤

一般，实地调查的过程可分为准备阶段、现场调查和整理资料 3 个阶段。

（一）准备阶段

实地调查的准备阶段包括查阅调查对象的相关资料、与调查对象或相关单位的负责人建立良好关系、构建框架等工作。

1. 查阅资料

实地调查准备阶段的首要工作是查阅资料，查阅所有与调查问题相关的资料，增强对调查对象的了解，以便确定所调查问题的基本框架。如调查者在研究"肯德基餐厅工作人员服务质量"之前，通过各种途径查阅了许多相关的资料，如肯德基员工手册、管理手册以及培训手册等，从而使调查者了解了肯德基餐厅工作人员的服务程序和质量要求，搭建了比较合理的问题框架。

2. 建立关系

在进入现场调查之前，调查者要和调查对象及相关人员建立良好的关系。首先，调查者要与调查对象或相关人员取得联系，说明调查的目的，并取得对方的信任；其次，调查者要了解调查对象的基本概况；最后，调查者要熟悉实地调查的环境和相关人员。

3. 构建框架

实地调查一般没有调查预先假设，但这并不意味着实地调查没有明确的调查主题。在实地调查过程中，调查者应该有一个大致的调查计划和问题框架，以便在调查过程中不致脱离主题。调查者要随时掌握调查的大方向，引导调查对象的表现和言谈。调查者要善于应变，机智灵活，尤其是在实地调查的访谈中，更要注意这一点。例如：

"肯德基餐厅工作人员服务质量"实地调查计划

调查目的：了解肯德基餐厅工作人员的服务程序和服务质量。

调查对象：肯德基餐厅工作人员，包括售货员、清洁员等。

调查地点：肯德基餐厅龙山店。

调查时间：2008年10月3日。

调查范围：工作人员的讲话语气、行为举止、服务是否及时、服务是否到位等。

调查问题：肯德基餐厅工作人员一般需要承担哪些任务？有哪些分工？

肯德基餐厅的服务工作有哪些质量要求？

观察肯德基工作人员的工作状态和服务质量。

了解肯德基工作人员对公司管理和本职工作的看法。

了解顾客对肯德基工作人员服务质量的反馈。

预期成果：通过实地调查获取有关肯德基餐厅工作人员服务质量的要求。

（二）现场调查

1. 进入现场

实地调查在某种方式和程度上常常是暗中的、秘密的，因此调查者一般采取隐蔽的方式进入现场。这种方式使调查者避免了协商进入调查现场的困难，而且有较多的个人自由，可以随时进入现场。但是，这种方式存在一定的局限性。由于调查者成了一个"完全参与者"，他只能在自己的角色范围内与人交往。例如，一位学生利用暑期社会实践的机会在肯德基餐厅谋得了一份短工，他利用自己的工作人员身份进行隐蔽式调查。他通过与顾客和其他工作人员交谈来了解公司对员工的要求、员工的工作状态以及这些人的想法，但不可能像公开调查者那样就一些敏感性话题正式与店长或员工访谈。而且，一旦暴露，不仅会使调查者处境尴尬，还会使被调查者感到受了欺骗和侮辱，已经建立起来的良好关系可能毁于一旦。

2. 收集资料

实地调查收集资料的方法有观察、访谈、收集文件、摄影、摄像等。其中观察和访谈是实地调查中收集资料的重要方式。实地调查中的观察与访谈不同于一般的观察与访谈。实地调查中的观察是参与观察，也称自然观察，指在自然的状态下调查者参与某一情境对调查对象进行观察。在实地调查中，观察者必须有明确意识；观察的角度要大；观察的同时要从局内人和局外人的角度出发——入乎情境中，体验局内人的情感和经验；出乎情境外，观察现场中的人和他们的活动。

实地调查中的访谈是定性访谈，是根据大致的调查计划在访谈者和被访者之间的互动，而不是一组特定的、必须使用一定字眼和顺序来询问的问题。本质上，定性访谈由访谈者确立对话的方向，并针对被访者的若干特殊议题加以追问。

3. 记录现场内容

实地调查的常用工具是笔记本和笔。不但要记录观察到的，而且还要捕捉当时当地特殊氛围中产生的灵感，将"想到的"也记录下来。为了使记录完整翔实，调查者除了要高度集中注意力外，还要养成当场记录的习惯，做到当场记录或事后及时记录。在记录时要分段记录，先记下关键的词语和短语，然后再作详细的整理，努力把观察到的所有细节都记录下来。

（三）整理资料

从调查现场收集到大量资料之后，一般都要进行适当的筛选、整理和分析。

1. 筛选整理

实地调查收集到的资料比较多，面对成堆的资料，首要的任务就是在初步阅读的基础上作适当的筛选。筛选的主要目的在于"去伪存真""由表及里"，即只保留对课题研究有参考价值的资料而删去其余。通常，对于资料的要求有可靠性、正确性、权威性、真实性、典型性、浓缩性。

实地调查收集到的资料大多为定性资料，可以通过一定的标准进行分类。比如对某一课题资料，可以按历史线索分类，可以按不同的观点分类，可以按所研究问题的性质分类，还可以按子课题分类，等等。

2. 定性分析

定性分析即对资料的质的规定性作整体的分析，主要使用比较、归纳、演绎、分析、综合等逻辑方法；同时还要求对分析结果的信度、效度和客观度等可靠性指标进行检验和评价。

3. 得出结论

在分析资料的基础上，经过一定的抽象概括，得出结论。结论的形成常常要经历较长的过程，一般而言，调查者要力图避免个人的主观因素诱发的一些错误。

二、实地调查法分类

实地调查法大致可以分为访问法、观察法和实验法等。

（一）访问法

访问法（深入访谈法）指以询问的方式向被调查者了解市场情况的一种方法。

访问法的优点：①它是一种面对面的社会交往过程，访问者与被访者的相互作用、相互影响贯穿调查过程的始终，并对调查结果产生影响。因此，能获得自填问卷无法获得的有关访问对象的许多非语言信息。②访问具有很强烈的个人色彩，即它在很大程度上取决于访问者个人的人际交往能力、访问技巧的熟练程度以及对访谈过程的有效控制，因此更复杂而难以掌握。③与其他调查方法相比，访问可以获得的资料更丰富，实行起来也更灵活、弹性更大，应用范围更广泛，且有利于对问题进行更深入的探索。④环境可控是访问法的另一大优点。⑤访问法还可以充分发挥研究人员的主动性和创造性，训练和培养他们的想象力、人际交往能力以及对事物的洞察力，激发他们对问题的新认识和解决问题的新思路。

访问法的缺点：①无法做到完全客观。②对敏感性问题、尖锐问题和隐秘问题，被访问者一般不愿当面回答，或者不作真实回答，一般不宜用访问法。③无法用语言表达的经验情感过程，以及许多人的互动资料、心理体验、身体的动作以及场所和速度的变化等社会测量的资料都不宜或无法用访问法获取。④与其他调查方法相比，费用较高，费时较长，需要的人力较多。

根据调查人员同被调查者接触方式的不同，访问法又可以分为以下几种。

1. 面谈访问法

面谈访问法，是指派调查员当面访问被调查者，询问与营销活动有关问题的方法。它是访问法中的一种常用方法。

面谈访问法可分为个人面谈和小组面谈两种方式。个人面谈是调查员到消费者家中、办公室或在街头进行一对一面谈。小组面谈是邀请6~10名消费者，由有经验的调查者组织对方讨论某一产品、服务或营销措施，从中获得更有深度的市场信息。小组面谈是设计大规模市场调查前的一个重要步骤，它可以预知消费者的感觉、态度和行为，明确调查所要了解的资料和需要解决的问题。

面谈访问法的优点：能当面听取被调查者的意见，并观察其反应；回收率高，可以提高调查结果的代表性和准确度；可以从被调查者的个人条件推测其经济状况，进而判断对方回答问题的真实程度；对于被调查者不愿意回答或回答困难的问题，可以详细解释，启发和激励对方合作，以顺利完成调查任务。

面谈访问法的缺点：①调查费用支出大。特别是对于复杂的、大规模的市场调查，人力、财力和物力消耗很大。②很难对调查员的工作进行监督和控制。如有的调查员为尽早完成调查任务，不按照样本的随机原则抽样；有的调查员在调查了部分样本后即终止调查作出结论；有的调查员甚至不进行实地调查，随意编造调查结果。对于这些问题，调查组织者应采用必要的制度约束和相应的监控手段，加强对调查员的管理。③对调查员的素质要求较高。调查结果易受调查员的工作态度和技术熟练程度的影响。

面谈访问法根据市场调查的目的、调查的时间、调查的费用情况不同，可以采用个人面谈、小组面谈和集体座谈的形式，也可以进行多次面谈。

2. 邮寄问卷法

邮寄问卷法指将事先设计好的调查表（亦称问卷）投寄给调查对象，要求填好后寄回。这种形式是在被调查者不愿面谈及其反应可能受调查者曲解的情况下所能采取的最好办法。问卷必须简洁，问题明了。邮寄调查表的回收率一般较低，回收时间较迟缓。

邮寄问卷法的优点：扩大调查范围；增加样本量；减少调查员的劳务费；避免被访者与陌生人接触而引起情绪波动；被调查者有充足的时间填答问卷；可以对较敏感或隐私问题进行调查。

邮寄问卷法的缺点：问卷回收率较低；信息反馈周期长，影响收集资料的时效；要求被访者有较好的文字表达能力；问卷的内容和题型不能太困难；难以甄别被访者是否符合条件；调查内容要求易引起被访者兴趣。

3. 电话访问法

电话访问法是指调查者按照统一问卷，通过电话向被调查者询问有关调查内容和征求市场反应的一种调查方法。这是为了解决带有普遍性的急需解决的问题而采用的一种调查方法。在电话中，人们回答问题一般较坦率，因此电话访问法适用于不习惯面谈的人。

电话访问法的优点：①速度快、成本低、节省时间。用电话访问的方法可以迅速地获取调查资料，并可节省大量的调查时间和调查经费。②覆盖面广。可以对任何有电话的地区、单位和个人直接进行电话询问调查。③易于接受。电话访问可以免去被调查者的心理压力，容易被人接受。尤其有些家庭不欢迎陌生人进入，采用电话访问可使其免除心理防范，畅所欲言。因此，对于那些难于见面的被调查者，采用电话询问尤为合适。

电话访问法的缺点：①问题不能深入。电话调查时间不能太长，因而调查内容的深度远不如直接面谈和邮寄调查。②调查工具无法综合使用。在电话访问中，有关照片、图表、样品无法显示，会影响调查访问的效果。③辨别真实性及记录准确性较差。由于调查员不在现场，对于回答问题的真实性很难作出准确判断。

电话访问法主要适用于民意测验和一些较为简单的市场调查项目。要求询问的项目要少，尽量采用二项选择法提问，时间要短。

4. 留置问卷法

留置问卷法是指调查员到被调查者家中访问，委托其协助调查并留下问卷，日后再予以回收的方法。

留置问卷法的优点：即使问题项目多，被调查者还是可依据自己的时间从容作答，可回答需要耗费时间或难以当面回答的问题，调查时即使被调查者不在家亦可进行调查，不需要面谈技术纯熟的访问员，等等；此外，与访问面谈调查相同，只要在回收时确认问卷回答状况，就可避免漏答或错误；调查问卷回收率高，被调查者可以当面了解填写问卷的要求，澄清疑问，避免由于误解提问内容而产生误差，并且填写问卷时间充裕，便于思考回忆，被调查者意见不受调查人员的影响。

留置问卷法的缺点：难以确认是否是被调查者本人的回答，即使是本人回答亦可能受家人朋友意见的影响；需要委托调查及回收共两次访问，因此较耗交通费及人事费；调查地域范围有限，也不利于对调查人员的管理监督；就方法本身而言，留置调查是介于面谈和邮寄方法之间的一种折中方法，只不过与被调查者当面谈话时调查人员主要介绍调查目的要求，回答涉及调查问卷的一些疑问，而不是详细询问市场内容。这种问卷的设计较邮寄方法的问卷更灵活，更具体——因为不懂的地方可以当面澄清。

（二）观察法

观察法是指研究者根据一定的研究目的、研究提纲或观察表，用自己的感官和辅助工具去直接观察被研究对象，从而获得资料的一种方法。科学的观察具有目的性和计划性、系统性和可重复性。观察一般利用眼睛、耳朵等感觉器官去感知观察对象。由于人的感觉器官具有一定的局限性，观察者往往要借助各种现代化的仪器和手段，如照相机、录音机、显微录像机等来辅助观察。

观察法的一般要求：养成观察习惯，形成观察的灵敏性；集中精力，勤奋、全面、多角度进行；观察与思考相结合；制订好观察提纲——观察提纲因只供观察者使用，应力求简便，只需列出观察内容、起止时间、观察地点和观察对象即可，为使用方便，还可以制成观察表或卡片；按计划（提纲）进行观察，做好详细记录；最后整理、分析、概括观察结果，作出结论。

为避免主观臆测和偏颇，观察时应该遵循以下4点：①每次只观察一种行为；②所观察的行为特征应事先有明确的说明；③观察时要善于捕捉和记录；④采取时间取样的方式进行观察。

观察法在市场调查中的应用范围：①对实际行动和迹象的观察。例如，调查人员通过对顾客购物行为的观察，预测某种商品的购销情况。②对语言行为的观察。例如观察顾客与售货员的谈话。③对表现行为的观察。例如观察顾客谈话时的面部表情等身体语言的表现。④对空间关系和地点的观察。例如利用交通计数器对来往车流量的记录。⑤对时间的观察。例如观察顾客进出商店以及在商店逗留的时间。⑥对文字记录的观察。如观察人们对广告文字内容的反应。

例如，帕科·昂得希尔是著名的商业密探，他所在的公司是恩维罗塞尔市场调查公司。他通常的做法是坐在商店的对面，悄悄观察来往的行人。而此时，在商店里他的属下正在努力工作，跟踪并观察在商品架前徘徊的顾客。他们的目的是找出商店生意好坏的原因，了解顾客走进商店以后如何行动，以及为什么许多顾客在对商品进行长时间挑选后还是失望地离开。他们通过细致认真的工作给许多商店提出了许多实际的改进措施。如一家主要由青少年光顾的音像商店，他们通过调查发现这家商店把磁带放置过高，孩子们往往拿不到。昂得希尔指出应把商品降低放置，结果销售量大大增加。再如一家叫伍尔沃思的公司发现商店的后半部分的销售额远远低于其他部分，昂得希尔通过观察和拍摄现场录像解开了这个谜：在销售高峰期，现金出纳机前顾客排着长长的队伍，一直延伸到商店的另一端，妨碍了顾客从商店的前面走到后面，针对这一情况，商店专门安排了结账区，结果使商店后半部分的销售额迅速增长。

观察法在市场调研中用途很广。比如研究人员可以通过观察消费者的行为来测定品牌偏好和促销的效果。随着现代科学技术的发展，人们设计了一些专门的仪器来观察消费者的行为。观察法可以观察到消费者的真实行为特征，但是只能观察到外部现象，无法观察到调查对象的一些动机、意向及态度等内在因素。为了尽可能地避免调查偏差，市场调查人员在采用观察法收集资料时应注意以下几点：要努力做到采取不偏不倚的态度，即不带任何看法或偏见地进行调查；应注意选择具有代表性的调查对象和最合适的调查时间和地点，尽量避免只观察表面的现象；在观察过程中，应随时作记录，并尽量作较详细的记录；除了在实验室等特定的环境下和在借助各种仪器进行观察时，调查人员应尽量使观察环境保持平常自然的状态，同时要注意被调查者的隐私权问题。

1. 观察法的分类

观察法大致可以分为以下几种。

（1）自然观察法。指调查员在一个自然环境中（包括超市、展示地点、服务中心等）观察被调查对象的行为和举止。

（2）设计观察法。指调查机构事先设计模拟一种场景，调查员在一个已经设计好的并接近自然的环境中观察被调查对象的行为和举止。所设置的场景越接近自然，被观察者的行为就越接近真实。

（3）掩饰观察法。众所周知，如果被观察人知道自己被观察，其行为可能会有所不同，观察的结果也就不同，调查所获得的数据也会出现偏差。掩饰观察法就是在不为被观察人、物，或者事件所知的情况下监视其行为过程。

（4）机器观察法。在某些情况下，用机器观察取代人员观察是可能的甚至是所希望的。在一些特定的环境中，机器可能比人员更便宜、更精确和更容易完成工作。

2. 观察法的优点与缺点

观察法的主要优点：①能直接获得资料，不需其他中间环节，因此获得的资料比较真实。②在自然状态下观察，能获得生动的资料。③具有及时性的优点，能捕捉到正在发生的现象。④能搜集到一些无法言表的材料。

观察法的主要缺点：①受时间的限制。某些事件的发生是有一定时间限制的，过了那段时间就不会再发生。②受观察对象限制，如研究青少年犯罪问题，有些秘密团伙一般不会让别人观察。③受观察者本身限制。一方面，人的感官都有生理限制，超出这个限度就很难直接观察；另一方面，观察结果也会受到人主观意识的影响。④观察者只能观察外表现象和某些物质结构，不能直接观察到事物的本质和人们的思想意识。⑤观察法不适于大面积调查。

（三）实验法

1. 实验法的定义

实验法是指从影响调查问题的许多因素中选出 1~2 个因素，将它们置于一定条件下进行小规模的实验，然后对实验结果作出分析的调查方法。如：根据一定的调查研究目的创造某种条件，采取某种措施，把调查对象置于非自然状态下观察其结果；某种商品，在改变品种、包装、设计、价格、广告、陈列方法等因素时观察因变量引起的效果。实验法分为自然实验法（现场实验）和实验室实验法。

实验法的最大特点，是把调查对象置于非自然状态下开展市场调查，提高调查的精确度。

2. 实验法评价

实验法的优点：①实验法的结果具有一定的客观性和实用性。它通过实地实验来进行调查，将实验与正常的市场活动结合起来，因此取得的数据比较客观，具有一定的可信度。②实验法具有一定的可控性和主动性。调查中，调查者可以成功地引起市场因素的变化，并通过控制其变化来分析、观察某些市场现象之间的因果关系以及相互影响程度，是研究事物因果关系的最好方法。③实验法可提高调查的精确度。在实验调查中，可以针对调查项目的需要，进行合适的实验设计，有效地控制实验环境，并反复进行研究，以提高调查的精确度。

实验法的缺点：①市场中的可变因素难以掌握，实验结果不易相互比较。由于市场现象与自然现象相比，随机因素、不可控因素更多，政治、经济、社会、自然等各种因素都会对市场发生作用，因此必然会对检验结果产生影响而且完全相同的条件是不存在的。②有一定的限制性。实验法仅限于对现实市场经济变量之间关系的分析，无法研究过去和未来的情况。

3. 决定实验法有效性的因素

实验法有效性主要取决于原始变量、成长变量、测试效果变量以及互动测试效果变量等因素。原始变量，指在实验开始时已存在的，非实验本身造成的，且不反复出现的事件；成长变量，指随时间推移逐渐发生变化，进而影响实验单位的变量；测试效果变量，指调查者前一次观察对后一次观察造成的影响。互动测试效果变量指被调查者参与前一次实验对后一次实验的影响。

4. 几种常用的实验方法

（1）前后无控制对比实验。即事前对正常情况进行测量记录，然后再测量记录实验后的情况，进行事前事后对比，通过对比观察了解实验变化的效果。如表4.1所列为外观设计变动前后无控制对比实验的相关数据。

表4.1　　　　　　　　　　外观设计变动前后无控制对比实验

实验单位	实验前销售额/元	实验后销售额/元	变　动
A	2000	2400	+400
B	1300	2200	+900
C	2600	3400	+800
D	5900	8000	+2100

（2）前后有控制对比实验。在同一时间周期内，随机抽取两组条件相似的单位，一组做实验组，另一组做控制组（即非实验组，与实验组作对照比较的），在实验后分别对两组进行测定比较。表4.2所列为新包装前后有控制对比实验的相关数据。

表4.2　　　　　　　　　　新包装前后有控制对比实验

组　别	实验前一个月销量/件	实验后一个月销量/件	变动量
实验组（A，B，C）	1000	1600	600
控制组（E，F，W）	1000	1200	200

（3）控制组、实验组对比实验。即同一时间内对控制组与实验组进行对比的实验调查法。其中，实验组可按给定实验条件进行实验，控制组按一般情况组织经济活动。表4.3所列为控制组、实验组销量对比实验的相关数据。

表4.3　　　　　　　　　　控制组、实验组销量对比实验　　　　　　　　　　件

组　别	一个月销量/件
实验组（A，B，C）	500
控制组（E，F，W）	400

（4）完全随机对比实验。表 4.4 所列为随机选取几个试验商店做销售实验的相关数据。

表 4.4　　　　　　　　随机选取试验商店销售实验　　　　　　　　件

季节	不同价格下的销量		
	5.50 元	6.00 元	6.50 元
1	200	100	160
2	170	140	210
3	230	210	100
4	250	190	130
总计	850	640	600

（5）分组随机对比实验。研究者除了考察基本自变量因素的影响外，还可将某个主要的外部因素孤立起来研究。表 4.5 所列为商店规模和价格条件下的销售量对比。

表 4.5　　　　　　　　商店规模和价格条件下的销售量　　　　　　　　件

商店规模/万元	不同价格下的销量		
	5.50 元	6.00 元	6.50 元
>10	1360	930	900
6～10	690	620	510
<6	430	260	210
总计	2480	1810	1620

第二节　文案调查法

一、文案调查法的定义

文案调查法又称资料查阅寻找法、间接调查法、资料分析法或室内研究法。它是利用企业内部和外部现有的各种信息、情报，对调查内容进行分析研究的一种调查方法。文案调查要求更多的专业知识、实践经验和技巧。这是一项艰辛的工作，要求有耐性、创造性和持久性。

二、文案调查法的特点

与实地调查相比，文案调查有以下几个特点。

（1）文案调查是收集已经加工过的文案，而不是对原始资料的收集。

（2）文案调查以收集文献性信息为主，具体表现为收集各种文献资料。在我国，目前仍主要以收集印刷型文献资料为主。当代印刷型文献资料又有许多新的特点，即数量急剧增加，分布十分广泛，内容重复交叉，质量良莠不齐等。

（3）文案调查所收集的资料包括动态和静态两个方面，尤其偏重于从动态角度收集各种反映调查对象变化的历史与现时资料。

三、文案调查法的功能

在调查中，文案调查有着特殊地位。它作为对信息收集的重要手段，一直得到世界各国的重视。文案调查的功能表现在以下 4 个方面。

（一）文案调查可以发现问题并为实地调查提供重要参考

根据调查的实践经验，文案调查常被作为调查的首选方式。几乎所有的调查都可始于收集现有资料，只有当现有资料不能提供足够的证据时，才进行实地调查。因此，文案调查可以作为一种独立的调查方法加以采用。

（二）文案调查可以为实地调查创造条件

文案调查可为实地调查提供经验和大量的背景资料。具体表现在以下几方面。

（1）通过文案调查，可以初步了解调查对象的性质、范围、内容和重点等，并能提供实地调查无法或难以取得的各方面的宏观资料，便于进一步开展和组织实地调查，取得良好的效果。

（2）文案调查所收集的资料可用于证实各种调查假设，即可通过对以往类似调查资料的研究来指导实地调查的设计，用文案调查资料与实地调查资料进行对比，鉴别和证明实地调查结果的准确性和可靠性。

（3）利用文案资料并经实地调查，可以推算所需掌握的数据。

（4）利用文案调查资料，可以帮助探讨现象发生的各种原因并进行说明。

（三）文案调查可用于经常性的调查

实地调查更费时费力，操作起来比较困难，而文案调查如果经调查人员精心策划，具有较强的机动灵活性，能随时根据需要收集、整理和分析各种调查信息。

（四）文案调查不受时空限制

从时间上看，文案调查不仅可以掌握现时资料，还可获得实地调查所无法取得的历史资料。从空间上看，文案调查既能对内部资料进行收集，还可掌握大量的有关外部环境方面的资料，尤其对地域遥远，条件各异，采用实地调查需要更多的时间和经费不便的调查。

四、文案调查法的基本要求

文案调查的特点和功能决定了调查人员在进行文案调查时，应该满足以下几个方面的要求。

（1）广泛性。文案调查对现有资料的收集必须周详，要通过各种信息渠道，利用各种机会，采取各种方式大量收集各方面有价值的资料。一般来说，既要有宏观资料，又要有微观资料；既要有历史资料，又要有现时资料；既要有综合资料，又要有典型资料。

（2）针对性。要着重收集与调查主题紧密相关的资料，善于对一般性资料进行摘录、整理、传递和选择，以得到有参考价值的信息。

（3）时效性。要考虑所收集资料的时间能否保证调查的需要。随着知识更新速度加快，调查活动的节奏也越来越快，资料适用的时间在缩短，因此只有反映最新情况的资料才是价值最高的资料。

（4）连续性。要注意所收集的资料在时间上是否连续。只有连续性的资料才便于动态比较，便于掌握事物发展变化的特点和规律。

五、文案调查法的资料收集

文案调查应围绕调查目的，收集一切可以利用的现有资料。从一般线索到特殊，这是每个调查人员收集情报的必由之路。当着手正式调查时，调查人员寻找的第一类资料是向他提供总体概况的那类资料，包括基本特征、一般结构、发展趋势等；随着调研的深入，资料的选择性和详细程度会越来越细。这个原则也适宜于寻找具体事实的调研活动。

（一）内部资料的收集

内部资料的收集主要是收集调查对象活动的各种记录，主要包括以下4种。

（1）业务资料。包括与调查对象活动有关的各种资料，如订货单、进货单、发货单、合同文本、发票、销售记录、业务员访问报告等。通过对这些资料的了解和分析，可以掌握企业生产和经营商品的供应情况，以及分地区、分用户的需求变化情况。

（2）统计资料。主要包括各类统计报表，企业生产、销售、库存等各种数据资料，各类统计分析资料等。企业统计资料是研究企业经营活动数量特征及规律的重要定量依据，也是企业进行预测和决策的基础。

（3）财务资料。由企业财务部门提供的各种财务、会计核算和分析资料，包括生产成本、销售成本、各种商品价格及经营利润等。财务资料反映了企业活劳动和物化劳动占用和消耗情况及所取得的经济效益，通过对这些资料的研究，可以确定企业的发展背景，考核企业经济效益。

（4）企业积累的其他资料。如平时剪报、各种调研报告、经验总结、顾客意见和建议、同业卷宗及有关照片和录像等。这些资料对市场研究都有着一定的参考作用。例如：根据顾客对企业经营、商品质量和售后服务的意见，就可以对如何改进加以研究。

（二）外部资料的收集

对于外部资料，可从以下几个主要渠道加以收集。

（1）统计部门以及各级、各类政府主管部门公布的有关资料。国家统计局和各地方统计局都定期发布统计公报等信息，并定期出版各类统计年鉴，内容包括人口数量、国民收入、居民购买力水平等，这些均是很有权威和价值的信息。此外，计委、财政、工商、税务、银行等各主管部门和职能部门，也都设有各种调查机构，定期或不定期地公布有关政策、法规、价格和市场供求等信息。这些信息具有综合性强、辐射面广的特点。

（2）各种经济信息中心、专业信息咨询机构、各行业协会和联合会提供的信息和有关行业情报。这些机构的信息系统资料齐全，信息灵敏度高，为了满足各类用户的需要，它们通常还提供资料的代购、咨询、检索和定向服务，是获取资料的重要来源。

（3）国内外有关的书籍、报纸、杂志所提供的文献资料，包括各种统计资料、广告资料、市场行情和各种预测资料等。

（4）有关生产和经营机构提供的商品目录、广告说明书、专利资料及商品价目表等。

（5）各地电台、电视台提供的有关信息。近年来全国各地的电台和电视台为适应形势发展的需要，都相继开设了各种专题节目。

（6）各种国际组织、学会团体、外国使馆、商会所提供的国际信息。

（7）国内外各种博览会、展销会、交易会、订货会等促销会议以及专业性、学术性经验交流会议上所发放的文件和材料。

（三）互联网资料的收集

互联网，将世界各地的计算机联系在一起的网络，它是获取信息的最新工具，对任何调查而言，互联网都是最重要的信息来源。互联网上的原始电子信息比其他任何形式存在的信息都多，这些电子信息里面有很多内容是调查所需要的情报。

互联网的特征是，容易进入，查询速度快，数据容量大，同其他资源连接方便。在互联网上查找东西，只要网上有就能立即得到。例如某家银行经理急需一篇国外某报纸当天发表的有关某公司的文章，请调查公司寻找。调查公司查该报社的网页，不但发现了文章，而且可以免费下载，还通过该网址的超文本链接将一个文档中的关键词同其他文档的关键词链接发现了更多有关该公司的信息。

互联网的发展使信息搜集变得容易，从而大大推动了调查的发展。过去，要搜集所需情报需要耗费大量的时间，奔走很多地方。今天，文案调查人员坐在计算机前便能轻松地获得大量信息，而且许多宝贵的信息都是免费的。比如：及时了解政府规章的变化是调查的一项重要内容，从网上可以得到有关法律和规章的全文。从网上获取这些资料比上图书馆查找方便得多。想要了解某些信息的具体细节，在图书馆中查找效率很低，如果利用搜索引擎查找，输入需要查寻的关键词，电脑就自动找出来，可以获得包含该条文的原始文件的全文资料。

在运用文案调查资料进行分析研究时，需注意应首先提出问题并对其质量进行评估。应当提出的问题有以下几个。

（1）内容。资料是否可靠、全面、精确地包括课题的要求。

（2）水平。资料的专门程度够不够。

（3）重点。资料是否针对与课题最有关的各个方面。

（4）时间。资料所涉及的时期是否适当，有没有"时过境迁"。

（5）准确。资料是否可信，与第一手资料的接近程度如何。

（6）方便。资料能否既迅速又花钱不多地获得。

六、文案调查法的局限性

文案调查法有一定的局限性，主要表现在以下几个方面。

（1）文案调查依据的主要是历史资料，其中过时资料比较多，现实中正在发生变化的新情况、新问题难以得到及时的反映。

（2）所收集、整理的资料和调查目的往往不能很好地吻合，对解决问题不能完全适用，收集资料时易有遗漏。

（3）文案调查要求调查人员有较扎实的理论知识和较深的专业技能，否则在工作中将力不从心。此外，由于文案调查中所收集文案的准确程度较难把握，有些资料是由专业水平较高的人员采用科学的方法搜集和加工的，准确度较高，而有的资料只是估算和推测的，准确度较低，因此应明确资料的来源并加以说明。

第三节 | 网络调查法

一、网络调查法的含义

网络调查法是传统调查在新的信息传播媒体上的应用。它是指在互联网上针对特定的问题进行的调查设计、收集资料和分析等活动。与传统调查方法相类似，网络调查也有对原始资料的调查和对二手资料的调查两种方式。

例如：美国消费者调查公司（American Opinion）是美国的一家网上市场调研公司。通过互联网在世界范围内征集会员，只要回答一些关于个人职业、家庭成员组成及收入等方面的个人背景资料问题即可成为会员。该公司每月都会寄出一些市场调查表给符合调研要求的会员，询问诸如"你最喜欢的食物是哪些口味的""你最需要哪些家用电器"等问题，在调查表的下面注着完成调研后被调查者可以获得的酬金，根据问卷的长短以及难度的不同，酬金的范围在 4～25 美元，并且每月还会从会员中随机抽奖，至少奖励 50 美元。该公司会员注册十分积极，目前已有网上会员 50 多万人。

再如：CNNIC（中国互联网络信息中心）每半年进行一次的"中国互联网络发展状况调查"采用的就是网络问卷调研法。在调查期间，为达到可以满足统计需要的问卷数量，CNNIC 一般与国内一些著名的 ISP（网络服务提供商）/ICP（网络媒体提供商）如新浪、搜狐、网易等共同设置调查问卷的链接，进行适当的宣传，以吸引大量的互联网浏览者进行问卷点击，感兴趣的人会自愿填写问卷。

二、网络调查法的优势

互联网作为一种信息沟通渠道，它的特点在于开放性、自由性、平等性、广泛性和直接性等。由于这些特点，网络调查法具有传统调查所不可比拟的优势。

（1）网络调查成本低。网络调查与面谈访问、邮寄访问、电话访问等离线调查的根本区别在于采样方式不同。所以，网络调查的成本低主要指的是采样成本低。传统调查往往要耗费大量的人力、物力，而网络调查只需有一台能上网的计算机，通过站点发布电子问卷或组织网上座谈，利用计算机及统计分析软件进行整理分析，省去了传统调查中的印刷问卷、派遣人员、邮寄、电话、繁重的信息采集与录入等工作与费用，既方便又便宜。据业内权威人士讲，根据经验，离线调查每一个样本的投入大概是 120～150 元，所以离线调查者在抽样时总希望尽可能地减少样本数（当然其前提是所抽取的样本数必须能把调查误差控制在允许范围之内），从而有效地降低采样的成本，网络调查就没有这种顾虑。

（2）网络调查速度快。网上信息传播速度非常快，如用 E-mail 几分钟就可把问卷发送到各地，问卷的回收也相当快。利用统计分析软件，可对调查的结果进行即时统计，整个过程非常迅速，而传统的调查要经过很长一段时间才能得出结论。

例如澳大利亚某出版公司利用网络"问路"。澳大利亚某出版公司曾计划向亚洲推出一本畅销书，但是不能确定用哪一种语言、在哪一个国家推出。后来决定在一家著名的网站作一下市场调研。方法是请人将这本书的精彩章节和片段翻译成多种亚洲语言文字，然后刊载在网上，看一看究竟用哪一种语言翻译的摘要内容最受欢迎。过了两天时间，他们发现，网络用户访问最多的网页是用中国的简化汉字和韩语翻译的摘要内容。于是他们跟踪一些留有电子邮件地址的网上读者请他们谈谈对这部书摘要的反馈意见，结果大受称赞。于是该出版公司决定在中国和韩国推出这本书。书出版以后，受到了读者的普遍欢迎，获得了可观的经济效益。

由这些具体调查所花费的时间可以看出，网络调查采样速度远快于面谈访问等离线调查。这与网络调查问卷的发放、填答、提交皆不受时空限制、即时快捷相关。无论是把问卷直接放在网上，还是发送 E-mail，都可以迅速地把问卷大范围地呈现在被调查者面前。问卷的填答虽然可能费些时间，但填答时间由被访者自己支配。填答完毕后，问卷的提交也比较简单，只要点击一下提交键即可。

（3）网络调查隐匿性好。在调查一些涉及个人隐私的敏感问题时，离线调查尽管可以在问卷设计中通过采用委婉法、间接法、消虑法、虚拟法等手段，在问题和被调查者之间增加一些缓冲因素，但无论如何，离线调查的各种采样方式都会在不同程度上影响到被访者的填答心理。一般而言，面谈访问影响最大，电话访问次之，邮寄访问与留置问卷较小。而网络调查中网民在完全自愿的情况下参与调查，对调查的内容往往有一定的兴趣，因此回答问题时更加大胆、坦诚，调查结果可能比传统调查更为客观和真实。应该说，网络调查的隐匿性较离线调查高。网络调查的这一特点可使被访者在填答问卷时的心理防御机制降至最低程度，从而保证填答内容的真实性。

（4）网络具有互动性。网络调查的这一优势同样基于网络自身的技术特性。网络的互动性赋予网络调查互动性的优势。

（5）网络调查不受时空的限制，可以 24 小时向天南海北、世界各地进行调查，抽样框相当大，调查范围也相当广泛。以前，"3com"中国公司举行 Planet Project 网上民意调查活动。这次活动中 Planet Project 在自己的网址上设下不同题材的各种问题，围绕人类基本状况的方方面面展开。"让中国民众首次与来自世界其他地区、不同年龄和性别的人同时分享和比较彼此的观点和看法。"这是传统离线调查方法难以实现的。

三、网络调查的分类

根据调查方法的不同，网络调查可分为网上问卷调查法、网上讨论法和网上观察法等。

（一）网上问卷调查法

网上问卷调查法是指调查者在网上发布问卷，被调查对象通过网络填写问卷，完成调查。根据所采用的技术，网上问卷调查一般有两种方法。一种是站点法，即将问卷放在网络站点上，由访问者自愿填写；另一种是用 E-mail 将问卷发送给被调查者，被调查者收到问卷后，填写问卷，点击"提交"，问卷答案则回到指定的邮箱。被调查者在填写问卷时甚至不用上网：他们可以将电子邮件下载下来，在发送结果时上线提交即可。电子邮件调查有局限性：问卷的交互性很差，并且数据的处理会很麻烦，每份问卷的答案都是以邮件形式发回，必须重新导入数据库进行处理。网上问卷调查法是最常用的方法，它比较客观、直接，但不能对某些问题作深入的调查和分析。

（二）网上讨论法

网上讨论法可通过多种途径实现，如 BBS，ICQ，新闻组（NewsGroup），网络实时交谈（IRC），网络会议（Netmeeting）等。主持人在相应的讨论组中发布调查项目，请被调查者参与讨论，发表各自的观点和意见。或是将分散在不同地域的被调查者通过互联网视讯会议功能虚拟地组织起来，在主持人的引导下进行讨论。网上讨论法是小组讨论法在互联网上的应用。它的结果需要主持人加以总结和分析，对信息收集和数据处理的模式设计要求很高，难度较大。

（三）网上观察法

网上观察法主要对网站的访问情况和网民的网上行为进行观察和监测。大多数网站都在做这种网上监测。很多可供免费下载的软件，事实上也在做网上行为监测。使用这种方法最具代表性的是法国的"NetValue"公司，它的重点是监测网络用户的网上行为，号称"基于互联网用户的全景测量"。它调查的主要特点是首先通过大量的"计算机辅助电话调查（CATI）"获得用户的基本人口统计资料，然后从中抽出样本，招募自愿受试者，下载软件到用户的电脑中，由此记录被试者的全部网上行为。"NetValue"的独特之处在于：一方面，一般的网上观察是基于网站的，通过网站的计数器来了解访问量停留时间等，而"NetValue"的测量则是基于用户的，可以全面了解网站和用户的情况；另一方面，"NetValue"的调查是目前世界上唯一基于 TCP/IP 进行的，即它不仅记录用户访问的网站，而且还记录网民上传和下载软件、收发电子邮件等全部网上行为，因此称为"全景测量"。

网络调查对于新闻媒体来说可能是一把双刃剑。一方面，网络调查的优势在于它可以在更广的范围内，对更多受众进行信息收集的工作。与传统调查方法相比，不仅是调查者可以以惊人的低价获得超乎想象的被调查者的情况和资料，而且，普通媒介从业人员也可以设计调查题目，通过免费的服务器询问成千上万的人，为自己的新闻工作服务。设计问卷的能力不仅仅局限于处于社会权力中心的组织，如政府机构或者大型媒体，网络调查的低费用使得几乎每一个进入互联网的人都有相同的能力。这当然也潜在地使调查过程更为民主化。此外，网络调查还可以以自填的回答方式，通过标准化的方法向被调查者呈现一份多媒体的问卷。这显然是传统的调查方法难以做到的。另一方面，网络调查潜在的危险是，日益增多的调查越来越良莠不齐，人们难以区分好的调查与不好的调查。网络调查的价值也受到人们填答意愿的限制。因为在类似调查的狂轰滥炸下，人们可能干脆不理睬，也可能根据其内容、主题、娱乐性或者调查的其他特性而作出参与调查的决定，从而影响到网络调查的可信度。

第四节　各种市场调查资料收集方法的选择与配合

选择和制订市场调查资料收集的方法，是市场调查者必须作出的最重要决定之一，也是整个市场调查能否成功的关键环节。尽管大多数市场调查者只采用某一种资料收集的方法，但是，将数种方法结合起来应用也是常见的。例如，以访谈形式让调查对象填写问卷或者留置邮寄问卷调查时，对没有及时寄回调查问卷的进行电话或者访谈调查。可以说，每种资料收集的方法都有其最适合的条件。在分别介绍了每种资料收集方法后，本节将资料收集过程作为一个整体，讨论资料收集过程与其他环节的相互制约关系，研究选择资料收集方法或数种资料收集方法相互配合的基础和条件。

一、调查对象对调查方法的制约

选择资料收集的方法首先受到调查对象的制约，主要表现在对总体特征和抽样方式的影响。从总体特征上看，总体的文化水平，即读写能力，以及他们的合作倾向和对待调查的态度，是在选择调查方法时必须考虑的两个因素。问卷的调查方法显然要求对象具有较强的读写能力，而访谈方法对其受教育水平的要求则比较低；此外，访谈方法也比较容易在调查对象身体状况不太好时获得必要的资料。调查对象的合作倾向则是选择邮寄方法必须认真考虑的问题。只有在调查对象具有较高的文化水平和较易合作的情况下，邮寄调查方法才能发挥最大效果。

在总体一般特征考查之后，具体的抽样方法也对选择调查方法有重要影响，使得调查过程比较容易或非常困难。当以一个缺乏地址或电话号码的总体清单为抽样框时，显然使得采用邮寄、留置问卷、电话调查等方法遇到很多麻烦。此外，抽样单位与调查对象单位的一致性，也是制约调查方式的一个因素。当调查对象是个人，抽样单位是群体，如住户或者单位时，采用邮寄、留置问卷的调查方法，就会失去对谁是最终回答者的控制，这时配之以访谈人员的走访显然是很关键的手段。

二、调查内容和提问形式对调查方法的制约

调查内容对选择调查方法的影响是客观存在的，但由于调查内容种类太多，因而表达清楚这种影响并不十分容易。国外许多市场调查实践和实验表明，电话调查对于敏感性问题调查的能力较之问卷方法或访谈调查方法要低得多，这与人们的常识不一致，需要特别注意。因而，当调查内容很敏感时，调查方法中至少应包括一次与被调查对象的面对面接触。而对于大量一般性问题的调查，采用资料收集的方法则没有十分明显的影响。

调查内容对调查方法制约的另一种表现是调查项目的多少以及复杂程度的影响。一般来说，电话调查由于调查时间短，因而适应性最弱；访谈法以及观察等其他调查方法的适应性则比较强些。

与调查内容相比，提问方式或问卷的形式则对选择调查方法有较明确的影响，追寻原因的开放式的问题，不宜采用填写问卷的调查方法；而选择项很多的问题，以及需要对多项内容排列顺序的问题，则不宜采用电话调查方法；当提供必要的背景材料很关键时，或提问方式为"投射式"（即补充完成某些提问）时，留置问卷调查方法是较适合的选择。

三、资料收集过程本身要求对调查方法选择的制约

当把资料收集的过程作为一个整体对待时，怎样才能很好地将数种方法有机结合起来呢？一般来说，要对以下几个方面给予综合考察，并根据实际情况作出正确选择。

（1）从回答率的角度看。回答率是调查方法选择最先应该注意的问题，没有一定的回答率，任何资料收集的过程都不会成功。因此，资料收集方法不应拘泥于某一种，而应该采用数种方法，以保证必要的回答率。从具体调查方法上分析，面对面的座谈会回答率最高，而观察法则没有回答率问题的干扰（当然有些方面是不能观察到的）。

（2）从真实性的角度看。真实性是资料收集过程第一重要的问题，失真的资料再多也没有任何意义。观察法资料收集的真实性取决于访查人员的素质；而邮寄问卷调查法最易从调查对象得到真实资料。

（3）从资料收集的周期角度看。每种资料收集方法都需要一定时间，但周期的长短不同。以调查周期为分析起点，同样可以得出调查周期第一重要的结论，因为现代市场调查要讲求时效性，没有及时性也就失去了市场调查的全部意义。从具体方式上看，邮寄方式一般要两个月左右的时间；而在可比规模内，电话调查可大大缩减调查周期。

（4）从调查费用支出角度看。每次市场调查的费用都有限，因此提高调查效益也必须给予足够重视。从具体调查方法看，邮寄调查比较节约费用。但需要指出的是，计算调查费用要从调查整体上看。以邮寄调查为例，不仅仅要计算邮资，还要考虑到打印问卷、补寄等的费用。

总之，设计一种合适的资料收集方案是一个对上述4个方面综合分析的过程，并取决于调查整体的具体要求和特定的情况。了解和分析这种选择调查方法的重要性还在于，在抽样选择、设计问卷或提出调查提纲时，就应该考虑到调查方法问题。当不能控制调查方法的选择时，就应该在设计抽样、制作问卷时将其作为一个因素给予特别注意，以达到调查要求。就像人们虽然不能控制太阳的出现，但可以控制自己位置，避免阳光照射，结果与控制太阳阳光出现是一样的。

本章小结

市场调查资料收集方法，是指调查者在实际调查过程中为获得信息资料所采用的具体方法。本章主要介绍实地调查法、文案调查法、网络调查法等市场调查资料收集方法。

实地调查法是一种直接调查法，直接深入现场，进入一定情景中去，用自己的感官或借助观察仪器直接"接触"研究对象，调查正在发生、发展，且处于自然状态的社会事物和现象。它能收集到较为真实可靠、直观、具体、生动的一手材料，具有深入、灵活、经济的优点。由于实地调查以定性为取向，所以很少能针对大型群体进行精确的统计性陈述。实地调查得出的结论只是可能的，而不一定是客观的、精确的。实地调查法大致可以分为访问法、观察法和实验法三种。根据调查人员同被调查者接触方式的不同，访问法又可以分为面谈访问法、邮寄问卷法、电话访问法和留置问卷法；观察法大致可以分为自然观察法、设计观察法、掩饰观察法和机器观察法；常用的实验方法有前后无控制对比实验、前后有控制对比实验、控制组与实验组对比实验、完全随机对比实验和分组随机对比实验。

文案调查法又称资料查阅寻找法、间接调查法、资料分析法或室内研究法。它是利用企业内部和外部现有的各种信息、情报，对调查内容进行分析研究的一种调查方法。文案调查要求更多的专业知识、实践经验和技巧。这是一项艰辛的工作，要求有耐性、创造性和持久性。文案调查法的特点：①文案调查是收集已经加工过的文案，而不是对原始资料的搜集。②文案调查以收集文献性信息为主，具体表现为收集各种文献资料。在我国，目前仍主要以收集印刷型文献资料为主。当代印刷型文献资料又有许多新的特点，即数量急剧增加，分布十分广泛，内容重复交叉，质量良莠不齐等。③文案调查所收集的资料包括动态和静态两个方面，尤其偏重于从动态角度收集各种反映调查对象变化的历史与现时资料。

网络调查法是传统调查在新的信息传播媒体上的应用。它是指在互联网上针对特定的问题进行的调查设计、收集资料和分析等活动。与传统调查方法相类似，网络调查也有对原始资料的调查和对二手资料的调查两种方式。网络调查法可分为网上问卷调查法、网上讨论法和网上观察法等。

复习思考题

1. 什么是实地调查法？实地调查法有哪些方式？每种方式的优缺点是什么？

2. 什么是文案调查法？文案调查法的特点与功能有哪些？

3. 文案调查法的基本要求是什么？文案调查法的局限性有哪些？

4. 文案调查法的类型及其主要特点是什么？

5. 什么是网络调查法？网络调查的优势有哪些？网络调查法具体分类有哪些？

6. 某市需定期了解城镇居民的收入和消费情况，你建议采用何种调查方式，采用何种调查方法。如果想研究该市城镇居民的收入和消费总量及结构的变动趋势，你认为可通过哪些渠道获得其历史数据。

7. 某小轿车生产商拟评价 A 品牌小轿车在 B 市的广告活动对销售促进、品牌提升、产品认识、传播影响、沟通效果、行为效果、销售效果、媒体效能等方面的作用程度。评价的具体项目要求包括广告的认知度、到达率、回忆度、理解度、说服力、接受度、喜好度、美誉度、购买意向度，产品与品牌的认知度、美誉度、偏好度、忠诚度、市场占有率、市场覆盖率等，可采用哪些调查方法？

江崎公司的成功之路

阅读下面"问卷通使用网上市场调查"问卷后，试评价其优缺点。

问卷通使用网上市场调查

问卷通在线服务平台是国内在线问卷调查领域中最早、最专业的在线应用服务平台，问卷通的宗旨是：让任何单位或个人都能够快速、方便地实施专业的问卷调查。

*1. 您是通过何种方式了解问卷通网站与产品的？

- ○ 搜索引擎
- □ 媒体报道
- ○ 网络广告
- ○ 朋友介绍
- ○ 邮件宣传

*2. 您浏览问卷通网站的目的是什么？

- □ 客户、潜在客户的跟踪
- □ 企业内部员工调查
- □ 会员信息反馈互动沟通
- □ 产品推广
- □ 投票小调查
- □ 其他 ▭

*3. 问卷通操作使用方面您需要哪些进一步的介绍？

- □ 如何设计和建立您的问卷
- □ 如何发送问卷（三种发送方式方法的介绍）
- □ 回收答卷
- □ 数据统计和分析
- □ 其他（请注明）

*4. 您是否愿意收到定期的公司产品信息？

- □ 不愿意
- □ 愿意（请填 E-mail 地址）▭

5. 请问您对问卷通网站及问卷通提供的服务有什么建议和意见？

第五章 市场调查资料的整理与分析

本章教学基本要求

1. 掌握资料整理的含义、步骤与内容
2. 了解市场调查定性与定量资料整理
3. 熟悉统计分组法
4. 熟悉数据资料处理技术
5. 掌握常见简单的统计图的制作
6. 掌握资料分析的含义与步骤

杜邦公司的市场"瞭望哨"

杜邦公司创办于 1802 年，是世界上著名的大企业之一。经过 200 多年的发展，杜邦公司今天所经营的产品包括：化纤、医药、石油、汽车制造、煤矿开采、工业化学制品、油漆、炸药、印刷设备，近年来又涉足电子行业，其销售产品达 1800 种之多，年研究开发经费达 10 亿美元以上，每年研究出 1000 种以上的新奇化合物——等于每天有 2~3 件新产品问世，而且每一个月至少从新开发的众多产品中选出一种产品使之商业化。

杜邦公司 200 多年长盛不衰的一个重要原因，就是围绕市场开发产品，并且在世界上最早设立了市场环境"瞭望哨"——经济研究室。成立于 1935 年的杜邦公司经济研究室，由受过专门培训的经济学家组成，以研究全国性和世界性的经济发展现状、结构特点及发展趋势为重点，注重调查、分析、预测与本公司产品有关的经济、政治、科技、文化等市场动向。除了向总公司领导及有关业务部门作专题报告及口头报告外，经济研究室还每月整理出版两份刊物：一份发给公司的主要供应厂家和客户，报道有关信息；另一份内部发行，根据内部经营全貌分析存在的问题，提出解决措施，研究短期和长期的战略规划、市场需求量，以及同竞争对手之间的比较性资料。另外，每季度还会整理出版一期《经济展望》供总公司领导机构和各部门经理在进行经营决策时参考。正是重视对调查资料的整理、分析和利用，才使杜邦公司 200 多年兴盛不衰。

通过这一案例我们能够得到什么启示？

市场调查收集到的资料难免出现虚假、差错、冗余等现象，若简单地把这些资料投入分析，可能会导致错误结论；而调查资料反映的是众多样本的个性特征，每个被调查者对同一问题的回答可能千差万别，但这些回答却存在必然的内在联系，如果不加以归纳整理并综合思考，就不能找到其现象背后规律性的东西。所以必须对收集到的资料进行去粗取精、去伪存真、由此及彼、由表及里的整理，并在此基础上进行分析。本章就此问题进行研究。

第一节 市场调查资料的整理

资料整理是从资料收集阶段到资料分析阶段的过渡环节。根据资料的外部形态，可以把资料分为定性资料和定量资料两类，性质不同的资料所对应的整理过程和方法有所不同。

一、资料整理过程

资料整理过程可以与资料收集过程同步进行，这样通过对刚刚收集到的资料进行各方面的考核，通过与研究目的的不断对照，能够及时发现收集到的资料存在的缺陷，并有可能采取有效的措施加以补救。比如在访谈过程中，研究者发现谈话的主题偏离了研究主题，就可以采用一定的访谈技巧将谈话重新聚焦到研究主题上。资料整理过程也可以在收集资料以后的一段时间内集中进行，这样做的优点是研究者所面对的资料比较全面，所进行的活动比较单一，能够提高整理的效度和水平。在实际调查活动中，这两种整理资料的方式是相辅相成的。

二、定性资料整理

定性资料是指以文字、图像、录音、录像等非数字化形式表现出来的事实材料。一般来说，定性研究方法收集定性研究资料。定性资料可以通过开放式问卷、访谈、个案、非结构观察、文献等方法收集到。

定性资料整理过程主要包括以下 3 个步骤[①]。

（一）定性资料审核

资料审核就是对资料进行审查和核实，消除原始资料中存在的虚假、差错、短缺、冗余现象，保证资料的真实、有效、完整，为进一步加工整理打下基础。资料审核集中

---

① 袁方. 社会研究方法教程［M］. 北京：北京大学出版社，1997：423.

在真实性、准确性和适用性3个方面。

在实际调查过程中，并不是收集到的所有资料都是正确无误的，很多情况下资料中充斥着虚假成分。造成这些现象的原因很多，或由于研究者粗心大意，或由于被调查者抵制或不合作，或由于研究环境干扰及研究工具误差。错误的资料必定会导致调查结论失真。因此，保证调查资料的真实性、准确性十分必要。对资料进行真实性审查的主要方法有以下几个。

（1）经验法。把收集到的资料与原有的经验和常识进行对比、判断，当发现两者之间存在冲突和矛盾时，就需要对材料进行进一步核实或删除。

（2）逻辑分析法。指对材料本身所含的内在逻辑进行考察，检查材料本身是否自相矛盾或者明显与事物发展规律不符，对于确有问题的材料需进一步核实，无法核实的就要果断删除。

（3）比较法。就是通过对相关材料间的比较来核实研究材料的真实性。如果资料的收集是通过不同的方法和途径完成的，相互之间就可以进行比较。比如在观察调查法中，对同一观察对象进行同一方面观察的不同观察者之间收集的资料就可以进行比较，如果两者的一致性较高，一般可以认为材料是真实可靠的；对于比较中出现的不一致的地方就需要用别的方法进行进一步的核实。

（4）来源分析法。这种方法主要适用于对文献资料的真实性审查。一般而言，当事人的叙述比局外人的叙述更可靠，有记录的材料比传说的材料更可靠，引用率高的文献比引用率低的文献更可靠。

定性资料真实性审查主要涉及材料本身与材料所反映的对象之间的关系，进行真实性审查的目的就是力求达到两者的统一。而定性资料的准确性审查则把调查目的作为标准，主要考察所收集到的资料与调查目的或研究问题的解决是否相关及相关的程度。为了使定性资料更为简洁和典型，对于那些本身正确但是与研究问题不相关或关系不大的资料也要舍得"割爱"。

适用性审查主要审查定性资料是否适于分析和解释，资料的分量是否合适，资料的深度和广度如何以及资料是否集中、完整。在一项具体的调查中，资料收集到什么程度是合适的并没有一个固定的标准。一般来说，当收集到的资料与以前拥有的资料重复越来越多时就可以认为已有的资料分量是合适的。

（二）定性资料分类

分类是调查者运用比较法鉴别出材料内容的共同点和差异点，然后根据共同点将材料归结为较大的类，根据差异点将材料划分为较小的类，从而将材料区分为具有一定从属关系的不同等级层次的系统。

分类最重要的工作是选择分类的标准，因为不同的分类标准可能导致不同的结果。比较常用的分类标准是现象标准和本质标准。现象标准反映的是事物外部特征与联系的标准，如时间、地点；本质标准反映的是事物内部本质的标准。

调查者要根据调查目的选择合适的分类标准。一般而言，使用现象标准便于对资料进行检索，使用本质标准便于对资料进行深入分析。

分类标准确定以后，进行分类时还必须遵守形式逻辑提出的分类原则，否则就会犯逻辑错误。这些原则如下。

（1）分类要体现调查目的，为调查服务。进行分类是为了使材料进一步条理化，使材料对调查结论的说明更加有力，而不是为分类而分类。

（2）分类后的各子项是互斥的。就是说分成的各个小类之间不能相互包含，互相交叉。如将人分成男人、女人和老人就违反了这条原则，因为男人和女人中都有老人。这只是一个简单的例子，在实际调查中，由于对调查对象认识不清，很容易犯类似的错误。

（3）分类的各子项之和等于母项。例如把学生分成男学生和女学生是正确的，但是分成男共青团员学生和女共青团员学生就错了，因为学生中还有党员和群众。

（4）每次分类只能按一个标准进行。

资料分类在时间上有前分类和后分类。前分类指在收集资料前就已确定分类标准，然后按分类指标收集和整理资料。后分类指在资料收集完成后，再根据资料的性质、内容和特征进行分类。通常，定量资料采用前分类，而定性资料采用后分类。

（三）定性资料的汇总和编辑

汇总和编辑就是在分类以后对资料按一定的逻辑结构进行编排。逻辑结构的确立要根据调查的目的、要求和客观情况，使汇总编辑后的资料既能反映客观情况，又能说明研究问题。汇总和编辑资料的基本要求：一是完整、系统，大小类别做到井井有条、层次分明，能系统完整地反映研究对象的面貌；二是简明集中，要使用尽可能简洁、清晰的语言，集中说明调查对象的客观情况，并注明资料的来源和出处。

三、定量资料整理

定量资料主要有两个来源——"实地源"和"文献源"。封闭式问卷、结构性观察和访谈资料都可以是"实地源"的定量资料；"文献源"的定量资料主要是指统计资料。定性资料和定量资料都必须经过整理才能达到条理化和系统化，为进一步的分析、得出结论奠定基础。

定量资料整理要经过以下几个环节[①]。

（一）定量资料审核

定量资料审核同定性资料审核的目的是一致的，都是力求"去伪存真、去粗取精"，但由于资料性质的差别，审核的具体方面有所不同，定量资料的审核表现在完整性、统一性和合格性上。

定量资料完整性审核体现在两个方面。一是资料总体的完整性。只有实际收到的资料达到调查计划要求时，才被认为是完整的。一般来说，有效问卷回收率在30%左右，资料只能作参考；回收率在50%左右，可采纳建议；只有回收率达到70%以上，才能作为调查结论的依据。二是每份资料的完整性。被调查者在问卷中漏答、误答的题目要原封不动地登记，决不能想当然地伪造数据。

定量资料统一性审核有两方面的要求：一是检查所有文件、报表的登记填报方法是否统一；二是检查统一指标的数字所使用的量度单位是否统一，不同表格对同一指标的

---

① 袁方. 社会研究方法教程［M］. 北京：北京大学出版社，1997：430.

计算方法是否统一。

定量资料合格性审查主要包括以下几方面。

（1）被调查者的身份是否符合相关规定。例如对学生的学习兴趣进行的调查，由教师来完成就属于不合格资料。

（2）提供的资料是否符合填报要求。被调查者是否真正按照调查表的要求完成，对于表中的单选题，如果选择了几个答案就属于不合格问卷。

（3）所提供的资料是否真实无误。

进行合格性审查有以下3种方法。

（1）判断检验。根据已知的情况判断资料是否正确。

（2）逻辑检验。通过分析资料内部的逻辑关系来辨别其真伪，对自相矛盾的材料应进一步核查。

（3）计算检验。计算各部分的和是否等于总量，各部分百分比之和是否等于1，进而判断资料的真伪。

（二）定量资料编码

编码就是将文字资料转化为数字形式的过程。编码的目的就是整理数据，使材料信息系统化、条理化，便于统计分析。从编码的时间上划分，定量资料有以下两种编码方法。

（1）预先编码。在设计问卷时，对回答的每个类别都指定好其编码值，并印在问卷上。这种方法局限于回答类别已知的问题，主要针对封闭式问题或已经是数字而不需要转换的问题。这种编码方法的优点是处理资料比较简单、省时省力，缺点是适用范围小，无法用于开放性问题。例如：

你现已取得的学历：1 博士研究生　2 硕士研究生　3 大学本科　4 大学专科　5 其他。

（2）后编码。指问卷的编码过程是在问卷回收之后进行的，在收集完资料后再根据资料的实际情况进行编码。多用于开放性问题。

（三）定量资料汇总和初步分析

经过编码后的资料还需要进行登记，这个过程现在一般在计算机上完成。输入到计算机的材料就可以借助相关的统计分析软件（如 SPSS，SAS 等）进行初步的汇总和分析。汇总就是根据调查目的，将分类后的各种数据进行计算、加总，汇集到有关的表格之中，以集中系统地反映调查资料内部总体的数量情况。

四、资料整理步骤和资料审查

（一）资料整理步骤

（1）设计和编制资料整理方案。这是保证统计资料整理过程有计划、有组织地进行的重要一步。资料的整理往往不是整理一个或两个指标，而是整理多个有联系的指标所组成的指标体系。

（2）对原始资料进行审核。资料的审核是第一步，为了保证质量必须进行严格的审核。

（3）综合汇总表的项目——对原始资料进行分组、汇总和计算是关键。

（4）对整理好的资料再进行一次审核，然后编制成一个统计表，以表示社会经济现象在数量上的联系。

（二）资料审查

1. 资料的审查必须遵守资料整理的一般要求，注重资料的真实性、准确性、完整性

（1）资料的真实性。调查资料来源的客观性问题：来源必须是客观的。调查资料本身的真实性问题：要辨别出资料的真伪，把那些违背常理的、前后矛盾的资料舍去。

（2）资料的准确性。准确性审查要着重检查那些含糊不清的、笼统的以及互相矛盾的资料。

（3）资料的完整性。就是保证调查资料总体的完整性与每份调查资料的完整性。

2. 审查应注意的问题

在审查中，如果发现问题，可以分不同的情况予以处理。

（1）对于在调查中已发现并经过认真核实后确认的错误，可以由调查者代为更正。

（2）对于资料中可疑之处或有错误与出入的地方，应进行补充调查。

（3）无法进行补充调查的，应坚决剔除，以保证资料真实、准确。

五、资料整理的方法——统计分组法

（一）分组含义

统计分组，是指根据调查的目的和要求，按照一定标志，将所研究的事物或现象区分为不同的类型或组的一种整理资料的方法。

（二）分组的作用

（1）可以找出总体内部各个部分之间的差异。如产业结构划分为第一产业、第二产业、第三产业（甚至第四产业）。不同产业包括的部门是各不相同的。

（2）可以深入了解现象总体的内部结构。如我国三次产业分类的从业人员构成情况（见表5.1）。

表5.1　　　　　　　我国三次产业分类的从业人员构成情况　　　　　　　%

年份 产业	1993	1994	1995	1996	1997
第一	56.4	54.3	52.2	50.0	49.9
第二	22.4	22.7	23.0	23.5	23.7
第三	21.2	23.0	24.8	26.5	26.4
合计	100.0	100.0	100.0	100.0	100.0

（3）可以显示社会现象之间的依存关系。如某地区粮食单位面积产量和施肥量的关系（见表5.2）。

表 5.2   某地区粮食单位面积产量和施肥量的关系

每公顷施肥量/千克	粮食单位面积产量/（千克/公顷）
116. 25	2827. 5
133. 50	3124. 5
145. 50	3396. 0
153. 75	3608. 3
163. 50	3484. 0

（三） 分组标志的选择

1. 标志的含义

标志指反映事物属性或特征的名称。

2. 正确分组必须遵守的原则

（1） 根据调查研究的目的和任务选择分组标志。

（2） 选择能够反映被研究对象本质的标志。

（3） 应从多角度选择分组标志，并不是唯一性的。

3. 分组类型

（1） 根据分组标志的数量，有简单分组和复合分组两类。

（2） 根据所使用分组标志的性质，有品质标志分组和数量标志分组。

（四） 次数分布

例如：将经济管理学院学生按照性别分组，看男性和女性各有多少？比重多少？经济管理学院同学男性和女性比例如表 5.3 所列。

表 5.3   经济管理学院同学男性和女性比例

性别	人数/人	比重/%
男	250	32. 1
女	530	67. 9
合计	780	100. 0

1. 含义

次数分布是将总体中的所有单位按某个标志分组后，所形成的总体单位数在组之间的分布。分布在各组的总体单位数叫次数或频数。各组次数与总次数之比叫做比重、比率或频率。

次数分布实质是反映统计总体中所有单位在各组的分布状态和分布特征的一个数列，也可以称做次数分配数列，简称分布数列。分布数列有两大组成部分：各组名称（或各组变量值）与各组单位数（次数）。

2. 变量数列的种类及计算

（1） 单项变量数列，如表 5.4 所列。

表 5. 4　　　　　　　　　　　　　　　单项变量数列

按日产量分组/件	工人人数/人	比重/%
25	10	5. 5
26	20	11. 1
27	30	16. 7
28	50	27. 8
29	40	22. 2
30	30	16. 7
合计	180	100

（2）组距变量数列，如表 5.5 所列。

表5. 5　　　　　　　　　　　　　　　组距变量数列

按计划完成程度分组/%	企业数	比重/%
100 以下	6	21. 43
100 ~ 110	16	57. 14
110 以上	6	21. 43
合计	28	100. 00

（五）汇编、制表和绘图

1. 汇编

汇编指根据调查研究的目的，将资料中各部分的数据会聚起来，以集中形式反映调查单位的总体状况及内部数量结构的一项工作。

方法有：手工汇总，如点线法、过录法、折叠法和卡片法；计算机汇总。

2. 制表

表的结构一般有：标题、横标目、纵标目、数字。其种类分为简单分组表和复合分组表。制作时应遵循科学、实用、简练、美观的原则。需要注意的问题主要有：标题简单明了；表格形式一般是开口式；如表格栏数多，应对栏数加以编号；数字要填写整齐，对准数位；凡需说明的文字一律写入表注。

3. 绘图（略）

第二节　市场调查资料分析

一、资料分析概述

资料分析是对调查资料是否具有某种性质或引起某一现象变化的原因及现象变化过程的分析。资料分析的方法可分为两类：定性分析和定量分析（统计分析）。定性分析就是用经过处理的现象材料分析调查对象是否具有某种性质，分析某种现象变化的原因及变化的过程，从而揭示调查现象中存在的动态规律。定量分析就是将丰富的现象材料，用数量的形式表现出来，借助统计学进行处理，描述出现象中散布的共同特征并对变量间的关系进行假设检验。一般情况下，定性分析与定性资料、定量分析与定量资料之间存在对应关系。但是，随着人们对研究方法的深入探究，发现对定量资料的解释离不开定性分析的方法，而定性材料积累到一定量时结果才有普遍意义，用定量方法去分析定性材料往往会得出令人信服的结论，两者之间的对应关系被逐渐打破。

任何事物都是质和量的统一体，不存在没有数量的质量，也不存在没有质量的数量。因此，只有对事物的质和量两个方面都加以分析，调查分析才能全面。定量分析使我们的认识趋于精确，但它只说明总体的趋势和倾向，难以说明产生结果的一些深层次原因和一些在抽样中难以抽到的特殊情况。定性分析使我们的认识趋于深刻，但仅仅局限于此，因为我们的认识也有局限性。两种分析方法具有互补性，不能以追求市场调查研究的"科学化"为口号而排斥定性分析，否则会使研究趋于肤浅、片面；也不能以调查现象的"复杂性"为借口而排斥定量分析，否则会使研究趋于模糊、相对。

二、资料分析的基本步骤[①]

（一）阅读资料

调查者首先通读整理过的资料，在阅读的过程中应该保持一种"投降"的态度，即把自己的前提假设和价值判断暂时搁置起来，一切从资料出发，以事实为依据。在阅读过程中还要努力寻求"意义"，即寻找资料所表达的主题，统率资料的主线，在对资料产生整体认识的基础上，进一步寻找各部分资料间的区别和关系。

（二）筛选资料

就是从大量的资料中抽取能说明研究问题的核心内容。筛选不是为证明自己"想当然"的结论而对资料进行任意取舍，而要依据两个标准：一是必须能够说明或证明所研究的问题；二是要考虑资料本身所呈现的特点，如出现的频率、反应的强度和持续的时间，以及资料所表现出的状况和引发的后果等。

（三）解释和价值判断

在确定资料核心内容和主要概念的基础上，建构用于解释资料整体内容的理论框架。

三、定性分析与定量分析

（一）定性分析

1. 定性分析的概念及原则

定性分析是与定量分析相对而言的，它是对不能量化的现象进行系统化理性认识的分析，其方法依据是科学的哲学观点、逻辑判断及推理，其结论是对事物本质、趋势及规律的性质方面的认识。

定性分析有如下特点：分析的对象是调查资料；分析的直接目的是要证实或证伪研究假设，对市场现象得出理论认识；分析强调纵式关系。用调查资料证明研究假设，是

---

① 张民生，金宝成. 现代教师：走进教育科研［M］. 北京：教育科学出版社，2002：169.

一种纵式关系。在这一关系中，把实践和理论联系起来的中间环节是调查指标及实地调查。调查指标及实地调查一方面充当概念及理论的具体体现者和承担者，另一方面与可观察的现实市场联系起来。

对市场调查资料进行定性分析必须遵循以下原则。

（1）坚持用正确的理论作指导。只有坚持用正确的理论作指导，才有可能从调查资料中分析出科学的认识。一般来说，辩证唯物主义和历史唯物主义哲学与各门学科的具体理论，是指导我们进行定性分析的一般原理。

（2）分析只能以调查资料为基础，并且分析出的结果必须用调查资料来验证。

（3）要从调查资料的全部事实出发，不能简单地从个别事实出发。全面性要求的另一方面的含义是回顾历史和展望未来，即对所分析的问题不仅要有历史的了解，而且应该用发展的观点来看问题并预见未来。

2. 市场调查中常用的定性分析方法

（1）归纳分析法。在市场调查中我们收集到许多资料，经过归纳概括出一些理论观点。归纳法是使用最广泛的一种方法，分为完全归纳法和不完全归纳法，后者又分为简单枚举法和科学归纳法。

完全归纳法，就是根据某类事物中每一个对象都具有或不具有某种属性，从而概括出该类事物的全部对象都具有或不具有这种属性的归纳方法。完全归纳法能使人们从个别材料中概括出一般结论，从而获得综合性和概括性的新知识，并且这种新知识是完全可靠的。但是，应用完全归纳法必须确知某类事物全部对象的具体数量，并对每一个对象进行调查；必须确知每一个对象具有或不具有被研究的那种属性。由于在市场调查中往往很难满足这两个条件，因此完全归纳法的运用范围受到限制，大多只能作为参考性结论来辅助其他可靠分析方法进行分析。

简单枚举法是根据某类事物中部分对象具有或不具有某种属性，且未发现反例，从而推论出该类事物都具有或不具有某种属性的归纳法。这种方法是建立在直接经验基础上的一种归纳法，结论具有一定的可靠性，且简便易行，其结论的知识大大超过了前提的知识，因而具有较大的认识作用。但简单枚举法的结论具有或然性，因而要提高其结论的可靠性，就要使考察的对象尽可能地增加。

科学归纳法是根据某类事物中的部分对象与某种属性之间的必然联系，推论出该类事物的所有对象都具有某种属性的归纳方法。与简单枚举法相比，科学归纳法更复杂、更科学，其认识作用也更大。

（2）演绎分析法。市场调查中的演绎分析，就是把调查资料的整体分解为各个部分、方面和因素，形成分类资料，并通过对这些分类资料的研究分别把握特征和本质，然后将这些通过分类研究得到的认识联结起来，形成对调查资料整体认识的逻辑方法。

在运用演绎法进行分析时，要注意如下问题：

① 分类研究的标准要科学；

② 分类研究的角度应该是多层次、多角度的；

③ 对分类研究后的资料还要运用多种逻辑方法揭示其本质，形成理性认识；

④ 综合要以分类研究为基础；

⑤ 综合要根据研究对象本身的客观性质，从内在的相互关系中把握其本质和整体

特征，而不是将其各个部分、方面和因素进行简单相加或形式上的堆砌。

（3）比较分析法。指把两个或两类事物的调查资料相对比，从而确定它们之间的相同点和不同点的逻辑方法。对于一个事物，不能孤立地去认识，只有把它与其他事物联系起来加以考察，通过比较分析，才能在众多的属性中找出本质的属性和非本质的属性。比较分析法是调查研究中经常运用的一种方法。

运用比较分析法时，要注意如下问题。

① 比较可以在同类对象之间进行，也可以在异类对象之间进行。（同类和异类的差别是相对的）

② 要分析可比性。把可比的事物与不可比的事物相混淆，就不能进行科学的比较，也就得不出正确的结论。

③ 比较应该是多层次的。

（4）结构分析法。任何事物或现象都是由几个部分、方面和因素所组成的。这些部分、方面和因素之间形成一种相对稳定的联系，这种相对稳定的联系称为结构。相互联系的各个部分、方面和因素间总是互相依存、互相渗透并作为同一整体对其外部事物或现象发生作用和影响。这种对内的和对外的作用和影响称为功能。在市场调查的定性分析中，通过调查资料，分析某现象的结构及其各组成部分的功能，进而认识这一现象本质的方法，称为结构分析法。结构及功能是各类现象的普遍特征，因而结构分析法也是定性分析中常用的方法之一。

在市场调查分析中运用结构分析法，要着重分析以下内容。

① 分析结构。即分析某一被调查事物的各构成部分中哪一部分构成起主要作用，哪一部分起次要的、协同的作用，通过分析，加深对这一事物的认识并确定对其施加影响的切入点。

② 分析内部功能。包括：确定功能关系的性质；研究功能存在的必要条件；揭示满足功能的机制，即分析促使各要素之间发生相互影响和作用的手段及方法。

③ 分析外部功能。即把研究对象放到市场之中，考察其对市场各方面的影响和作用，包括分析其功能的对象、性质以及程度等。

通过结构分析法，我们对所调查现象的性质和特征有较深刻的认识，这正是定性分析的一个重要目的。

（二）定量分析

定量分析是指从事物的数量特征方面入手，运用一定的数据处理技术进行数量分析，从而挖掘出数量中所包含的事物本身的特性及规律性的分析方法。

定量分析方法主要有描述性统计分析方法和解析性统计分析方法。描述性统计分析是指对被调查总体所有单位的有关数据作搜集、整理和计算综合指标等加工处理，用于描述总体特征的统计分析方法。市场调查分析中最常用的描述性统计分析，主要包括对调查数据的相对程度分析、指数分析。解析性统计分析方法主要有假设检验、方差分析和相关分析。除此之外还有不确定性分析方法，即模糊分析方法。

1. 相对程度分析

相对程度分析是统计分析的重要方法，也是反映现象之间数量关系的重要手段。它通过对比的方法反映现象之间的联系程度，表明现象的发展过程，还可以使那些利用总量指标不能直接对比的现象找到可比的基础，因而在市场调查分析中经常使用。市场调查分析中常用的相对指标主要有结构相对指标、比较相对指标、比例相对指标和强度相对指标等几种。

结构相对指标是总体各组成部分与总体数值对比求得的比重或比率，用于表明总体内部的构成情况。它从静态上反映总体内部构成，揭示事物的本质特征，其动态变化可以反映事物的结构发展变化趋势和规律性。

比较相对指标是指不同总体同类现象指标数值之比。它表明同类现象在不同空间的数量对比关系，可以说明同类现象在不同地区、单位之间发展的差异程度，通常用倍数（系数）或百分数表示。

社会经济现象总体内各组成部分之间存在着一定的联系，具有一定的比例关系。为了掌握各部分之间数量的联系程度，需要把不同部分进行对比。比例相对指标就是同一总体内不同部分的指标数值对比得到的相对数，它表明总体内各部分的比例关系，如居民家庭收支调查中的收支比例，国民经济结构中的农业、轻工业、重工业比例等，通常用百分数表示，也可以用一比几或几比几的形式表示。

在市场调查中，有时要研究不同事物间的联系，如流通费与商品销售额、产值与固定资产等，这就需要通过计算强度相对指标来分析。强度相对指标是两个性质不同而又有联系的总量指标对比得到的相对数，它反映现象的强度、密度程度。

2. 指数分析

（1）统计指数的概念。统计界认为，统计指数的概念有广义和狭义两种理解。广义指数泛指社会经济现象数量变动的比较指标，即用于表明同类现象在不同空间、不同时间实际与计划对比变动情况的相对数。狭义指数仅指反映不能直接相加的复杂社会经济现象在数量上综合变动情况的相对数。例如，要说明一个国家或一个地区商品价格综合变动情况，由于各种商品的经济用途、规格、型号、计量单位等不同，不能直接将各种商品的价格简单对比，而要解决这种复杂经济总体各要素相加的问题，就要编制统计指数，综合反映它们的变动情况。

（2）统计指数的分类。统计指数从不同角度可以作如下分类。

① 按研究范围不同，统计指数可分为个体指数和总指数。

个体指数是表明复杂社会经济总体中个别要素变动情况的相对数。例如，某种商品销售量指数、个别商品的价格指数、单个产品的成本指数等，都是个体指数。

总指数是表明复杂经济现象中多种要素综合变动情况的相对数。例如，工业生产指数、社会商品零售物价指数、社会商品零售量指数、职工生活费用价格指数等，都是总指数。

② 按编制指数的方法原理不同，可分为简单指数和加权指数。

简单指数是指直接将社会经济现象个别要素的计算期数值与基期数值对比的相对数。

加权指数是由个体指数加权平均或汇总求得的总指数。加权指数是计算总指数广为采用的方法。综合指数也是一种加权指数。

③ 按指数性质不同，可分为数量指标指数和质量指标指数。

数量指标指数是用于反映社会经济现象的数量或规模变动方向和程度的指数。例如，职工人数指数、产品产量指数、商品销售量指数等。

质量指标指数是用以反映社会经济现象质量、内涵变动情况的指数。例如，成本指数、物价指数、劳动生产率指数等。

④ 按反映的时态状况不同，分为动态指数和静态指数。

动态指数是说明现象在不同时间上发展变化的指数。例如，股票价格指数、社会商品零售价格指数、农副产品产量指数等。

静态指数是反映现象在同一时期不同空间对比情况的指数。例如，计划完成情况指数和地区经济综合评价指数等。

第三节　数据处理分析技术

一、数据处理分析技术的含义

数据处理分析技术属于资料处理与分析的范畴。它是指对市场调查和预测过程中所收集到的各种原始数据进行适当的处理，使其显示一定的含义，进而反映不同数据之间以及新数据与原始数据之间的联系，通过分析得出某些结论。在文案调查或实地调查中，将调查结果以统计数字或者统计图表现出来，可使报告阅读人对调查内容有明确、深入的印象与了解。

数据处理分析在市场调查和预测中占有重要地位。大多数市场调查、预测人员都懂得，单一的一个数据就是一个数字，没有代表任何市场信息。比如，数字 1500 元，它并不说明什么，如果这是某地人均每月的消费水平，就代表了一定的意义，但是它所反映的信息并不全面。当我们把该地区的月消费水平同其他 3 个地区的数据——1000 元、1200 元和 1350 元——联系起来，就说明该地区的月消费水平高于其他 3 个地区，处于较高的水准。如果把这个数据同存在的该地区前 3 年的数据——1100 元、1250 元、1400 元——联系起来，则进一步反映出该地区消费水平连年增长的趋势。这个例子说明了数据分析的功能就是让各种数据反映客观经济事物，也表明了数据分析的意义。

但是，有些市场调查、预测人员认为，数据资料的收集是关键而艰巨的工作，一旦各种数据资料收集到手，就觉得大功告成，认为数据分析是一件容易的事情。带有这种认识的人，不是对数据分析意义认识不足，就是对数据分析工作性质了解不够，或者是幼稚心理起作用。事实上，数据分析是一项既重要又复杂的工作。大量事实证明，仅有数据资料，没有正确的处理分析技术，是不能正确了解和认识市场的。

二、交叉列表分析技术

（一）交叉列表分析的含义

交叉列表分析是同时将两个或两个以上具有有限项目数和确定值的变量，按照一定顺序对应排列在一张表中，从中分析变量之间的相互关系，得出科学结论的技术。变量之间的分项必须交叉对应，从而使交叉表中每个节点的值反映不同变量的某一特征。

交叉列表分析技术在市场调查中被广泛地应用，其原因有：①交叉列表分析及其结果能很容易地为那些并不具有较深统计知识的经济管理人员接受和理解；②许多市场调查基础上的数据处理分析，可以依赖交叉列表分析方法得到解决；③通过一系列的交叉列表分析可以深入分析和认识那些复杂的事物或现象；④清楚明确的解释能使调查结果很快成为经营管理措施的有力依据；⑤这种技术简单易行，尤其容易被一般市场调查人员接受。

（二）交叉列表分析中变量的选择和确定

在运用交叉列表分析时，对变量的选择和确定是否正确，是关系到分析结果是否正确的关键性因素之一。下面的例子说明了这一点，同时也说明如果交叉列表法使用不当，会产生错误的结论。

国外某保险公司关于交通事故调查的最初记录显示，该公司保户中有62%的人从未在驾车时出过事故，如表5.6所列。

表5.8　　　　　　　　　　　　小汽车驾驶者的事故比率

项目	人数	百分比/%
从未在驾驶时出过事故	8699	62
在驾驶时候至少出过一次事故	5331	38
总计	14030	100

上述数据进而被分为男性和女性的事故比率，以确定性别同事故的多少是否有某种联系。表5.7中显示了具体的情况。

表5.7　　　　　　　　　　男性与女性小汽车驾驶者的事故比率

项目	男性/%	女性/%
从未在驾驶时出过事故	56	68
在驾驶时候至少出过一次事故	44	32
总计	100（7080人）	100（6950人）

表5.7显示，男性的事故比率高于女性。有人（尤其是男性）开始怀疑调查的正确性，觉得应该把其他因素加进去一并考虑。一个可能的解释是：男性开车的多，所以事故也多。从而，把"驾驶里程"作为第三个因素加入进行研究，如表5.8所列。

表5.8　　　　　　　　　男女小汽车驾驶员里程与事故比率

性　别	男性驾驶里程与事故比率		女性驾驶里程与事故比率	
里程/公里	大于10000	小于10000	大于10000	小于10000
至少出过一次事故	52%	25%	52%	25%
被调查总数	5010人	2070人	1915人	5035人

表5.8显示，事故发生率与驾驶的里程数有关，而不是性别。表5.7显示的男性驾驶员的事故比率高于女性，是因为男性驾驶里程多于女性。

选择和确定交叉列表分析中的变量，包括其内容和数量，应根据调查项目的特征而异。在那些简单的事实收集型调查项目中，需要考虑的变量因素通常在调查要求中已经明确列出，调查人员只要按照要求把各项数据列入已经设计好的表格之中即可。比如，一项关于某城市居民家庭收入水平与摄像机拥有率之间关系的市场调查，在最终资料处理分析时，交叉列表的两个变量无疑应该是摄像机拥有率和家庭收入水平。在某些应用型的调查项目中，调查人员具有较多的选择和确定交叉列表分析变量的自由度。假设有一家大公司想确定是否有一些关键的因素影响和制约推销人员的工作，应该考虑的变量因素可能包括推销人员的年龄、推销工作年限、公司对其能力测试的记录等。调查人员也可以决定把推销人员的学历、专业、性格等作为考虑因素。总之，在这一类情况中，交叉列表的变量取决于客户的要求和调查人员的分析判断。

在那些基础性调查项目中，调查人员应该把所有与问题相关的因素都选作交叉列表的分析的变量。例如，在一项消费者研究项目中，调查人员应该把可能影响消费者购买行为的因素，如年龄、性别、家庭生命周期、收入、教育等都加以考虑。不管调查人员本身在选择和确定交叉列表分析变量因素时有多大的自由度，变量因素的确定都应该在资料收集之前。这是因为，只有掌握足够的数据资料，相应的交叉列表分析才能实际操作。

（三）双变量交叉列表分析法

双变量交叉列表分析是最基本的交叉列表分析法。表5.9所列居民居住时间同对地区百货公司的熟悉程度的关系的分析就是一个实例。

表5.9　　　　　　　　居住时间与对百货公司熟悉程度的关系

熟悉情况	居住时间			合计
	小于13年	13～30年	大于30年	
不熟悉	45	34	55	134
熟悉	52	53	27	132
总计	97	87	82	266

通常，把双变量交叉列表中的各项绝对数转换成百分数，能更清楚地显示相关关系。计算百分数可以按列进行，也可以按行进行。值得注意的是，并非两种形式的计算结果都有现实意义。其基本原则是以自变量为基准来计算百分数。比如，在表5.9中，居住时间可以看做自变量，对百货公司的熟悉情况则可以看做因变量。以自变量为基准，即按照列计算百分数，可得表5.10。

表5.10　　　　　　　按居住时间计算对百货公司的熟悉程度　　　　　　　　%

熟悉情况	居住时间		
	小于13年	13～30年	大于30年
不熟悉	46.4	39.1	67.1
熟悉	53.6	60.9	32.9
总计	100	100	100

从表5.10可以清楚地看出，居住期在13年以下居民的53.6%和居住期为13～30年的居民的60.9%对地区百货公司熟悉，而居住期在30年以上的居民中则只有32.9%熟悉该地区的百货公司。这似乎能得到这样的结论：在同一地区中，那些居住期较长的居民对购物环境反而不太熟悉。这在表面上看起来同人们的假设相矛盾，但是很可能有其内在理由。比如，由于居民在某地区居住期很长而变得不太活跃，从而较少关心百货公司的情况；或者在居住期与熟悉百货程度这两者之间还有第二个变量因素在起作用，这个变量因素可能是年龄，因为居住期长的居民年龄通常大些，而年龄大的居民可能不

如年龄小的居民那样熟悉百货公司。所以，进一步调查就显得很必要。

如果对表 5.9 按行进行百分数计算，可以得到表 5.11。

表 5.11　　　　　　　　　按对百货公司熟悉程度计算居住时间　　　　　　　　　%

熟悉情况	居住时间			合计
	小于 13 年	13~30 年	大于 30 年	
不熟悉	33.6	25.4	41.0	100
熟悉	39.4	40.2	20.4	100

表 5.11 显示，按行计算实际上是以因变量为基准，其结果没有实际意义。因为它说明的是，由于对百货公司不熟悉，影响了居民在该地区长时间居住。这是违背逻辑的。

（四）三变量交叉列表分析法

在许多情况下，在双变量交叉列表分析的基础上，需要加入第三个变量作出进一步分析。通过加入第三个变量，原有双变量交叉列表分析的结果可能出现 4 种情况，如图 5.1 所示。

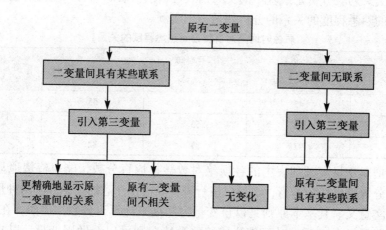

图 5.1　交叉列表引入第三变量后的可能结果

现在举一个实例分析：某项调查，对价格昂贵小汽车的两个变量进行分析，对 1000 人的调查结果用双变量交叉列表分析得到的结果如表 5.12 所列。

表 5.12　　　　　　　　　受教育程度与拥有昂贵小汽车的关系　　　　　　　　　%

拥有昂贵小汽车	受教育程度	
	大学程度	低于大学
是	32	21
否	68	79
总计	100	100
被调查者人数	250 人	750 人

表 5.12 表示，大学程度的被调查者中 32% 的人拥有昂贵小汽车，而低于大学程度的被调查者中只有 21% 的人拥有这种车。当准备作出受教育程度是影响昂贵小汽车拥有的因素的结论时，调查人员意识到收入水平也可能是一个重要的影响因素，于是把收入水平作为第三变量引入，得到的研究结果如表 5.13 所列。

表 5.13　　　　　受教育程度、收入水平与拥有昂贵小汽车之间的关系　　　　　　　%

拥有昂贵小汽车	收入水平			
	低收入		高收入	
	受教育程度		受教育程度	
	大学程度	低于大学	大学程度	低于大学
是	20	20	40	40
否	80	80	60	60
总计	100	100	100	100
被调查者人数	100 人	700 人	150 人	50 人

表 5.13 显示，收入水平是影响昂贵小汽车拥有的因素，而并非是教育程度。这说明，原先通过双变量交叉列表分析得出的结论是虚假的。

三、统计图表技术

统计图表技术是一种以点、线条、面积等方法描述和显示数据的形式，具有直观、醒目、易于理解等特点，一般由坐标系、图形和图例 3 部分组成。

（一）统计图表的作用

在市场调查报告中，使用统计图表的优点有：以简明组合的形式再现调查资料，方便阅读人查阅；使阅读人迅速且容易地了解调查结果，掌握各相关因素的变化趋势及相互关系；使阅读人掌握重要资料，作进一步研究。统计图可以表明事物总体结构；表明统计指标不同条件下的对比关系；反映事物发展变化的过程和趋势；说明总体单位按某一标志的分布情况；显示现象之间的相互依存关系。

（二）统计图的种类

统计图种类众多，常用的有直方图、折线图、圆环图、圆形图、圆饼图、条形图，分别如图 5.2～图 5.7 所示。此外还有散点图、圆柱图等。现在可以利用计算机进行多种图形的设计，以直观、准确地说明调查出来的数据。

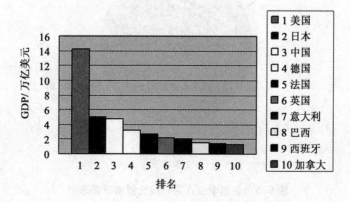

图 5.2　2009 年世界 GDP 排名的直方图

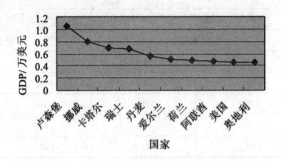

图 5.3　2009 年世界人均 GDP 排名的折线图

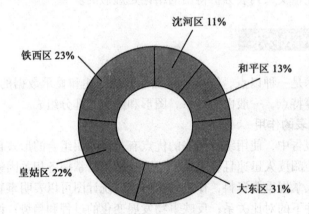

图 5.4　沈阳市市内五区各区面积比例圆环图

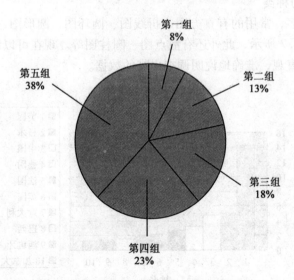

图 5.5　各组学生人数分配比例情况圆形图

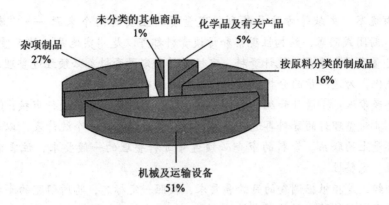

图 5.6　2009 年 1—9 月中国出口商品中工业制成品结构的圆饼图

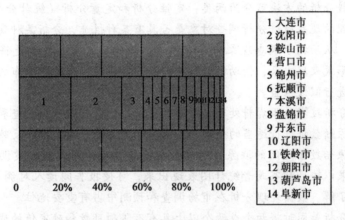

		1 大连市
		2 沈阳市
		3 鞍山市
		4 营口市
		5 锦州市
		6 抚顺市
		7 本溪市
		8 盘锦市
		9 丹东市
		10 辽阳市
		11 铁岭市
		12 朝阳市
		13 葫芦岛市
		14 阜新市

图 5.7　2009 年辽宁省各地级城市 GDP 排名条形图

（三）制作统计图表时的注意事项

制作统计图表应注意的事项有：题材必须表达完整，内容精炼，必要时可适当注解，避免可能产生的误解；标明图表相关栏目名称及使用的计量单位；有必要的要注明资料来源，以便核对；图表中互不相同的栏目必须划线区分；如果依时间先后提供关于价值的资料，应注明计价标准，如以 FOB 计价、CIF 计价或零售价等；图表中所有的记载资料按一定的逻辑顺序排列，例如按照数值大小、地区、客户等排列。

数据处理技术中的统计方法是市场调查的理论依据。作为一个优秀的调查员，应该精通相关统计原理，使市场调查结果更趋精确。善于利用各种统计方法表达调查结果，使阅读人容易掌握，更是市场调查执行人员应有的素养。

本章小结

资料整理是对资料进行"去伪存真、去粗取精、由此及彼、同表及里"的加工过程，是从资料收集阶段到资料分析阶段的过渡环节。根据资料的外部形态，可以把资料分为定性资料和定量资料两类，性质不同的资料所对应的整理过程和方法有所不同。

定性资料是指以文字、图像、录音、录像等非数字化形式表现出来的事实材料。一般来说，定性研究方法收集定性研究资料。定性资料可以通过开放式问卷、访谈、个案、非结构观察、文献等方法收集到。定量资料主要有两个来源——"实地源"和"文献源"。封闭式问卷、结构性观察和访谈资料都可以是"实地源"的定量资料;"文献源"的定量资料主要是指统计资料。定性资料和定量资料都必须经过整理才能达到条理化和系统化,为进一步的分析、得出结论奠定基础。

资料整理步骤:①设计和编制资料整理方案;②对原始资料进行审核;③综合汇总表的项目;④对整理好的资料再进行一次审核,然后编制成一个统计表,以表示社会经济现象在数量上的联系。资料的审查必须遵守资料整理的一般要求,注重资料的真实性、准确性、完整性。

统计分组,是指根据调查的目的和要求,按照一定标志,将所研究的事物或现象区分为不同的类型或组的一种整理资料的方法。

资料分析是对调查资料是否具有某种性质或引起某一现象变化的原因及现象变化过程的分析。资料分析的方法可分为两类:定性分析和定量分析(统计分析)。定性分析就是用经过处理的现象材料分析调查对象是否具有某种性质,分析某种现象变化的原因及变化的过程,从而揭示调查现象中存在的动态规律。定量分析就是将丰富的现象材料,用数量的形式表现出来,借助统计学进行处理,描述出现象中散布的共同特征并对变量间的关系进行假设检验。

数据处理分析技术属于资料处理与分析的范畴。它是指对市场调查和预测过程中所收集到的各种原始数据进行适当的处理,使其显示一定的含义,进而反映不同数据之间以及新数据与原始数据之间的联系,通过分析得出某些结论。在文案调查或实地调查中,将调查结果以统计数字或者统计图表现出来,可使报告阅读人对调查内容有明确、深入的印象与了解。数据处理分析在市场调查和预测中占有重要地位。

交叉列表分析是同时将两个或两个以上具有有限项目数和确定值的变量,按照一定顺序对应排列在一张表中,从中分析变量之间的相互关系,得出科学结论的技术。变量之间的分项必须交叉对应,从而使交叉表中每个节点的值反映不同变量的某一特征。

统计图种类众多,常用的有直方图、折线图、圆环图、圆形图、圆饼图和条形图等。

复习思考题

1. 什么是资料整理?
2. 资料整理的步骤和审查内容有哪些?
3. 什么是统计分组法?什么是分组?
4. 分组的作用与分组标志的选择如何理解?
5. 什么是定性分析?
6. 什么是定量分析?
7. 定性资料整理过程有哪些步骤?
8. 定量资料整理要经过几个环节?
9. 什么是资料分析?资料分析的基本步骤有哪些?
10. 什么是数据处理分析技术?什么是交叉列表分析技术?
11. 统计图的种类有哪些?请练习制作。

某市家用汽车消费情况调查分析

随着居民生活水平的提高，汽车消费人群的职业层次正在从中高层管理人员和私营企业主向中层管理人员和一般职员转移，汽车正从少数人拥有的奢侈品转变为能够被更多普通家庭所接受的交通工具。了解该市家用汽车消费者的构成、消费者购买汽车时关注的因素、消费者对汽车市场的满意程度等对汽车产业的发展具有重要意义。

本次调研活动共发放问卷 400 份，回收有效问卷 368 份，资料整理分析如下。

一、消费者构成分析

（一）有车用户家庭月收入分析（如表 5.14 所列）

表 5.14　　　　　　　　　　　　有车用户家庭月收入

家庭月收入/元	比重/%	累积/%
4000 以下	28.26	28.26
4000 ~ 5000	33.70	61.96
5000 ~ 6000	10.87	72.83
6000 ~ 7000	18.48	91.31
7000 以上	8.69	100.00

目前该市有车用户家庭月收入在 4000 ~ 5000 元的最多；有车用户平均月收入为 4914.55 元，与该市居民平均月收入相比，有车用户普遍属于收入较高人群。61.96% 的有车用户月收入在 5000 元以下，属于高收入人群中的中低收入水平。因此，目前该市用户的需求一般是 10 万 ~15 万元的经济车型。

（二）有车用户家庭结构分析（如表 5.15 所列）

表 5.15　　　　　　　　　　　　有车用户家庭结构

家庭结构	比重/%	累积/%
夫妻	36.96	36.96
与子女同住	34.78	71.74
与父母同住	8.70	80.44
单身	17.39	97.83
其他	2.17	100.00

丁克（double income no kid, Dink）家庭，即夫妻二人无小孩的家庭，占有车家庭的比重大，为 36.96%。其家庭收入较高，负担较轻，支付能力较强，文化层次高，观念前卫，因此 Dink 家庭成为有车族中最为重要的家庭结构模式。核心家庭，即夫妻二人加上小孩的家庭，比重为 34.78%。核心家庭是当前社会中最普遍的家庭结构模式，因此比重较高不足为奇。联合家庭，即与父母同住的家庭，仅有 8.70%。单身族占 17.39%，这部分人个人收入高，且时尚前卫，在有车用户中占据一定比重。另外已婚用户比重达到了 81.5%，而未婚用户仅为 18.5%。

（三）有车用户职业分析

调查显示，有29%的有车用户在企业工作，20%的消费者是公务员，另外还有自由职业者、机关工作人员和教师等。目前，企业单位的从业人员，包括私营业主、高级主管、白领阶层仍是最主要的汽车使用者；而自由职业者由于收入较高及其工作性质，也在有车族中占据了较高比重。详见图5.8。

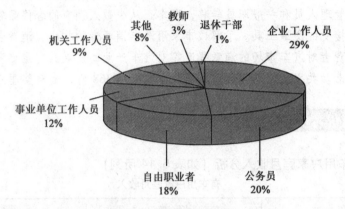

其他 8%　教师 3%　退休干部 1%　企业工作人员 29%

机关工作人员 9%

事业单位工作人员 12%

自由职业者 18%　公务员 20%

图5.8　消费者职业构成

（四）有车用户年龄及驾龄分析

在所调查的有车用户中，年龄在30~40岁和30岁以下的，所占比重分别为43%和28%，23%的有车用户年龄在40~50岁，仅有6%的有车用户年龄在50岁以上。可见，现在有车一族年轻化的趋势越来越明显，这是因为大多数年轻人没有太多的家庭负担，正处于购买力和消费需求同样旺盛的时候，而越来越低的购车门槛，也给了他们足够的购车理由。

该市有车用户的驾龄平均为5.294年，而在本次接受调查的有车用户中，有61.94%的用户驾龄在3年以上。由此可见，本次调查的有车用户驾龄普遍较长，因而对汽车也比较熟悉，对汽车相关信息掌握得也相对全面，这就使得对有车用户青睐的品牌的调查有了较高的可信度，而他们在汽车使用方面的经验，也能够为今后该市家用汽车市场营销策略的制订提供一定的帮助。

二、消费者购买汽车时关注的因素分析

调查显示，消费者在购车时最关注的因素还是汽车的价格和性能，所占比例分别达到19%和16%，因此，性价比越高的汽车越受到消费者青睐。其次，在消费者对汽车的关注因素中排在前列的还有油耗、品牌和售后服务等几项，所占比重分别为14%，13%和13%，由此可见，汽车自身的品质与经销商所提供的售后服务保证是同等重要的。在对消费者最终选购汽车起主导作用的因素中，油耗经济性好、性价比高、售后服务好这三项占据了前三名，所占比重分别为22%，21%和15%。影响消费者购车的因素如图5.9所示。

消费者在购车前获取信息的渠道主要有哪些呢？通过汽车报纸杂志获取信息的消费

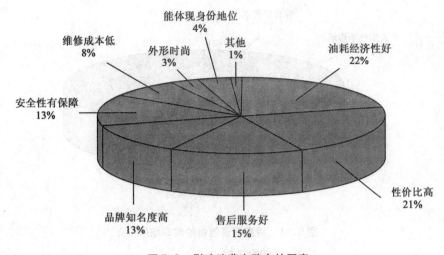

图 5.9　影响消费者购车的因素

者占总数的 27%，还有 23% 的消费者是通过电视、广播获取信息的，此外，上网查询和广告等也都是消费者获取信息的主要渠道。由此可见，在传媒业越来越发达的今天，任何媒介都能够被利用，成为推动营销的帮手。消费者获取信息的渠道如图 5.10 所示。

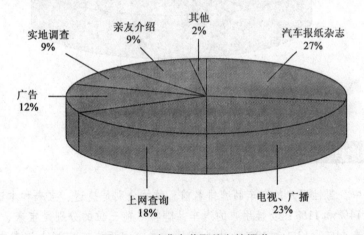

图 5.10　消费者获取信息的渠道

　　在大型汽车市场、品牌专卖店、综合销售点和其他销售点这几种汽车销售点中，目前消费者最为信赖的还是品牌专卖店，选择在品牌专卖店购买汽车的消费者比重高达 74%，相信这与品牌专卖店舒适的购车环境、良好的信誉、有保障的售后服务都是分不开的。而目前消费者在支付方式的选择上大多还是选择一次付清，也有 33% 的消费者选择分期付款，但选择向银行贷款买车的消费者仅为 7%。这一方面反映出大部分消费者的购车计划是在对自身收入合理估算后的可行选择；另一方面也说明了目前我国信贷业的不发达与不完善。消费者最信赖的购车场所如图 5.11 所示，消费者满意的支付方式如图 5.12 所示。

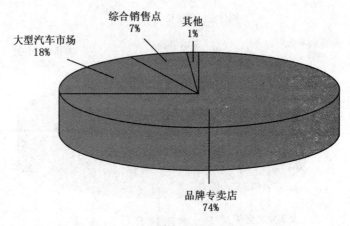

图 5.11　消费者最信赖的购车场所

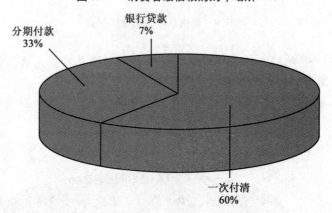

图 5.12　消费者满意的支付方式

三、用户使用情况特点分析

本次调查中，男性用户的汽车品牌排名前三位的分别是捷达、宝来和本田，所占比例分别为 37%，14% 和 11%；女性用户的汽车品牌排名前三位的分别是宝来、本田和捷达，所占比例分别为 44%，13% 和 13%。由此可见，该市家用汽车市场上消费者使用品牌的前三位毫无疑问是捷达、宝来和本田，所占比重分别是 33%，20% 和 11%。而消费者所认为的该市家用汽车市场上数量最多的汽车品牌前四位分别是捷达、宝来、本田和丰田，这与实际情况也较为相符。由此可见，目前最受有车一族青睐的无疑是经济车型。

本次调查从购车用途来看，仅有 1% 的消费者是为了家用方便，98% 的消费者买车是为了上下班方便或作为商业用途。

对车主投保情况的调查表明，有 81% 的人会给爱车投保，以减少用车风险，但也有 4% 的消费者认为给爱车投保没有必要。

目前，油价的不断上涨已成为有车族关心的问题，对他们用车也产生一定影响，有46% 的消费者已经考虑更换小排量、低油耗的车，还有 18% 的消费者选择减少用车频率，但也有 36% 的消费者认为基本没有影响。可见，未来的几年内，低油耗的车型仍为消费者青睐的对象。此外，还有交通设施不足，塞车现象严重和停车难问题占据日常行车困扰的前几位，这表明我国交通设施建设仍需进一步推进。

四、用户满意度分析

目前该市家用汽车消费者使用最多的三种品牌分别是捷达、宝来、本田，这三种品牌的汽车到底具有哪些优势呢？通过比较发现：捷达车用户对此车最满意的地方在于车的性能和燃油经济性，所占比重分别是53%和30%，捷达车的动力性和品牌知名度也是比较令他们满意的因素；宝来车的用户对此车最满意的地方在于车的舒适性、品牌知名度和燃油经济性，所占比重分别是34%，24%和24%，该车的动力性和整体性也较出色；而本田车最令用户满意的地方除了舒适性、品牌知名度、性能外，还有车的外观，这几项所占比重分别是30%，20%，20%和20%。由此可以看出，消费者较为满意的车型除了经济舒适外，还必须具有较高的品牌知名度。三种车的优势分析如图5.13所示。

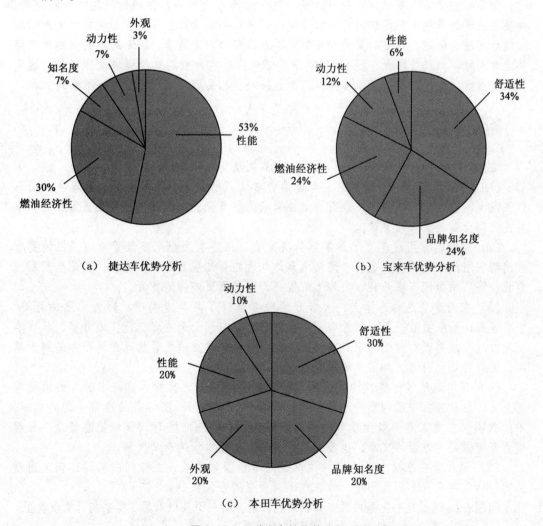

（a）捷达车优势分析　　　　　　　　（b）宝来车优势分析

（c）本田车优势分析

图5.13　三种汽车的优势分析

在上面的分析中，我们曾提到售后服务也是消费者选车时较为关注的因素之一，那么对消费者使用最多的几款车型来说，它们的售后服务情况如何呢？通过比较，捷达车的用户中有13%非常满意，44%的人表示较为满意；宝来车有6%的用户表示非常满意，50%的人表示较为满意，还有44%的人认为一般；本田车的用户中有30%表示非常满意，40%的人表示较为满意。总体来说，这几种品牌汽车的售后服务都比较令用户满意。而在售后服务过程中，用户最为看中的服务指标就是技术等级，占到43%，接下来依次是收费标准、返修率和服务态度，分别占22%，20%和15%，这反映了大多数用户心目中质量和价格仍是衡量服务好坏的根本标准。

近几年来，关于汽车的投诉比例在逐年上升，其中汽车质量、安全隐患及维修保障等问题突出。在解决纠纷的过程中，有28%的消费者认为最令他们头痛的是缺乏硬性的检测标准，27%的消费者认为找不到相关的投诉机构，22%的消费者认为检测程序太过复杂，还有15%的消费者认为检测费用过高，另外8%的消费者则认为还存在其他方面的问题。这表明我国政府职能机构还需要进一步改进工作，相关程序需要进一步简化，相关检测设施需要进一步完善，使其更好地为大众服务。在遇到问题需要解决时，消费者最希望得到哪些维护消费者权益的援助呢？46%的消费者希望能设立相关部门以方便检查质量问题，28%的消费者希望能够专设部门判定是非，18%的消费者则希望媒体能对问题车辆进行曝光，还有7%的消费者希望能有专业的律师提供法律咨询。这不仅反映出我国公民的维权意识在提高，而且反映出相关职能部门的服务还不够到位。

五、建　议

通过对本次调查结果的分析，就反映出的问题和现象提出以下建议。

（1）在家用汽车消费群体中，女性消费者还具有很大的市场潜力，汽车生产商可以在汽车的整体设计中加入一些符合女性需求的细节设计，使汽车设计更富人性化，也更能受到女性消费者的青睐。

（2）从目前家用汽车市场的实际情况来看，经济实用型汽车最受欢迎，但消费者在选购实用汽车的同时，也会考虑到汽车的外观能否体现其身份、地位，因此生产商应重视经济实用型汽车在外观、内饰上的提高，以争取更多的消费者。

（3）在购车地点的选择上，大部分消费者选择了品牌专卖店，因为那里的环境、服务等都比别处更胜一筹，但综合销售点实际上更有利于消费者进行实地考察，从而客观地对汽车品牌进行对比。但目前该市的几个综合销售点的经营状况都远不如品牌专卖店，综合经销商应考虑如何采取对策。

（4）目前通过银行贷款的方式买车的消费者还是少之又少，这与中国人的消费观念有关，但就目前中国的形势来看，通过贷款的方式买房、买车都是非常合适的选择，虽然我国仅在北京等少数大城市提供了不超过货物本身价格14.3%的低息贷款，但经销商若能做足这方面的文章，也可促进家用汽车消费市场的长足发展。

（5）消费者在维权方面达成的共识就是希望国家能够设立专门的部门，制定出硬性的指标以判定汽车质量问题，维护汽车消费者的合法权益。

问题： 1. 通过这一完整的调查分析案例，请分析一下其中采用了哪些统计图表类型。

2. 评价这一案例的优点与不足有哪些？

第六章　市场调查报告的撰写

本章教学基本要求

1. 掌握市场调查报告的含义
2. 了解市场调查报告的类型与意义
3. 熟悉市场调查报告的作用与功能
4. 了解市场调查报告的特点与要求
5. 掌握市场调查报告的结构
6. 了解书面报告的撰写形式与技巧
7. 了解市场调查口头报告

引导案例

××管理咨询公司的项目经理吴飞和他的团队经过4个月的艰辛努力，终于完成了某品牌的营销环境调查工作。调查过程搜集了大量宏观环境要素以及消费行为、竞争态势等方面的具体资料，并形成了140多页的研究报告。报告中采用了多种数据分析方法，形成了大量的图表和数据说明，并根据分析结果为该品牌的细分市场、定位思路以及品牌延伸等问题提出了多项建议。吴飞在向委托方经理提交报告后信心百倍，对自己和团队的整个工作非常满意，等待委托方给出一个满意的评价。三周过去了，吴飞还没收到委托方的任何反馈意见。吴飞着急了，他给委托方打电话，要求安排时间作一个口头报告，介绍调查的情况和结果，委托方同意了。两天以后，口头报告会如期举行，委托方几乎所有的高层领导都参加了。吴飞在报告会上作了一个小时充满事实、数据与图表以及问题和结论的报告后，出乎意料的是，对方经理说："听你堆砌了那么多枯燥乏味的数据后，我完全搞糊涂了，反而不知该怎么办了。请你明天上班前给我们提交一份3页纸的摘要。"说完，会议就结束了。

吴飞和他的团队感到非常委屈，经过艰苦努力并精心准备的调查报告没有得到应有的好评，反而引起委托方的不满，这是吴飞和他的团队始料未及的。但无论如何必须尽快准备好委托方所需要的摘要，保证第二天上班前交到对方经理手中。

其实，吴飞和他的团队所遇到的也正是许多从事调查和咨询工作的人常面临的尴尬情况。调查人员经过艰苦努力完成了调查，但是报告最终却未能得到委托方的认可。如何使自己的调查报告得到委托方的认可，这是任何一个调查人员都必须面对的一个实际问题。

问题：案例中的吴飞应怎样做好一份成功的市场调查报告？

市场调查及分析工作的最终成果，是用市场调查报告的形式来表达的。如何用适当的形式和方法，将调查分析的成果和结论表述清楚，并将这些成果提供给市场决策者作为决策的依据，是一个市场调查人员必须具备的知识和能力。

第一节 ▌ 市场调查报告的基本格式要求

一、市场调查报告的含义及构成要素

（一）市场调查报告的含义

市场调查报告，是在对调查得到的资料进行筛选加工、整理分析的基础上，记述和反映市场调查成果并提出作者看法和意见的报告，它可以是书面形式，也可以是口头形式或其他形式，如电子媒介形式等。

可以从以下几个方面来深刻理解市场调查报告的含义。

（1）市场调查报告是调查与分析成果的有形产品，是市场调查所有活动的综合体现。调查报告将调查研究的成果以文字和图表的形式表达出来。因此，调查报告是市场调查成果的集中体现，并可用做市场调查成果的历史记录。

（2）市场调查报告通过市场调查分析，透过数据现象来分析数据之间隐含的关系，比起调查资料来，更便于阅读和理解。它能把死数字变成活情况，起到透过现象看本质的作用，使感性认识上升为理性认识，有利于商品生产者和经营者了解、掌握市场行情，为确定市场经营目标、工作计划奠定基础。

（3）市场调查报告是为社会、企业、各管理部门服务的一种重要形式。市场调查的最终成果是写成市场调查报告呈报给企业的有关决策者，以便他们在决策时参考。

总的来讲，市场调查报告是市场调查研究成果的集中体现，撰写得好坏将直接影响到整个市场调查研究工作的成果质量。一份好的市场调查报告，能给企业的市场经营活动提供有效的导向作用，为企业的决策提供客观依据。

（二）市场调查报告的构成要素

一份市场调查报告一般应具备以下3个要素。

（1）基本情况。即对调查结果的描述与解释说明，可以用文字、图表、数字加以说明。对情况的介绍要详尽而准确，为下一步作分析、下结论提供依据。

（2）分析与结论。对上述情况、数据进行科学的分析，找出原因及各方面的影响因素，透过现象看本质，得出对调查的明确结论。

（3）措施与建议。通过对调查资料的分析研究，对市场情况有明晰的认识。针对市场调查发现的问题，提出建议和看法，供决策者参考。

二、市场调查报告的功能

市场调查报告应具备以下几个方面的功能：描述调查结果；充当参考文件；证明所做工作的可信度。

（一）调查报告必须表述研究的细节

市场调查报告中应对已完成的调研项目作完整而又准确的描述。也就是说，调查报告必须详细、完整地表达给读者以下内容：

（1）调查目的；

（2）主要背景信息；

（3）调查方法的评价；

（4）以表格或图形的方式展示调查结果；

（5）调查结果摘要；

（6）结论；

（7）建议。

（二）调查报告必须能像一个参考文件一样发挥作用

一旦报告被报送或分发给决策者，它便开始了自己的使命。大多数研究都包括几个目标和一系列意义重大的信息。然而，让决策者在某一特定时间都记住这些内容是不可能的，因此，调查者会发现，决策者及其他研究人员常拿出原报告，重新阅读，以便熟悉调查的基本内容。从这方面来看，它像一个价值卓著的参考文件一样发挥作用。

（三）调查报告必须建立并保持研究的可信度

调查报告的可信度可以从以下几个方面得到体现。

（1）调查报告的外观质量会影响到人们对它的可信度。换句话说，如果调查报告格式不规范，错别字太多，印刷质量太差，有漏掉的页码，图表制作缺乏美观等，都会给人留下不好的第一印象，使人们对调查报告制作者的态度产生怀疑，进而影响读者对调查工作可信度的评价。

（2）调查报告对所采用的调查方法和抽样技术以及可能的误差要加以说明，让使用调查报告的人员确信调查报告在某些方面是可信的。

（3）避免提出一些"令人大吃一惊"的极端性建议。

总之，调查报告必须让读者感受到调查人员对整个调查项目的重视程度和对调查质量的控制程度。

三、市场调查报告的特点

市场调查报告应具有针对性、新颖性、时效性、科学性、可读性等方面的特点。

（一）针对性

针对性包括选题上的针对性和阅读对象的明确性两方面。首先，调查报告在选题上必须强调针对性，做到目的明确、有的放矢，围绕主题展开论述，这样才能发挥市场调查应有的作用。其次，调查报告还必须明确阅读对象。阅读对象不同，他们的要求和所关心问题的侧重点也不同。如果调查报告的阅读者是公司的总经理，那么他主要关心的是调查的结论和建议部分，而不是大量的数字分析等。但如果阅读的对象是市场研究人员，他所需要了解的是这些结论是怎么得来的，是否科学、合理，那么，他更关心的就是调查所采用的方式、方法，数据的来源等方面的问题。针对性是调查报告的灵魂，必须明确要解决什么问题，阅读对象是谁等。针对性不强的调查报告必定是盲目的和毫无意义的。

（二）新颖性

市场调查报告的新颖性是指调查报告应从全新的视角去发现问题，用全新的观点去看待问题，紧紧抓住市场活动的新动向、新问题等提出新观点。这里的新，强调的是提出一些新的建议，即以前所没有的见解。比如，许多婴儿奶粉均不含蔗糖，但通过调查发现，消费者并不一定知道这个事实。有人就在调查报告里给某个奶粉制造商提出了一个建议——在广告中打出"不含蔗糖"的主张，表示食用该奶粉不会让小宝宝的乳牙蛀掉，结果取得了很好的效果。

（三）时效性

市场信息千变万化，经营者的机遇也是稍纵即逝。市场调查滞后，就失去了其存在的意义。因此，市场调查行动要快，市场调查报告应将从调查中获得的有价值的内容迅速、及时地报告出去，以供经营决策者抓住机会，在竞争中取胜。

（四）科学性

市场调查报告不是单纯地报告市场的客观情况，还要通过对事实作分析研究，寻找市场的发展变化规律。这就需要写作者掌握科学的分析方法，以得出科学的结论、适用的经验、教训，以及解决问题的方法、意见等。

（五）可读性

市场调查报告的观点要鲜明、突出，内容的组织安排要有序，并做到行文流畅，通俗易懂。

四、市场调查报告的类型

市场调查报告可以从不同角度进行分类。

（一）按调查报告的形式划分

（1）书面报告。把整个调查活动的过程和分析研究的成果以书面的形式呈现出来。

（2）口头报告。对小型调查活动或急需掌握信息进行决策时，一般采用口头报告。

（二）按所涉及内容含量的多少划分

（1）综合性调查报告。指提供给用户的最基本的报告，围绕调查对象的基本状况和发展变化过程，对全部调查结果进行比较全面、系统、完整、具体的分析。它涉及的内容及范围比较宽泛，所依据的资料比较丰富，篇幅较长，一般要对调查对象的发展变化情况作纵横两方面的介绍。

（2）专题性调查报告。指围绕某一特定事物、问题或问题的某些方面而撰写的调查报告。这类调查报告主题鲜明、内容专一、材料具体、针对性强、问题集中、篇幅较短、应用较广。

（三）按照调查目的的不同分类

（1）情况调查报告。是比较系统地反映本地区、本单位基本情况的一种调查报告。这种调查报告的作用是弄清情况，供决策者参考。

（2）典型经验调查报告。是通过分析典型事例，总结工作中出现的新经验，从而指导和推动某方面工作的一种调查报告。

（3）问题调查报告。是针对某一方面的问题，进行专项调查，澄清事实真相，判明问题的原因和性质，确定造成的危害，并提出解决问题的途径和建议，为问题的最后处理提供依据，也为其他有关方面提供参考和借鉴的一种调查报告。

此外，按调查对象的不同，可分为关于市场供求情况的市场调查报告、关于产品情况的市场调查报告、关于消费者情况的市场调查报告、关于销售情况的市场调查报告以及关于市场竞争情况的市场调查报告等；按表述方法的不同，可分为陈述型市场调查报告和分析型市场调查报告。

五、市场调查报告的要求

（一）力求客观真实、实事求是

调查报告必须符合客观实际，引用的材料、数据必须是真实可靠的。反对弄虚作假，或为了迎合上级的意图，挑他们喜欢的材料撰写。总之，要用事实来说话。

（二）要做到调查资料和观点相统一

市场调查报告是以调查资料为依据的，即调查报告中所有观点、结论都有大量的调查资料为根据。在撰写过程中，要善于用资料说明观点，用观点概括资料，两者相互统一。切忌调查资料与观点相分离。

（三）要突出市场调查的目的

市场调查报告，必须目的明确，有的放矢。任何市场调查都是为了解决某一问题，或者为了说明某一问题。市场调查报告必须围绕市场调查的目的进行论述。

（四）语言要简明、准确、易懂

调查报告是供人阅读的，无论是委托方的管理者，还是其他一般的读者，他们大多不喜欢冗长、乏味、呆板的语言，也不精通调查的专业术语。因此，调查报告的语言要力求简单、准确、通俗易懂。

六、市场调查报告的结构

市场调查报告一般由题目、目录、摘要、正文、结论和建议、附件组成。

（一）题 目

标题必须准确揭示调查报告的主题思想。标题要简单明了、高度概括、题文相符。题目一般应打印在扉页上，同时还应在扉页上说明报告日期、委托方、调查方等。标题要把被调查单位、调查内容明确而具体地表示出来，如《关于北京市居民收支、消费及储蓄情况的调查报告》。有的调查报告还采用正、副标题形式，正标题表达调查的主题，副标题则具体表明调查的单位和问题，如《"上帝"眼中的〈北京青年报〉——〈北京青年报〉读者调查总体研究报告》。

（二）目　录

为了方便读者阅读，应当使用目录或索引形式列出报告所分的主要章节和附录，并注明标题、有关章节号码及页码。一般来说，目录的篇幅不宜超过一页。

（三）摘　要

摘要主要阐述课题的基本情况，按照市场调查课题的顺序将问题展开，并阐述对调查的原始资料进行选择、评价、作出结论、提出建议的原则等。主要包括以下几方面。

（1）简要说明调查目的。即简要地说明调查的由来和委托调查的原因。

（2）介绍调查对象和调查内容。包括调查时间、地点、对象、范围、调查要点及所要解答的问题。

（3）简要介绍调查研究的方法。

（四）正　文

正文是市场调查报告的主要部分。正文部分必须准确阐明全部有关论据，从问题的提出到引出的结论，论证的全部过程，分析研究问题的方法。另外，还应当有可供委托方决策参考的全部调查结果和必要的市场信息，以及对这些情况和内容的分析、评论。

（五）结论和建议

结论和建议是对调查目的的回答，是调查报告的"眼睛"。这部分包括对引言和正文部分所提出的主要内容的总结，提出如何利用已证明为有效的措施和解决某一具体问题可供选择的方案与建议。结论和建议与正文部分的论述要紧密对应，不可以提出无论据的结论，也不必摆没有结论性意见的论证。

（六）附　件

附件是指调查报告正文包含不了或没有提及，但与正文有关，必须附加说明的部分。它是对正文的补充或对个别问题更详尽的说明。

第二节　书面市场调查报告

市场调查书面报告写作的一般程序是：构思（确定主题思想、标题，拟定写作提纲等），取舍选择调查资料，撰写调查报告初稿，最后修改、定稿。

一、书面调查报告的内容

一般来说，书面调查报告主要涉及以下内容：

（1）说明调查目的及所要解决的问题；

（2）介绍市场资料；

（3）分析研究的方法；

（4）调研数据；

（5）提出论点，即摆出自己的观点和看法；

（6）论证所提观点的基本理由；

（7）提出解决问题可供选择的建议、方案和步骤；

（8）预测可能遇到的风险、对策。

二、书面调查报告撰写的步骤

（一）构　思

（1）构思是根据思维运动的基本规律，从感性认识上升到理性认识的过程。

（2）确立主题思想。在认识客观事物的基础上，确立主题思想。

（3）确立观点，列出论点、论据。在作出结论时，应注意以下几个问题：①一切有关的实际情况及调查资料是否都考虑了；②是否有相反结论否定调查结论；③立场是否公正客观、前后一致。

（4）安排文章层次结构。在完成上述几步后，构思基本上就有了框架。在此基础上，即可考虑文章正文的大致结构与内容，安排文章层次段落结构分为三个部分：①基本情况介绍；②综合分析；③结论与建议。

（二）取舍选择数据资料

市场调查报告的撰写必须根据数据资料进行分析。反映问题要用数据作定量分析，提建议、措施同样要用数据来论证其可行性与效益。

选取数据资料后，在写作时，要努力做到用资料说明观点，用观点论证主题，详略得当，主次分明，使观点与数据资料协调统一，以便更好地突出主题。

（三）撰写初稿

根据撰写提纲的要求，由单独一人或数人分工负责撰写，各部分的写作格式、文字数量、图表和数据要协调，统一控制。

（四）修改、定稿

写出初稿，征得各方意见，修改后就可以定稿了。

三、书面调查报告的具体结构

一般来说，书面报告的结构会因为报告的内容不同而存在差异，但大部分书面报告的结构还是比较接近的。下面是一个比较常用的书面报告结构模板。

（一）标题（封面）

1. 标题

2. 客户企业（委托方）

3. 调查研究机构（受托方）

4. 受托方地址与联系方式

5. 提交日期

（二）目　录

1. 章节标题和副标题及其页码

2. 表格目录：标题及其页码

3. 图形目录：标题及其页码

4. 附录：标题及其页码

（三）报告摘要

1. 调研目标的简要陈述

2. 调研方法的简要陈述

3. 主要调研结果的简要陈述

4. 结论与建议的简要陈述

5. 其他有关信息（如特殊技术、局限或背景信息等）的简要陈述

（四）正　文

1. 介　绍

（1）项目背景；

（2）项目参与人员及其职位；

（3）致谢。

2. 调查方法

（1）研究类型；

（2）研究意图；

（3）总体定义；

（4）样本设计与技术规则：主要涉及样本单位的界定与抽样方法；

（5）资料收集方法；

（6）调查问卷：主要问题清单与关键问题的说明；

（7）特殊问题或考虑。

3. 分析与结果

（1）分析类型介绍；

（2）表格与图形；

（3）解释性的正文。

4. 结论与建议

5. 局　限

（1）样本规模的局限；

（2）样本选择的局限；

（3）其他（抽样框误差、时机、分析等）。

6. 附　录

（1）调查问卷；

（2）样本单位清单；

（3）技术性附录（对某种工具如联合分析的介绍）；

（4）其他必要资料（委托书复印件、调查地的地图等）。

7. 参考文献

四、书面调查报告各部分的撰写形式

（一）标题的形式

标题是画龙点睛之笔，它必须准确揭示调查报告的主题思想，做到题文相符。标题要简单明了，高度概括，具有较强的吸引力。

标题的形式一般有以下 3 种。

（1）"直叙式"的标题。指反映调查意向或只透出调查地点、调查项目的标题，如"北京市信贷消费情况调查"。

（2）"表明观点式"的标题。指直接阐明作者的观点、看法，或对事物的判断、评价的标题，如"对当前巨额结余购买力不可忽视"。

（3）"提出问题式"的标题。指以设问、反问等形式，突出问题的焦点和尖锐性，吸引读者阅读，促使读者思考的标题，如"××啤酒为什么滞销"。

以上几种标题的形式各有所长，特别是第二、三种形式的标题，它们既表明了作者的态度又揭示了主题，具有很强的吸引力，但是从标题上不易看出调查的范围和调查对象，因此，可以加上副标题，并分作两行表示，如：

××牌产品为什么滞销

——对××牌产品销售情况的调查分析

女人生来爱逛街

——京城女士购物消费抽样调查报告

（二）开头部分的形式

开头部分一般包括以下几个方面：交代调查活动的一般情况——写明调查目的、时间、地点、对象、范围、方式、结果等；介绍调查对象的基本情况；提出问题。如："曾经风靡一时的营养型保健品今年的销售状况如何？市场调查表明：营养型保健品的销售日趋疲软，已进入衰退期。"（《营养型保健品已进入衰退期》）

"万事开头难"，好的开头，既可使分析报告顺利展开，又能吸引读者。开头的形式一般有以下几种。

（1）开门见山，揭示主题。文章开始先交代调查的目的或动机，揭示主题。例如："我公司受××空调制造公司的委托，对消费者进行一项有关家用空调的市场调查，预测未来几年大众对家用空调的需求量及需求的种类，使××空调制造公司能根据市场需求及时调整其产量及种类，确定今后发展方向。"

（2）结论先行，逐步论证。先将调查结论写出来，然后再逐步论证。例如："××牌洗碗机是一种高档洗碗机，通过对××牌洗碗机在某市拥有、使用情况的调查，我们认为它在某市不具有市场竞争能力，原因主要从以下几个方面阐述。"

（3）交代情况，逐层分析。先介绍背景情况和调查数据，然后逐层分析，得出结论；或者先交代调查时间、地点、范围等情况，然后分析。例如《关于护肤品购买习惯与使用情况的调查报告》的开头："本次关于对护肤品购买习惯和使用情况的调查，调查对象主要集中于中青年，其中青年（20～35 岁）占 55%，中年（36～50 岁）占 25%，老年（51 岁以上）占 20%；女性占 70%，男性占 30%。"

（4）提出问题，引入正题。例如《关于方便面市场调查的分析报告》的开头部分："从去年下半年开始，随着方便面市场竞争的不断发展，各种合资、国产的方便面，如康师傅、统一、白象、今麦郎、农心等竞争品牌似雨后春笋般涌现，方便面企业如何在激烈的竞争中立于不败之地？带着这些问题，我们对北京市部分消费者和销售单位进行了有关调查。"

（三）论述部分的形式

论述部分是调查报告的核心部分，它决定着整个调查报告质量的高低和作用的大小。这一部分应着重通过调查了解到的事实分析说明被调查对象发生、发展和变化的过程，调查的结果及存在的问题，提出具体的意见和建议。

由于论述一般涉及内容很多，文字较长，有时也可以用概括性或提示性的小标题，突出文章的中心思想。论述部分的结构安排是否恰当直接影响着分析报告的质量。论述部分主要分为基本情况部分和分析部分。

（1）基本情况部分。主要有以下3种。①对调查数据资料及背景资料作客观的说明。然后在分析部分阐述具体的看法、观点或分析。②提出问题。提出问题的目的是要分析问题，找出解决问题的办法。③肯定事物的一面。由肯定的一面引申出分析部分，然后由分析部分引出结论，循序渐进。

（2）分析部分。分析部分是调查报告的主要组成部分。在这个部分，要对资料进行质和量的分析，通过分析了解情况，进而说明问题、解决问题。分析有以下3类情况。第一类，原因分析，即对出现问题的基本成因进行分析，如"对××牌产品滞销原因的分析"。第二类，利弊分析，即对事物在市场活动中所处的地位和起到的作用进行利弊分析。第三类，预测分析，即对事物的发展趋势和发展规律作出的分析，如"对××市居民住宅需求意向的调查，通过居民家庭人口情况、住房现有状况、收入情况及居民对储蓄的认识和对分期付款购房的想法等，对××市居民住房需求意向进行预测。"

此外，论述部分的层次段落结构一般有4种形式：①层层深入形式，各层意思之间一层深入一层，层层剖析；②先后顺序形式，按事物发展的先后顺序安排层次，各层意思之间有密切联系；③综合展开形式，先说明总的情况，然后分段展开，或先分段展开，然后综合说明，展开部分之"和"为综合部分；④并列形式，各层意思之间是并列关系。

（四）结尾部分的形式

结尾部分是调查报告的结束语，好的结尾，可使读者明确题旨，加深认识，启发读者思考和联想。结尾一般有以下几种形式。

（1）概括全文。经过层层剖析后，综合说明调查报告的主要观点，深化文章的主题。

（2）形成结论。在对真实资料进行深入细致的科学分析的基础上，得出报告结论。

（3）基础看法和建议。通过分析，形成对事物的看法，在此基础上提出建议和可行性方案。提出的建议必须确实切合企业状况及市场变化，使建议有付诸实施的可能性。

（4）展望未来，说明意义。通过调查分析展望未来前景。

五、书面调查报告的撰写技巧

书面调查报告的写作技巧主要包括表达、表格和图形表现等方面的技巧。表达技巧主要包括叙述、说明、议论、语言运用4个方面的技巧。

（一）叙述的技巧

书面调查报告的叙述，主要用于开头部分，叙述事情的来龙去脉，表明调查的目的和根据，以及过程和结果。此外，在主体部分还要叙述调查得来的情况。书面调查报告常用的叙述技巧有概括叙述、按时间顺序叙述、叙述主体的省略。

1. 概括叙述

叙述有概括叙述和详细叙述之分。书面调查报告主要用概括叙述，将调查过程和情况概略地陈述，不需要对事件的细枝末节详加铺陈。这是一种"浓缩型"的快节奏叙述，文字简练，一带而过，给人以整体、全面的认识，以适合市场调查报告快速及时反映市场变化的需要。

2. 按时间顺序叙述

按时间顺序叙述指在交代调查的目的、对象、经过时，按时间顺序进行陈述，使叙述内容次序井然，前后连贯。如开头部分叙述调查的前因后果，主体部分叙述调查对象的历史及现状，就体现为按时间顺序叙述。

3. 叙述主体的省略

书面调查报告的叙述主体是写报告的单位，叙述中用"我们"——第一人称。为行文简便，叙述主体一般在开头部分中出现后，在后面的各部分即可省略，并不会因此而令人误解。

（二）说明的技巧

书面调查报告常用的说明技巧有数字说明、分类说明、对比说明和举例说明。

1. 数字说明

市场运作离不开数字，反映市场发展变化情况的市场调查报告，要运用大量数据，以增强调查报告的精确性和可信度。

2. 分类说明

市场调查中所获得的材料杂乱无章，根据主旨表达的需要，可将材料按一定标准分为几类，分别说明。例如，将调查来的基本情况按问题性质归纳成几类，或按不同层次分为几类，每类前冠以小标题，按提要句的形式表述。

3. 对比说明

市场调查报告中的有关情况和数字等，往往需要采用对比的形式进行说明，以便全面深入地反映市场变化情况。对比说明时要清楚事物的可比性，在同一标准下，作切合实际的比较。

4. 举例说明

为说明市场发展变化情况，举出具体、典型事例，这也是常用的方法。市场调查中，会遇到大量事例，应从中选取有代表性的例子。

（三）论证的技巧

市场调查报告常用的论证技巧有归纳论证和局部论证。

1. 归纳论证

市场调查报告是在占有大量材料之后，作分析研究，得出结论，从而形成论证过程。这一过程主要运用议论方式，所得结论是从具体事实中归纳出来的。

2. 局部论证

市场调查报告不同于议论文，不可能形成全篇论证，只是在情况分析和对未来预测中作局部论证。如对市场情况从几个方面作分析，每一方面形成一个论证过程，用数据、情况等做论据去证明其结论，形成局部论证。

（四）语言运用的技巧

书面调查报告是用书面形式表达的语言，提高语言表达能力是写好调查报告的重要条件之一。报告的语言要逻辑严谨、数据准确、文风质朴、简洁生动、通俗易懂、用词恰当，并且善于使用表格、图示表达意图，避免文字上的累赘。

语言运用的技巧包括用词方面和句式方面的技巧。

1. 用词方面

书面调查报告中数量词用得较多，这是因为市场调查离不开数字，很多问题都要用数字说明。可以说，数量词在市场调查报告中以其特有的优势，越来越显示出其重要作用。市场调查报告中介词用得也很多，主要用于交代调查目的、对象、根据等方面，如用为、对、根据、从、在等介词。此外，还多用专业词，以反映市场发展变化，如"商品流通""经营机制""市场竞争"等词。为使语言表达准确，撰写者还需要熟悉与市场有关的专业术语。

2. 句式方面

市场调查报告多用陈述句，陈述调查过程以及调查到的市场情况，表示肯定或否定判断。祈使句多用在提议部分，表示某种期望，但提议并非皆用祈使句，也可用陈述句。

六、撰写调查报告应注意的问题

（一）切忌将分析工作简单化

根据资料就事论事，简单介绍式的分析多，深入细致的分析及观点少，无结论和建议，缺乏系统性，这样的报告实用价值很小，难以满足调查委托方的需求。

（二）切忌面面俱到、事无巨细地进行分析

一篇调查报告自有它的重点和中心，在对情况有了全面了解之后，经过全面系统的构思，应该能有详有略，抓住主题，深入分析。

（三）报告长短根据内容确定

调查报告的长短，要根据调查目的和调查报告的内容而定，篇幅做到宜长则长，宜短则短，并且尽量做到长中求短，力求写得短小精悍。特别提醒：一些小型市场调查报告，反映的是微观、局部性的问题，它们篇幅短小，在形式、写法上往往很灵活，但也足以向人们传递市场某一方面的信息。作为初学者，可以多练习写这样的小型市场调查报告。

第三节　市场调查口头报告

书面报告仅仅是提交市场调查结果的方式之一。除此之外，还有一种口头提交的方式，这就是口头报告。经验表明，口头报告的价值愈来愈为人们所重视。它不仅起到了对书面报告的有力补充和支持作用，还具有书面报告所没有的功能。例如：它允许听众提问，并可逐条回答；市场调查者可以强调报告中最重要的内容，而人们在阅读时可能对此没有注意。事实上，对某些公司的决策者来说，他们只通过口头报告来了解调查结果，从来不阅读文字报告或者只是浏览书面报告来验证自己的记忆力。作口头报告的一大好处是可以将多个相关人士召集在一起，通过提问相互启发，得到一些意外发现。

由于已经有了书面市场调查报告，且需要介绍的内容涉及面较广，又要回答可能出现的提问，所以口头报告对市场调查者提出了更高的要求。只有明确口头报告的目标，认真策划，才能取得较好的效果。否则，它只能成为一场不具效果的公式化演讲。

一、口头报告的目标

与书面报告一样，口头报告也有其目标。归纳起来，口头报告的目标大致有以下几项：

（1）将市场调查结果告诉那些可能不阅读报告的人士；

（2）澄清报告中的复杂部分；

（3）特别强调某些重要事项；

（4）刺激大家对市场调查的兴趣；

（5）引导人们对结论及建议的讨论；

（6）达成将来努力方向的共识。

二、口头报告的策划

市场调查者明确了自己的目标后，接下来就可以对口头报告进行策划了。众所周知，策划工作具有很强的创造性和艺术性，因此很难加以笼统的描述。这里只介绍一种常规的模式，即围绕听众、信息、报告人员和辅导器材加以策划。

（一）听　众

口头报告的一切都取决于听众，市场调查者必须根据听众的性质来决定应该传递什么信息。企业高级主管往往对市场的未来走向及相应的对策感兴趣，而对市场调查活动中发现的那些细节资料则不以为意，他们比较关心报告的结论和建议部分。中级管理人员对市场调查的每个环节都比较熟悉，因此详细的报告对他们而言就很重要。如果报告的听众都是市场调查人员的话，那么他们可能更热衷于调查所运用的方法。当然，通常的情况是各种层次的人都有，这时报告人员在报告内容的设计上除必要的照顾大众外，更应针对职位高的人士。

听众的人数往往影响口头报告的形式。如果听众较少（如10人以内），采用座谈形式效果较好。这样便于交流更多的信息，沟通也显得较为亲近。必要时，报告人员也可随时给予解答。如果听众人数较多，则需要足够大的房间，而房间的设备、装置等条件又决定了报告人员应采用何种辅助器材。这种报告形式显得较为正规、严肃，以单向信息传递为主。当然，如有必要，报告人员可在结束报告之前留出一段时间用于答疑。值得注意的是，报告人员事先一定要了解听众的对象，这些对象是否已经看过书面报告，以及报告所在场地的设备状况，这对口头报告的策划是至关重要的。

（二）信　息

口头报告中所应传递的信息内容是由其目标及听众对象来决定的。如果报告的目标是强调调查中的某些重要结论，那么报告人员应该选择那些支持这些结论的事实、数据等信息作为报告的主要内容。如前所述，听众对象不同，对报告中的不同信息关注的程度也有区别。与书面报告一样，口头报告不可能也没有必要将调查所得的信息全部告诉听众，报告人员应对这些信息进行选择，以突出报告的重点。报告人员在传递信息时应掌握一条基本原则，那就是简单扼要。听众所关心的是这些数据资料究竟代表什么意义，如何将这些资料运用到实际问题的解决中去，对资料本身或许他们并不一定在意。

信息表达的连贯性和逻辑性在口头报告中是很重要的，下面提供一个提纲范例供报告人员参考。

　　引言
　　　　背景；目标；方法。
　　调查结果
　　　　市场的大小；市场的结构；未来的趋势。
　　结论
　　　　问题所在；公司的环境；可选择的方案。
　　建议
　　　　替代方案；建议方案；采用方案后可能的影响。

（三）报告人员

报告人员的素质直接影响口头报告的效果，一个吐字不清或带浓重方言的报告人员，无论其做多大的事前努力，也很难取得好的报告效果；相反，一位训练有素、颇具演说家风度的报告人员，往往可以深深地吸引听众的注意力，使报告获得完美的效果。因此，对报告人员的选择和训练对于口头报告是非常重要的。

报告人员一般应从参与调查的人员中选择，一来他对市场调查过程较为熟悉，便于临场发挥；二来可以提高报告的可信度。除了某些大型的市场调查报告会需要数位报告人员外，大多数的市场调查项目只需一位报告人员就够了。而参与一项市场调查的调查者至少是一个小组，因此按照一定的标准选择适当的报告人员在数量上还是有余地的。

选定了报告人员，紧接着的就是对其进行训练。训练可以在现场或模拟现场进行，这有助于报告人员熟悉环境。训练时最好找些模拟听众，让他们提出某些不足以便修正。通过训练可以增强报告人员的自信心，同时也可以掌握报告所需的时间，检验辅助器材的性能及相关资料是否齐全。

在进行正式口头报告时，报告人员最好以自由的风格来表达有关信息，切莫照本宣科。虽然脱稿讲解有时会语句重复，显得不够通顺，但是这样做能使表情更自然、表达更生动。当然，为了不至于忘记报告内容及前后顺序，报告人员可在小卡片上列一提纲，以便在必要时进行查寻。需要提醒的是，报告人员的讲解语气一定要坚定，论点表达一定要肯定（切勿模棱两可），这有助于提高报告的可信度。

（四）辅助器材

在口头报告时，许多报告人员都喜欢借助某些辅助器材来说明问题。辅助器材可使报告内容表达更直观、更简洁，有助于听众理解和记忆，同时也可以提高听众的兴趣。在听众较多，形式更正规的场合中，更有必要借助辅助器材来提高报告效果。

过去，在口头报告中常用的辅助器材是投影仪和幻灯机。因为技术的原因，幻灯片的制作时间较长，制作成本较高，且使用条件有限制（必须保持黑暗），所以投影仪在口头简介中的使用更为普遍。随着计算机技术的不断发展和多媒体的广泛应用，现在口头报告的辅助器材基本以多媒体为主，通过电脑制作的幻灯片基本取代了幻灯机。

在选择了最适合协助报告人员传递信息的辅助器材（通常是多媒体）以后，接着便是设计幻灯片了。幻灯片以图表和文字提纲为主要内容。与书面报告一样，图表应尽量简单；每张幻灯片上的文字，一行以不超过30字为宜，总行数以8～12行为宜。

在具体使用多媒体时，报告人员应注意以下几点。①银幕的位置。最好将银幕放在报告人员右手方角落的某个适当角度。这样，报告人员站在中间，不至于遮挡听众的视线。②幻灯片的切换。如果报告人员在讲解某些内容时无须幻灯片协助，此时应将幻灯片切换到空白或最小化，以免分散听众注意，使听众目光重新集中到报告人员身上。③选择指示器。可以是一支投影专用笔，也可以是一根指挥棒，在讲解幻灯内容时用它来起指示作用。

本章小结

市场调查报告，是在对调查得到的资料进行分析整理、筛选加工的基础上，记述和反映市场调查成果并提出作者看法和意见的报告，它可以是书面形式，也可以是口头形式或其他形式，如电子媒介形式等。一份市场调查报告一般具备3个要素：基本情况；分析与结论；措施与建议。

按调查目的分类，市场调查报告可分为情况调查报告、典型经验调查报告和问题调查报告三种类型。市场调查报告是市场调查研究成果的集中体现，撰写得好坏将直接影响到整个市场调查研究工作的成果质量。一份好的市场调查报告，能给企业的市场经营活动提供有效的导向作用，为企业的决策提供客观依据。市场调查报告应具备的功能有：描述调查结果；充当参考文件；证明所做工作的可信度。市场调查报告应具有针对性、新颖性、时效性、科学性、可读性等方面的特点。市场调查报告的要求：力求客观真实、实事求是；要做到调查资料和观点相统一；要突出市场调查的目的；语言要简明、准确、易懂。

市场调查报告一般由题目、目录、概要、正文、结论和建议、附件组成。市场调查书面报告写作的一般程序是：构思（确定主题思想、标题，拟定写作提纲等），取舍选择调查资料，撰写调查报告初稿，最后修改、定稿。常用的书面报告结构为：标题（封面）；目录；报告摘要；正文；局限；附录。撰写报告应注意的问题有：切忌将分析工作简单化；切忌面面俱到、事无巨细地进行分析；报告长短根据内容确定。

口头报告的价值愈来愈为人们所重视。它不仅起到了对书面报告的有力补充和支持作用，而且具有书面报告所没有的功能。

复习思考题

1. 什么是市场调查报告？
2. 市场调查报告的类型有哪些？
3. 市场调查报告的意义有哪些？
4. 市场调查报告的作用和功能有哪些？
5. 市场调查报告的特点有哪些？
6. 市场调查报告的要求有哪些？
7. 市场调查报告的结构有哪些？
8. 简述书面市场调查报告的撰写程序与步骤。
9. 简述书面市场调查报告的撰写结构、形式与技巧。
10. 撰写书面市场调查报告应注意的问题有哪些？
11. 口头市场调查报告的目标有哪些？
12. 根据下述材料，撰写一篇市场调查报告。

中国饮料工业协会统计报告显示，国内果汁及果汁饮料实际产量超过百万吨，同比增长33.1%，市场渗透率达36.5%，居饮料行业第四位，但国内果汁人均年消费量仅为1千克，为世界果汁平均消费水平的1/7，西欧国家平均消费量的1/4，市场需求潜力巨大。

我国水果资源丰富，其中苹果产量世界第一，柑橘产量世界第三，梨、桃等产量居世界前列。据权威机构预测，到2012年，我国预计果汁产量可达150万~160万吨，人均果汁年消费量达1.2千克左右。2020年，预计果汁产量达195万~240万吨，人均年消费量达1.5千克。

近日，我公司对××市果汁饮料市场进行了一次市场调查，根据统计数据，我们对调查结果进行了简要的分析。

追求绿色、天然、营养成为消费者喝果汁饮料的主要目的。品种多、口味多是果汁饮料行业的显著特点，据××市场调查显示，每家大型超市内，果汁饮料的品种都在120种左右，厂家达十几家，竞争十分激烈，果汁的品质及创新成为果汁企业获利的关键因素，品牌果汁饮料的淡旺季销量无明显区分。

目标消费群——调查显示，在选择果汁饮料的消费群中，15~24岁年龄段占了34.3%，25~34岁年龄段占了28.4%。其中，又以女性消费者居多。

影响购买因素——口味：酸甜味道的销得最好，低糖营养型果汁饮品是市场需求的主流。包装：家庭消费首选750mL和1L装的塑料瓶大包装；260mL的小瓶装和利乐包为即买即饮或旅游时的首选；礼品装是家庭送礼时的选择；新颖别致的杯型因喝完饮料后瓶子可当茶杯用，所以也影响着部分消费者的购买决定。

饮料种类选择习惯——71.2%的消费者表示不会仅限于一种，会喝多种饮料；有什么喝什么的占了20.5%；表示就喝一种的有8.3%。

品牌选择习惯——调查显示，习惯于多品牌选择的消费者有54.6%；习惯于单品牌选择的有13.1%；因品牌忠诚性作出单品牌选择的有14.3%；价格导向的占据了2.5%；追求方便者的比例为15.5%。

饮料品牌认知渠道——广告，64.4%；卖饮料的地方，24.5%；亲友介绍，11.1%。

购买渠道选择——在超市购买，61.3%；随时购买，2.5%；个体商店购买，28.4%；批发市场，2.4%；大中型商场，5.4%；酒店、快餐厅等餐饮场所也具有较大的购买潜力。

一次购买量——选择喝多少就买多少的有62.5%；选择一次性批发很多的有7.6%；会多买一点存着的有29.9%。

××市居民家庭饮食消费状况调查报告

为了深入了解本市居民家庭在酒类市场及餐饮类市场的消费情况，特进行此次调查。调查由本市某大学承担，调查时间是2001年7—8月，调查方法为问卷式访问调查，本次调查选取的样本总数是2000户。各项调查工作结束后，该大学将调查内容予以总结，其调查报告如下。

一、调查对象的基本情况

（一）样本类属情况

在有效样本户中，工人320户，占总数比例19.63%；农民130户，占总数比例7.97%；教师200户，占总数比例12.27%；机关干部190户，占总数比例11.66%；私营业主220户，占总数比例13.50%；经理150户，占总数比例9.20%；科研人员50户，占总数比例3.07%；待业户90户，占总数比例5.52%；医生20户，占总数比例1.23%；其他260户，占总数比例15.95%。

（二）家庭收入情况

本次调查结果显示，从本市总的消费水平来看，相当一部分居民还达不到小康水平，大部分人均收入在1000元左右，样本中只有约2.3%的消费者收入在2000元以上。因此，可以初步得出结论，本市总的消费水平较低，商家在定价的时候要特别慎重。

二、专门调查部分

（一）酒类产品的消费情况

白酒比红酒消费量大。分析其原因，一是白酒除了顾客自己消费以外，用于送礼的较多，而红酒主要用于自己消费；二是商家做广告也多数是白酒广告，红酒的广告很少。这直接导致白酒的市场大于红酒的市场。

(二) 白酒消费多元化

(1) 从买白酒的用途来看,约52.84%的消费者用于自己消费,约27.84%的消费者用于送礼,其余的是随机性很大的消费者。

买酒用于自己消费的消费者,酒的价格大部分在20元以下,其中10元以下的约占26.7%,10~20元的占22.73%。从品牌上来说,稻花香、洋河、汤沟酒相对看好,尤其是汤沟酒,约占18.75%,这也许跟消费者的地方情结有关。从红酒的消费情况来看,大部分价格也都集中在10~20元,其中,10元以下的占10.23%,价格档次越高购买力相对越低。从品牌上来说,以花果山、张裕、山楂酒为主。

送礼者所购买的白酒,价格大部分选择在80~150元(约28.4%),约有15.34%的消费者选择150元以上的。这样,生产厂商的定价和包装策略就有了依据,定价要合理,又要有好的包装,才能增大销售量。从品牌的选择来看,约有21.59%的消费者选择五粮液,10.795%的消费者选择茅台。另外,对红酒的调查显示,约有10.2%的消费者选择40~80元的价位,选择80元以上的约5.11%。从以上的消费情况来看,消费者的消费水平基本上决定了酒类市场的规模。

(2) 购买因素比较鲜明。调查资料显示,消费者关注的因素依次为价格、品牌、质量、包装、广告、酒精度,这样就可以得出结论:生产厂商的合理定价十分重要,创名牌、求质量、巧包装、做好广告也很重要。

(3) 顾客忠诚度调查表明,经常换品牌的消费者占样本总数的32.95%,偶尔换的占43.75%;对新品牌的酒持喜欢态度的占样本总数的32.39%,持无所谓态度的占52.27%,明确表示不喜欢的占3.4%。可以看出,一旦某个品牌在消费者心目中形成印象,是很难改变的。因此,厂商应在树立企业形象、争创名牌上狠下工夫,这对企业的发展十分重要。

(4) 动因分析。消费者购买酒品的动因主要在于自己的选择,其次是广告宣传,再次是亲友介绍,最后才是营业员推荐。不难发现,怎样吸引消费者的注意力,对于企业来说是关键,怎样做好广告宣传,消费者的口碑如何建立,将直接影响酒类市场的规模。而对于商家来说,营业员的素质也应重视,因为其对酒类产品的销售有着一定的影响作用。

(三) 饮食类产品的消费情况

本次调查主要针对一些饮食消费场所和消费者比较喜欢的饮食进行。调查表明,消费有以下几个重要特点。

(1) 消费者认为最好的酒店不是最佳选择,而最常去的酒店往往又不是最好的酒店。消费者最常去的酒店大部分是中档的,这与本市居民的消费水平是相适应的,现将几个主要酒店比较如下。

泰福大酒店是大家最看好的,约有31.82%的消费者选择它,其次是望海楼和明珠大酒店,都是10.23%,再次是锦花宾馆。调查中我们发现,云天宾馆虽然说是比较好的,但由于这个宾馆的特殊性,只有举办大型会议时使用,或者是贵宾、政府要员才可以进入,所以调查中作为普通消费者的调查对象很少选择云天宾馆。

(2) 消费者大多选择在自己工作或住所的周围,有一定的区域性。虽然在酒店的选择上有很大的随机性,但也并非绝对如此,例如,长城酒楼、淮扬酒楼,也有一定的远距离消费者惠顾。

（3）消费者追求时尚消费，如对手抓龙虾、糖醋排骨、糖醋里脊、宫爆鸡丁的消费比较多，特别是手抓龙虾，在调查样本总数中约占 26.14%，以绝对优势占领餐饮类市场。

（4）近年来，海鲜与火锅成为市民饮食市场的两个亮点，市场潜力很大，目前的消费量也很大。调查显示，表示喜欢海鲜的占样本总数的 60.8%，喜欢火锅的约占 51.14%。在对季节的调查中，喜欢在冬季吃火锅的约有 81.83%，在夏天的约为 36.93%，火锅不但在冬季有很大的市场，在夏季也有较大的市场潜力。目前，本市的火锅店和海鲜馆遍布街头，形成居民消费的一大景观和特色。

三、结论和建议

（一）结 论

（1）本市居民的消费水平还不算太高，属于中等消费水平，平均收入在 1000 元左右，相当一部分居民还没有达到小康水平。

（2）居民在酒类产品消费上主要是用于自己消费，并且以白酒居多，红酒的消费比较少；用于个人消费的酒品，无论是白酒还是红酒，其品牌以家乡酒为主。

（3）消费者在买酒时多注重酒的价格、质量、包装和宣传，也有相当一部分消费者持无所谓的态度。对新牌子的酒认知度较高。

（4）对酒店的消费，主要集中在中档消费水平上，火锅和海鲜的消费潜力较大，并且已经有相当大的消费市场。

（二）建 议

（1）商家在组织货品时要根据市场的变化制订相应的营销策略。

（2）对消费者较多选择本地酒的情况，政府和商家应采取积极措施引导消费者的消费，实现城市消费的良性循环。

（3）由于海鲜和火锅消费的增长，导致城市管理的混乱，政府应加强管理力度，对市场进行科学引导，促进城市文明建设。

第七章 市场预测概述

本章教学基本要求

1. 了解市场预测的概念
2. 了解市场预测的内容及分类体系
3. 了解市场预测的基本要求
4. 掌握市场预测的基本原理
5. 掌握市场预测的程序与步骤
6. 掌握数据初步处理的方法

"尿布大王"的远见卓识

日本尼西奇公司起初是一个生产雨衣、尿布、游泳帽等多种橡胶制品的小厂，由于订货不足，经营很不稳定。公司董事长川多扒博在一个偶然的机会，从日本政府的人口普查资料中发现，日本每年要出生 250 万名左右的婴儿。这个数字给了他很大的启示：每个婴儿每年即使只使用两块尿布，那么就是 500 万块。除此之外，潜在的市场需求也很大。

于是，他们决定放弃尿布以外的产品，实行尿布专业化生产。一炮打响后，又不断研制新材料、开发新品种，现在日本婴儿使用的尿布中每三条就有一条是他们生产的。不仅如此，公司产品还远销世界 70 多个国家和地区，被日本政府评为"出口有功企业"，被誉为"尿布大王"。

由此案例可知，正确的市场预测非常重要，关系到企业的发展，甚至是生死存亡。

　　市场预测是针对某一目前还不明确的事物，根据其过去和现在的已知情况，估计和推测未来可能出现的趋势。这种估计和推测，应该是在正确的理论指导下，通过广泛调查取得第一手资料或第二手资料，再运用定性分析和定量分析的方法，对市场今后的发展变化作出质的描述和量的估计。

　　市场预测与市场调查的区别在于，市场预测是人们对市场的未来的认识，市场调查是人们对市场的过去和现在的认识。市场预测能帮助经营者制订适应市场的行动方案，使自己在市场竞争中处于主动地位。

<h1 style="text-align:center">第一节 ┃ 市场预测的概念</h1>

一、预测与市场预测

（一）预 测

　　预测是指根据客观事物的发展趋势和变化规律，对特定对象未来发展的趋势或状态作出科学的推测与判断。换言之，预测是根据对事物已有的认识来对未知事件作出估计。预测是一种行为，表现为一个过程，也表现为行为的某种结果。

　　预测对象是具体的、特定的。对不同对象的预测形成不同的预测领域和预测学科的不同分支。目前，许多国家已经将预测技术广泛用于科学技术、文化教育、自然资源、生态环境、经济发展、人口变化、军事等诸多领域，于是便产生了科技预测、经济预测、教育预测、人口预测、资源预测、环境预测、军事预测等。

　　客观世界中许多事物的发展具有不确定性，它们在一定的时间和空间范围内能否发生，如何演变，产生何种影响，往往是不确定的。预测就是"鉴往知来"，是针对未来不确定事件的推断和测定，是研究未来不确定事件的理性表述，是对事物未来发展变化的趋向以及人类实践活动的后果所作的估计和推测。当然，这种估计和推测，应该是在正确的理论指导下，通过广泛调查取得第一手资料或第二手资料，再运用定性分析和定量分析的方法，对事物今后的发展变化作出质的描述和量的估计。

（二）市场预测

　　市场预测是对商品生产、流通、销售的未来变化趋势或状态进行的科学判断和估计，它以市场体系的发展过程与变动趋势作为研究对象，是预测学理论与方法在市场体系中的运用，是适应市场经济发展的需要而逐渐成熟起来的一门科学。而企业市场预测则是以企业市场活动为研究对象，对企业的市场环境、商品供求、价格、市场状况的未来变化趋势作出的科学推测和判断，或对企业生产经营情况作出的科学预测和估计。

预测能否与实际情况相接近，主要取决于：①市场本身的发展进程；②人们获取市场信息的能力和成本；③随机因素的干扰。其中关键在于把握市场活动的内在联系和发展规律。为此，人们必须获取大量信息，掌握科学的信息处理和分析方法。这一过程需要耗费大量的成本。即使如此，市场预测结果的准确性还是有限的、相对的。

（三）市场预测的目的

凡事预则立，不预则废。科学准确的预测可以保证社会经济活动达到预期的成功，所以在从事各种经济活动、作出各种决策时一定要先预测。

市场预测的目的，就在于要最大限度地减少不确定性对预测对象的影响，为科学决策提供依据。没有准确的市场预测，就不可能有正确的经营决策和科学的计划，所以说，市场预测正确与否，直接关系到一个企业的兴衰成败。

二、预测的产生与发展

预见未来，是人类自古就有的愿望。中国古代预测文化源远流长、博大精深。中华民族文化中的易经文化和算命文化就是其中的典型代表。西方预测占卜学也是西方古代文化的重要组成部分。一般来说，不论何种中西方占卜预测学，其大多数都起源于星相学。例如：我国古代就有"月晕而风、础润而雨"的谚语。农家看到月有光环，就预知将要刮风，甚至何时有风都可以预测。"月晕午时风、日晕三更雨"就是说今夜月晕，明日中午就有风，今天日晕，夜里三更就将下雨。根据这个预测，农民就可以合理地安排自己的劳动时间。另外，我国历史上也有许多有识之士在政治、军事、经济上进行预测的实例。例如诸葛亮是我国人民所喜爱的一位历史人物。他受人们喜爱的重要原因之一，就是他的"神机妙算"，也就是他能审时度势、"预见未来"。据《三国志》记载，诸葛亮初出茅庐之前所作的"隆中对"就预见到天下三分，这就是诸葛亮对东汉末年时局的预测。虽然古代的这些预测主要是凭借个人的经验去猜测，其中含有许多主观和唯心的成分，但在客观上促进了预测科学的诞生。

预测真正成为科学还是近代的事情。市场预测是随着生产社会化和商品经济的不断发展应运而生的。20世纪30年代，随着统计学的发展，市场调查与统计学、经济计量学结合起来，产生了市场分析和预测技术。40年代以后，市场预测的科学性日益提高。到了七八十年代各种经济模型得到应用，计算机网络开始形成，市场预测在经营决策中发挥了重大作用并普遍为人们所重视，原属于市场学的市场调查与预测发展成为一门独立的新学科。

三、市场预测的特点

（一）市场预测具有科学性

市场预测并不是凭想当然，"拍脑袋"得出的结果，而是在市场调查广泛收集市场信息资料的基础上，运用一定的程序和方法，取得关于未来市场变化趋势的各种信息。这些信息反映了市场发展变化的规律性，是具有科学性的。

（二）市场预测具有目的性

市场预测是为生产经营决策或市场营销服务的。决策应是以科学的预测结果作为基础的，并通过分析比较，选取最优方案。因此，预测是决策的先导，是决策科学化的前提，没有准确、科学的预测，要取得决策的成功是不可能的。因此，市场预测应从决策的需要出发，有目的地进行有关市场问题的预测。

（三）市场预测具有近似性

市场预测是根据过去和现在的已知信息，对未来市场需求变化情况作出预计和推测。但是，市场的发展变化并不是过去和现在情况的简单重复，总要受到各方面因素的影响。所以，对未来的估计和推测，会在一定程度上与将来发生的实际情况存在某些偏差。因此，预测不可能做到完全准确，预测值不可能与实际值绝对一致，只能是一个近似值。

（四）市场预测具有局限性

人们对未来的认识总有一定的局限性，预测受到知识、经验、时间、条件等多方面因素的限制，使得预测结果往往不能表达市场变化的确切状况，存在着一定的局限性。

四、市场预测的作用

（一）市场预测是引导社会生产、满足市场需要的重要手段

国家或企业可以根据市场已有的信息资料和其他影响需求变动的因素，对未来一定时期的市场需求作出预测，以需定产，最大限度地满足市场需求。

（二）市场预测是企业制订经营战略、进行科学决策的主要依据

决策是否正确以及正确程度的高低，乃是一个企业兴衰成败的关键，而正确的决策则要以科学的市场预测为前提。这是因为：第一，市场预测为经营决策提供未来的有关经济信息；第二，市场预测为经营决策提供决策目标和必要的备选方案；第三，市场预测为经营决策方案实施提供参照系，以利于调整经营措施，确保决策目标实现。

（三）市场预测是提高企业管理水平和经济效益的基础条件

企业管理者通过市场预测，可减少经营决策中的主观性、盲目性和随意性以及由此产生的决策失误，掌握市场竞争的主动权，克服"滞销""脱销""流通受阻"等不良状态，提高管理水平和劳动生产率，降低成本和流通费用，加速商品流通和资金周转，从而实现企业最大的经济效益。

（四）市场预测是充分发挥市场调节作用的重要保证

在市场经济中，供需之间的严重不平衡和不同形式的竞争格局，必然引起商品价格与价值的背离，通过科学的市场预测，判断市场供需和竞争格局的变动趋势，国家就可以运用经济手段，如价格、税收、信贷、工资和利率等经济杠杆调节市场供求矛盾，调整产业结构和产业政策，充分发挥市场调节的积极作用，繁荣我国的经济。

总的来说，市场预测不论是对生产还是对流通，也不论是对宏观经济管理还是对企业管理都有重要作用。搞好市场预测对促进经济发展，搞好市场供应，制订企业战略规划，进行科学决策，提高企业管理水平，提高竞争能力和应变能力，提高经济效益等都具有重要意义。

据国外统计，开展市场预测的企业获得的经济收益，远远高于其预测所花的费用。而那些没有开展市场预测的企业，由于生产或经营的盲目性，造成的经济损失常常是巨

大的。因此，我们应对市场预测给予高度重视。

【案例7-1】   石英技术誉满全球

　　一向以钟表王国著称的瑞士，在机械表技术方面领先于世界，成为世界钟表市场的主要生产国。20世纪60年代，一位瑞士工程师向政府提出了开发石英技术、发展石英表的建议，结果建议被"打入冷宫"。而日本钟表业则对石英技术表现出浓厚的兴趣，并对全球钟表市场进行了深入的调查，结果发现，机械表的发展已经呈现下降的趋势，潜力有限；而石英表则因成本低、全自动、华丽和方便的特点，具有极大的发展空间，是挑战机械表的核心技术。日本钟表商预测，钟表业今后市场竞争的焦点将是石英表，它能够引领日本钟表业挑战瑞士钟表王国的垄断地位。于是他们全力发展石英技术，在市场上遥遥领先。等到瑞士人猛然醒悟、奋起直追时，为时已晚，日本钟表业早已靠石英技术占据了世界钟表市场的主导地位。

第二节 ▏ 市场预测的内容与分类

一、市场预测的内容

　　市场预测的内容十分广泛，由于市场的主体不同、市场的性质不同、市场预测的目的要求不同，市场预测的具体内容也就有所不同。但一般来说，均可围绕市场环境、市场需求、市场供给、市场运行、市场价格、市场竞争等方面开展预测。从商品市场来看，市场预测的主要内容如下。

（一）市场环境预测

　　市场环境预测是在市场环境调研的基础上，运用因果性原理和定性与定量分析相结合的方法，预测国际国内的社会、经济、政治、法律、政策、文化、人口、科技、自然等环境因素的变化对特定的市场或企业的生产经营活动会带来什么样的影响（包括机会和威胁），并寻找适应环境的对策。例如，人口总量和人口结构的变化，对产品的需求会带来什么样的影响；人口老龄化意味着什么样的商机；宏观经济运行的景气或不景气，对特定的市场和企业的生产经营活动会带来什么样的影响，应采取什么样的对策；产业政策、货币政策、就业政策、能源政策等政策调控，对企业的生产经营活动有什么样的作用，应如何利用这些政策；国际政治经济的动荡、经济危机、地区冲突等对国内企业有何冲击，应采取什么样的应对策略；等等，都是市场环境预测的具体内容。市场环境预测应及时收集外部环境变化的信息，分析环境变化带来的威胁和机会，以及企业的优势与劣势，才能得出较为中肯的预测结论。

（二）市场需求预测

　　市场需求预测是在市场需求调研的基础上，运用定性与定量分析相结合的方法，对特定区域和特定时期内的某类市场或全部市场的需求走向、需求潜力、需求规模、需求水平、需求结构、需求变动等因素进行分析预测。由于市场需求的大小决定着市场规模的大小，对企业的投资决策、资源配置和战略研发具有直接的重要影响，因此，市场需求预测是市场预测的重点。市场需求预测既包括对现有市场的需求潜力的估计，也包括对未来市场的需求潜力的测定。市场需求预测，首先应对影响市场需求变化的人口、收入、储蓄、投资、信贷、价格、政策、经济增长等进行分析研究，然后运用定性与定量分析相结合的预测方法，对未来的市场需求走向、需求潜力、需求规模、需求水平、需求结构等作出推断。市场需求预测有消费品需求预测和生产资料需求预测之分，有全部商品、某类商品和某种商品的市场需求预测三个层次。一般来说，市场性质与市场层次不同，市场需求预测的内容和方法也有所不同。

（三）市场供给预测

市场供给预测是指对一定时期和一定范围的市场供应量、供应结构、供应变动因素等进行分析预测。由于市场供给的大小能够反映市场供应能力的大小能否满足市场需求的需要，因而它是决定市场供求状态的重要变量，所以市场供求预测也是市场预测的重要内容。市场供应量和供应结构的分析预测，也有消费品与生产资料之分，也有全部商品、某类商品和某种商品三个层次。一般来说，应在市场供给调研的基础上，运用合适的预测方法对商品的生产量、国外进口量和其他供应量等决定供应总量的变量进行因素分析、趋势分析和相关分析，在此基础上，再对市场供应量和供应结构的变化前景作出预测推断。

（四）市场供求状态预测

市场供求状态预测又称市场供求关系变动预测，它是在市场需求与市场供给预测的基础上，将两者结合起来，用以判断市场运行的走向和市场供求总量是否存在总量失衡的问题，以及总量失衡是属于供不应求还是供大于求；市场供求结构是否存在结构性失衡，哪些商品供大于求，哪些商品供不应求；市场供大于求，是生产能力过剩，还是有效需求不足；市场供不应求，是生产能力不足，还是货币投放过多，或投资过大；等等。市场供求状态预测的目的在于把握市场运行的供求态势，以便从供、求两个方面寻求治理对策。

（五）消费者购买行为预测

消费者购买行为预测，是在对消费者调查研究的基础上，对消费者的消费能力、消费水平和消费结构进行预测分析，揭示不同消费群体的消费特点和需求差异，判断消费者的消费目的、购买习惯、消费倾向、消费嗜好等有何变化，研究消费者购买什么、购买多少、何时购买、何地购买、由谁购买、如何购买等购买行为及其变化。消费者购买行为预测的目的在于为市场潜力测定、目标市场选择、产品研发和营销策略的制订提供依据。

（六）产品市场预测

产品市场预测是利用市场调研资料和现成的资料，对产品的生产能力、生产成本、价格水平、市场占有率、市场覆盖率、竞争格局、产品要素、产品组合、品牌价值等进行预测分析。产品市场预测的目的在于揭示产品的市场发展趋势、市场潜力和竞争能力，为企业产品市场前景分析及制订有效的营销策略提供依据。

（七）产品销售预测

产品销售预测是利用产品销售的历史数据和有关调研资料，对产品销售规模、销售结构、产销存平衡状态、销售变化趋势、销售季节变动规律、产品的市场占有率和覆盖率、销售客户分布、销售渠道变动、销售费用与销售利润变动等作出预测分析和推测，揭示影响销售变动的各种因素以及产品销售中存在的问题，寻求扩大产品销售的路径。

（八）市场行情预测

市场行情预测是对整个市场或某类商品的市场形势和运行状态进行预测分析，揭示市场的景气状态是处于扩张阶段，还是处于紧缩或疲软阶段；或揭示某种商品因供求变动而导致价格上涨还是下降；等等。市场行情预测的目的在于掌握市场周期波动的规律，判别市场的景气状态和走势，分析价格水平的变动趋向，为企业经营决策提供依据。

（九）市场竞争格局预测

市场竞争格局预测是对产品的同类企业的竞争状况进行预测分析，包括对产品产量的分布格局、产品销售量的分布格局、产品行销区域格局，以及产品质量、成本、价格、品牌知名度和满意度、新产品开发、市场开拓等要素构成的竞争格局及其变化态势进行分析、评估和预测。市场竞争格局预测可以从行业的角度进行，也可以从企业的角度进行。

（十）企业经营状况预测

企业经营状况预测是利用企业内部的统计数据、财务数据和有关的市场调查资料，对企业的资产、负债、权益、收入、成本、费用、利润等方面，以及经营效率、偿债能力、盈利能力的变化趋势进行预测分析。这种预测的目的在于正确把握企业的资产配置和经济效益的变化趋势，寻求资源优化配置和提高经济效益的途径，为加强企业的经营管理提供支持。

【案例7-2】　　　　　　　　　　康师傅方便面的成功之道

> 台湾顶新食品公司打算进入大陆方便食品市场，但不知道大陆市场究竟需要哪一种方便食品。当时大陆方便面食品工厂已有上千家，竞争比较激烈。顶新公司没有贸然投资，而是委托大陆的市场调查机构进行方便食品需求情况的调查。调查分两个方面：一个是消费者对方便面的需求情况，另一个是生产者生产的品种、规格和口味情况。调查发现，消费者对方便面食品除非不得已，并非感兴趣。主要原因是口味较差，而且食用并不方便。而生产者生产的方便面大都是低档的，调料基本上是味精、食盐加辣椒面等原料。根据这些情况，该公司大胆预测，大陆下一个方便面食品市场将是高档、注重口味、更为方便的产品市场。于是他们在天津经济开发区投资500万美元，成立了顶新食品公司，生产高档方便面食品。结果一炮打响，尤其是碗式包装更为方便，人们食用方便面不再是一种权宜之计，而是成为快餐食品中一种优先选择的品种。小小的方便面硬是卖出了70亿元的销售额。

二、市场预测的分类

（一）按预测活动的空间范围分类

1. 宏观市场预测

宏观市场预测即全国性市场预测。它同宏观经济预测，即同整个国民经济总量和整个社会经济活动发展前景与趋势的预测相联系。它可对全国性市场的需求量和销售量作出科学预测，从而为企业或地区市场的经营预测提供基础性数据资料。宏观市场预测包括市场总供应量、总需求量、总销售收入、国民生产总值及其增长率、人均国民收入及其增长率、物价总水平和商品零售总额、商品结构、消费结构、产业结构等的预测。宏观市场预测的直接目标是商品的全国性市场容量及其变化趋势、商品的国际市场份额及其变化、相关的效益指标及各项经济因素对它的影响。

2. 中观市场预测

中观市场预测是指地区性市场预测。它的任务在于确定地区性或区域性的市场容量及其变化趋势，商品的地区性或区域性需求结构与销售结构及其变化趋势，相关的效益指标变化趋势及其影响因素的关联分析等。中观市场预测与中观经济预测紧密相关。中观经济预测是对部门经济或地区经济活动与发展前景的趋势预测，如部门或地区的产业结构、经济规模、发展速度、资源开发、经济效益等。

3. 微观市场预测

微观市场预测以一个企业产品的市场需求量、销售量、市场占有率、价格变化趋势、成本与效益指标等为主要研究目标，同时又与相关的其他经济指标的预测密不可分。

微观市场预测、中观市场预测、宏观市场预测三者既有区别也有联系。在预测活动中可以从微观预测、中观预测推到宏观预测，形成归纳推理的预测过程；也可以从宏观预测、中观预测推到微观预测，形成演绎推理的预测过程。微观市场预测和中观市场预测是宏观市场预测的基础，而宏观市场预测是微观市场预测和中观市场预测的前提和条件。

（二）按预测对象的商品层次分类

1. 单项商品预测

这是对某种具体商品的市场状态与趋势的预测，如粮食市场预测、手机市场预测、饮料市场预测、钢材市场预测、汽车市场预测等。单项商品预测仍需继续分解和具体化，包括对各单项商品中不同品牌、规格、质量、价格的商品需求量与销售量，以及效益指标等进行具体的预测。

2. 同类商品预测

这是对同类商品的市场需求量或销售量的预测。大的类别有生产资料类商品预测与生活资料类商品预测。每一类别又可分为较小的类别层次，如生活资料类商品预测可分为食品类、衣着类、日用品类、家电类等。按不同的用途与等级，上述各类生活资料还可分为更具体的类别层次，如家电类可分为电视机类、空调机类、冰箱类、洗衣机类等。

3. 目标市场预测

按不同的消费者与消费者群体的需要划分目标市场，是市场营销策略与经营决策的重要依据。目标市场预测除了可分为中老年市场预测、青少年市场预测、儿童市场预测外，还可以分为男性市场预测和女性市场预测等。

4. 市场供需总量预测

市场供需总量可以是商品的总量，也可用货币单位表示商品总额。市场供需总量预测包括市场总的商品需求量预测与总的商品资源量预测，也可以表示为市场总的商品销售额预测。

（三）按预测期限的时间长短分类

1. 长期预测

长期预测通常是指预测期为 5 年以上的市场预测。这是发展战略的通常时间跨度预测，适用于经济、科学、技术等方面发展趋势的预测。

长期预测为制订长远规划、选择战略目标、制订重大经济管理决策提供科学依据。因为预测时间长，影响因素多，未来市场发展的不确定性因素也多，所以预测结果不可能十分精确，常常是粗线条、轮廓性的预测。

2. 中期预测

中期预测一般是指预测期为 1～5 年的市场预测。这是综合计划决策、预算和其他资源的需求和分配决策的一般时间跨度预测，适用于年度计划、五年计划，以及生产、技术等方面的发展预测。

中期预测为制订实现五年计划和长期规划的措施、方案提供信息资料。中期预测结果比长期预测具体一些，要对未来市场变化提出有分析、有说明力的信息资料。

3. 短期预测

短期预测通常是指预测期在 1 年以内的市场预测。短期预测包括资源、原材料的获得以及满足现有资源条件下的产出预测，如对物料需求计划、销售量等的预测。

短期预测包括年度预测、季度预测、月度预测和逐周预测等，这类预测活动大量、频繁地进行。短期预测为近期市场安排提供数据资料，对了解市场动态、抓住市场有利时机具有重要意义。

一般来说，预测期越长，预测结果的准确性便越低。企业面对瞬息万变的市场，为降低经营风险，力图使市场预测值尽可能精确，多侧重于近期和短期预测。

长期预测为中期预测和短期预测提供方向和依据，中期预测是长期预测的具体化和短期预测的依据，短期预测则是在中期预测的基础上更加具体化。

（四）按预测方法的不同性质分类

1. 定性市场预测

定性市场预测主要是用理论分析和主观判断，凭人们的直觉和经验对市场的未来发展前景作出估计。这种预测适用于由经验丰富者在对市场进行深入调查的基础上作出。定性预测是基于事实与经验的分析判断，它无须依据系统的历史数据建立数学模型。

2. 定量市场预测

定量市场预测是根据已掌握的调查资料和市场信息，利用统计方法和数学模型对未来一定时期内市场发展可能达到的数量水平和数量关系所进行的预测。这种预测适用于对不可控因素较少，影响市场发展的各种主要因素较稳定的市场经济现象的预测。

在实际预测工作中，应尽可能将定性预测与定量预测相结合，以提高预测值的准确度和可信度。

第三节 ▌ 市场预测的原理、要求和程序

　　市场之所以可以被预测，是基于马克思主义哲学的一个基本观点：世界是由物质组成的，物质是在不断运动的，通过不断地观察和实践，物质世界是可以被认识的。虽然市场的各种因素复杂多变，有时偶然因素也会促使市场发生变化，但人们通过长期的认识积累起丰富的知识和经验，可以逐步了解市场变化规律；然后，凭借各种先进的科学手段，根据市场发展的历史和现状，推演市场发展的趋势，作出相应的估计和推测。具体而言，市场预测需要以下几条原理作指导。

一、市场预测的原理

（一）系统性原理

　　系统性原理是指预测必须坚持以系统观点为指导，采用系统分析方法，实现预测的系统目标。系统论认为，每个系统内部各组成部分之间存在着相互联系、相互作用，与其他系统之间也存在相互联系、相互制约的关系。从系统性观点来看，市场预测活动不是孤立的，不能封闭起来，必须同其他预测系统密切结合，彼此交流信息。要全面、整体地看问题，而不是片面、局部地看问题；要联系、连贯地看问题，而不是孤立、分割地看问题；要发展、动态地看问题，而不是静止、凝固地看问题。因此，市场预测应把预测对象看成一个由多种要素构成的系统，分析系统内部和外部各种要素的变化，作出科学的预测推断。

（二）连续性原理

　　连续性原理是指市场现象和事物发展具有一定的延续性，未来的市场需求状况是在过去发展至今天的现状下发展起来的，是今天的延续和发展，因此可以根据市场的过去和现在预测市场的未来。市场预测中之所以贯穿了连续性原理，是因为一切社会经济现象都有它的过去、现在和未来，没有一种事物的发展会与其过去的行为没有联系，过去的行为不仅影响到现在，还会影响到未来。换言之，一切社会经济现象的存在和发展都具有连续性。趋势外推预测法实际上就是连续性原理的具体运用。

　　市场预测中运用连续性原理，应注意以下两点：

　　（1）预测对象的历史发展数据所显示的变化趋势应具有规律性；

　　（2）预测对象演变规律起作用的客观条件必须保持不变，否则该规律的作用将随条件的变化而中断，使连续性失效。

（三）类推性原理

　　类推性原理是指市场活动中有许多现象、事物在发展规律上有类似之处，因此可以将已知事物发展过程类推到预测对象上，对预测对象的未来作出预测。例如，世界许多国家在人均国民生产总值达 1000 美元后，汽车、住宅成为人们消费的热点。根据这一经济发展规律，我们可以预测，我国在人均国民生产总值达 1000 美元后，汽车和住宅

将成为我国今后一段时期消费的热点。

类推性原理的根据，是客观事物之间存在着某些类似性，这种类似性具体表现在事物之间结构、模式、性质、发展趋势等方面的接近。利用预测对象与其他事物的发展变化在其表现形式上有类似之处的特点，人们可以根据已知事物的某种类似的结构和发展模式，通过类推的方法对未知事物发展的前景作出预测。类比预测法就基于此原理。

（四）相关性原理

相关性原理是指市场中许多现象和事物是彼此关联的，利用这种关联性，可以进行市场预测。例如婴儿食品的需求和婴儿的人数有很强的关联性，若掌握了未来婴儿出生数，就可以预测婴儿食品的需求量。这就是市场预测的相关性原理。相关性原理体现了唯物辩证法因果联系的观点。唯物辩证法认为，客观世界的事物总是相互联系的，不存在孤立的事物，一个事物的变化总会引起另一事物的变化，它们构成了因果关系。利用事物的因果关系，就可以进行市场预测。市场预测方法中，回归分析法就是这一原理的应用。

（五）统计性原理

统计性原理也称为概率原理。任何事物的发展都有一个被认识的过程。人们在充分认识事物之前，只知道其中有些因素是确定的，有些因素是不确定的，即存在着偶然性因素。市场的发展过程中也存在必然性和偶然性，而且在偶然性中隐藏着必然性。通过对市场发展偶然性的分析，揭示其内部隐藏着的必然性，可以凭此推测市场发展的未来。从偶然性中发现必然性是通过概率论和数理统计方法，求出随机事件出现各种状态的概率，然后根据概率去推测预测对象的未来状态。马尔柯夫预测法、交叉影响法等需要运用此原理进行预测。

（六）可控性原理

人们对预测对象的未来发展趋势与进程，在一定程度上是可控制的。在市场预测中，对本来是不确定的预测对象的未来事件，可以通过有意识地控制，预先使其不确定性极小化。因此，在运用以随机现象为研究对象的数理统计原理与方法进行预测时，应当同可控因素的分析紧密结合。在市场预测中运用可控性原理应当注意：

（1）在市场预测中确定影响预测目标的各种因素时，应尽可能地利用可控制的因素；

（2）应充分利用不确定性较小的经济变量推测、判断所要预测的市场变量。

二、市场预测的基本要求

在市场预测中，为了增强预测的科学性和准确性，减少预测活动的主观随意性，必须遵循一些基本要求和程序。

（一）客观性要求

市场预测提供的信息必须客观、真实、可靠，不弄虚作假，这样才能真正起到为市场决策服务的作用。在市场预测中，要深入调查研究，坚持实事求是的原则，认真审核预测用的各种信息资料的准确性和可靠性，去伪存真、去粗取精，并检查预测方法的可靠性和科学性，不要凭个人感情和主观愿望去预测，要如实说明预测结果，既要报喜又要报忧，保证预测资料的客观性。

（二）全面性要求

进行市场预测要面对整个市场。要全面认识和了解市场，深入考察市场的各种变化，分析各种因素对市场的影响，切不可只抓住某些局部变化和偶然因素就进行预测。只有对市场作多角度、多侧面、全方位的观察和分析才能对未来市场的变化趋势作出准确的预测。

（三）综合性要求

市场营销活动涉及经济、政治、文化、技术等多方面的影响，因此市场预测是一个综合性的市场研究工作。这就要求预测人员具有广博的知识和经验，善于综合分析和思考；把定性与定量方法相结合，综合运用各种预测方法。

（四）及时性要求

信息具有时效性，市场预测提供的信息应当快速、及时，这样才能满足决策需要。否则，预测信息一旦过时，就会变得毫无价值。

（五）科学性要求

预测所采用的资料，经过去粗取精、去伪存真的筛选过程，才能反映预测对象的客观规律。运用资料时，应遵守近期资料影响大，远期资料影响小的规则。预测模型也应精心挑选，必要时还需要先进行试验，找出最能代表事物本质的模型，以减少预测误差。

（六）经济性要求

市场预测的目的在于提高市场决策水平，提高经济效益。因此，在市场预测中，要按照需要与可能开展活动，要考虑预测带来的收益与费用的比例关系。在费用有限的条件下，先保证收益高、费用小的预测。

三、市场预测的基本程序

（一）确定预测目标、拟订预测计划

只有预测目标明确，要求具体，才能有的放矢地开展预测工作。在明确预测目标时，应当从实际需要出发，分清主次缓急。首先要抓住市场决策迫切需要解决的问题，同时还要考虑到主观力量和预测费用，做到量力而行。

为了保证市场预测目标的顺利实现，要制订具体详细、切实可行的预测计划。预测计划应包括预测机构的组建、预测人员的培训、预测工作日程的安排以及预测费用的预算等内容。

（二）搜集和分析信息资料

任何预测都要以市场信息资料为依据，所以广泛收集和系统整理与本次预测对象有关的市场信息资料是开展预测工作的基础。对信息资料的搜集和整理要力求准确、全面、及时、实用，以保证预测能顺利开展，提高预测质量。

（三）选择预测方法、建立预测模型

要根据预测问题的性质和要求以及占有资料的多少、搜集数据的可能性、预测成本的大小等选择预测方法。预测时要特别注意运用系统方法，全面考虑各种影响因素，并尽可能地把定性分析与定量分析结合起来，以取得比较准确的预测结果。另外，所选的

预测模型要在满足预测要求的前提下，尽量简单、方便、实用。

（四）确定预测结果、进行分析评价

根据预测模型，输入有关资料和数据，经过运算即可得到初步的预测结果，然后对初步预测结果的可靠性和精确性进行验证，估计预测误差的大小。在分析评价的基础上修正初步预测值，得到最终的预测结果。

（五）写出预测结果报告

对预测结果进行检验之后，要及时写出预测结果报告。报告要把历史和现状结合起来进行比较分析，并尽可能地利用统计图表及数学方法予以精确表述，做到数据充分真实、结论准确可靠、建议切实可行。

第四节 数据的初步处理

一、异常数据的判断识别

要得到正确的预测结论，必须对数据进行分析和鉴别。对于有疑问的数据，首先要调查这些数据资料产生的背景，鉴别其真实性和可靠性，然后加以修正和处理。

首先将各数据图形化，即将数据标在坐标图上，然后观察图形的分布情况，对大起大落及数值变动较大的数据进行背景调查和定性分析，最后判断这些数据是否为异常数据。

【例7-1】 某企业2010年各月在某市的产品销售量如表7.1所列。

表7.1　　　　　　　　　　　各月的产品销售量　　　　　　　　　　吨

月份	1	2	3	4	5	6	7	8	9	10	11	12
销量	430	440	290	460	450	450	470	460	470	580	460	480

将这些数据图形化，得到图7.1。

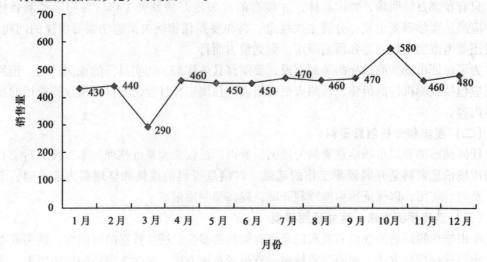

图7.1　各月销售量折线图

可见，该企业 3 月份的产品销售量大幅度下降，经调查，原因主要是设备出现故障，所以导致产品质量下降，从而影响了销售量；10 月份的产品销售量明显增加，经调查，主要原因是有关部门根据市场行情的偶然变化，增加订货 100 吨。通过对这两个数据的背景调查，并对比其他数据，不难判断，这两个数据不能反映该厂产品销售量的正常情况，应视为异常数据。

二、异常数据的处理

首先应对异常数据进行数量上的处理，再利用处理过的数据建立模型，以保证模型的正确与合理。

1. 平均法

平均法是指发现异常数据后，用其前后正常数据的平均值来替换这些异常数据，当时间序列数据的变化呈线性趋势时，用算术平均值替换比较合适。如：第 t 期的数据 y_t 为异常数据，则以第 t 期的前后两个正常数据的平均值作为替换值。即

$$\bar{y}_t = \frac{y_{t-1} + y_{t+1}}{2}$$

例 7-1 中 3 月份的异常数据 y_3 替换值为

$$\bar{y}_3 = \frac{y_2 + y_4}{2} = \frac{440 + 460}{2} = 450$$

当时间序列数据的变化呈非线性趋势时，一般采用几何平均值替换。即

$$\bar{y}_t = \sqrt{y_{t-1} \cdot y_{t+1}}$$

如果连续有两个数据异常，如 y_1, y_2, y_3, y_4 四个数据中 y_2 和 y_3 异常，而 y_1 和 y_4 正常。对呈线性变化的时间序列，则替换的两个算术平均值分别为

$$\bar{y}_2 = \frac{2y_1 + y_4}{3} \qquad \bar{y}_3 = \frac{y_1 + 2y_4}{3}$$

而如果时间序列数据成非线性变化，则替换的两个几何平均值分别为

$$\bar{y}_2 = \sqrt[3]{y_1^2 y_4} \qquad \bar{y}_3 = \sqrt[3]{y_1 y_4^2}$$

2. 平移法

预测对象的环境条件如果发生变化，常常会使一些历史数据不能反映现实的发展情况。当数据较少时，只需简单将它们剔除就行了，但是如果数据较多，那么剔掉这些数据就会使模型建立发生困难。这时，可以采用平移法进行处理。

【例 7-2】　某厂历年的电视机产量如表 7.2 所列。

表 7.2　　　　　　　　　　　　　某厂历年的电视机产量　　　　　　　　　　　　　万台

年份	2000	2001	2002	2003	2004	2005	2006	2007	2008	2009
产量	5.2	5.7	6.3	5.6	11.9	12.4	12.9	13.3	13.9	14.4

很明显，2003—2004 年前后的产量呈台阶型增长，这是因为该厂有一条年生产能力为 6 万台的生产线在 2004 年正式投产，当年这条生产线生产了 6 万台电视机。如果去掉 2003 年以前的数据，剩下的数据太少，不符合建立数学模型的要求，将 2003 年以前的数据都分别加上新增产量 6 万台就可以将 2003 年前后的生产能力拉平，拉平的数

据就可以从总体上反映由于技术水平提高和熟练程度增加等因素引起的生产能力变化趋势,利用处理后的数据建立预测模型,研究该厂新生产线投产引起的生产能力的变化趋势,其结果会比用未处理的数据要合理。表7.3是处理后的数据。

表7.3 处理后历年电视机的产量 万台

年份	2000	2001	2002	2003	2004	2005	2006	2007	2008	2009
产量	11.2	11.7	12.3	11.6	11.9	12.4	12.9	13.3	13.9	14.4

本章小结

　　预测是指根据客观事物的发展趋势和变化规律,对特定对象未来发展的趋势或状态作出科学的推测与判断。市场预测作为预测的一种,是对商品生产、流通、销售的未来变化趋势或状态进行的科学推测与判断。市场预测是随着商品生产的发展,社会分工的日趋专业化,技术的日新月异,市场需求的变化及由此带来的激烈市场竞争而逐渐产生和发展起来的。

　　市场预测的内容非常丰富,主要有市场环境预测、市场需求预测、市场供给预测、市场供求状态预测、消费者购买行为预测、产品市场预测、产品销售预测、市场行情预测、市场竞争格局预测、企业经营状况预测。在分类上,可以从方法、对象、时间和空间等多个角度对市场预测进行分类。市场预测要遵循科学的原理,概况起来主要有:系统性原理、连续性原理、类推性原理、相关性原理、统计性原理和可控性原理。在以上原理的指导下,市场预测也必须遵循一些基本要求和基本程序。基本要求主要包括:客观性要求、全面性要求、综合性要求、及时性要求、科学性要求和经济性要求。基本程序包括:确定预测目标、拟订预测计划;搜集和分析信息资料;选择预测方法、建立预测模型;确定预测结果、进行分析评价;写出预测结果报告。另外,数据的真实可靠是保证预测结果准确性的基础,因此在预测前要先对数据进行分析和鉴别,对于有疑问的数据,要调查清楚这些数据资料产生的背景,鉴别其真实性和可靠性,然后加以修正和处理。

复习思考题

　　1. 什么是预测?什么是市场预测?
　　2. 市场预测有哪些特点?
　　3. 简述市场预测的作用。
　　4. 市场预测包括哪些内容?
　　5. 市场预测可分为哪些种类?
　　6. 市场预测应遵循的基本原理有哪些?
　　7. 简述市场预测的基本要求及基本程序。

案例分析

非常规的预测:多来诺比萨饼和五角大楼

　　有时候非常规的预测方法可用于预测重要事件,如伊拉克战争期间华盛顿披露的一个非常规预测就是一个很有趣的例子。

多来诺比萨饼店通常平均一晚向五角大楼送去 3 个比萨饼。1991 年 1 月 8 日（星期二），该店比萨饼的订购数量开始缓慢上升，到 13 日（星期日）那天达到了 20 个，这是费尔蒂南德·马科斯离开菲律宾之前那个晚上的订购数量。在伊拉克战争开战的前两天（星期一），订购了 50 个比萨饼。而后，星期二的数量增加到 101 个，在星期三战争开始的晚上，数量高达 125 个。在此事件发生之前，白宫也出现了同样的比萨饼订购情况。比萨饼的这种订货方式在华盛顿受到新闻界的密切关注，以至于被称为"多来诺原理"。每当世界危机发生时，华盛顿的多来诺比萨饼店经理就会接到许多人的电话，他们并不是想买比萨饼，而只是想知道白宫或五角大楼订购了多少个比萨饼，好以此来判断时局变化。人们认为，给五角大楼送比萨饼的数量将成为机密情报。

（资料来源：http：//www. dominos. com）

问题：1. 多来诺比萨饼店能把他们的比萨饼扩展到政治运动事件，甚至战争预测中，你对此有何体会？

2. 非常规的预测可能仅仅以"未来与现在类似"的假设为基础，当预测期延长时，它是否一样适用，一样可行呢？

第八章 定性预测

引导案例

　　月饼是一种极具民族文化特征、体现特定节日氛围的传统食品。在上海有数家全国著名的月饼生产企业。2001 年 8 月下旬似乎离月饼的传统消费时节还有一段日子，这些企业却都因早早盼望着这天的到来而摩拳擦掌。与过去那种对市场需求行情十分淡漠的表现相反，这些月饼生产企业在五一刚过，就都开始对月饼市场需求变化的信息表现出特殊的关注。在对各种相关信息综合分析后，提出"今年是月饼消费大年"。这些厂家的信誓旦旦使人确信这一结论绝非空穴来风。厂家们提出的各种"重要而又显而易见的理由"可以归纳成这样几条：

　　第一，当年的中秋佳节在 10 月 1 日，而这天正好是国庆节。喜逢双节，节日的气氛更加浓烈。政府有关部门早在年初就决定，国庆节将有 7 天长假，这使人们有更多的时间来欢度佳节，品尝月饼。

　　第二，上海市权威部门的统计表明，当年上海市城市和农村居民人均可支配收入将分别增长 9.3% 和 8.4%，这无疑将对推动节日消费产生巨大影响。

　　第三，时逢第九届亚太经济合作组织会议将在上海召开，据上海旅游部门不完全统计测算，在国庆和中秋双节期间，到上海来旅游观光的国内外游客人数比去年同比增长 10% 以上。

　　第四，上海月饼生产企业的月饼生产技术已有长足的进步，不仅在品种上满足了消费者更趋多样化的需求特点的要求，还改进了包装质量，使月饼的保质期得以延长，让身处海外的游子能够品尝到新鲜、美味的月饼。

　　第五，将各种月饼投放于上海各处的超市、大卖场，以拓展月饼的市场销售渠道，使月饼与广大市民更加接近，更加方便市民购买……

　　看了上述"市场信息"，大概没有人再会怀疑"今年是月饼消费大年"这一判断结论的正确性。

定性预测法亦称经验判断预测法，是指预测者根据历史的与现时的观察资料，依据个人或集体丰富的经验与智慧以及综合分析能力，对预测对象未来的发展状态和变化趋势作出判断或估计的预测方法。

第一节　定性预测的特点

定性预测法亦称经验判断预测法，是指预测者以各种方法取得市场资料后，在对这些资料进行加工整理和分析研究的基础上，运用自己的实践经验和综合分析判断能力，对市场未来的发展变化趋势作出估计或推断。在市场预测实践中，定性预测法是对各种市场现象和各种影响市场的因素进行综合预测时必不可少的重要方法。定性预测法与定量预测法相比，具有以下几个特点。

1. 定性预测法与定量预测法的依据不同

定量预测法的主要依据是，市场现象未来的发展变化趋势与其过去和现在的表现是相连续的，市场现象发展变化受到各种影响因素发展变化的影响。因此，可以根据市场现象过去和现在的表现来推断其未来的表现，或根据影响市场现象的各种主要因素的发展变化去预测市场未来的发展变化。

而定性预测法，则是在没有或仅有很少市场资料的条件下，依据预测者的实践经验和综合分析判断能力，对市场未来的发展变化作出预测。它特别注重预测者的分析判断能力。这两类市场预测法的基本依据不同，使它们在市场预测的实践中发挥着不同的作用，有着不同的适用对象。相比之下，定性预测法更有利于发挥预测者的主观能动性，而定量预测法则更有利于对市场未来作出深入、细致、具体的符合客观实际的市场预测结果。

2. 定性预测法具有广泛的适用性

定性预测法虽然是以预测者的实践经验和综合分析判断能力为依据作出对市场未来状况的预测，但它并不是仅仅靠预测者的主观想象任意地作出预测。它必须依据预测者在实际工作中积累的丰富的实践经验，依靠预测者深刻的理论功底和分析判断能力。因此，可以说定性预测是一类科学的预测方法。

与定量预测法相比，定性预测法比较易于掌握，它并不要求预测者有较高的数学知识水平或很高的文化程度，容易被预测者接受。定性预测法还具有费用低、时效性较高的特点，这对于市场预测中费用有限或时间比较短的情况；当然是十分有利的。所以，决不能片面地认为，只有运用定量预测法的各种数学模型所作出的市场预测结果是准确的，而定性分析预测法就不科学或不准确；更不能将数学模型神秘化、迷信化，甚至达到连根据客观实际作出的分析判断都不相信的地步。事实上，定性预测法不但能够起到一些定量预测法的作用，甚至还能起到一些定量预测法所起不到的作用。如在进行市场预测时，若遇到市场现象的历史资料不够全面、准确、系统的情况；或遇到对新产品的生产或需求量的预测，根本无历史资料的情况；或遇到影响市场的某种或多种因素难于取得量化指标资料的情况，等等。这些情况下，采用定量预测法是不可能的，而采用定性预测法则得心应手。在许多市场预测中，将定性预测法与定量预测法结合应用，能使两类方法的作用都得到充分发挥，又能相互取长补短，使市场预测的结果更加客观地反映市场现象，提高市场预测的精确度。

3. 定性预测法具有较强的灵活性

由于定性预测法在占有市场资料的基础上，更加注重预测者的实践经验和综合分析判断能力，使这种方法在市场预测中更能够充分发挥预测者的主观能动性，也使市场预测增加了灵活性。

在单纯采用定性预测法进行预测时，对于缺少历史资料的市场现象进行预测，预测者的实践经验和分析判断能力成为预测的主要依据。预测者必须充分发挥主观能动性，根据自己对预测对象的观察与了解，针对被预测对象所处的一定时间、地点和条件，对市场现象进行周密细致的分析研究，充分考虑各种客观因素对市场现象已经产生的或可能产生的影响。由此，才能对市场现象未来发展变化的趋势，对其发展变化的程度和可能达到的水平、规模，对市场现象发展变化中将会出现的转折点等，作出科学准确的定性预测。需要特别注意的是，定性预测并不是只对市场现象未来发展变化的性质作出预测，它最终也是用数值测定出市场现象的预测结果。定性预测法中所说的定性，是指在市场预测中对市场现象未来的数量表现进行预测时所采用的不是各种定量的数学模型方法，而是定性的判断分析方法。

在市场预测实践中，还经常将定性预测法与定量预测法结合应用，这更能增加市场预测的灵活性。定量预测法在根据市场现象的历史资料，根据各种影响市场现象的主要因素的历史和未来的资料对市场现象进行预测时，只能根据市场现象过去的发展变化数量，只能就影响市场的一个或几个主要因素的数量，去推断市场现象未来的发展变化数量。这当然是具有科学性的，也是市场预测中十分需要的。但是，市场现象未来的表现毕竟不会与其过去和现在的发展变化规律完全一致，也存在一些客观上对市场现象有比较重要影响的因素，难以搜集到量化资料或无法量化，这都会对定量市场预测法的预测结果准确性产生不利影响。而如果将定性预测法与定量预测法相结合，充分发挥预测者的主观能动性，根据他们的实践经验和综合分析判断能力，对市场现象未来发展变化特点与其过去和现在不一致之处，对难以量化的影响市场现象的因素，进行深入细致的分析研究，据此对定量市场预测法所得到的预测值加以适当调整或补充，对于提高市场预测的精确度是非常有利的。

在市场预测实践中，定性预测法常常融进定量预测法中的数学分析方法；定量预测法更离不开对市场的定性分析。两类方法相互结合，取长补短，能够大大提高市场预测的准确性，使市场预测更加全面、准确、及时。

定性预测法有很多具体方法，在市场预测中必须对预测对象进行具体分析，选择最适合的方法。下面介绍几种常用的定性预测方法。

第二节 主观概率法

一、主观概率法的含义

概率是统计中用于研究不确定现象的预测方法，它反映某种不确定现象发生的可能性大小。例如：市场上某种商品的销售情况，在未进行实际销售之前，会有三种可能性，即商品畅销、平销或滞销；某地区某时期的居民购买力，在未实际形成之前，可能出现的情况是增长、持平、下降等。若将这种通常称为可能性的问题，用一个具体的数值表现出来，就称这个数值为概率。这只是对概率一词最基本、最通俗的解释。

概率有客观概率和主观概率两种。客观概率是指一个含有某种事件的试验被反复进行多次时，该事件出现的相对次数。如抛掷一枚硬币，每次可能出现正反两种结果，反复抛掷许多次，出现正面和反面的次数基本相等。用相对数表示，即正面和反面出现的概率均为0.5（或50%）。客观概率具有两个基本特点：其一，每次试验必须在相同的条件下进行；其二，试验反复进行许多次。显然，市场预测所研究的各种市场现象，绝大多数是不能满足这两种条件的。市场预测者必须要在不完全相同和不能反复试验的条件下，对市场现象未来的表现作出估计。例如，某公司经理认为，明年企业的销售额将比今年增长15%，这种看法实现的可能性有多大？对此问题的判断显然不是估计其客观概率，这就引出了主观概率的问题。

主观概率是预测者根据自己的实践经验和分析判断能力，对某种事件在未来发生的可能性的估计数值。例如，某公司经理认为明年企业销售额将比今年增加15%。这种看法实现的可能性有多大呢？有人认为其实现的可能性为80%，有人则认为其实现的可能性仅为50%。通常将这种估计值称为主观概率。主观概率是通过预测者的经验判断或主观分析得出的，而不是根据对现象反复试验，观察其实际结果得到的。主观概率反映个人对某一事件的信任程度，它具有两个明显的特点：其一，由于每个人认识事物和分析判断能力、方法等不同，不同的人对同一事物在同一条件下发生的概率估计，会有一定程度或相当大程度的差异；其二，主观概率的数值是否正确，一般是难以核对的。如前面所说的问题，经理认为明年企业销售额增长15%的概率为90%，副经理认为有80%的概率，业务主任则认为只有50%的概率。若明年年底证明销售额确实比今年增长了15%左右，那么它到底是以90%的概率发生的，还是以80%或50%的概率发生的，则根本无法核对。根据主观概率的这种特点，在实践中往往要调查较多人的主观概率判断值，将这些概率值加以平均，求出比较合理的主观概率值。

主观概率和客观概率具有不同的特点，但在某些方面它们又是一致的。不论是主观概率还是客观概率，都必须满足概率论的基本公理，即

$$0 \leqslant P(E_i) \leqslant 1 , \sum_i P(E_i) = 1 \quad (i = 1,2,3,\cdots)$$

式中，E_i——试验空间的每一个事件；

$P(E_i)$——E_i 事件的概率值。

概率论关于概率的基本公理，说明了概率的两个基本特点：其一，试验空间全部事件的概率之和等于1；其二，试验空间中每一个事件的概率在 0～1 之间，即是一个大于或等于0，小于或等于1的数值。当概率值等于0时，表明事件不可能发生；当概率值等于1时，表明事件发生的可能性上升为必然性，即事件肯定发生；而当概率值在 0～1 之间时，说明事件出现大小不同的可能性。如前例中，经理认为明年销售额上升15%的可能性为90%，则是认为此事件不出现的可能性只有10%；副经理认为该事件的可能性为80%，则认为此事件不出现的可能性为20%；业务主任认为该事件的可能性为50%，则认为此事件不出现的可能性为50%。每个人的主观概率水平都在 0～1 之间，其可能性和不可能性的概率之和为1。

主观概率市场预测法，是一种适用性较强的方法，可应用在许多市场现象和各种影响市场因素的预测中。

二、主观概率法的预测步骤及其应用举例

主观概率法是一种适用性很强的统计预测方法，可应用于人类活动的各个领域。现以具体案例来加以说明。

【例8-1】 某商业集团公司打算预测 2010 年 11 月的商品销售额，要求预测误差不得超过 ±6 万元。现用主观概率法进行预测。

（一）准备相关资料

将过去若干年该商业集团公司的商品销售额资料以及当前市场情况等有关资料汇集整理成可供专家参考的背景材料。

（二）编制主观概率调查表

编制主观概率调查表的目的是获得可以用于预测 11 月销售额的资料以及得到对未来销售额增长趋势有关看法的主观概率。在调查表中要列出不同销售额可能发生的不同概率。概率要在 0～1 之间分出多个层次，如 0.10，0.20，0.30，…，0.99 等。一般用累计概率，由被调查者填写可能实现的销售额，如表 8.1 所列。

表 8.1 主观概率调查表

被调查人姓名：　　　　编号：

累计概率	0.010 (1)	0.125 (2)	0.250 (3)	0.375 (4)	0.500 (5)	0.625 (6)	0.750 (7)	0.875 (8)	0.990 (9)
商品销售额/万元									

表 8.1 中第 （1） 栏累计概率为 0.010 的商品销售额是可能的最小数值，表示小于该数值的可能性只有1%；第（9）栏累计概率为 0.990 的商品销售额是可能的最大数值，说明商品销售额大于该数值的可能性只有1%；第（5）栏累计概率为 0.500 的商品销售额是最大值与最小值之间的中间值，说明商品销售额大于和小于该数值的机会都是 50%。

（三）汇总整理

按事先准备好的汇总表，将每位被调查人所填答的主观概率调查表加以汇总，并计算出各栏的平均数。此例共调查了 10 人。主观概率汇总表如表 8.2 所列。

表8.2　　　　　　　　　　　　主观概率汇总表　　　　　　　　　　万元

概率 销售额 编号	0.010 (1)	0.125 (2)	0.250 (3)	0.375 (4)	0.500 (5)	0.625 (6)	0.750 (7)	0.875 (8)	0.990 (9)
1	190	193	194	198	200	202	204	205	208
2	178	189	192	194	198	200	204	205	225
3	184	189	192	193	202	204	206	208	220
4	194	195	196	197	198	199	200	201	202
5	198	199	200	202	205	208	210	212	216
6	168	179	180	184	190	192	194	196	198
7	194	198	200	206	208	212	216	219	224
8	180	185	186	189	192	195	198	200	205
9	188	189	190	191	192	193	194	195	196
10	200	202	202	205	207	209	212	213	220
平均数	187.4	191.8	193.2	195.9	199.2	201.4	203.8	205.4	211.4

（四）判断预测

根据表8.2可以作出如下判断。

（1）该集团公司2010年11月的商品销售额最低可达187.4万元，小于这个数值的可能性很小，只有1%。

（2）该集团公司2010年11月的商品销售额最高可达211.4万元，超过这个数值的可能性也只有1%。

（3）可以用199.2万元作为2010年11月该集团公司商品销售额的预测值。这是最大值与最小值之间的中间值，其累计概率为50%，是商品销售额期望值的估计数。

（4）取预测误差为6万元，则预测区间为（199.2-6）万~（199.2+6）万元，即商品销售额的预测值在193.2万~205.2万元之间。

（5）预测商品销售额在193.2万~205.2万元之间，在第（3）栏到第（8）栏的范围之内，其发生概率相当于0.875-0.250=0.625。也就是说，商品销售额在193.2万~205.2万元之间的可能性为62.5%。扩大预测误差的范围，可以提高实现的可能性。例如，要求误差在±12万元以内，则预测区间为187.2万~211.2万元，在第（1）栏到第（9）栏的范围之内，其相应概率为0.990-0.010=0.98，即商品销售额在187.2万~211.2万元之间的可能性为98%。

第三节 ▎专家意见预测法

专家意见预测法是指企业根据市场预测的目的和要求，向企业内部或外部的有关专家提供一定的背景材料，请他们就市场未来的发展变化进行判断或作出估计。专家意见预测法一般是在没有历史统计资料或历史资料不完备而难以进行定量的分析或需要作出质的分析时所采用的。具体又包括专家会议预测法、头脑风暴法和德尔菲法。

一、专家会议预测法

专家会议预测法就是邀请有关方面的专家,通过会议的形式对某一产品及其发展前景作出评价,并在专家分析判断的基础上综合各专家意见,对该产品的市场需求及其发展趋势作出预测。

【例8-2】 某企业在将其新开发的产品投放市场时,如果对市场前景缺乏把握,就可以邀请有关方面的专家,如产品设计专家、产品推销专家及一些有代表性的消费者出席会议,由与会者进行讨论,并就一些关键性问题作出分析与判断。

通过专家会议形式进行市场预测,其目的是利用各类专家在某一方面的经验和见识,并在此基础上综合得出对整体问题的判断,以得到预测结果。

专家会议预测法要求参加会议的专家通过各抒己见、互相争论来预测问题,以求达到一致或比较一致的预测意见。

采用专家会议法进行预测的优点是:可以通过专家之间相互交流与讨论,获得比较多的信息;各位专家可以从不同的方面对预测对象提出自己的看法,对影响预测的因素也能比较全面地考虑到;通过专家会议讨论,可以相互启发,集思广益,相互弥补个人在某些方面的不足,使对预测对象的分析更深入,使问题易于集中,使预测结果能够快速、准确地得出。

缺点是:由于参加会议的人数受到限制,所以很难收集到大范围的意见;而人数一多,既要每个人都发表意见,又要展开讨论,就会遇到困难;也有可能会有受权威人士意见影响,其他人受到压抑的情况;参加会议的都是专家,易受心理因素的影响,宁愿坚持自己的错误意见,而不愿当众修改自己的意见等;专家的口才对预测也有比较大的影响,口才好的人,有时论据不一定充分,但是仍能够产生比较大的影响。这些都会降低预测结果的准确性。

二、头脑风暴法

头脑风暴法是一种可以充分发挥创造性思维能力的定性预测方法。它通过人们海阔天空的畅谈,使参与者互相得到启发,从而引起新设想的连锁出现,产生大量的有创见的思想和预测方案。传统的头脑风暴法通常由一组专家或同行参与讨论,人数控制在10人左右,时间约1小时。讨论的目的明确,参加者围绕中心议题任意发表自己的意见。参加者还必须遵守以下规则:①思路要自由奔放,不受约束;②不对别人的意见提出批评,以免破坏自由畅谈的气氛;③每个人的发言必须是即席发言,时间不能太长,内容要精练;④不允许私下交谈。在专家讨论过程中,组织者对于各种意见、设想都应尽可能记录。

为了避免讨论时由于多人争着发言而使设想遗漏,有人改造了头脑风暴法,创立了默写式头脑风暴法,即"635"法。每次会议由6人参加,每个人提出3种设想,时间限制在5分钟之内。整个程序为:首先,主持人讲清议题及有关事项,分别给每人1张卡片，卡片上标明1，2，3设想编号，两个设想之间留有较大空间，供其他人填写；接着，在第一个5分钟内，每个人围绕议题填写3个设想，然后将卡片交给其他参加者；在第二个5分钟内，每个人从别人的3个设想中得到新的启发，再在卡片空白处填写3个新的设想，然后再将卡片传给其他参加者，如此往返传递6次，共产生108个设想。

头脑风暴法有以下一些特点：激励思维，鼓励、激发出更多的设想；互相启迪，参加者的信息和思想不断地得到交流和补充，从而启发思路，有助于更有创意的设想出现；以量求质，提出的想法越多，可供选择的空间也就越大，获得有实用价值观念的机会也就越多。

用头脑风暴法进行预测具有较强的实用性和可行性，常可获得有价值的预测方案，在教育研究中越来越普遍地得到运用和推广。

三、德尔菲法

德尔菲法（即专家调查法）是由美国兰德公司在20世纪40年代末首创并使用的，50年代以后在西方盛行起来。德尔菲是古希腊的一座城市，该城市有座阿波罗神殿，相传阿波罗能在此降妖预卜，后人用德尔菲来比喻神的高超的预见能力。以德尔菲来为专家调查法命名，就是为了说明这种预测方法的准确性。

德尔菲法采用匿名的方式，用问卷的方法"背靠背"地征求各专家的预测意见。将得到的结果进行汇总整理后，再随问卷发回给各位专家，进一步征求意见。这样，经过几轮意见反馈，使专家的意见趋于集中和一致，将最后一致的意见作为预测的结果。

（一）德尔菲法的步骤

1. 拟定调查表

决策者为了预测某一事件的发展趋势及可能出现的后果或影响，事先要确定几个或十几个问题，列成调查提纲。还要提供有关的背景材料，供专家参考。调查表尽量采用选择、填空、排序等简单的询问方式，使被询问者乐于回答，也不会花费他更多的时间。

2. 选择专家

专家选择得正确与否，是德尔菲法成败的关键。一般要选择与调查课题有关的在该专业工作达5年以上，有预见能力和分析能力，并有一定声望的专家。人数一般在15人左右。

3. 寄发调查表、反复征询和反馈

将拟定好的调查表寄发给已选定的每个专家，请他们作出回答。第一轮调查表由专家填好寄回后，调查组织者将各种不同意见进行综合整理，并列出经过加工的新的调查提纲，再一次反馈给各专家，征求他们的意见。在第二轮征询中，每个专家都能够了解到其他人的意见，但由于不记名，因而不知道具体是谁持有哪种意见。这是一个反复征询的过程，如此反馈3~5轮，专家的意见基本趋于一致。

4. 确定预测结果

调查组织者将最后一致的意见作为预测的结果，并写出综合性的预测结果报告，送交决策者作参考。

（二）德尔菲法应用举例

【例8-3】 某公司开发了一种新产品，先聘请10位专家预测新产品投放市场后的年销售量，在专家作出预测前，公司将产品的特点、用途等进行详细介绍，并将同类产品的价格、销售情况作为背景资料发给专家以供参考。采用德尔菲法，经过3轮反馈之后，专家意见大体接近，结果如表8.3所列。

表8.3　　　　　　　　　　　　专家的预测数字　　　　　　　　　　　　千台

专家	第一轮			第二轮			第三轮		
	最低值	中间值	最高值	最低值	中间值	最高值	最低值	中间值	最高值
1	5	6	10	7	8	12	7	8	12
2	10	15	18	12	15	18	11	15	18
3	4	9	12	6	10	13	8	10	13
4	7	10	15	10	14	16	8	11	15
5	8	12	16	8	11	16	10	14	16
6	15	18	30	12	15	30	10	12	25
7	2	4	7	4	8	10	6	10	12
8	6	8	15	6	10	15	8	12	15
9	5	6	8	5	8	10	8	10	12
10	8	12	19	10	11	20	6	8	12
平均值	7	10	15	8	11	16	8	11	15
全距	13	14	23	8	7	20	5	7	13

从预测过程可以看出，第一、二、三轮的预测值的全距越来越小，说明专家意见逐渐趋近。

对预测结果的统计处理如下。

1. 简单平均法

将10位专家第三轮意见的平均值作为预测值。则

$$预测销售量 = \frac{8 + 11 + 15}{3} = 11.3（千台）$$

2. 加权平均法

假如最低、中间、最高三种销售量的概率分别为0.2，0.5，0.3，则

$$预测销售量 = 8 \times 0.2 + 11 \times 0.5 + 15 \times 0.3 = 11.6（千台）$$

（三）德尔菲法的特征

从德尔菲法的步骤可以看出这种方法的特点如下。

（1）匿名性。在整个调查过程中，专家只与组织者有联系，专家之间不存在任何联系，互不见面，而且是以书面形式与组织者进行联系的，这样可以消除心理因素的影响，保证每位专家如实地发表自己的独立见解，从而有利于提高整个预测工作的质量。

（2）反馈沟通性。在预测过程中，要经过多次反馈征询意见，具有轮番反馈沟通性。每个专家都可以多次提出和修正自己的意见，又可以多次见到其他专家的不同意见，通过彼此之间意见的比较分析，相互启发，使预测结果能更准确地反映专家集体的意见，做到客观、准确。

（3）统一性。采用德尔菲法进行预测，经过几轮反馈，多数情况下专家的意见会逐渐趋于一致，论据充分的意见会被大多数专家接受，呈现出统一的趋势。

第四节 推销人员估计法

推销人员估计法也是一种常用的定性预测方法，是通过征求企业推销人员的意见预测未来需求的方法。某些情况下，推销人员的判断也可以比较准确地反映需求的发展趋势。

一、推销人员估计法的含义

推销人员估计法就是依据企业推销人员丰富的实践经验以及他们对市场动态和顾客心理的把握，对未来市场需求作出估计。

在预测时，有关部门召集企业推销人员，请他们根据各自的认识，提出自己负责的产品（或地区）下一季度或下一年度的销售量估计，然后再把每个推销人员的估计销售量汇总起来，经过综合处理，作出企业下一季度或下一年度的销售量预测。

二、推销人员估计法的优缺点

（一）推销人员估计法的主要优点

（1）由于推销人员经常接触购买者，所以对市场情况，特别是对其所负责地区的市场情况很熟悉，对购买者意向有着较为全面而深刻的了解，所以他们比其他人有更丰富的知识和更敏锐的洞察力。

（2）由于推销人员直接参与预测过程，所以对某种产品或某个地区可能实现的销售额便有了清晰的认识，这将有利于他们调动各种积极因素，完成上级下达的销售定额。

（3）通过这种方法可以得到按产品、按地理区域的较详细的销售量估计。

（4）无须经过复杂的计算便可以在短期内获得最终的预测结果，从而节省预测时间和预测费用。

（二）推销人员估计法的主要缺点

（1）由于受近期销售成败的影响，推销人员的判断可能会过于乐观或过于悲观，从而过高或过低地估计可能达到的销售业绩。

（2）推销人员可能对经济发展形势或企业的市场营销战略缺乏足够的了解，因而不能正确地认识他们所面临的机会和威胁。

（3）如果企业把制订销售定额、评价销售业绩同销售预测联系起来，推销人员为了使他下一季度的销售业绩大大超出定额指标，可能会有意压低预测数字。

（4）推销人员可能对这种预测缺乏足够的知识和能力，或者没有兴趣。

尽管这种方法存在着不足之处，但仍为不少企业所采用——因为各推销人员过高或过低的预测可能会相互抵消，从而最终能够取得比较理想的预测结果。

三、推销人员估计法的步骤及应用举例

（一）召集有关推销人员，根据预测要求，由他们分别作出估计

【例8-4】　某企业有3个推销员，他们对某产品下一年度的销售量分别作出了估计，详见表8.4。

表8.4　　　　　　　　　　各推销员的估计数据

推销员	预测项目	销售量	概率	期望值＝销售量×概率
甲	最高销售量	2000	0.3	600
	最可能销售量	1400	0.5	700
	最低销售量	800	0.2	160
	总期望值	—	—	1460
乙	最高销售量	2400	0.2	480
	最可能销售量	1800	0.6	1080
	最低销售量	1200	0.2	240
	总期望值	—	—	1800
丙	最高销售量	1800	0.2	360
	最可能销售量	1200	0.5	600
	最低销售量	600	0.3	180
	总期望值	—	—	1140

（二）进行综合处理

各推销员的判断意见作出后，需要根据他们对市场情况的熟悉程度以及他们以往预测判断的准确程度，分别给定相应的加权系数，作出综合处理。假定这3个推销员预测水平基本一样，则可用简单平均法求得最后结果。

$$下一年度某产品的销售预测值 = \frac{1460 + 1800 + 1140}{3} = 1467$$

如果推销人员是按各自负责的销售地区作出的销售估计，则需要把所有推销人员的销售估计值相加，得出整个市场的销售预测值。

（三）修正预测值

由于受某些主观因素的影响，推销人员的判断往往存在一定的偏差，需要采取相应措施修正各推销人员的估计值，以保证最终结果的相对准确。

如果根据以往的资料和比较，发现在上述3个推销员中，甲的估计数字往往比实际销售数字低5%，乙的估计数字往往比实际销售数字高10%，而丙则要低15%，这样，就要对他们作出的销售估计值按各自的调整系数分别进行修正

$$甲的修正值 = 1460 \times (1 + 5\%) = 1533$$

$$乙的修正值 = 1800 \times (1 - 10\%) = 1620$$

$$丙的修正值 = 1140 \times (1 + 15\%) = 1311$$

然后再把 3 个推销员的销售估计值综合起来处理，得

$$调整后的下一年销售预测值 = \frac{1533 + 1620 + 1311}{3} = 1488$$

在运用推销人员估计法进行预测时，可以广泛地征求代理商、经销商和其他中间商的意见，请他们提供必要的市场信息，帮助企业的推销人员作出估计，必要的时候，企业还可以直接邀请代理商、中间商的代表参与预测过程，与企业的推销人员一起，共同对未来需求的发展趋势作出估计，这样，不仅可以提高预测的准确程度，同时也有利于协调企业和有关中间商的关系，并提高推销人员的工作效率。

第五节 ▌ 用户调查法

前面的预测方法，都是根据人的经验来判断未来需求的发展趋势，免不了带有人的主观意愿，容易产生片面性和主观性。而通过实际的调查研究，在掌握客观资料的前提下进行分析和推算就可以在一定程度上减少主观因素的影响，使预测的最终结果与实际情况取得较高的一致性。

用户调查法就是通过实际调查，在掌握第一手资料的情况下，对未来需求作出分析和判断的一种定性预测方法。

用户调查法包括对现有用户的预购调查和对潜在用户的调查。

一、预购调查法

预购调查法是根据需求者的预购订单和预购合同来测算需求量的一种预测方法。这种方法主要适合于制造商和中间商在进行微观的短期预测时采用，不宜用做长期的预测。

例如：生产大型机械设备的企业就需要根据供需双方的经济合同来确定自己的产量，否则就可能造成产品积压，影响企业的正常运转。对中间商，尤其是零售商而言，宜用这种方法来确定新产品及高档耐用品的销售量，以便决定进货量和进货时间。

预购调查法比较简单，只需对有关资料进行适当的分析处理，即可测算出企业产品的销售量。不过顾客提出的购买量可能会因为某些因素变化而发生变化，所以在运用这种方法时要注意以下几点。

（1）有了订货单和订货合同，并不等于商品已经售出。由于社会生产、市场需求的变化或者预购者自身发生某些突然的变故，很有可能会出现取消订货，不能履行合同的情况。因此预测人员必须了解这些因素，分析在各种条件下合同实现的可能性，寻求不同条件下的履约率或违约率。

（2）由于经济运行复杂多变，预购者在提出购买产品的数量后，可能因为某些原因而需要增加购买量，常常会发生签协议后再补充订货，临时追加订货等情况。预测者应根据积累起来的历史资料，通过比较、分析，估计出补充订货和临时订货占总销售量

的比例，以便据此对预测值进行修正。

（3）制造商与中间商之间应在基本把握市场需求的情况下，通过适当的途径，衔接供货和进货计划，尽量避免积压和脱销。

二、潜在用户调查法

潜在用户调查法又叫购买者意向调查法，也是在市场调查的基础上根据掌握的第一手资料来测算未来需求的一种方法。与预购调查法不同的是，潜在用户调查法主要通过对潜在购买者意愿的分析来推算销售量，因而可以比较全面、准确地把握需求的发展趋势。

潜在用户调查法就是预测者直接向潜在用户了解在下一个时期中需要购买本企业产品的品种及数量。同时，调查用户的意见，分析用户需求的变化趋势，并参照市场的变动情况预测下一时期的销售量。

潜在用户调查法用于工业品需求的预测，其准确性要比用在消费品方面高。因为消费者的购买动机和计划常因某些因素的变化而变化，所以完全根据消费者动机作预测，准确性往往不是很高。一般来说，用这种方法预测非耐用消费品需求的可靠性较低，用在耐用品方面时可靠性较高。

本章小结

本章主要介绍定性预测及应用。定性预测凭借预测者的经验、综合分析能力作出主观判断。在定性预测中加入量化分析，可以提高预测的准确性；在定量预测中加入定性判断，可以避免非量化因素对预测结果的影响。定性预测包含多种方法。

主观概率法是预测者对预测事件发生的概率（即可能性大小）作出主观估计，或者说对事件变化动态的一种心理评价，然后计算它的平均值，以此作为预测事件的结论的一种定性预测方法。

专家会议法是根据市场预测的目的和要求，向一组经过挑选的有关专家提供一定的背景资料，通过会议的形式对预测对象及其前景进行评价，在综合专家分析判断的基础上，对市场发展趋势作出量的推断。它依靠专家集体的智慧进行预测，是一种具有较高准确性的集体经验判断法。

德尔菲法是以匿名的方式，逐轮征求一组专家各自的预测意见，最后由组织者进行综合分析，确定市场预测值的方法。它是一种特殊的专家意见汇集法，具有匿名性、反馈性、量化性和定性与定量分析相结合的特点，有着较高的科学性和准确性，被广泛地应用。

推销人员估计法是通过征求企业推销人员的意见，预测未来需求的方法。依据企业推销人员丰富的实践经验以及他们对市场动态和顾客心理的把握，对未来市场需求作出估计。在某些情况下，推销人员的判断可以比较准确地反映需求的发展趋势。

用户调查法就是通过实际调查，在掌握第一手资料的情况下，对未来需求作出分析和判断的一种定性预测方法。

复习思考题

1. 什么是定性预测？

2. 定性预测和定量预测有什么区别和联系？

3. 什么是主观概率法？有何特点？如何运用？

4. 什么是专家会议法？有何优缺点？如何运用？

5. 什么是德尔菲法？有何特点？如何运用？

6. 某商场三个销售人员对明年销售的预测意见与主观概率如表8.5所列，则明年的销售额预测值为多少？

表8.5   三个销售员的预测数据

销售人员	估计	销售额/万元	主观概率
甲	最高销售	1120	0.25
	最可能销售	965	0.50
	最低销售	640	0.25
乙	最高销售	1080	0.2
	最可能销售	972	0.5
	最低销售	660	0.3
丙	最高销售	1200	0.25
	最可能销售	980	0.60
	最低销售	600	0.15

7. 已知某工业公司选定10位专家用德尔菲法进行预测，最后一轮征询意见对明年利润率估计的累计概率分布如表8.6所列。

表8.6   累计概率估计汇总表

估计值 专家 \\ 概率	0.010 (1)	0.125 (2)	0.250 (3)	0.375 (4)	0.500 (5)	0.625 (6)	0.750 (7)	0.875 (8)	0.990 (9)
1	8.0	8.1	8.2	8.3	8.4	8.5	8.6	8.7	8.8
2	7.8	8.0	8.2	8.4	8.6	8.8	8.9	9.0	9.1
3	6.0	6.2	6.5	6.7	7.0	7.2	7.5	7.7	8.0
4	6.0	6.5	7.0	7.5	8.0	8.5	8.6	8.7	9.0
5	5.0	5.5	6.0	6.5	7.0	7.5	8.0	8.5	8.9
6	8.0	8.2	8.3	8.4	8.5	8.6	8.8	9.0	9.2
7	6.5	6.7	7.0	7.7	8.0	8.2	8.4	8.6	8.8
8	7.2	7.6	8.1	8.2	8.4	8.6	8.8	9.0	9.3
9	9.0	9.2	9.3	9.4	9.5	9.6	9.7	9.8	10.0
10	7.5	8.0	8.2	8.4	8.6	8.8	9.0	9.1	9.5

试用累计概率中位数法计算每种概率的不同意见的平均数，用累计概率确定中位数，作为点估计。计算要求预测误差不超过1%时的区间估计值及其区间概率。

案例分析

小天鹅洗衣机的需求情况预测

小天鹅洗衣机厂采用专家调查法，对某地区1999年6月—2000年12月的洗衣机需求情况进行预测。具体步骤如下。

1. 确定征询对象

预测小组选定了 17 位在家电行业工作、熟悉各类洗衣机销售，并有预测和分析能力的专家。包括该地区各市家电协会的行业负责人、洗衣机厂的营销经理、各市的销售主管、有影响力的代理商及销售额较高的大商场。人员比例为：行业人员、厂销售人员、销售商各三分之一。

2. 给专家发送意见征询函

函中要求专家了解征询目的和要求，在 10 天之内对本地区 1999 年 6 月—2000 年 12 月小天鹅洗衣机厂洗衣机的销售量作出预测，并要有详细的依据、意见和建议。函中还附有为专家提供的参考资料（如小天鹅洗衣机厂洗衣机在该地区前 5 年的销售总量、1999 年上半年的销售量、不同家庭对不同类型洗衣机选择的情况分析等）。

3. 汇总征询的意见

回收第一轮征询函后，进行汇总，预测 1999 年下半年该地区小天鹅品牌洗衣机销售量在 2 万 ~3 万台（平均数为 2.5 万台），2000 年销售量在 3.7 万 ~5.4 万台（平均数为 4.5 万台），同时专家们提出了许多对洗衣机市场的分析及如何促进洗衣机销售的意见等。

4. 反馈汇总意见

将征询意见汇总整理归纳后，得出以下四条意见。

（1）20 世纪 80 年代末 90 年代初的老洗衣机都将淘汰，新一轮洗衣机的更新换代将在 1999 年下半年开始，到 2000 年下半年完成。

（2）人们对洗衣机的要求趋向功能新颖、节水型。

（3）不同家庭对洗衣机容量的大小有不同的要求，不同季节也有不同的要求组合。

（4）由于目前各家庭收入预期有所下降，估计到 2000 年下半年，销售量将受到影响，需加大促销力度。

将这些看法分别寄给专家们进行第二轮征询。为了使专家们能了解小天鹅洗衣机厂 1999 年在洗衣机类型上的创新情况和经营决策部门对销售部门实行的新激励机制，他们又补送了两份材料。第一份是小天鹅洗衣机厂 1999 年推出的采用国家最新技术的节能节水型洗衣机的产品介绍，第二份是小天鹅洗衣机厂为激励销售部门人员的积极性，对销售有功人员可以奖励 10 万元以上的奖励措施，请专家再次预测。

函件回收后进行汇总，预计 1999 年下半年可达 3.5 万台，2000 年可达 6.8 万台，均高于第一次平均预测水平。同时，专家们对厂里采取的积极的激励措施表示赞同，并就改革营销体制、完善激励机制等提出了一些意见。

与专家们的预测相比较，1999 年下半年，小天鹅洗衣机厂在该地区的洗衣机实际销售量达 3.8 万台，误差为 8.5%；2000 年为 7 万台，误差为 3.2%。

经过实践验证说明，运用专家调查法进行预测是接近事实的，是比较准确的，起到了定性预测的作用。

（资料来源：无锡小天鹅股份有限公司《销售状态》，2001（1））

第九章 时间序列预测法

本 章 教 学 基 本 要 求

1. 重点考察各模型的应用情况
2. 把各时间序列模型作为工具并能准确、灵活地应用
3. 掌握建立模型的条件和目的
4. 利用 Excel 等应用软件进行时间序列模型的参数计算和检验

引 导 案 例

又到"年关",公司各部门都在编写下一年度的工作计划。小王是某制药集团的销售部经理,对明年公司主打产品某抗癌药的销售量预测是他工作计划中的一个重要组成部分。他的预测值不仅是销售部明年业绩考核的基准,同时影响着采购部门、生产部门、财务部门的一些重要决策。不恰当的预测值会对整个公司产生不利的影响。高估了销售量会额外增加公司的整体费用,导致产品积压;低估了销售量会使公司的产品供不应求,丧失潜在的赢利机会。

面临复杂多变的市场环境和公司高度波动的历史销售业绩,他该怎么办呢?他该如何收集数据、如何选择模型、如何对模型结果进行解释呢?

在这里,这种抗癌药的历史销售量形成一个时间序列。小王需要观察它过去的销售量,并根据这些历史数据得到销售量的一般水平及趋势,如销售量随时间增长或下降的趋势,来对产品的未来销售情况作出推断。对这些历史数据进一步观察,还可以发现它显示出一种季节性的规律,如每年的销售高峰出现在第二季度,而销售低谷出现在第四季度,这样小王就可以更精确地预测出公司明年各季度的销售量了。

时间序列预测法是一种重要的定量预测方法，它根据市场现象的历史资料，运用科学的数学方法建立预测模型，使市场现象的数量向未来延伸，预测市场现象未来的发展变化趋势，预计市场现象未来表现的数量，所以时间序列预测法又称历史延伸法或趋势外推法。

第一节 时间序列预测法概述

一、相关概念的含义

（1）时间序列预测法。通过对市场现象时间序列的分析和研究，根据市场现象历史的发展变化规律，推测市场现象依此规律发展到未来所能达到的水平，这实际上是对市场现象时间序列的数量及其变化规律的延伸。

（2）时间序列。时间序列预测法中所依据的时间序列，是对市场现象过去表现的资料整理和积累的结果。所谓时间序列，就是依时间的先后顺序排列的一组表示某种现象随时间变化的统计数据。时间序列中各指标数值在市场预测时被称为实际观察值。按时间序列排列指标的时间周期不同，时间序列可分为年时间序列、季度时间序列、月时间序列等。

二、时间序列预测法的理论依据

时间序列预测法的理论依据，是唯物辩证法中的基本观点，即认为一切事物都是发展变化的，事物的发展变化在时间上具有连续性，市场现象也是这样。市场现象过去和现在的发展变化规律和发展水平，会影响到市场现象未来的发展变化规律和发展水平，而市场现象未来的变化规律和水平，是市场现象过去和现在变化规律和发展水平的必然结果。因此，时间序列预测法具有认识论上的科学性。

三、应用时间序列预测法时应注意的问题

在应用时间序列预测法进行预测时，还应特别注意一方面的问题，即市场现象未来发展变化规律和发展水平不一定与其历史和现在的发展变化规律完全一致。随着市场现象的发展，它还会出现一些新的特点。因此，在时间序列预测中，决不能机械地按市场现象过去和现在的规律向外延伸，必须要研究分析市场现象变化的新特点、新表现，并且将这些新特点和新表现充分考虑在预测值内。这样才能对市场现象作出既延续其历史变化规律，又符合其现实表现的可靠的预测结果。

市场预测研究的市场现象，一般都受到多种因素发展变化的影响。这些影响因素，有些是确定的，有些是不确定的；有些比较易于取得量化资料，有些难于或根本无法取

得量化资料。但不论是确定的还是不确定的，不论是易于量化的还是难于量化的因素，都会对市场现象产生影响，这种影响是综合的，而不论市场现象表现得多么复杂，不论有多少影响因素，最终都集中或综合表现为市场现象随时间的延续而发展变化。

四、时间序列预测法的适用范围

时间序列是市场现象指标数值按时间先后顺序排列而成的，序列中各指标是各种因素综合影响的结果，其中所表现出的市场现象的发展变化规律也是各种因素综合影响的反映。所以说时间序列预测法，实际上是考虑了所有影响因素综合影响的预测方法。在市场预测中，研究市场现象总变动的趋势及其规律性，应用时间序列预测法无疑是很有效的。

一般来说，时间序列预测法很适用于短期和近期市场预测。应用时间序列预测法作长期和中期市场预测，则需要考虑得更周到些，客观依据要更充分。只有在充分肯定市场现象在中、长期内发展变化规律与其过去和现在基本一致，或对预测期市场现象的新特点能确定的条件下，才能应用时间序列预测法对市场现象未来的发展变化趋势作出预测。

五、时间序列预测法与回归分析预测法的区别

时间序列预测法是定量预测的方法之一，它与回归分析预测法的不同在于，回归分析预测法所确定的是市场现象的自变量，即以确定的自变量去预测市场现象的因变量。而时间序列预测法所确定的是市场现象发展的时间量，即根据市场现象过去的发展变化规律，确定在时间变动的条件下，市场现象未来变动趋势或所达到的水平。随着所确定时间的不同，预测值也就不同。由于时间序列是受多种因素综合影响的，所以由此决定或取得的市场现象预测值，也是未来市场现象在各种因素综合影响下的结果。

六、时间序列数据变动趋势

时间序列数据，由于受到多种因素的影响，在不同时期的观察值存在差异，所呈现出来的变动趋势也不完全一致，这是因为时间序列数据经常受到一种乃至多种变动因素共同作用。一般而言，各种可能发生变化的因素对时间序列数据变动趋势的影响，按其变动趋势的性质不同分为长期趋势变动、季节变动、循环变动和不规则变动四种模式。

1. 长期趋势变动模式

长期趋势变动是指由于时间序列数据受到某种根本性因素的影响，时间序列在较长的时间内朝一定的方向，按线性或非线性变化规律，呈上升变化、水平变化或下降变化趋势。经济现象的长期趋势一旦形成，则总能延续一段相当长的时期，即使像股票这种敏感的经济现象，其形成的向上趋势（牛市）或向下趋势（熊市）有时也能延续数月乃至数年。因此，分析长期趋势对于正确预测经济现象的未来具有十分重要的意义。

2. 季节变动模式

季节变动是指经济现象受自然季节或社会季节更换的固定规律作用而形成的一种长度和幅度相对固定的周期波动。如啤酒销量随着每年的春夏秋冬四季变化，夏秋季为旺季，而冬春季为淡季。还有空调、电风扇、电热器、时装等商品的销售量都会随季节变化而呈现周期性波动。季节变动既包括受自然季节影响所形成的波动，也包括受工作时间规律，如每周 5 天工作制等影响所形成的波动。季节变动的周期性比较稳定，一般以年为单位作周期变动。

3. 循环变动模式

循环变动是以数年为周期（一般不等）的变动。它与长期趋势变动不同，不是朝着单一方向作持续递增（或递减，或水平）趋势变化，而是按涨落相间地波浪式起伏变动。它与季节变动趋势也不同，它波动的时间较长，而且变动周期长短不等，短则一两年，长则数年、数十年。季节变动与循环变动的区别在于季节变动的波动长度固定，如 12 个月、1 个季度、1 个月或 1 个星期等，而循环变动的长度则一般是不一样的。

4. 不规则变动模式

不规则变动是指由于战争、地震、洪水等意外事件，或由于国家制定发展战略、发展规划、方针政策等引起的变动，这种因各种偶然性因素引起的非周期性的随机变动，称为不规则变动。这种不规则的变动对市场的发展影响较大，但难以预测。

七、时间序列的组合形式

一般来说，实际得到的时间序列统计数据，很少是这些基本类型中的某一种，绝大多数情况下都是这些基本类型的综合，是各种因素共同作用的结果。在市场预测中，由于市场的变化不是某个或某些因素单独作用的结果，而是多种因素交叉影响的结果，因此，通常采用组合的形式。其常见的组合方式有以下几种。

1. 加法型

$$Y_t = T_t + S_t + C_t + I_t$$

式中，Y_t——时间序列的全部变动；

T_t——长期趋势变动；

S_t——季节变动；

C_t——循环变动；

I_t——不规则变动。

2. 乘法型

$$Y_t = T_t S_t C_t I_t$$

3. 混合型

$$Y_t = T_t S_t + C_t + I_t \qquad 或 \qquad Y_t = S_t + T_t C_t I_t$$

对于一个具体的时间序列，应采用哪种组合方式，要根据掌握的数据资料、时间序列的性质及研究的目的等具体情况灵活确定。

八、时间序列预测法的预测程序

时间序列预测法的预测程序大体包括如下五个步骤。

（1）绘制散点图。绘制观察期数据的散点图，确定其变化趋势的类型。

（2）处理数据。对观察期数据加以处理，以消除季节变动、循环变动和不规则变动等因素的影响，使经过处理后的数据仅反映长期趋势变动的影响。

（3）建立数学模型。根据数据处理后的长期趋势变动，结合预测的目的及期限，建立时间序列的预测模型，并对模型进行模拟运算。

（4）修正预测模型。考虑季节变动、循环变动及不规则变动等影响因素对预测模型的影响并加以修正。

（5）进行预测。采用定量分析与定性分析相结合的方式，对目标变量加以预测，并确定市场未来发展变化的预测值。

第二节 ┃ 简易平均预测法

在运用时间序列预测法进行市场预测时，最简单的方式是用一定观察期内预测目标的平均值作为下一期预测值。这种以平均值为基础确定预测值的方法叫简易平均预测法。它是最简单的定量预测方法，不需要复杂的运算过程，简便易行，适用于观察变量不呈现明显倾向性变化而又具有随机波动特征的经济现象的预测。

常用的计算方法有简单算术平均法、加权算术平均法和几何平均法。

一、简单算术平均法

简单算术平均法是以观察期内时间序列数据的简单算术平均值作为下一期的预测值的预测方法。设 $x_1, x_2, \cdots, x_n$ 为 n 期实际观察数据，则其简单算术平均值公式为

$$\bar{x} = \frac{1}{n}\sum_{i=1}^{n} x_i \qquad (i = 1, 2, 3, \cdots, n)$$

式中，$\bar{x}$ ——简单算术平均值，即下一期的预测值；

　　x_i ——观察期的数据，i 为资料编号；

　　n ——资料期数。

运用简单算术平均法求平均值通常有以下两种形式。

（1）以最后一年的每月平均值，或数年的每月平均值，作为次年的月平均预测值。

如果数年的时间序列显示观察期资料并无显著的长期升降趋势变动和季节变动，就可以采用此方法。

【例9-1】　假设食盐最近四年的每月销售量如表9.1所列，预测2011年的月平均销售量。

表 9.1   2007—2010 年食盐的销售量及平均值   吨

月 \ 年	2007	2008	2009	2010
1	328	330	298	335
2	331	324	317	321
3	360	348	328	346
4	318	360	330	363
5	324	327	323	329
6	294	342	348	327
7	342	360	342	368
8	348	357	351	350
9	357	321	318	341
10	321	297	336	312
11	330	318	354	327
12	348	354	358	351
年合计	4001	4038	4003	4070
月平均	333.4	336.5	333.7	339.2

① 如果以 2010 年的每月平均值作为 2011 年的月平均预测值，则

$$\bar{x} = 339.2 \text{（吨）}$$

② 如果以 2007—2010 年的每月平均值作为 2011 年的月平均预测值，则

$$\bar{x} = \frac{4001 + 4038 + 4003 + 4070}{48} = 335.7 \text{（吨）}$$

或

$$\bar{x} = \frac{333.4 + 336.5 + 333.7 + 339.2}{4} = 335.7 \text{（吨）}$$

这样，就可以将 339.2 吨或 335.7 吨作为 2011 年的月平均预测值。

由上可以看出，所选择的观察值的期限范围不同，即 n 的取值不同，所得到的预测值也不一样。n 的取值大小对预测的准确性有一定的影响，一般来说，当事物发展趋势正在发生变化或随机变化较少时，n 可取小些；当近期事物发展没有明显变化倾向或随机变化较大时，n 可取得大一些。

如果预测值和实际销售值之间的差异过大就会使预测失去意义。所以，必须确定合理的误差。

首先，用下列公式估计出预测标准差：

$$S_x = \sqrt{\frac{\sum_{i=1}^{n} (x_i - \bar{x})^2}{n - 1}}$$

式中，S_x ——标准差；

   x_i ——实际值；

   $\bar{x}$ ——预测值（平均值）；

   n ——观察期数。

然后，按 $\bar{x} \pm t_c S_x$ 公式计算某种可靠程度要求时的预测区间，其中 t_c 为 t 分布临界值。针对例 9-1，可以计算出标准差。

① 以 2010 年的月平均值 339.2 吨作为 2011 年的月平均预测值，则

$$S_{x1} = \sqrt{\frac{\sum_{i=1}^{n}(x_i - \bar{x})^2}{n-1}} = \sqrt{\frac{(335-339.2)^2 + \cdots + (351-339.2)^2}{12-1}}$$

$$= \sqrt{\frac{3189.88}{11}} = 17.03$$

当可靠程度为 95%，显著水平 $\alpha = 0.10$，自由度 $n - m - 1 = 10$ 时，t 分布临界值 $t_c = 1.812$。于是，2011 年月销售预测区间为 $339.2 \pm 1.812 \times 17.03$，即 2011 年食盐的月平均销售量在 308.34 ~ 370.06 吨之间。

② 以四年的每月平均值 335.7 吨作为 2011 年的月平均预测值，则

$$S_{x2} = \sqrt{\frac{\sum_{i=1}^{n}(x_i - \bar{x})^2}{n-1}}$$

$$= \sqrt{\frac{(333.4-335.7)^2 + (336.5-335.7)^2 + (333.7-335.7)^2 + (339.2-335.7)^2}{4-1}}$$

$$= \sqrt{\frac{23.18}{3}} = 2.78$$

当可靠程度为 95%，$\alpha = 0.10$，$n - m - 1 = 2$ 时，t 分布临界值 $t_c = 2.92$。于是，2011 年月销售预测区间为 $335.7 \pm 2.92 \times 2.78$，即 2011 年食盐的月平均销售量在 327.58 ~ 343.82 吨之间。

（2）以观察期的相同月份的平均值作为预测期对应月份的预测值。

当时间序列资料在年度内变化显著，或呈现季节性变化时，如果用上一种方法求得预测值，其精确度难以保证，为了提高精确度，可用下面的方法求预测值。

【例 9-2】 某商店 T 恤衫的销售量如表 9.2 所列，预测第四年每月的销售量。

表 9.2　　　　　　　　　　　　某商店 T 恤衫销售量统计表　　　　　　　　　　万件

月 年	第一年	第二年	第三年	同月平均值
1	16.0	17.3	20.1	17.8
2	19.0	21.0	22.0	20.7
3	21.3	23.0	25.0	23.1
4	25.0	27.0	29.2	25.7
5	32.8	36.0	38.5	35.8
6	65.2	70.2	77.0	70.8
7	99.0	107.0	118.0	108.0
8	131.0	140.2	152.8	141.3
9	80.5	87.2	94.0	87.2
10	38.0	41.4	45.0	41.5
11	22.2	24.0	26.0	24.1
12	18.4	19.8	22.5	20.2
合计	568.4	614.1	670.1	—

表9.2中同月平均值即为第四年对应月的预测值。

由表9.2可以看出，观察期资料在年度内呈现出季节性波动。如果再用全年平均的方法，就不能显示出不同季节的市场需求变动情况。T恤衫的销售旺季一般集中在每年的6—9月，这四个月的平均销售量比淡季要高出两三倍。另外，T恤衫的销售量还呈现出长期变动趋势，也就是说，每一年的销售总量比上年有所增长。因此，如将三年的每月平均数作为预测值的话，可能会低于第四年的销售量，所以应对预测值进行适当调整。（可以用加权平均法来进行处理，后面还会研究这个问题。）

（3）特例。

在实际中，往往还会遇到这样一种情况，当时间序列呈现出线性变化趋势时，即各期的增长量或减少量大体相同时，若使用简单算术平均法会使得预测值偏低或偏高，即出现滞后偏差。这种情况下，可以在预测经济变量的增长量或减少量的基础上，计算该经济变量的预测值。其计算如下。

首先，计算各期的增长量或减少量：

$$\Delta x_i = x_i - x_{i-1}$$

然后，计算增长量或减少量的平均值：

$$\overline{\Delta x} = \frac{1}{n-1} \sum_{i=2}^{n} \Delta x_i$$

最后，计算经济变量的预测值：

$$x_{n+T} = x_n + \overline{\Delta x} T$$

【例9-3】 某企业2006—2010年某种产品的销售量如表9.3所列，试预测2011年和2012年该种产品的销售量。

表9.3 某种产品销售量统计表 件

年份	2006	2007	2008	2009	2010	合计	平均值
销售量	12000	13150	14450	15610	16805	—	—
增长量	—	1150	1300	1160	1195	4805	1201

$$x_{2011} = x_{n+1} = x_n + \overline{\Delta x} \cdot 1 = 16805 + 1201 \times 1 = 18006 \text{（件）}$$

$$x_{2012} = x_{n+2} = x_n + \overline{\Delta x} \cdot 2 = 16805 + 1201 \times 2 = 19207 \text{（件）}$$

简单算术平均法使用简便、灵活、迅速、花费较少，一般适用于短期或近期预测。当对预测值的精确度要求不高且预测时间较短时，常常使用这种方法。如果时间序列有特别大或特别小的不均衡数据，用简单算术平均数来代替预测值，其代表性会受到影响。

二、加权算术平均法

因为简单算术平均法将所有观察值不论远近在预测中一律同等看待，这不符合市场发展的实际情况。实际上，近期观察值会有更多的变化趋势的信息，对预测对象影响较大；而远期的观察值所包括的信息较少，对预测对象的影响也较小。为了克服简单算术平均法的这一缺点，可以根据观察值的远近赋予其不同的权数，近期观察值的权数可大些，远期观察值的权数可小些。然后用加权算术平均值作为下一期预测值。

加权算术平均法就是为观察期内的每一个数据确定一个权数，并在此基础上计算其加权平均数作为下一期的预测值。加权算术平均法的预测公式为

$$\overline{x_f} = \frac{x_1 f_1 + x_2 f_2 + \cdots + x_n f_n}{f_1 + f_2 + \cdots + f_n} = \frac{\sum_{i=1}^{n} x_i f_i}{\sum_{i=1}^{n} f_i} \quad (i = 1,2,3,\cdots,n)$$

式中，$\overline{x_f}$——加权算术平均值，即下一期的预测值；

　　　x_i——观察期的数据；

　　　f_i——观察期数据相对应的权数。

这里的权数体现了观察期内各数据对预测期的影响程度。

【例9-4】　某商店近五年的资料如表9.4所列，预测下一年的销售额。

表9.4　　　　　　　　　　某商店2006—2010年销售额及权数　　　　　　　　　　万元

观察期	销售额 x_i	权数 f_i	$x_i f_i$
2006	40	1	40
2007	60	2	120
2008	55	3	165
2009	75	4	300
2010	85	5	425
合　计	315	15	1050

简单算术平均值为

$$\overline{x} = \frac{315}{5} = 63（万元）$$

加权算术平均值为

$$\overline{x_f} = \frac{1050}{15} = 70（万元）$$

很显然，用简单算术平均法求得的平均数作为预测值过低，不能反映商店销售额的发展变化趋势，而用加权算术平均法求得的平均数作为预测值效果较好。

运用加权算术平均法进行预测，关键在于确定适当的权数，而权数的确定通常要凭借预测者的经验判断，但必须体现影响力大的观察值对应大的权数这一原则。一般来说，如果观察变量变化较大，则应加大近期观察值的权数，以抵消观察变量大幅度变动对预测结果的影响，如果观察变量变动幅度较小，则权数不必相差太大。

目前，对于权数的确定尚无统一的标准，完全凭预测者在对时间序列资料分析的基础上作出主观的经验判断。

三、几何平均法

当预测对象逐期发展速度（环比速度）大致接近时，可采用几何平均法进行预测。设观察期内观察变量有 n 个观察值 $x_1, x_2, \cdots, x_n$，则运用几何平均法进行预测的步骤如下。

（1）计算出一定观察期内时间序列的逐期环比发展速度

$$v_i = \frac{x_i}{x_{i-1}} \qquad (i = 2,3,\cdots,n)$$

（2）利用逐期环比发展速度求几何平均值，作为预测期的发展速度。几何平均值有简单几何平均值和加权几何平均值之分。

简单几何平均值

$$M_{简} = \sqrt[n-1]{v_2 v_3 \cdots v_n} = (v_2 v_3 \cdots v_n)^{\frac{1}{n-1}}$$

加权几何平均值

$$M_{加} = \sqrt[\sum f_i]{v_2^{f_2} v_3^{f_3} \cdots v_n^{f_n}} = (v_2^{f_2} v_3^{f_3} \cdots v_n^{f_n})^{\frac{1}{\sum f_i}}$$

为便于计算，可取对数

$$\lg M_{简} = \frac{1}{n-1} \sum_{i=2}^{n} \lg v_i$$

$$\lg M_{加} = \frac{1}{\sum_{i=2}^{n} f_i} \sum_{i=2}^{n} (f_i \lg v_i)$$

将上式结果求反对数就可以得出几何平均值。

（3）以第 n 期的观察值 x_n 乘以预测期的发展速度 M 就可以得到第 $n+1$ 期的预测值

$$x_{n+1} = x_n M$$

【例9-5】　某企业某种商品的销售额资料如表9.5所列，试用几何平均法预测2011 年的销售额。

表9.5　　　　　　　　　某种商品2007—2010 年的销售额　　　　　　　　　万元

年份	销售额	环比发展速度 v_i	$\lg v_i$	f_i	$f_i \lg v_i$
2006	45.00	—	—	—	—
2007	51.75	1.15	0.061	1	0.061
2008	60.55	1.17	0.068	2	0.136
2009	70.24	1.16	0.065	3	0.195
2010	84.29	1.20	0.079	4	0.316

$$M_{简} = \sqrt[4]{1.15 \times 1.17 \times 1.16 \times 1.20} = 1.17$$

$$M_{加} = \sqrt[1+2+3+4]{1.15^1 \times 1.17^2 \times 1.16^3 \times 1.20^4} = 1.18$$

也可用反对数的方法得出 M。

$$\lg M_{简} = \frac{1}{5-1} \sum_{i=2}^{5} \lg v_i = \frac{1}{4}(0.061 + 0.068 + 0.065 + 0.079) = 0.068$$

求反对数得

$$M_{简} = 1.17$$

$$\lg M_{加} = \frac{\sum_{i=2}^{5} f_i \lg v_i}{\sum_{i=2}^{5} f_i} = \frac{0.061 + 0.136 + 0.195 + 0.316}{1 + 2 + 3 + 4} = 0.071$$

求反对数得

$$M_{加} = 1.18$$

2011 年销售额的预测值为

$$x_{2011} = x_{2010}M_{简} = 84.29 \times 1.17 = 98.62（万元）$$

或

$$x_{2011} = x_{2010}M_{加} = 84.29 \times 1.18 = 99.46（万元）$$

第三节 移动平均预测法

移动平均预测法和下节要讲的指数平滑预测法都属于平滑预测法。所谓平滑，就是将历史统计数据中的随机因素加以过滤，消除统计数据的起伏波动状况，使不规则的线型大致规则化，以便把握事物发展的主流，突出和显现事物发展的方向和趋势。

平滑预测法的要点是探求历史统计数据的演变规律，并假定这种规律还会持续存在下去，然后根据这种演变规律去预测未来。平滑预测方法依据的是时间序列资料中所蕴藏的发展速度或比率，它能反映历史和当前的变化趋势。事物历史的和当前的发展速度或比率，特别是当前的发展速度或比率构成了预测未来的基础。

应用平滑预测法进行预测，必须具备以下条件：

第一，要拥有充分的历史统计数据资料，而且它们之间的相互关系和发展趋势必须明确和稳定；

第二，数据资料要有连续性，即数据不可间断；

第三，未来的发展情况必须同过去和现在的情况相似，即影响时间序列数据变化的主要因素是相似的。

平滑预测法假设当前的发展趋势同样适用于未来。但可以知道，未来绝不可能只是过去和现在的简单重复。因此，这种方法用于进行短期预测比较准确；用于中、长期预测时，除非预测对象的发展极其稳定，否则效果较差。另外，在市场比较稳定的情况下，对于某些需求弹性和价格弹性较小的商品，使用此方法效果更为理想。这是在采用平滑预测法时必须要加以注意的。

移动平均法是将观察期的数据按时间先后顺序排列，然后由远及近，以一定的跨越期进行移动平均，求得平均值。每次移动平均总是在上次移动平均的基础上，去掉一个最远期的数据，增加一个紧挨跨越期后面的新数据，保持跨越期不变，每次只向前移动一步，逐项移动，滚动前移。这种不断"吐故纳新"，逐期移动平均的过程，称为移动平均法。

移动平均法有两个显著的特点。第一，对于较长观察期内，时间序列的观察值变动方向和程度不尽一致，呈现波动状态，或受随机因素影响比较明显时，移动平均法能够在消除不规则变动的同时，又对其波动有所反映。也就是说，移动平均法在反映现象变动方面是较敏感的。第二，移动平均预测法所需保留的观察值不必增加。因为随着移动，远期的观察值对预测值的确定就不重要了。这一点使得移动平均法可长期用于同一问题的连续研究，而不论延续多长时间，所保留的观察值的数目是不必增加的，增加近期的观察值，去掉远期的观察值就可以了。这不论是手工计算还是计算机计算都是有益的。

移动平均法对于原观察期的时间序列数据进行移动平均，所求得的各移动平均值，不仅构成了新的时间序列，而且新的时间序列数据与原时间序列数据相比较，还具有明显的修匀效果。它既保留了原时间序列的趋势变动，而且还削弱了原时间序列的季节变动、周期变动和不规则变动的影响，因此，在市场预测中得以广泛应用。

移动平均预测法适合于既有趋势变动又有起伏波动的时间序列的预测问题，也适合有波动的季节变动现象的预测。其主要作用，是消除随机因素引起的不规则变动对市场现象时间序列的影响。

移动平均法，可分为简单移动平均和加权移动平均两类，而简单移动平均又可细分为一次移动平均和二次移动平均等。

一、一次移动平均法

（一）一次移动平均法的原理

一次移动平均法，就是依次取时间序列的 n 个观察值予以平均，并依次向近期滑动，得到一组平均数序列的方法。它是以 n 个观察值的平均值作为下一期预测值的一种比较简单的预测方法。其预测公式为

$$Y_{t+1} = M_t^{(1)} = \frac{1}{n} \sum_{i=t-n+1}^{t} x_i = \frac{x_t + x_{t-1} + \cdots + x_{t-n+1}}{n} \tag{9-1}$$

$$M_t^{(1)} = \frac{x_t + x_{t-1} + \cdots + x_{t-n+1}}{n}$$

$$= \frac{x_{t-1} + x_{t-2} + \cdots + x_{t-n+1} + x_{t-n}}{n} + \frac{x_t - x_{t-n}}{n}$$

$$= M_{t-1}^{(1)} + \frac{x_t - x_{t-n}}{n}$$

所以有递推公式

$$Y_{t+1} = M_t^{(1)} = M_{t-1}^{(1)} + \frac{x_t - x_{t-n}}{n}$$

式中，Y_{t+1} ——下一期的预测值；

$M_t^{(1)}$ ——第 t 期（即本期）的一次移动平均值；

$M_{t-1}^{(1)}$ ——第 $t-1$ 期的一次移动平均值；

x_i ——观察期的实际发生值；

n ——移动跨越期。

从公式（9-1）可以看出：$M_t^{(1)}$ 是第 t 期前（包括第 t 期）n 期的实际发生值的算术平均值。n 值越小，$M_t^{(1)}$ 包含的数据越少，对近期的变化趋势反应越明显，但对某些随机因素所引起的变化的剔除程度越差。当 $n = 1$ 时，$M_t^{(1)}$ 就是当前期的实际发生值 x_t，即对原始数据没有进行平均；n 值越大，$M_t^{(1)}$ 中包含的其他各期的影响成分越大，对原始数据的修匀也越厉害，当 n 等于资料期数时，则一次移动平均值就是简单算术平均

值。由此可见，使用一次移动平均法进行预测，其准确程度主要取决于移动跨越期 n 选择得是否合理。预测者确定移动跨越期的长短，一是要根据时间序列本身的特点，二是要根据研究问题的需要。如果时间序列的波动主要不是由随机因素引起的，而是现象本身的变化规律，这就需要预测值充分表现这种波动，因此要把跨越期取得短些。这样既消除了一部分随机因素的影响，又表现了现象特有的变动规律。如果时间序列观察值的波动主要是由随机因素引起的，研究问题的目的是观察预测事物的长期趋势，则可以把跨越期取长些。

移动跨越期 n 的取值原则如下。

（1）在资料期数较多时，移动跨越期 n 可适当取大些；而资料期数较少时，n 值只能取小些。

（2）在历史资料具有比较明显的季节性变化或循环周期性变化时，移动跨越期 n 应等于季节周期或循环周期。

（3）如果希望反映历史资料的长期变化趋势，则 n 应取大些；如果要求反映近期数据的变化趋势时，则 n 应取小些。

（二）一次移动平均法应用举例

【例9-6】 某企业产品 1—12 月销售额资料如表 9.6 所列。

表 9.6　　　　　　　　　　　　　　某产品 1—12 月销售额　　　　　　　　　　　　　万元

月份	1	2	3	4	5	6	7	8	9	10	11	12
销售额	240	252	246	232	258	240	238	248	230	240	256	236

试利用一次移动平均法预测该企业明年 1 月的销售额，n 分别取 3 和 5。

解　对历史数据作一次移动平均值计算，其结果见表 9.7。

表 9.7　　　　　　　　　　　一次移动平均值计算结果　　　　　　　　　　　万元

t	x_t	$M_t^{(1)}(n=3)$	$M_t^{(1)}(n=5)$
1	240	—	—
2	252	—	—
3	246	246.00	—
4	232	243.33	—
5	258	245.33	245.6
6	240	243.33	245.6
7	238	245.33	242.8
8	248	242.00	243.2
9	230	238.67	242.8
10	240	239.33	239.2
11	256	242.00	242.4
12	236	244.00	242.0

若将表 9.7 中的历史数据及所求得的移动平均值数列绘制成折线图，如图 9.1 所示，可以发现，通过移动平均值的运算，可以减弱原始数据的随机波动，使历史数据的随机波动得到平滑，并且 n 值越大，平滑程度越大。

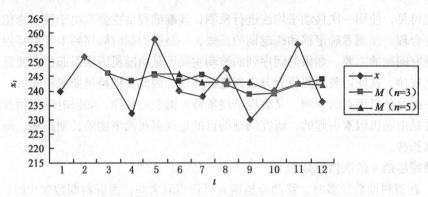

图9.1　实际值与一次移动平均值比较图

当 $n=3$ 时，可求得该产品明年1月销售额的预测值为244万元；

当 $n=5$ 时，可求得该产品明年1月销售额的预测值为242万元。

【例9-7】对某商业企业季末库存进行预测，其资料见表9.8。

表9.8　　　　　　　　　　　　某商业企业季末库存资料　　　　　　　　　　　　万元

观察期	观察值 x_t	$n=3$			$n=5$		
		$M_t^{(1)}$	y_t	$\|e_t = y_t - x_t\|$	$M_t^{(1)}$	y_t	$\|e_t = y_t - x_t\|$
1	10.6	—	—	—	—	—	—
2	10.8	—	—	—	—	—	—
3	11.1	10.83	—	—	—	—	—
4	10.4	10.77	10.83	0.43	—	—	—
5	11.2	10.90	10.77	0.43	10.82	—	—
6	12.0	11.20	10.90	1.10	11.10	10.82	1.18
7	11.8	11.67	11.20	0.60	11.30	11.10	0.70
8	11.5	11.77	11.67	0.17	11.38	11.30	0.20
9	11.9	11.73	11.77	0.13	11.68	11.38	0.52
10	12.0	11.80	11.73	0.27	11.84	11.68	0.32
11	12.2	12.03	11.80	0.40	11.88	11.84	0.36
12	10.7	11.63	12.03	1.33	11.66	11.88	1.18
13	10.4	11.10	11.63	1.23	11.44	11.66	1.26
14	11.2	10.77	11.10	0.10	11.30	11.44	0.24
合计	—	—	—	6.19	—	—	5.96
平均	—	—	—	0.563	—	—	0.662

由表9.8中的观察资料可以看出，季末库存额总的来说无趋势变动。为了消除随机因素引起的不规则变动，对观察值作一次移动平均，并以移动平均值为依据预测库存额的未来变化。为了对比观察预测误差的大小，分别取跨越期 $n=3$ 和 $n=5$ 同时计算，计算结果如表9.8所列。

当 $n=3$ 时，各期的一次移动平均值及各期的估计值分别为

$$Y_4 = M_3^{(1)} = \frac{x_3 + x_2 + x_1}{3} = \frac{11.1 + 10.8 + 10.6}{3} = 10.83$$

$$\vdots$$

$$Y_{14} = M_{13}^{(1)} = \frac{x_{13} + x_{12} + x_{11}}{3} = \frac{10.4 + 10.7 + 12.2}{3} = 11.1$$

各期的估计值与实际观察值的离差绝对值及平均绝对误差分别为

$$|e_4| = |y_4 - x_4| = |10.83 - 10.4| = 0.43$$
$$\vdots$$
$$|e_{14}| = |y_{14} - x_{14}| = |11.1 - 11.2| = 0.1$$

$$MAE = \frac{\sum |e_t|}{n} = \frac{6.19}{11} = 0.563 \text{ (万元)}$$

同理，可得当 $n = 5$ 时，各期的一次移动平均值、各期的估计值及各期的估计值与实际观察值的离差绝对值，见表 9.8。

而平均绝对误差为

$$MAE = \frac{\sum |e_t|}{n} = \frac{5.96}{9} = 0.662 \text{ (万元)}$$

由于 $n = 5$ 时的平均绝对误差明显大于 $n = 3$ 时的误差，所以舍弃 $n = 5$ 条件下的预测设想，确定采用 $n = 3$ 时的结果进行预测。因此，下期季末库存额预测值为

$$Y_{15} = M_{14}^{(1)} = 10.77 \text{ (万元)}$$

若了解到下期会有特殊变化，可对此预测值再行调整。

从这个例子可以看出，一次移动平均可以消除由于偶然因素引起的不规则变动，同时又保留了原时间序列的波动规律。而不是像简易平均预测法那样，仅用若干个观察值的一个平均数作为预测值。另外，每一个移动平均值只需几个观察值就可计算，需要贮存的数据很少。

但是一次移动平均预测法显然有其局限性。一方面，这种方法只能向未来预测一期；另一方面，对于有明显趋势变动的时间序列，一次移动平均法是不适合的，它只适用于基本呈水平型变动的情况，对有些波动的时间序列，可以消除不规则变动的影响。

因此，一次移动平均法仅适用于历史数据呈水平不规则波动模式的经济变量的短期预测，对于下降或上升趋势明显的时间序列，不易使用此方法进行预测，可考虑采用二次移动平均法。

二、二次移动平均法

（一）二次移动平均法的原理

由于一次移动平均法，对单调上升或单调下降的时间序列的预测存在明显的滞后或超前偏差。为了解决这个矛盾，在一次移动平均法的基础上，建立了二次移动平均法。二次移动平均法是对一组时间序列数据先后进行两次移动平均，即在一次移动平均值的基础上，再进行第二次移动平均，并根据两次移动的平均值，通过建立预测模型进行预测。

二次移动平均值的计算公式为

$$M_t^{(2)} = \frac{1}{n} \sum_{i=t-n+1}^{t} M_i^{(1)} = \frac{M_t^{(1)} + M_{t-1}^{(1)} + \cdots + M_{t-n+1}^{(1)}}{n}$$

相应的递推公式为

$$M_t^{(2)} = M_{t-1}^{(2)} + \frac{M_t^{(1)} - M_{t-n}^{(1)}}{n}$$

按二次移动平均法进行预测时，并不能直接用二次移动的平均值作为预测值，而是需要建立预测模型进行预测。二次移动平均法的预测模型为

$$Y_{t+T} = a_t + b_t T$$

其中

$$a_t = 2M_t^{(1)} - M_t^{(2)}, \qquad b_t = \frac{2}{n-1}(M_t^{(1)} - M_t^{(2)})$$

式中，Y_{t+T}——第 $t+T$ 期的预测值；

$M_t^{(1)}$——第 t 期的一次移动平均值；

$M_t^{(2)}$——第 t 期的二次移动平均值；

T——预测模型当前期（即 t 期）至需要预测的那一期的间隔期数；

a_t, b_t——模型的两个参数。

这就是说，二次移动平均法的预测模型，其截距和斜率的确定，是以一次和二次移动平均值为依据的，且各期的截距、斜率是变化的。

（二）二次移动平均法应用举例

【例9-8】对某地区某种商品的销售量进行预测。其资料和计算见表9.9。

表9.9　　　　　　　　　　　　二次移动平均预测计算表　　　　　　　　　　　　吨

期数 t	观察值 x_t	$n=3$ $M_t^{(1)}$	$n=3$ $M_t^{(2)}$	a_t	b_t	y_t	$x_t - y_t$	$(x_t - y_t)^2$
1	10	—	—	—	—	—	—	—
2	12	—	—	—	—	—	—	—
3	17	13.00	—	—	—	—	—	—
4	20	16.33	—	—	—	—	—	—
5	22	19.66	16.33	22.99	3.33	—	—	—
6	27	23.00	19.66	26.34	3.34	26.32	0.68	0.4624
7	25	24.67	22.44	26.90	2.23	29.68	−4.68	21.9024
8	29	27.00	24.89	29.11	2.11	29.13	−0.13	0.0169
9	30	28.00	26.56	29.44	1.44	31.22	−1.22	1.4884
10	34	31.00	28.67	33.33	2.33	30.88	3.12	9.7344
11	33	32.33	33.44	34.22	1.89	35.66	−2.66	7.0756
12	37	34.67	32.67	36.67	2.00	36.11	0.89	0.7921
合计	—	—	—	—	—	—	—	41.4722

（1）计算表9.9中各期一次移动平均值。

$$M_3^{(1)} = \frac{x_3 + x_2 + x_1}{3} = \frac{17 + 12 + 10}{3} = 13$$

$$\vdots$$

$$M_5^{(1)} = \frac{x_5 + x_4 + x_3}{3} = \frac{22 + 20 + 17}{3} = 19.66$$

$$\vdots$$

$$M_{12}^{(1)} = \frac{x_{12} + x_{11} + x_{10}}{3} = \frac{37 + 33 + 34}{3} = 34.67$$

（2）计算二次移动平均值。

$$M_5^{(2)} = \frac{M_5^{(1)} + M_4^{(1)} + M_3^{(1)}}{3} = \frac{19.66 + 16.33 + 13.00}{3} = 16.33$$

$$\vdots$$

$$M_{12}^{(2)} = \frac{M_{12}^{(1)} + M_{11}^{(1)} + M_{10}^{(1)}}{3} = \frac{34.67 + 32.33 + 31.00}{3} = 32.67$$

（3）计算各期的截距和斜率 a,b 值。

$$a_5 = 2M_5^{(1)} - M_5^{(2)} = 2 \times 19.66 - 16.33 = 22.99$$

$$\vdots$$

$$a_{12} = 2M_{12}^{(1)} - M_{12}^{(2)} = 2 \times 34.67 - 32.67 = 36.67$$

$$b_5 = \frac{2}{n-1}(M_5^{(1)} - M_5^{(2)}) = 19.66 - 16.33 = 3.33$$

$$\vdots$$

$$b_{12} = \frac{2}{n-1}(M_{12}^{(1)} - M_{12}^{(2)}) = 34.67 - 32.67 = 2$$

（4）计算观察期内各期的估计值。

$$y_6 = a_5 + b_5 \times 1 = 22.99 + 3.33 \times 1 = 26.32$$

$$\vdots$$

$$y_{12} = a_{11} + b_{11} \times 1 = 34.22 + 1.89 \times 1 = 36.11$$

（5）应用预测模型计算预测期的预测值。

$$y_{13} = a_{12} + b_{12} \times 1 = 36.67 + 2 \times 1 = 38.67$$

$$y_{14} = a_{12} + b_{12} \times 2 = 36.67 + 2 \times 2 = 40.67$$

$$y_{15} = a_{12} + b_{12} \times 3 = 36.67 + 2 \times 3 = 42.67$$

应该注意的是，观察期内各期估计值的 a,b 值不同，而预测期各期预测值的 a,b 值是一致的，即最后一个观察期的 a,b 值。具体例9-8中，$a = 36.67, b = 2$。

（6）计算预测误差。

$$标准差 RMSE = \sqrt{\frac{1}{n}\sum(x_t - y_t)^2} = \sqrt{\frac{41.4722}{7}} = \sqrt{5.9246} = 2.434（吨）$$

预测误差为 2.434 吨，与实际观察值比较，数值较小，所以预测结果可以采纳。

由二次移动平均法的预测过程可以看出，对于具有明显上升（或下降）趋势的市场现象，二次移动平均法是很适用的，它不但可以用于短期预测，也可以用于近期预测。二次移动平均法比一次移动平均法的适用面更广，在实践中应用较多。

三、加权移动平均法

（一）加权移动平均法的原理

加权移动平均法是根据跨越期内时间序列数据资料的重要性不同，分别给予不同的权数，再按移动平均法原理，求出加权移动平均值，并以最后一期的加权移动平均值为基础进行预测的方法。

加权移动平均法与简易移动平均法（一次或二次移动平均法）不同：简易移动平均法只反映一般的平均状态，不能体现出重点数据的作用，它将各期观察值等同对待、一视同仁是不够合理的；而加权移动平均法对时间序列数据具体分析、区别对待，分别给予不同程度的重视，因此能较真实地反映时间序列长期发展趋势的规律。

加权移动平均法的关键是合理确定权数，而权数的确定原则是按照"近重远轻"，即越接近预测期的数据越要赋予较大的权数，而越远离预测期的数据则越要赋予较小的权数。至于近期权数大到什么程度，远期权数小到什么程度，完全取决于预测者个人的经验判断。但就一般情况而言，根据"近重远轻"原则设定权数时，使权数按时间序列由远及近逐期递增。例如，若时间序列数据变动幅度不大，可采用等差级数的形式——1，2，$\cdots$，n，其公差为1；若时间序列数据变动幅度较大，可采用等比级数的形式——1，2，$\cdots$，2^n，其公比为2；若时间序列数据波动不定，可视具体情况分别给予不同的权数，并使其权数之和等于1，如0.2，0.3，0.5，等等。

加权移动平均法的预测公式为

$$Y_{t+1} = M_t^{(1)} = \frac{f_t x_t + f_{t-1} x_{t-1} + \cdots + f_{t-n+1} x_{t-n+1}}{f_t + f_{t-1} + \cdots + f_{t-n+1}}$$

加权因子 f 的选择是根据时间序列各数据的重要程度而定的，越重要者 f 值越大。

（二）加权移动平均法应用举例

若对例9-7分别按照由近到远的顺序给予权数0.7，0.2，0.1，则各期的加权移动平均值见表9.10。

表9.10   加权移动平均法计算表   万元

观察期	观察值 x_t	$n = 3$		
		加权 $M_t^{(1)}$	y_t	$\lvert e_t = y_t - x_t \rvert$
1	10.6	—	—	—
2	10.8	—	—	—
3	11.1	10.99	—	—
4	10.4	10.58	10.99	0.59
5	11.2	11.03	10.58	0.62
6	12.0	11.68	11.03	0.97
7	11.8	11.78	11.68	0.12
8	11.5	11.61	11.78	0.28
9	11.9	11.81	11.61	0.29
10	12.0	11.93	11.81	0.19
11	12.2	12.13	11.93	0.27
12	10.7	11.13	12.13	1.43
13	10.4	10.64	11.13	0.73
14	11.2	10.99	10.64	0.56
合计	—	—	—	6.05
平均	—	—	—	0.55

表9.10中，

$$y_4 = M_3^{(1)} = \frac{f_3 x_3 + f_2 x_2 + f_1 x_1}{f_3 + f_2 + f_1} = \frac{0.7 \times 11.1 + 0.2 \times 10.8 + 0.1 \times 10.6}{0.7 + 0.2 + 0.1} = 10.99$$

$$\vdots$$

$$y_{14} = M_{13}^{(1)} = \frac{f_3 x_{13} + f_2 x_{12} + f_1 x_{11}}{f_3 + f_2 + f_1} = \frac{0.7 \times 10.4 + 0.2 \times 10.7 + 0.1 \times 12.2}{0.7 + 0.2 + 0.1} = 10.64$$

$$y_{15} = M_{14}^{(1)} = \frac{f_3 x_{14} + f_2 x_{13} + f_1 x_{12}}{f_3 + f_2 + f_1} = \frac{0.7 \times 11.2 + 0.2 \times 10.04 + 0.1 \times 10.7}{0.7 + 0.2 + 0.1} = 10.99$$

根据表 9.10 中计算数据，此问题的预测误差为

$$MAE = \frac{\sum |e_t|}{n} = \frac{6.05}{11} = 0.55（万元）$$

可见，其误差小于用一次移动平均法计算的误差。这说明，对于这个问题，用加权移动平均法预测更符合实际。一般来说，加权移动平均预测比简单移动平均预测的精度要略高一些。

加权移动平均法，不但可如上例与一次移动平均法结合应用，同样也可与二次移动平均法结合应用，即计算二次移动平均值时用加权移动平均。

第四节 ▎指数平滑预测法

应用一、二次移动平均和加权移动平均预测法，虽然能解决不少市场现象的预测问题，但至少在两个方面不能令预测者十分满意。一是，计算一个移动平均值，必须贮存几个观察期，也就是必须贮存跨越期个观察值，这就必然加大了市场预测的计算工作量。二是，一、二次移动平均法，对市场现象时间序列最近几个观察值都给予了相同的权数，即对每个观察值都给予了 $1/n$ 的权数。加权移动平均法虽然对最近 n 个观察值给予了不同的权数，但它对 $t - n$ 期的观察值是完全不予考虑的，即给予的权数为 0。本节所述指数平滑法则克服了上述不足，所得出的预测值能更合理、更客观。

指数平滑法，实际上是一种特殊的加权移动平均法。它的特殊点在于，其一，对离预测期最近的市场现象观察值，给予最大的权数，而对离预测期渐远的观察值给予递减的权数，使市场预测值能够在不完全忽视远期观察值影响的情况下，敏感地反映市场现象变化，减少了市场预测误差。其二，对于同一市场现象连续计算其指数平滑值，对较早期的市场现象观察值不是一概不予考虑，而是给予递减的权数。市场现象观察值对预测值的影响，由近向远按等比级数减少，其级数首项是 α，公比为 $1 - \alpha$。这种市场预测方法之所以被称为指数平滑预测法，是因为若将市场现象观察值对预测值的影响按等比级数绘成曲线，所呈现的是一条指数曲线，而并不是说这种预测方法的预测模型是指数形式。其三，指数平滑法中的 α 值，是一个可调节的权数值，它是一个 $0 \leqslant \alpha \leqslant 1$ 的值。指数平滑法中 α 值越小，市场现象观察值对预测值的影响自近向远越缓慢减弱；α 值越大，市场现象观察值对预测值的影响自近向远越迅速减弱。预测者可以通过调整 α 的大小，来调节近期观察值和远期观察值对预测值的不同影响程度。

指数平滑预测法按其平滑的次数，分为一次指数平滑预测法、二次指数平滑预测法和三次指数平滑预测法。一般常用于时间序列数据既有长期趋势变动又有季节波动的场合。

一、一次指数平滑法

（一）一次指数平滑法的原理

一次指数平滑法是以最后一期的一次指数平滑值为基础，确定市场预测值的一种特殊的加权平均法。

假设 $x_1, x_2, \cdots, x_n$ 为时间序列观察期的实际观察值；当观察期的时间 $t = 1, 2, \cdots, n$ 时，$S_1^{(1)}, S_2^{(1)}, \cdots, S_n^{(1)}$ 为 t 时间观察值的一次指数平滑值；α 为时间序列的平滑系数，且 $0 \leq \alpha \leq 1$。那么时间序列各观察值的一次指数平滑值公式为

$$S_t^{(1)} = \alpha x_t + (1 - \alpha) S_{t-1}^{(1)} \qquad (9\text{-}2)$$

即本期一次指数平滑值等于本期实际值 x_t 的 α 倍加上上期一次指数平滑值 $S_{t-1}^{(1)}$ 的 $(1 - \alpha)$ 倍。对式（9-2）进一步改写，可得一次指数平滑法的递推公式为

$$S_t^{(1)} = S_{t-1}^{(1)} + \alpha(x_t - S_{t-1}^{(1)}) \qquad (9\text{-}3)$$

即本期一次指数平滑值 $S_t^{(1)}$ 等于上期一次指数平滑值 $S_{t-1}^{(1)}$ 加上本期实际值与上期一次指数平滑值之差 $(x_t - S_{t-1}^{(1)})$ 的 α 倍。而一次指数平滑法的预测公式为

$$\hat{y}_{t+1} = S_t^{(1)} \qquad (9\text{-}4)$$

即下一期预测值等于本期一次指数平滑值。若把一次指数平滑法的递推公式（9-3）代入式（9-4），则可得出一次指数平滑预测法的递推公式

$$\hat{y}_{t+1} = S_{t-1}^{(1)} + \alpha(x_t - S_{t-1}^{(1)}) = \hat{y}_t + \alpha(x_t - \hat{y}_t) \qquad (9\text{-}5)$$

即下期预测值等于在本期预测值 $\hat{y}_t$ 的基础上，加上本期实际值 x_t 与本期预测值 $\hat{y}_t$ 之差的 α 倍。由式（9-5）可知：当 $\alpha = 0$ 时，$\hat{y}_{t+1} = \hat{y}_t$，即下期的预测值等于本期的预测值。也就是，若平滑系数取 0 值，则下期预测值就不必考虑本期实际值 x_t 带来的影响因素的变化。当 $\alpha = 1$ 时，$\hat{y}_{t+1} = x_t$，即下期的预测值等于本期所发生的实际值。也就是，当市场完全没有变化时，不用考虑各种因素在预测期的影响，下期的预测值就等于本期的实际值。当 $0 < \alpha < 1$ 时，$\hat{y}_{t+1} = \hat{y}_t + \alpha(x_t - \hat{y}_t)$，指在大多数情况下，下期的预测值要考虑本期的预测值与本期的实际值两个方面的影响。

（二）一次指数平滑法的特点

对式（9-2）展开，有

$$S_t^{(1)} = \alpha x_t + (1 - \alpha) S_{t-1}^{(1)}$$
$$S_{t-1}^{(1)} = \alpha x_{t-1} + (1 - \alpha) S_{t-2}^{(1)}$$
$$\vdots$$
$$S_1^{(1)} = \alpha x_1 + (1 - \alpha) S_0^{(1)}$$

将上列各式的 $S_1^{(1)}$ 代入 $S_2^{(1)}$，$S_2^{(1)}$ 代入 $S_3^{(1)}$，$\cdots$，$S_{t-1}^{(1)}$ 代入 $S_t^{(1)}$，则有

$$S_t^{(1)} = \alpha x_t + (1 - \alpha)[\alpha x_{t-1} + (1 - \alpha) S_{t-2}^{(1)}]$$

$$= \alpha x_t + \alpha(1-\alpha)x_{t-1} + (1-\alpha)^2[\alpha x_{t-2} + (1-\alpha)S_{t-3}^{(1)}]$$

$$= \alpha x_t + \alpha(1-\alpha)x_{t-1} + \alpha(1-\alpha)^2 x_{t-2} + \cdots + \alpha(1-\alpha)^{t-1}x_1 + (1-\alpha)^t S_0^{(1)}$$

因为 $1-\alpha < 1$，所以当 $t \to \infty$ 时，$(1-\alpha)^t \to 0$，则

$$S_t^{(1)} = \alpha x_t + \alpha(1-\alpha)x_{t-1} + \alpha(1-\alpha)^2 x_{t-2} + \cdots + \alpha(1-\alpha)^{t-1}x_1$$

可见，一次指数平滑法有如下特点。

（1）指数平滑法是以首项系数为 α，公比为 $1-\alpha$ 的等比数列作为权数的加权平均法。在平滑过程中，越接近预测期权数越大，而越远离预测期权数越小，体现了"近重远轻"的赋权原则。

（2）各权数之和为 1。即

$$\sum f_i = 1$$

$$\sum f_i = \alpha + \alpha(1-\alpha) + \alpha(1-\alpha)^2 + \cdots + \alpha(1-\alpha)^{t-1}$$

$$= \alpha[1 + (1-\alpha) + (1-\alpha^2) + \cdots + (1-\alpha)^{t-1}]$$

$$= \alpha\left[\frac{1-(1-\alpha)^t}{1-(1-\alpha)}\right]$$

$$= 1 - (1-\alpha)^t$$

因为 $0 \leqslant \alpha \leqslant 1$，所以当 $t \to \infty$ 时

$$\lim[1 - (1-\alpha)^t] = 1$$

（3）在指数平滑法递推公式（9-5）中，令误差 $e_t = x_t - \hat{y}_t$，即下一期预测值等于本期预测值加本期误差值 e_t 的 α 倍。若将 $e_t = x_t - \hat{y}_t$ 代入式（9-5），有

$$\hat{y}_{t+1} = \hat{y}_t + \alpha e_t$$

所以，一次指数平滑预测法的实质是：新的预测值 $\hat{y}_{t+1}$ 是在原预测值 $\hat{y}_t$ 的基础上，对原预测误差 e_t 进行 α 倍的修正。

若 $\alpha = 0$，则 $\hat{y}_{t+1} = \hat{y}_t$ 或有 $S_t^{(1)} = S_t^{(1)}$。从一次平滑公式的角度看，就是对前期的一次指数平滑值不用误差修正；从一次指数平滑模型的角度看，即完全不相信上期市场现象的实际观察值。

若 $\alpha = 1$，则 $\hat{y}_{t+1} = \hat{y}_t + e_t$ 或有 $S_t^{(1)} = S_{t-1}^{(1)} + e_t$。从一次指数平滑公式的角度看，就是用全部误差修正上期的平滑值；从一次指数平滑模型的角度看，即完全相信上期市场现象的实际观察值 x_t。

若 $0 < \alpha < 1$，表示用部分误差修正前一期的一次指数平滑值。根据市场现象观察值的发展变化规律，选择适当的 α 值，可使远期和近期市场现象的实际观察值都对预测值产生合理的影响。

（4）指数平滑的修正效果。与移动平均法一样，指数平滑法对时间序列数据也具有修匀作用。所不同的是：移动平均法的修匀效果取决于跨越期 n 的大小，n 大则修匀效果明显；反之，n 小则修匀效果就差些。而指数平滑法的修匀效果则取决于平滑系数 α 的大小，α 越小，则修匀效果越明显；反之，α 越大，则修匀程度就越差。因此，可将指数平滑法看做一种滤波器，通过调整阈值 α 的大小，将原时间序列数据按时间顺序输入此滤波器，则此滤波器的输出即为原时间序列数据的指数平滑值。阈值 α 调得越小，则滤波能力越强，修匀效果越好，反之亦然。

（5）一次指数平滑法在计算每一个平滑值时，只需用一个实际观察值和一个上期平滑值就可以了，它需要贮存的数据量很小。对于一种被连续观察预测的市场现象来说，甚至只要保留一期实际观察值就可以进行预测。被保留的实际观察值用于表示最近期观察值对预测值的影响；被保留的上期平滑值用于表示以前各期观察值对市场预测的影响。一次指数平滑法的这种特点，不论是用手工计算还是用计算机计算，都省去了由于贮存数据过多带来的不便，使得计算过程简便，计算工作量不会过大。

（三）平滑系数 α 的选择

在指数平滑法中，平滑系数 α 的选择尤为重要。α 取值的大小直接影响新的预测值中新数据与原预测值占的份额。α 值越大，则新数据所占的份额就越大，而原预测值所占的份额相应减少；反之亦然。因此，在短期预测时，如果希望能尽快地反映观察值的变化，就要求提高 α 值；但另一方面若又希望能较好地排除季节波动对时间序列的干扰，借以平滑随机误差的影响，又要求降低 α 值。然而，鱼与熊掌不能兼得，对上述互相矛盾的要求，只能采取折中的办法予以探讨。

一般而言，α 取值的大小主要取决于预测目的。如果指数平滑预测法的目的在于用新的指数平滑的平均数去反映时间序列中所包含的长期趋势，则应取较小的 α 值，如取 0.1～0.3 之间的值，即可将季节波动的影响、不规则变动的影响大部分予以消除；如果指数平滑预测值的目的在于使新的平滑值能敏感地反映最新观察值的变化，则应取较大的 α 值，如取 0.6～0.8 之间的值，使预测模型的灵敏度得以提高，以便迅速跟踪新观察值的变化。在实际应用中，指数平滑预测法与移动平均预测法相似，也是通过几个不同的 α 值进行试算，看哪个预测误差小，就取哪个。

（四）初始值的确定

一次指数平滑预测法，除了选择合适的 α 值外，还要确定一次指数平滑法的初始值 $S_0^{(1)}$。初始值 $S_0^{(1)}$ 的确定一般由预测者根据个人经验主观指定或简单估算而定。当时间序列的数据资料较多时，如 $n \geq 10$，初始值对以后预测值的影响甚小，可直接选用第一期实际观察值作为初始值；反之，如果时间序列的数据资料较少，如 $n < 10$，则因初始值对以后预测值的影响较大，一般采用最初几期的实际值的算术平均数作为初始值。

（五）一次指数平滑法应用举例

现仍以例9-7中某企业季末库存资料，用一次指数平滑法对其进行预测，并对不同 α 值情况的预测误差进行测算比较。

【例9-9】 对某企业季末库存进行预测，其资料和计算见表9.11。

表9.11　　　　　　　　　　　一次指数平滑计算表　　　　　　　　　　　万元

观察期 t	观察值 x_t	$\alpha = 0.3$			$\alpha = 0.5$			$\alpha = 0.9$		
		$S_t^{(1)}$	y_t	$\|e_t\|$	$S_t^{(1)}$	y_t	$\|e_t\|$	$S_t^{(1)}$	y_t	$\|e_t\|$
1	10.6	10.76	10.83	0.23	10.72	10.83	0.23	10.62	10.83	0.23
2	10.8	10.77	10.76	0.04	10.76	10.72	0.08	10.78	10.62	0.18
3	11.1	10.87	10.77	0.33	10.93	10.76	0.34	11.07	10.78	0.32
4	10.4	10.73	10.87	0.47	10.67	10.93	0.53	10.46	11.07	0.67

续表9.11

观察期	观察值	$\alpha = 0.3$			$\alpha = 0.5$			$\alpha = 0.9$		
t	x_t	$S_t^{(1)}$	y_t	$|e_t|$	$S_t^{(1)}$	y_t	$|e_t|$	$S_t^{(1)}$	y_t	$|e_t|$
5	11.2	10.87	10.73	0.47	10.93	10.67	0.53	11.13	10.46	0.74
6	12.0	11.21	10.87	1.13	11.47	10.93	1.07	11.91	11.13	0.87
7	11.8	11.39	11.21	0.59	11.64	11.47	0.33	11.81	11.91	0.11
8	11.5	11.42	11.39	0.11	11.57	11.64	0.14	11.53	11.81	0.31
9	11.9	11.56	11.42	0.48	11.74	11.57	0.33	11.86	11.53	0.37
10	12.0	11.70	11.56	0.44	11.87	11.74	0.26	11.99	11.86	0.14
11	12.2	11.85	11.70	0.50	12.03	11.87	0.33	12.18	11.99	0.21
12	10.7	11.51	11.85	1.15	11.37	12.03	1.33	10.85	12.18	1.48
13	10.4	11.18	11.51	1.11	10.89	11.37	0.97	10.45	10.85	0.45
14	11.2	11.19	11.18	0.02	11.05	10.89	0.31	11.13	10.45	0.75
合计	—	—	—	7.07	—	—	6.78	—	—	6.83

在表9.11中，采用一次指数平滑法对某企业的季末商品库存额进行预测。

（1）确定平滑系数 α 值，分别为0.3，0.5，0.9。

（2）确定一次指数平滑的初始值 $S_0^{(1)}$。

可采取将前三期库存额实际观察值简单平均的方法，即令

$$S_0^{(1)} = \frac{x_1 + x_2 + x_3}{3} = \frac{10.6 + 10.8 + 11.1}{3} = 10.83$$

（3）计算各期的一次指数平滑值。

在表9.11中，用三种 α 值计算各期的一次指数平滑值。

当 $\alpha = 0.3$ 时

$$S_1^{(1)} = 0.3 \times 10.6 + (1 - 0.3) \times 10.83 = 10.76$$
$$S_2^{(1)} = 0.3 \times 10.8 + (1 - 0.3) \times 10.76 = 10.77$$
$$\vdots$$
$$S_{14}^{(1)} = 0.3 \times 11.2 + (1 - 0.3) \times 11.18 = 11.19$$

当 $\alpha = 0.5$ 时

$$S_1^{(1)} = 0.5 \times 10.6 + (1 - 0.5) \times 10.83 = 10.72$$
$$S_2^{(1)} = 0.5 \times 10.8 + (1 - 0.5) \times 10.72 = 10.76$$
$$\vdots$$
$$S_{14}^{(1)} = 0.5 \times 11.2 + (1 - 0.5) \times 10.89 = 11.05$$

当 $\alpha = 0.9$ 时

$$S_1^{(1)} = 0.9 \times 10.6 + (1 - 0.9) \times 10.83 = 10.62$$
$$S_2^{(1)} = 0.9 \times 10.8 + (1 - 0.9) \times 10.62 = 10.78$$
$$\vdots$$
$$S_{14}^{(1)} = 0.9 \times 11.2 + (1 - 0.9) \times 10.45 = 11.13$$

（4）计算预测误差，比较误差大小。

① 计算各 α 值情况下的预测误差。

当 $\alpha = 0.3$ 时

$$|e_1| = |x_1 - y_1| = |10.6 - 10.83| = 0.23$$
$$|e_2| = |x_2 - y_2| = |10.8 - 10.76| = 0.04$$
$$\vdots$$
$$|e_{14}| = |x_{14} - y_{14}| = |11.2 - 11.18| = 0.02$$

当 $\alpha = 0.5$ 时

$$|e_1| = |x_1 - y_1| = |10.6 - 10.83| = 0.23$$
$$|e_2| = |x_2 - y_2| = |10.8 - 10.72| = 0.08$$
$$\vdots$$
$$|e_{14}| = |x_{14} - y_{14}| = |11.2 - 10.89| = 0.31$$

当 $\alpha = 0.9$ 时

$$|e_1| = |x_1 - y_1| = |10.6 - 10.83| = 0.23$$
$$|e_2| = |x_2 - y_2| = |10.8 - 10.62| = 0.18$$
$$\vdots$$
$$|e_{14}| = |x_{14} - y_{14}| = |11.2 - 10.45| = 0.75$$

② 比较不同 α 值时的平均绝对误差。

$\alpha = 0.3$ 时

$$MAE = \frac{\sum |e_t|}{n} = \frac{7.07}{14} = 0.505$$

$\alpha = 0.5$ 时

$$MAE = \frac{\sum |e_t|}{n} = \frac{6.78}{14} = 0.477$$

$\alpha = 0.9$ 时

$$MAE = \frac{\sum |e_t|}{n} = \frac{6.83}{14} = 0.498$$

可见，当 $\alpha = 0.5$ 时，预测误差最小，故选择 $\alpha = 0.5$ 为一次指数平滑预测模型的平滑系数，其预测模型确定为

$$y_{t+1} = S_t^{(1)} = 0.5x_t + (1 - 0.5)S_{t-1}^{(1)}$$

需要注意的是，因为没有试算其他的 α 值，所以不能说明 $\alpha = 0.5$ 是最佳平滑系数，只能说明在 $\alpha = 0.3$，0.5，0.9 这三个值中 $\alpha = 0.5$ 是最好的。

（5）计算预测值。

$$y_{14+1} = S_{14}^{(1)} = 0.5x_{14} + 0.5S_{13}^{(1)} = 0.5 \times 11.2 + 0.5 \times 10.89 = 11.045$$

故企业季末商品库存额的预测值为 11.045 万元。

一次指数平滑法只能向未来预测一期市场现象的表现，这在很多情况下造成了预测的局限性，不能满足市场预测的需要。此外，一次指数平滑预测模型中的第一个平滑值和平滑系数的确定也都是根据经验确定的，尚无严格的数学理论加以证明。从前例的测算中可以看出，一次指数平滑法对无明显趋势变动的市场现象进行预测是合适的，但对于有趋势变动的市场现象则不适合。当市场现象存在明显趋势时，不论 α 值取多大，其

一次指数平滑值也会滞后于实际观察值。

可见，一次指数平滑法既具有明显的优点，也存在明显的不足。预测者在选用此方法时，必须充分利用它的优点，避免其不足对预测的限制和影响。对于一次指数平滑法中存在的不足，用多次指数平滑法是可以弥补的。

二、二次指数平滑法

（一）二次指数平滑法的原理

与一次移动平均法类似，用一次指数平滑法进行预测时，也存在滞后偏差问题，因此也需要进行修正。其修正方法，也与一次移动平均法相类似，即在一次指数平滑法的基础上，再进行第二次指数平滑，然后根据一次、二次的最后一项的指数平滑值建立直线趋势预测模型，并用它进行预测，故称为二次指数平滑预测法。

二次指数平滑值的基本公式为

$$S_t^{(2)} = \alpha S_t^{(1)} + (1 - \alpha) S_{t-1}^{(2)}$$

式中，$S_t^{(2)}$——第 t 期的二次指数平滑值；

$S_t^{(1)}$——第 t 期的一次指数平滑值；

$S_{t-1}^{(2)}$——第 $t-1$ 期的二次指数平滑值；

α——平滑系数，且 $0 \leq \alpha \leq 1$。

二次指数平滑法的预测模型为

$$\hat{y}_{t+T} = a_t + b_t T$$
$$a_t = 2S_t^{(1)} - S_t^{(2)}$$
$$b_t = \frac{\alpha}{1 - \alpha}(S_t^{(1)} - S_t^{(2)})$$

式中，$\hat{y}_{t+T}$——第 $t+T$ 期的预测值；

t——预测模型所处的当前期；

T——预测模型所处的当前期与预测期之间的间隔期；

a_t, b_t——预测模型的待定系数。

平滑系数及初始值的确定与一次指数平滑法的确定方法相似。

（二）二次指数平滑预测法应用举例

【例 9-10】　现有某种商品人均年消费量的资料，用二次指数平滑法进行预测。选用不同的 α 值对一次、二次指数平滑值进行计算，取 $S_1^{(1)} = S_1^{(2)} = 214$。资料和计算见表 9.12、表 9.13 和表 9.14。

（1）计算一、二次指数平滑值。

表 9.12　　　　　　　　　　　$\alpha = 0.3$ 时二次指数平滑值计算表　　　　　　　　　　　吨

观察期 t	观察值 x_t	$S_t^{(1)}$	$S_t^{(2)}$	a_t	b_t	y_t	$\|x_t - y_t\| = \|e_t\|$
1	214	214.0	214.0	—	—	—	—
2	219	215.5	214.5	216.5	0.43	—	—
3	226	218.7	215.7	221.7	1.29	216.9	9.1

续表 9.12

观察期 t	观察值 x_t	$S_t^{(1)}$	$S_t^{(2)}$	a_t	b_t	y_t	$\mid x_t - y_t \mid = \mid e_t \mid$
4	232	222.7	217.8	227.6	2.09	222.9	9.1
5	251	231.2	221.8	240.6	4.03	229.7	21.3
6	254	238.0	226.7	249.3	4.84	244.6	9.4
7	256	243.4	231.7	255.1	5.01	254.1	1.9
合计	—	—	—	—	—	—	50.8

表 9.12 中的一次指数平滑值计算:

$$S_t^{(1)} = \alpha x_t + (1 - \alpha)S_{t-1}^{(1)}$$
$$S_1^{(1)} = 214.0$$
$$S_2^{(1)} = 0.3 \times 219 + 0.7 \times 214.0 = 215.5$$
$$\vdots$$
$$S_7^{(1)} = 0.3 \times 256 + 0.7 \times 238.0 = 243.4$$

表 9.12 中的二次指数平滑值计算:

$$S_t^{(2)} = \alpha S_t^{(1)} + (1 - \alpha)S_{t-1}^{(2)}$$
$$S_1^{(2)} = 214.0$$
$$S_2^{(2)} = 0.3 \times 215.5 + 0.7 \times 214.0 = 214.5$$
$$\vdots$$
$$S_7^{(2)} = 0.3 \times 243.4 + 0.7 \times 226.7 = 231.7$$

(2) 计算各期的 a,b 值。

$$a_t = 2S_t^{(1)} - S_t^{(2)}$$
$$a_2 = 2 \times 215.5 - 214.5 = 216.5$$
$$\vdots$$
$$a_7 = 2 \times 243.3 - 231.7 = 255.1$$
$$b_t = \frac{\alpha}{(1 - \alpha)}[S_t^{(1)} - S_t^{(2)}]$$
$$b_2 = \frac{0.3}{1 - 0.3}(215.5 - 214.5) = 0.43$$
$$\vdots$$
$$b_7 = \frac{0.3}{1 - 0.3}(243.4 - 231.7) = 5.01$$

(3) 计算各期的 y_t 值。

$$y_{t+1} = a_t + b_t \times 1$$
$$y_3 = a_2 + b_2 = 216.5 + 0.43 = 216.9$$
$$y_4 = a_3 + b_3 = 221.7 + 1.29 = 222.9$$
$$\vdots$$
$$y_7 = a_6 + b_6 = 249.3 + 4.84 = 254.1$$

(4) 计算各期的预测误差 $\mid e_t \mid$ 值。

$$\mid e_t \mid = \mid x_t - y_t \mid$$

$$|e_3| = |x_3 - y_3| = |226 - 216.9| = 9.1$$

$$|e_4| = |x_4 - y_4| = |232 - 222.9| = 9.1$$

$$\vdots$$

$$|e_7| = |x_7 - y_7| = |256 - 254.1| = 1.9$$

同理，分别取 $\alpha = 0.5$ 和 $\alpha = 0.9$ 计算上述各值，得到表 9.13 和表 9.14。

表 9.13　　　　　　　　　　　$\alpha = 0.5$ 时二次指数平滑值计算表　　　　　　　　　　　吨

观察期 t	观察值 x_t	$S_t^{(1)}$	$S_t^{(2)}$	a_t	b_t	y_t	$|x_t - y_t| = |e_t|$
1	214	214.0	214.0	—	—	—	—
2	219	216.5	215.3	217.7	1.2	—	—
3	226	221.3	218.3	224.3	3.0	218.9	7.1
4	232	226.6	222.4	230.8	4.2	227.3	4.7
5	251	238.8	230.6	247.0	8.2	235.0	16.0
6	254	246.4	238.5	254.3	7.9	255.2	1.2
7	256	251.2	244.9	257.5	6.3	262.2	6.2
合计	—	—	—	—	—	—	35.2

表 9.14　　　　　　　　　　　$\alpha = 0.9$ 时二次指数平滑值计算表　　　　　　　　　　　吨

观察期 t	观察值 x_t	$S_t^{(1)}$	$S_t^{(2)}$	a_t	b_t	y_t	$|x_t - y_t| = |e_t|$
1	214	214.0	214.0	—	—	—	—
2	219	218.5	218.1	218.9	3.6	—	—
3	226	225.3	224.6	226.0	6.3	222.5	3.5
4	232	231.3	230.6	232.0	6.3	232.3	0.3
5	251	249.0	247.2	250.8	16.2	238.3	12.7
6	254	253.5	252.9	254.1	5.4	267.0	13.0
7	256	255.8	255.5	256.1	2.7	259.5	3.5
合计	—	—	—	—	—	—	33.0

（5）比较三种情况下的预测误差。

在表 9.12、表 9.13 和表 9.14 中，分别采用三个不同的 α 值测算二次指数平滑值和预测误差。要决定最终确立预测模型时采用哪个 α 值，就必须对不同 α 值时的预测误差加以比较。

$\alpha = 0.3$ 时，平均绝对误差

$$MAE = \frac{50.8}{5} = 10.16$$

$\alpha = 0.5$ 时，平均绝对误差

$$MAE = \frac{35.2}{5} = 7.04$$

$\alpha = 0.9$ 时，平均绝对误差

$$MAE = \frac{33}{5} = 6.6$$

可见，当 $\alpha = 0.9$ 时，预测误差最小。由此建立二次指数平滑预测模型为

$$y_{t+T} = 256.1 + 2.7T$$

（6）计算预测值。

利用此预测模型对今后三年该商品的人均年消费量进行预测，其预测值为

$$y_{7+1} = 256.1 + 2.7 \times 1 = 258.8$$
$$y_{7+2} = 256.1 + 2.7 \times 2 = 261.5$$
$$y_{7+3} = 256.1 + 2.7 \times 3 = 264.2$$

从以上二次指数平滑的测算过程和结果，可以得出以下结论。

（1）二次指数平滑法可以完成一次指数平滑法不能解决的带趋势变动的市场现象的预测。二次指数平滑法是一种线性趋势方程，预测模型中的参数又是根据一次、二次指数平滑值计算出来的。在观察期内，二次指数平滑法以变化的斜率 b_t 和变化的截距 a_t 来反映市场现象的线性变动趋势；在预测期内，则用一个不变的斜率和截距，以一条直线预测市场现象的未来表现。由此可见，二次指数平滑法既有移动平均法的特点，又有趋势预测法的特点。

（2）二次指数平滑法可用于一期以上预测值的计算。一次指数平滑法只能向未来预测一期，这给预测者带来了一些不便，而二次指数平滑预测模型很好地解决了这个问题，它可以向未来预测两期以上的市场现象值。当然，在应用二次指数平滑法作两期以上的预测时，也和运用其他趋势预测法一样，要特别注意研究市场现象在预测期内有无新的变化特点，而不能仅仅依赖预测模型。只有当市场现象在预测期与实际观察期的变化规律基本一致时，用二次指数平滑去作两期以上的预测才是比较有把握的；如果市场现象的实际情况有变化，则不能盲目地应用预测模型作多期预测。

（3）二次指数平滑法与一次指数平滑法一样，也具有贮存数据少的优点，给预测者带来了很大方便。

（4）在运用二次指数平滑法时，特别要注意具体问题具体分析，合理地使用所掌握的资料。

【例9-11】　现有几年中我国人均购买消费品支出额资料，见表9.15。

表9.15　　　　　　　　　　我国人均年购买消费品支出额资料　　　　　　　　　　千元

观察期	1	2	3	4	5	6	7
支出额	433.8	453.9	465.6	486.1	514.3	621.5	734.6

从表9.15资料中可以看出，此现象具有明显的上升趋势，但前几年的上升幅度显然慢于后几年。若采用二次指数平滑法作预测，用同一个 α 值，不容易使预测值与实际值之间前后都拟合得很理想。又考虑到远期的观察值对预测值影响较小，所以在实际预测中可以从第四期资料开始使用，用二次指数平滑法对该现象进行预测。

二次指数平滑法适用于对具有线性趋势的数据进行处理分析，如果数据点的分布呈非线性趋势，二次指数平滑法就不适用了，必须采用三次指数平滑法。

三、三次指数平滑法

（一）三次指数平滑法的原理

三次指数平滑法，是将二次指数平滑值进行第三次指数平滑，求取三次指数的平滑

值，然后建立二次曲线预测模型，并根据这三次所求取的指数平滑值求解模型的参数。

三次指数平滑值的计算公式为

$$S_t^{(3)} = \alpha S_t^{(2)} + (1 - \alpha) S_{t-1}^{(3)}$$

三次指数平滑法的预测模型为

$$\hat{y}_{t+T} = a_t + b_t T + c_t T^2$$

其中，

$$a_t = 3S_t^{(1)} - 3S_t^{(2)} + S_t^{(3)}$$

$$b_t = \frac{\alpha}{2(1-\alpha)^2}[(6 - 5\alpha)S_t^{(1)} - 2(5 - 4\alpha)S_t^{(2)} + (4 - 3\alpha)S_t^{(3)}]$$

$$c_t = \frac{\alpha^2}{2(1-\alpha)^2}(S_t^{(1)} - 2S_t^{(2)} + S_t^{(3)})$$

式中，a_t, b_t, c_t——三次指数平滑法的三个待定系数。

（二）三次指数平滑法应用举例

【例9-12】　试利用表9.16所列数据计算该企业各年份销售额的指数平滑值，并预测该企业2011年、2012年的销售额。取 $\alpha = 0.5$，初始值 $S_1^{(3)} = S_1^{(2)} = S_1^{(1)} = 1997$。

表9.16　　　　　　　　　某企业销售额资料统计表　　　　　　　　　万元

年份	1999	2000	2001	2002	2003	2004	2005	2006	2007	2008	2009	2010
销售额	1997	2273	2814	2445	4596	4636	6780	5792	7843	9505	12828	15000

解　（1）选择指数平滑的次数。

以销售额为纵轴、时间为横轴画出销售额随时间的变化曲线，观察曲线的变化趋势，判断其是否存在曲率。若该曲线呈水平波动趋势，可用一次指数平滑法预测；若呈现线性趋势，则用二次指数平滑法预测；若有曲率，是非线性的，则选用三次指数平滑法预测。本例数据的曲线有曲率，是非线性的，故选用三次指数平滑法预测。

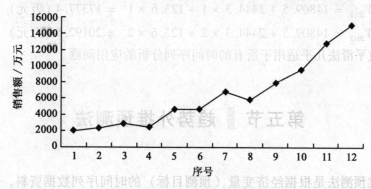

图9.2　销售额资料散点图

（2）求指数平滑值，见表9.17。

（3）求平滑系数。

$$a_t = 3 \times 12736 - 3 \times 10909.7 + 9930.6 = 14809.5$$

$$b_t = \frac{0.5}{2(1-0.5)^2}[(6 - 5 \times 0.5) \times 12736 - 2(5 - 4 \times 0.5) \times 10909.7 + (4 - 3 \times 0.5) \times 9330.6]$$

$$= 2444.3$$

$$c_t = \frac{0.5^2}{2(1-0.5)^2}(12736 - 2 \times 10909.7 + 9330.6) = 123.6$$

表9.17　　　　　　某企业销售额及一、二、三次指数平滑值计算表　　　　　　万元

年份	序号	x_t	$S_t^{(1)}$	$S_t^{(2)}$	$S_t^{(3)}$
1999	1	1997	1997.0	1997.0	1997.0
2000	2	2273	2135.0	2066.0	2031.5
2001	3	2814	2474.5	2270.3	2151.0
2002	4	2445	2459.8	2365.0	2258.0
2003	5	4596	3528.0	2946.5	2602.0
2004	6	4636	4082.0	3514.3	3058.3
2005	7	6780	5431.0	4472.6	3765.4
2006	8	5792	5611.5	5642.0	4403.7
2007	9	7843	6727.3	5884.7	5144.7
2008	10	9505	8116.1	7694.8	6419.5
2009	11	12828	10472.1	9083.5	7751.5
2010	12	15000	12736.0	10909.7	9330.6

（4）建立预测模型进行预测。

将 a_t，b_t，c_t 代入预测公式得

$$y_{t+T} = 14809.5 + 2444.3T + 123.6T^2$$

则

$$Y_{2011} = 14809.5 + 2444.3 \times 1 + 123.6 \times 1^2 = 17377.4 \text{（万元）}$$

$$Y_{2012} = 14809.5 + 2444.3 \times 2 + 123.6 \times 2^2 = 20192.5 \text{（万元）}$$

三次指数平滑法几乎适用于所有的时间序列分析的应用问题。

第五节　趋势外推预测法

趋势外推预测法是根据经济变量（预测目标）的时间序列数据资料，揭示其发展变化规律，并通过建立适当的预测模型推断其未来变化的趋势。趋势外推预测法研究的主要是经济变量与时间的关系。很多经济变量（预测目标）的发展变化与时间之间都存在一定的规律性，若能将其规律性找出来，并用数学函数的形式加以量化，那么就可以运用该函数关系去预测未来市场的变化趋势。

应用趋势外推法有两个假设前提条件：一是决定过去预测目标发展的各种因素，在很大程度上仍将决定其未来的发展；二是预测目标发展过程是渐进性的，而不是突变性的变化过程。满足上述假设前提条件的常见的趋势变化类型有直线、指数曲线、二次曲线、三次曲线等。本节主要介绍直线趋势外推法、指数趋势曲线法及曲线趋势外推法三种。

一、直线趋势外推法

直线趋势外推法是一种最简单的直线外推的方法。它适用于时间序列观察值数据呈直线上升或下降的情况，此时该经济变量的长期趋势就可用一直线来描述，并通过该直线趋势的向外延伸，估计其预测值。直线趋势外推法的关键是为已知的时间序列找到一条最佳的反映长期线性发展规律的拟合直线。

直线趋势外推法可分为直观法和拟合直线方程法两种。

（一）直观法

直观法又称目测手画法。它是将时间序列观察值数据按时间先后在平面坐标图上一一标出，以横轴表示时间，纵轴表示某预测变量描出散点图，并根据散点走向，目测徒手画出一条拟合程度最佳的直线。然后沿直线向外延伸，即可进行预测。

根据散点图，目测徒手画出的拟合直线会因人而异，这就会形成若干条斜率不同的直线，用这些直线自然延伸所得的预测值也不一样。因此，随手画出的拟合直线是否为最佳的拟合直线，会直接影响预测精度。但直观法简便易行，不需要建立数学模型，也不需要进行复杂计算的优点也是很明显的。所以在市场预测中被广泛采用，并收到良好效果。

【例 9-13】 某家用电器厂 2000—2010 年的利润总额如表 9.18 所列，试用直观法预测 2011 年和 2012 年的利润总额各为多少万元？

表 9.18　　　　　　　　某家用电器厂 2000—2010 年利润额数据表　　　　　　　　万元

年份	2000	2001	2002	2003	2004	2005	2006	2007	2008	2009	2010
利润额	200	300	350	400	500	630	700	750	850	950	1020

根据表 9.18 数据，横轴 x 表示年份，纵轴 y 表示利润额，绘制散点图并描出目测的拟合直线 AB，见图 9.3。然后，过 2011 年、2012 年点作垂线交 AB 线于点 C,D，那么点 C 即为 2011 年的预测值，点 D 即为 2012 年的预测值。即

$$\hat{y}_{2011} = 1120（万元）$$

$$\hat{y}_{2012} = 1200（万元）$$

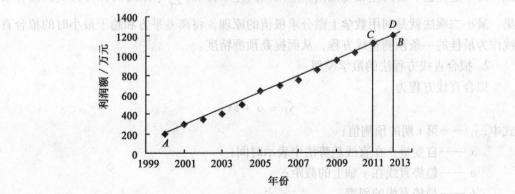

图 9.3　直观绘制直线图

（二）拟合直线方程法

拟合直线方程法是根据时间序列数据的长期变动趋势，运用数理统计分析方法，确定待定参数，建立直线预测模型，并进行预测的一种定量预测分析方法。

1. 拟合直线方程法的原理

拟合直线方程法的原理是数学中的最小二乘原理。它是依据时间序列数据拟合一条直线形态的趋势线，使该直线上的预测值与实际观察值之间的离差平方和为最小。

假设 n 个时间序列观察值 (x_1,y_1)，(x_2,y_2)，$\cdots$，(x_n,y_n) 在平面坐标上位置如图 9.4 所示。

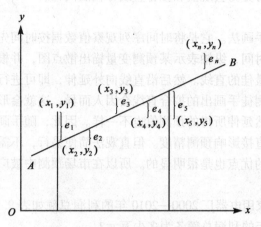

图9.4 拟合直线方程法原理图

待求的拟合直线 AB，它使 n 个观察值对该直线的离差分别为 $e_1,e_2,\cdots,e_n$。其中在 AB 线上方一侧的离差为正离差，下方一侧为负离差。如果简单地以离差代数和 $\sum\limits_{i=1}^{n} e_i$ 的大小来反映该直线是否为最佳拟合直线，则可能出现正、负离差相互抵消使离差代数和变小，甚至完全相抵消（即 $\sum\limits_{i=1}^{n} e_i \to 0$）的情况，这时的拟合直线并非无偏差估计。因此，为了避免正、负离差相互抵消，应采用离差平方和 $\sum\limits_{i=1}^{n} e_i^2$ 来反映拟合直线的拟合效果。最小二乘法就是利用数学上微分求极值的原理，将离差平方和趋于最小时的拟合直线作为最佳的一条预测直线方程，从而提高预测精度。

2. 拟合直线方程法的数学模型

拟合直线方程为

$$\hat{y}_t = a + bx$$

式中，$\hat{y}_t$——第 t 期的预测值；

x——自变量，在直线趋势法中表示时间；

a——趋势直线在 y 轴上的截距；

b——趋势直线的斜率。

假设 y_i 为时间序列第 i 期观察值（$i=1,2,\cdots,n$），$\hat{y}_i$ 为趋势直线上的第 i 期预测值，e_i 为第 i 个实际观察值与其预测值的离差，则

$$e_i = (y_i - \hat{y}_i) = y_i - a - bx_i$$

假设 Q 为总离差平方和，则

$$Q = \sum_{i=1}^{n} e_i^2 = \sum_{i=1}^{n} (y_i - \hat{y}_i)^2 = \sum_{i=1}^{n} (y_i - a - bx_i)^2$$

为使 Q 为最小值，可分别对 a, b 求偏导数，并令其为零。即

$$\frac{\partial Q}{\partial a} = \frac{\partial}{\partial a} \sum_{i=1}^{n} (y_i - a - bx_i)^2 = -2 \sum_{i=1}^{n} (y_i - a - bx_i) = 0$$

$$\frac{\partial Q}{\partial b} = \frac{\partial}{\partial b} \sum_{i=1}^{n} (y_i - a - bx_i)^2 = -2 \sum_{i=1}^{n} (y_i - a - bx_i)x_i = 0$$

整理后得标准方程组为

$$\begin{cases} \sum_{i=1}^{n} y_i = na + b \sum_{i=1}^{n} x_i \\ \sum_{i=1}^{n} x_i y_i = a \sum_{i=1}^{n} x_i + b \sum_{i=1}^{n} x_i^2 \end{cases}$$

求解标准方程组，得

$$\begin{cases} b = \dfrac{n \sum_{i=1}^{n} x_i y_i - \sum_{i=1}^{n} x_i \sum_{i=1}^{n} y_i}{n \sum_{i=1}^{n} x_i^2 - \left(\sum_{i=1}^{n} x_i\right)^2} \\ a = \bar{y} - b\bar{x} \end{cases}$$

在直线趋势法中，自变量 x 代表时间序列的时间编号。从直线趋势法的原理来讲，自变量 x 有多种编号方法，如从 0 开始顺序编号，也可从 1 开始顺序编号，还可从任意一个自然数开始顺序编号。但当时间序列的数据数（n）为奇数时，取中间一期 $\left(\dfrac{n+1}{2}\right)$ 的编号为 0，那么 x 的编号就构成了以 0 为中心的正、负数对称的顺序编号。如 $n = 9$ 年，$\dfrac{9+1}{2} = 5$，那么就可以编成 -4，-3，-2，-1，0，1，2，3，4。而当时间序列的数据数（n）为偶数时，取中间两期 $\left(\dfrac{n}{2}+1, \dfrac{n}{2}\right)$ 的编号分别为 ± 1，其他期的编号分别为 ± 3，± 5，$\cdots$（这是时间序列数据连续性的要求）。如 $n = 10$ 年，则各期的编号为 -9，-7，-5，-3，-1，1，3，5，7，9。使每期之间的间隔为 2，这样就保证了数据的连续性变化。这种选取自变量编号的方法在理论上是可行的，实际上又由于 $\sum x = 0$，从而达到了简化计算的目的。这时有

$$a = \frac{\sum_{i=1}^{n} y_i}{n} = \bar{y}, \qquad b = \frac{\sum_{i=1}^{n} x_i y_i}{\sum_{i=1}^{n} x_i^2}$$

3. 拟合直线方程预测法应用举例

【例 9-14】　某家用电器厂 2000—2010 年的利润总额如表 9.19 所列，试用拟合直线方程法预测 2011 年和 2012 年的利润总额各为多少万元？

表9.19　　　　　　某家用电器厂 2000—2010 年利润额数据表　　　　　　万元

年份	2000	2001	2002	2003	2004	2005	2006	2007	2008	2009	2010
利润额	200	300	350	400	500	630	700	750	850	950	1020

解　（1）绘制时间序列数据的散点图。

如图 9.5 所示，观察各散点的变化趋势，判断出可用直线方程来拟合。

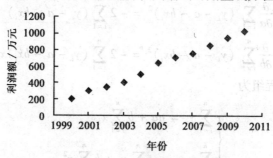

图 9.5　观察期时间序列散点图

（2）列表计算求待定系数所需要的数据资料。

表9.20　　　　某家用电器厂 2000—2010 年利润及拟合直线方程法计算表　　　　万元

年份	利润额 y	x	x^2	xy	$\hat{y}$
2000	200	−5	25	−1000	191.0
2001	300	−4	16	−1200	273.7
2002	350	−3	9	−1050	356.4
2003	400	−2	4	−800	439.1
2004	500	−1	1	−500	521.8
2005	630	0	0	0	604.5
2006	700	1	1	700	687.2
2007	750	2	4	1500	769.9
2008	850	3	9	2550	852.6
2009	950	4	16	3800	935.3
2010	1020	5	25	5100	1018.0
$\sum$	6650		110	9100	

表 9.20 以 $\sum x = 0$ 进行自变量 x 的编号，因此求得

$$\sum y = 6650$$

$$\sum x^2 = 110$$

$$\sum xy = 9100$$

表 9.21 以 0，1，2，…，10 来进行自变量 x 的编号，并求得

$$\sum x = 55$$

$$\sum y = 6650$$

$$\sum x^2 = 385$$

$$\sum xy = 42350$$

表 9.21　　　某家用电器厂 2000—2010 年利润及拟合直线方程法计算表　　　万元

年份	利润额 y	x	x^2	xy	$\hat{y}$
2000	200	0	0	0	191.0
2001	300	1	1	300	273.7
2002	350	2	4	700	356.4
2003	400	3	9	1200	439.1
2004	500	4	16	2000	521.8
2005	630	5	25	3150	604.5
2006	700	6	36	4200	687.2
2007	750	7	49	5250	769.9
2008	850	8	64	6800	852.6
2009	950	9	81	8550	935.3
2010	1020	10	100	10200	1018.0
$\sum$	6650	55	385	42350	—

（3）确定待定系数，建立预测模型。

按表 9.20 给出的 x 编号方法，有

$$a = \frac{\sum y}{n} = \frac{6650}{11} = 604.5, \qquad b = \frac{\sum xy}{\sum x^2} = \frac{9100}{110} = 82.7$$

所以，直线方程为

$$\hat{y} = 604.5 + 82.7x \tag{9-6}$$

按表 9.21 给出的 x 编号方法，有

$$b = \frac{n\sum xy - \sum x \sum y}{n\sum x^2 - \left(\sum x\right)^2} = \frac{11 \times 42350 - 55 \times 6650}{11 \times 385 - 55^2} = 82.7$$

$$a = \frac{1}{n}\left(\sum y - b\sum x\right) = \frac{1}{11} \times (6650 - 82.7 \times 55) = 191.0$$

所以，直线方程为

$$\hat{y} = 191.0 + 82.7x \tag{9-7}$$

（4）用拟合直线方程求预测值。

按公式（9-6）进行预测：

$$\hat{y}_{2011} = 604.5 + 82.7 \times 6 = 1100.7（万元）$$

$$\hat{y}_{2012} = 604.5 + 82.7 \times 7 = 1183.4（万元）$$

按公式（9-7）进行预测：

$$\hat{y}_{2011} = 191 + 82.7 \times 11 = 1100.7（万元）$$

$$\hat{y}_{2012} = 191 + 82.7 \times 12 = 1183.4 \text{ (万元)}$$

可见，由于两种时间序列编号不同，即 $x = 0$ 的原点不同，所以两个直线方程式的截距不同，但斜率相同，两个拟合直线方程所求得的预测结果完全一样。

4. 拟合直线方程法的特点

（1）直线趋势外推法只适用于时间序列数据呈直线趋势的上升（或下降）变化。

（2）直线趋势外推法对时间序列数据，不论其远近如何，都一律同等看待。

（3）用最小二乘原理拟合的直线方程消除了不规则因子的影响，使趋势值（内插值与外推值）都落在拟合直线上，从而消除了不规则变动。

二、指数趋势曲线法

（一）指数趋势曲线法的原理

指数趋势曲线法是指时间序列观察值的长期趋势呈指数曲线变化时，运用观察值的对数与最小二乘法原理求得预测模型的方法。指数趋势曲线法适用于时间序列数据按指数曲线规律增减变化的场合。其数学模型为

$$y = ab^x \tag{9-8}$$

对式（9-8）两边取对数，有

$$\lg y = \lg a + x \lg b \tag{9-9}$$

令 $\lg y = y'$，$\lg a = a'$，$\lg b = b'$，有

$$y' = a' + b'x$$

运用前面学过的拟合直线方程，可求得

$$\lg a = \frac{\sum \lg y}{n} \tag{9-10}$$

$$\lg b = \frac{\sum x \lg y}{\sum x^2} \tag{9-11}$$

（二）指数趋势曲线法应用举例

【例9-15】 某公司1998—2010年商品销售额如表9.22所列，试预测2011年的销售额为多少万元？

表9.22   某公司1998—2010年销售额资料统计表   万元

年 份	1998	1999	2000	2001	2002	2003	2004	2005	2006	2007	2008	2009	2010
销售额	18	72	90	210	270	390	570	900	1500	2310	4050	4800	5400

解 （1）描绘时间序列数据散点图。

如图9.6所示，观察其变化趋势呈指数曲线规律变化。

（2）列表计算求解待定参数所需的数据。

本例中 $n = 13$，所以 x 的编号为 -6，-5，-4，-3，-2，-1，0，1，2，3，4，5，6。根据拟合直线方程式（9-9），及其待定参数计算公式（9-10）和公式（9-11），列表计算 $\sum \lg y$，$\sum x \lg y$，$\sum x^2$，并将计算结果填入表9.23中。

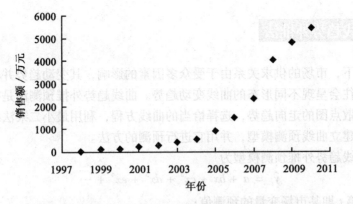

图 9.6　某公司 1998—2010 年商品销售额数据散点图

表 9.23　　　　　　　　　　　某公司 1998—2010 年销售额及其对数计算表　　　　　　　　　　万元

观察期	销售额 y	x	x^2	lg$y$	$x$lg$y$	$\hat{y}$
1998	18	−6	36	1.2553	−7.5316	37.31
1999	72	−5	25	1.8573	−9.2867	58.52
2000	90	−4	16	1.9542	−7.8170	91.79
2001	210	−3	9	2.3222	−6.9667	143.98
2002	270	−2	4	2.4314	−4.8627	225.84
2003	390	−1	1	2.5911	−2.5911	354.24
2004	570	0	0	2.7559	0	555.65
2005	900	1	1	2.9542	2.9542	871.57
2006	1500	2	4	3.1761	6.3522	1367.10
2007	2310	3	9	3.3636	10.0908	2144.37
2008	4050	4	16	3.6075	14.4298	3363.57
2009	4800	5	25	3.6812	18.4068	5275.94
2010	5400	6	36	3.7324	22.3944	8275.61
$\sum$	20580	0	182	35.6824	35.5724	

（3）建立预测模型，计算预测值。

$$\lg a = \frac{\sum \lg y}{n} = \frac{35.6824}{13} = 2.7448$$

$$\lg b = \frac{\sum x \lg y}{\sum x^2} = \frac{35.5724}{182} = 0.1955$$

所以预测模型为

$$\lg \hat{y} = \lg a + x \lg b = 2.7448 + 0.1955x$$
$$\lg \hat{y}_{2011} = 2.7448 + 0.1955 \times 7 = 4.1133$$

查反对数表有

$$\hat{y}_{2011} = 12980.76（万元）$$

即 2011 年销售额预测值为 12980.76 万元。

三、曲线趋势外推法

很多情况下，市场的供求关系由于受众多因素的影响，其变动趋势并非总是一条简单的直线，往往会呈现不同形态的曲线变动趋势。曲线趋势外推预测法是指根据时间序列数据资料的散点图的走向趋势，选择恰当的曲线方程，利用最小二乘法确定曲线方程的待定参数，建立曲线预测模型，并用它进行预测的方法。

假设：曲线趋势外推预测模型为

$$\hat{y}_t = a + bx + cx^2 + dx^3 + ex^4 + \cdots$$

式中，$\hat{y}_t$——第 t 期某市场变量的预测值；

$\quad x$——时间变量（自变量）。

（1）当 $c = d = e = \cdots = 0$ 时，$\hat{y}_t = a + bx$，即为线性趋势外推预测模型；

（2）当 $d = e = \cdots = 0$ 时，$\hat{y}_t = a + bx + cx^2$，即为二次曲线趋势外推预测模型；

（3）当 $e = \cdots = 0$ 时，$\hat{y}_t = a + bx + cx^2 + dx^3$，即为三次曲线趋势外推预测模型。

对于第（1）种线性趋势外推预测模型，已在前面作过详细分析，这里仅研究第（2）种二次曲线趋势外推预测模型和第（3）种三次曲线趋势外推预测模型。

（一）二次曲线趋势外推预测法

二次曲线趋势外推法是研究时间序列观察值数据随时间变动呈现一种由高到低再升高（或由低到高再降低）的趋势变化的曲线外推预测方法。由于时间序列观察值的散点图呈抛物线形状，故也被称为二次抛物线预测模型。

1. 二次曲线外推法预测模型

二次曲线外推法预测模型为

$$\hat{y}_t = a + bx + cx^2$$

式中，a, b, c——待定参数。

（1）当 $a > 0$，$b > 0$，$c > 0$ 时，二次曲线开口向上，有最低点，曲线呈正增长趋势；

（2）当 $a > 0$，$b < 0$，$c > 0$ 时，二次曲线开口向上，有最低点，曲线呈负增长趋势；

（3）当 $a > 0$，$b > 0$，$c < 0$ 时，二次曲线开口向下，有最高点，曲线呈正增长趋势；

（4）当 $a > 0$，$b < 0$，$c < 0$ 时，二次曲线开口向下，有最高点，曲线呈负增长趋势。

用最小二乘法确定待定参数 a, b, c：

$$e_i = y_i - \hat{y}_i = y_i - a - bx_i - cx_i^2$$

$$Q = \sum_{i=1}^n e_i^2 = \sum_{i=1}^n (y_i - a - bx_i - cx_i^2)^2 \tag{9-12}$$

式中，y_i——第 i 期的时间序列观察值；

$\quad \hat{y}_i$——第 i 期的预测值，$i = 1, 2, \cdots, n$；

$\quad e_i$——第 i 期的离差；

$\quad Q$——离差平方和。

利用高等数学的求极值原理，对式（9-12）式分别求 $\dfrac{\partial Q}{\partial a}$，$\dfrac{\partial Q}{\partial b}$，$\dfrac{\partial Q}{\partial c}$，并令其等于零，则

$$\frac{\partial Q}{\partial a} = \frac{\partial}{\partial a}\sum_{i=1}^{n}(y_i - a - bx_i - cx_i^2)^2 = -2\sum_{i=1}^{n}(y_i - a - bx_i - cx_i^2) = 0$$

即

$$\sum_{i=1}^{n}y_i = na + b\sum_{i=1}^{n}x_i + c\sum_{i=1}^{n}x_i^2 \qquad (9\text{-}13)$$

$$\frac{\partial Q}{\partial b} = \frac{\partial}{\partial b}\sum_{i=1}^{n}(y_i - a - bx_i - cx_i^2)^2 = -2\sum_{i=1}^{n}(y_i - a - bx_i - cx_i^2)x_i = 0$$

即

$$\sum_{i=1}^{n}x_iy_i = a\sum_{i=1}^{n}x_i + b\sum_{i=1}^{n}x_i^2 + c\sum_{i=1}^{n}x_i^3 \qquad (9\text{-}14)$$

$$\frac{\partial Q}{\partial c} = \frac{\partial}{\partial c}\sum_{i=1}^{n}(y_i - a - bx_i - cx_i^2)^2 = -2\sum_{i=1}^{n}(y_i - a - bx_i - cx_i^2)x_i^2 = 0$$

即

$$\sum_{i=1}^{n}x_i^2y_i = a\sum_{i=1}^{n}x_i^2 + b\sum_{i=1}^{n}x_i^3 + c\sum_{i=1}^{n}x_i^4 \qquad (9\text{-}15)$$

将式（9-13）、式（9-14）、式（9-15）联立成方程组，得

$$\begin{cases} \sum_{i=1}^{n}y_i = na + b\sum_{i=1}^{n}x_i + c\sum_{i=1}^{n}x_i^2 \\ \sum_{i=1}^{n}x_iy_i = a\sum_{i=1}^{n}x_i + b\sum_{i=1}^{n}x_i^2 + c\sum_{i=1}^{n}x_i^3 \\ \sum_{i=1}^{n}x_i^2y_i = a\sum_{i=1}^{n}x_i^2 + b\sum_{i=1}^{n}x_i^3 + c\sum_{i=1}^{n}x_i^4 \end{cases} \qquad (9\text{-}16)$$

将市场现象实际观察值 y 和观察期序列号 x 等有关数据代入联立方程组求解，即可求得 a,b,c 三个参数值。由于 x 是表示时间序列观察期自变量的编号，如同拟合直线方程法一样，可适当选取时间编号，使 $\sum x = 0$，则可使计算过程得以简化。为此，将时间序列中间项设为时间原点，则有 $\sum x = 0$，$\sum x^3 = 0$，$\sum x^5 = 0$，…，式（9-16）可简化为

$$\begin{cases} \sum_{i=1}^{n}y_i = na + c\sum_{i=1}^{n}x_i^2 \\ \sum_{i=1}^{n}x_iy_i = b\sum_{i=1}^{n}x_i^2 \\ \sum_{i=1}^{n}x_i^2y_i = a\sum_{i=1}^{n}x_i^2 + c\sum_{i=1}^{n}x_i^4 \end{cases}$$

解得

$$a = \frac{\sum x^4 \sum y - \sum x^2 \sum x^2y}{n\sum x^4 - (\sum x^2)^2} \qquad (9\text{-}17)$$

$$b = \frac{\sum xy}{\sum x^2} \qquad (9\text{-}18)$$

$$c = \frac{n \sum x^2 y - \sum x^2 \sum y}{n \sum x^4 - \left(\sum x^2 \right)^2} \tag{9-19}$$

2. 二次曲线外推预测法应用举例

【例 9-16】 某公司 2002—2010 年的商品销售收入如表 9.24 所列,试预测该公司 2011 年的销售收入为多少万元?

表 9.24　　　　　　　某公司 2002—2010 年商品销售收入数据表　　　　　　　万元

年份 x	2002	2003	2004	2005	2006	2007	2008	2009	2010
销售收入 y	545	641	764	923	1107	1322	1568	1836	2140

解 (1) 绘制散点图。将 2002—2010 年的商品销售收入描绘在图 9.7 中,并观察其变化趋势。

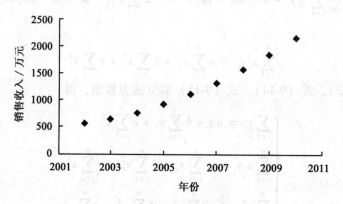

图 9.7　观察值二次曲线散点图

(2) 根据观察值的散点图的变化趋势确定其属于二次曲线变化后,列表计算二次曲线待定参数所需的数据。计算结果如表 9.25 所列。

表 9.25　　　　　　某公司 2002—2010 年商品销售收入及有关数据计算表　　　　　　万元

年份	x	销售量 y	x^2	x^4	xy	$x^2 y$	$\hat{y}$	$(y - \hat{y})$
2002	−4	545	16	256	−2180	8720	543.89	1.23
2003	−3	641	9	81	−1923	5769	640.73	0.07
2004	−2	764	4	16	−1528	3056	766.91	8.47
2005	−1	923	1	1	−923	923	922.43	0.32
2006	0	1107	0	0	0	0	1107.29	0.08
2007	1	1322	1	1	1322	1322	1321.49	0.26
2008	2	1568	4	16	3136	6272	1565.03	8.82
2009	3	1836	9	81	5508	16524	1837.91	3.65
2010	4	2140	16	256	8560	34240	2140.13	0.02
$\sum$	0	10846	60	708	11972	76826	—	22.92

(3) 计算待定参数,建立预测模型。

利用表 9.25 中的数据,代入式 (9-17)、式 (9-18)、式 (9-19),有

$$a = \frac{\sum x^4 \sum y - \sum x^2 \sum x^2 y}{n \sum x^4 - \left(\sum x^2\right)^2} = \frac{708 \times 10846 - 60 \times 76826}{9 \times 708 - 60^2} = 1107.29$$

$$b = \frac{\sum xy}{\sum x^2} = \frac{11972}{60} = 199.53$$

$$c = \frac{n \sum x^2 y - \sum x^2 \sum y}{n \sum x^4 - \left(\sum x^2\right)^2} = \frac{9 \times 76826 - 60 \times 10846}{9 \times 708 - 60^2} = 14.67$$

所以，二次曲线外推预测模型为

$$\hat{y}_t = 1107.29 + 199.53x + 14.67x^2 \tag{9-20}$$

（4）计算点估计值与区间估计。

当 $x = 5$ 时，代入式（9-20），有

$$\hat{y}_{2011} = 1107.29 + 199.53x + 14.67x^2 = 1107.29 + 199.53 \times 5 + 14.67 \times 5^2 = 2471.89$$

如果将 $x = -4$，-3，-2，-1，0，1，2，3，4 分别代入式(9-20)，可求得二次曲线预测模型的内插值 $\hat{y}$，并计算出标准误差：

$$S_e \sqrt{\frac{\sum (y - \hat{y})^2}{n - m - 1}} = \sqrt{\frac{22.92}{9 - 2 - 1}} = 1.95$$

当取显著水平 $\alpha = 0.05$，自由度 $n - m - 1 = 9 - 2 - 1 = 6$ 时，查 t 分布表得临界值

$$t_{(0.025,6)} = 2.447$$

区间估计为

$$\hat{y}_{2011} \pm t_{\left(\frac{\alpha}{2}, n-m-1\right)} S_e \sqrt{1 + \frac{1}{n}} = 2471.89 \pm 2.447 \times 1.95 \times \sqrt{1 + \frac{1}{9}}$$

$$= 2471.89 \pm 5.03$$

即预测区间估计为 2466.86 ~ 2476.93（万元）。

二次曲线趋势外推预测法适用于时间序列数据呈抛物线形状上升或下降，且曲线仅有一个极点（极大值或极小值）的情况。

（二）三次曲线趋势外推预测法

1. 三次曲线趋势外推法预测模型

三次曲线趋势外推法是指时间序列观察期资料的趋势变化中，呈现由低而高后再下降又上升的趋势变化曲线，即具有三次曲线状态时所运用的预测方法。

三次曲线趋势外推预测模型为

$$\hat{y}_t = a + bx + cx^2 + dx^3 \tag{9-21}$$

同二次曲线趋势外推法一样，三次曲线法预测模型待定参数 a, b, c, d 的确定也要运用最小二乘原理，使离差平方和 Q 取得最小值，再用高等数学的求极值原理，令 $\frac{\partial Q}{\partial a}$，$\frac{\partial Q}{\partial b}$，$\frac{\partial Q}{\partial c}$，$\frac{\partial Q}{\partial d}$ 分别等于零，得三次曲线预测模型参数估计标准联立方程组。

当时间序列自变量 x 的编号采用 1，2，$\cdots$，n 时

$$\begin{cases} \sum y = na + b\sum x + c\sum x^2 + d\sum x^3 \\ \sum xy = a\sum x + b\sum x^2 + c\sum x^3 + d\sum x^4 \\ \sum x^2 y = a\sum x^2 + b\sum x^3 + c\sum x^4 + d\sum x^5 \\ \sum x^3 y = a\sum x^3 + b\sum x^4 + c\sum x^5 + d\sum x^6 \end{cases}$$

当时间序列自变量 x 的编号采用…，-3，-1，0，1，2，3，…时，$\sum x = 0$，$\sum x^3 = 0$，$\sum x^5 = 0$，则有

$$\left.\begin{array}{l} \sum y = na + c\sum x^2 \\ \sum xy = b\sum x^2 + d\sum x^4 \\ \sum x^2 y = a\sum x^2 + c\sum x^4 \\ \sum x^3 y = b\sum x^4 + d\sum x^6 \end{array}\right\} \tag{9-22}$$

根据时间序列观察期数据资料，列表分别计算 $\sum x^2$，$\sum x^4$，$\sum x^6$，$\sum y$，$\sum xy$，$\sum x^2 y$，$\sum x^3 y$，并将计算结果代入式（9-22），即可求解待定参数 a,b,c,d，再代入式（9-21）就可确定三次曲线法预测模型。

2. 三次曲线趋势外推预测法应用举例

【例9-17】 某公司1998—2010年商品销售额如表9.26所列，试预测2011年销售额为多少万元?

表9.26　　　　　　　销售额资料及三次曲线法有关数据计算表　　　　　　　万元

年份	年次 x	销售额 y	x^2	x^3	x^4	x^6	xy	$x^2 y$	$x^3 y$	$\hat{y}$	$(y-\hat{y})^2$
1998	-6	150	36	-216	1296	46656	-900	5400	-32400	133.81	262.18
1999	-5	165	25	-125	625	15625	-825	4125	-20625	175.38	107.24
2000	-4	180	16	-64	256	4096	-720	2880	-11520	202.44	503.55
2001	-3	210	9	-27	81	729	-630	1890	-5670	217.43	55.80
2002	-2	225	4	-8	16	64	-450	900	-1800	222.95	4.22
2003	-1	240	1	-1	1	1	-240	240	-240	221.37	347.08
2004	0	240	0	0	0	0	0	0	0	215.25	612.79
2005	1	210	1	1	1	1	210	210	210	207.05	8.73
2006	2	195	4	8	16	64	390	780	1560	199.28	18.28
2007	3	165	9	27	81	729	495	1484	4455	194.42	865.24
2008	4	195	16	64	256	4096	780	3120	12480	194.96	0.002
2009	5	210	25	125	625	15625	1050	5250	26250	203.4	43.56
2010	6	225	36	216	1296	46656	1350	8100	48600	222.24	7.62
$\sum$	0	2610	182	0	4550	134342	510	34380	21300	2609.98	2836.29

解　（1）绘制散点图。将时间序列观察期资料绘在坐标图上，观察其发展趋势是否具有三次曲线变化规律，见图9.8。

（2）列表计算求解待定参数有关的数据资料，见表9.26。

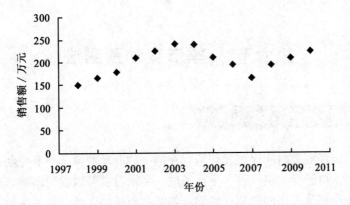

图9.8 销售额资料散点图

（3）利用式（9-22）联立方程组求解待定参数。

$$\begin{cases} 2610 = 13a + 182c \\ 510 = 182b + 4550d \\ 34380 = 182a + 4550c \\ 21300 = 4550b + 134342d \end{cases}$$

解得
$$\begin{cases} a = 215.8738 \\ b = -7.578 \\ c = -1.078921 \\ d = 0.4152 \end{cases}$$

所以，三次曲线趋势外推预测模型为

$$\hat{y}_t = 215.8738 - 7.578x - 1.078921x^2 + 0.4152x^3$$

所以，2011 年商品销售额预测值为

$$\hat{y}_{2011} = 215.8738 - 7.578 \times 7 - 1.078921 \times 7^2 + 0.4152 \times 7^3 = 252.38（万元）$$

计算标准误差：

$$S_e = \sqrt{\frac{\sum (y - \hat{y})^2}{n - m - 1}} = \sqrt{\frac{2836.29}{13 - 3 - 1}} = 17.7523$$

当 $\alpha = 0.05$，自由度 $n - m - 1 = 9$ 时，查 t 分布表，得临界值

$$t_{(0.025,9)} = 2.262$$

则 2011 年商品销售额的区间估计为

$$\hat{y}_{2011} \pm t_{(\frac{\alpha}{2}, n-m-1)} S_e \sqrt{1 + \frac{1}{n}} = 252.38 \pm 2.262 \times 17.7523 \times \sqrt{1 + \frac{1}{13}} = 252.38 \pm 41.69$$

即预测区间估计值为 210.69 ~ 294.07（万元）。

第六节 ▌季节变动预测法

一、季节变动与季节变动模型

季节变动是市场现象时间序列较普遍存在的一种变动规律。季节变动是指某些市场现象的时间序列，由于受自然气候、生产条件、生活习惯等因素的影响，在若干年中每一年随季节的变化都呈现出的周期性变动。如某些商品的生产，包括水果、蔬菜等鲜活商品，受自然气候变化影响，形成该类商品市场供应量的季节性变动；如某些商品的销售，包括 T 恤衫、毛衫、羽绒服等，受自然气候变化的影响，形成该类商品需求量的季节性变动；再如某些节日商品、礼品性商品等，受传统民间节日的影响，其销售量呈现明显的季节变动。与此同时，市场的商品价格受供求关系的影响也常会呈现季节性变动。对这些市场现象中客观存在的季节变动进行分析研究，可以掌握其季节变动规律，并根据市场现象过去的季节变动规律，对其预测期内的季节变动值作出预测。

市场现象时间序列的季节变动一般表现得比较复杂，多数情况下并非表现为单纯的季节变动。有些市场现象时间序列表现为以季节变动为主，同时含有不规则变动因素；有些市场现象时间序列则表现为季节变动、长期趋势变动和不规则变动混合在一起。各种市场现象季节变动的特点也各不相同。市场现象的复杂性要求预测者根据需要，采用不同的预测模型和方法，对其进行分析研究和预测。

研究市场现象季节变动，所搜集的市场现象时间序列资料一般必须是以月（或季）为单位时间；为研究某市场现象的季节变动规律，必须至少具有 3 年或 3 年以上的市场现象各月（或季）的资料。

研究市场现象季节变动和对其进行预测的方法，是由市场现象季节变动的特点决定的。季节变动的主要特点是，每年均会重复出现，各年同月（或季）具有相同的变动方向，变动幅度一般相差不大。若将这种逐年各期重复出现的季节变动的方向和幅度加以归纳，则形成季节变动模型。季节变动模型，反映的是市场现象时间序列在一年内季节变动的典型状况，或称为其季节变动的代表性水平。季节变动模型由一套指标组成，若市场现象时间序列的资料以月为时间单位，则季节变动模型由 12 个指标组成；若市场现象时间序列的资料以季为时间单位，则季节变动模型由 4 个指标组成。季节变动模型的指标有两种，一种是以相对数表示的季节比率，另一种是以绝对数表示的季节变差。

（一）季节比率

季节比率也称为季节指数或季节系数。季节比率是以相对数形式表现的季节变动指标，一般用百分数或系数表示。季节比率根据市场现象时间序列中所含变动规律种类的不同，其指标计算的公式也会有所不同。

对于不含长期趋势变动的市场现象时间序列的季节变动，季节比率的测算公式为

$$季节比率 = \frac{各月（或季）实际观察值}{月（或季）平均值}$$

对于既含季节变动又含长期趋势变动的市场现象时间序列，季节比率的测算公式为

$$季节比率 = \frac{各月（或季）实际观察值}{月（或季）趋势值}$$

市场现象时间序列全年12个月的季节比率之和应为1200%，4个季度的季节比率之和应为400%，全年12个月或4个季度的季节比率平均值为100%。季节比率指标所反映的是市场现象时间序列中各月（或各季）的实际观察值围绕季节比率平均值100%上下波动的状况。季节比率值偏离100%的程度大，说明季节变动的幅度大；季节比率值偏离100%的程度小，说明市场现象季节变动的幅度小。

（二）季节变差

季节变差是以绝对数表现的季节变动指标，其计量单位与市场现象时间序列实际观察值的计量单位相同。季节变差根据市场现象时间序列中所含变动规律的种类不同，其指标计算的公式也会有所不同。

对于不含长期趋势变动的市场现象时间序列的季节变动，季节变差的测算公式为

$$季节变差 = 各月（或季）实际观察值 - 月（或季）平均值$$

对于既含季节变动又含长期趋势变动的市场现象时间序列，季节变差的测算公式为

$$季节变差 = 各月（或季）实际观察值 - 各月（或季）趋势值$$

在实际研究市场现象季节变动规律时，不是根据某一年12个月或4个季度的实际观察值，而是根据3～5年市场现象实际各月（或季）的时间序列资料。这是因为，只根据市场现象实际观察值一两年的各月（或季）时间序列资料，会带有较大的偶然性，谈不上是季节变动的一般规律。若只用一两年资料计算季节变动模型就对市场作出预测，其结果也是不可靠的。因此，必须根据市场现象3～5年的时间序列各月（或季）的资料来建立季节变动模型，减少偶然性，客观地反映市场现象的季节变动规律。由于这种原因，上述季节比率和季节变差的测算公式，就应进一步改写为能应用多年资料计算的公式。季节比率计算公式应为

$$季节比率 = \frac{同月（或季）实际观察值的平均值}{总平均值}$$

或

$$季节比率 = \frac{同月（或季）实际观察值的平均值}{趋势值}$$

季节变差的计算公式应为

$$季节变差 = 同月（或季）实际观察值的平均值 - 总平均值$$

或

$$季节变差 = 同月（或季）实际观察值的平均值 - 趋势值$$

在市场预测实践中，对市场现象时间序列是以季节比率指标还是以季节变差指标来反映，或是用季节比率和季节变差指标结合来反映季节变动，必须根据时间序列的变动特点和研究问题的需要来确定。下面分别就几种不同的情况，来说明市场现象季节变动的预测过程。

二、无趋势变动市场现象季节变动预测

对于不含长期趋势变动，只含季节变动的市场现象时间序列，一般采用季节水平模型对其进行预测。季节水平模型预测法，是先直接对市场现象时间序列中各年同月（或季）的实际观察值加以平均；再将各年同月（或季）平均数与各年时间序列总平均数进行比较，求出季节比率，或将各年同月（或季）平均数与时间序列各年总平均数相减，求出季节变差，并在此基础上对市场现象的季节变动作出预测。

【例9-18】　现有某企业商品销售量4年按月份统计的资料，用季节水平模型，对其季节变动规律进行描述，并对该商品销售量作预测。其资料和计算见表9.27。

表9.27　　　　　　　　　　　　　　季节水平预测模型计算表　　　　　　　　　　　　　吨

年\月	第一年	第二年	第三年	第四年	合计	同月平均	季节比率/%	季节变差
1	23	30	18	22	93	23.25	19.1	-98.45
2	33	37	20	32	122	30.50	25.1	-91.2
3	69	59	92	102	322	80.50	66.2	-41.2
4	91	120	139	155	505	126.25	103.7	4.55
5	192	311	324	372	1199	299.75	246.3	178.05
6	348	334	343	324	1349	337.25	277.1	215.55
7	254	270	271	290	1085	271.25	222.8	149.55
8	122	122	193	153	590	147.50	121.2	25.8
9	59	70	62	77	268	67.00	55.1	-54.7
10	34	33	27	17	111	27.75	22.8	-93.95
11	19	23	17	37	96	24.00	19.7	-97.7
12	27	16	13	46	102	25.50	20.9	-96.2
合计	1271	1425	1519	1627	5842	1460.5	1200.0	—
平均	105.9	118.8	126.6	135.6	486.9	121.7	100.0	—

解　表9.27中的数据计算如下。

（1）求各年同月的平均数。

求各年同月的平均数，即将4年中各年同一月份的实际销售量加以平均。

$$1月平均销售量 = \frac{23+30+18+22}{4} = 23.25（吨）$$

$$\vdots$$

$$6月平均销售量 = \frac{348+334+343+324}{4} = 337.25（吨）$$

$$\vdots$$

$$12月平均销售量 = \frac{27+16+13+46}{4} = 25.50（吨）$$

（2）求时间序列4年全部数据的总平均数。

根据4年48个月的实际销售量资料，计算出总平均数。根据表9.27中数据，总平

均数可有三种测算方法：

$$总平均数 = \frac{5842}{48} = 121.7（吨）$$

或

$$总平均数 = \frac{1460.5}{12} = 121.7（吨）$$

或

$$总平均数 = \frac{486.9}{4} = 121.7（吨）$$

（3）求各月季节比率和季节变差。

计算各月季节比率的公式为

$$季节比率 = \frac{各年同月平均数}{总平均数}$$

根据表9.27中数据，各月季节比率为

$$1月季节比率 = \frac{23.25}{121.7} = 19.1\%$$

$$\vdots$$

$$6月季节比率 = \frac{337.25}{121.7} = 277.1\%$$

$$\vdots$$

$$12月季节比率 = \frac{25.50}{121.7} = 20.9\%$$

计算各月季节变差的公式为

$$季节变差 = 各年同月平均数 - 总平均数$$

根据表9.27中数据计算各月季节变差为

$$1月季节变差 = 23.25 - 121.7 = -98.45（吨）$$

$$\vdots$$

$$6月季节变差 = 337.25 - 121.7 = 215.55（吨）$$

$$\vdots$$

$$12月季节变差 = 25.5 - 121.7 = -96.2（吨）$$

若将所计算出的各月季节比率绘成图形，可十分清楚地观察到该商品销售量季节变动的规律。

由图9.9可明显看出，该商品的销售量明显很高的是5，6，7三个月，这三个月的季节比率大于100%的程度也就很高，季节变差大于零的程度很高。销售量明显很低的是1，2，10，11，12五个月。这几个月的季节比率小于100%的程度很高，季节变差小于零的程度很高。这种季节变动规律不是根据某一年的时间序列资料得出的，而是根据四年的各月实际观察值分析和测算得出的，具有较强的代表性。

所计算出的各月季节比率，说明各年同月平均销售量水平比总水平高或低的程度，或说是各月销售量比全年平均月销售量高或低的程度。所计算出的各月季节变差，说明各月销售量较全年平均销售量多或少的数量。这两种反映季节变动的指标所建立的预测模型，都可以用于说明该现象的季节变动规律。

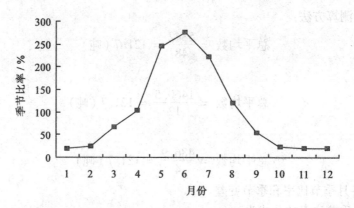

图9.9　季节比率折线图

（4）对市场现象进行预测。

根据已经计算出的季节比率或季节变差，对下年各月销售量进行预测。其预测结果见表9.28。

表9.28　　　　　　　　　　　　　　　下一年的销售量预测值　　　　　　　　　　　　　　　吨

月份	1	2	3	4	5	6	7	8	9	10	11	12
季节比率预测	25.9	34.0	89.8	140.6	333.9	375.7	302.1	164.3	74.7	30.9	26.7	28.3
季节变差预测	37.2	44.4	94.4	140.2	313.7	351.2	285.2	161.4	80.9	41.7	37.9	39.4

表9.28中所列数据分别是用季节比率和季节变差对下一年各月的销售量作出的预测。其中

$$季节比率预测值 = 上年的月平均值 \times 各月季节比率$$

则

$$1 月预测值 = 135.6 \times 19.1\% = 25.9 （吨）$$
$$\vdots$$
$$6 月预测值 = 135.6 \times 277.1\% = 375.7 （吨）$$
$$\vdots$$
$$12 月预测值 = 135.6 \times 20.9\% = 28.3 （吨）$$

$$季节变差预测值 = 上年的月平均值 + 各月季节变差$$

则

$$1 月预测值 = 135.6 - 98.45 = 37.2 （吨）$$
$$\vdots$$
$$6 月预测值 = 135.6 + 215.55 = 351.2 （吨）$$
$$\vdots$$
$$12 月预测值 = 135.6 - 96.2 = 39.4 （吨）$$

以上对无趋势变动市场现象用季节水平模型法进行了分析研究和预测。从这个分析和预测过程来看，它是以计算市场现象时间序列的平均值为基础，即以各年同月平均值和全部数据平均为基础，以季节比率和季节变差为模型对市场现象进行预测的。这种方法只适用于无趋势变动市场现象季节变动的预测。若将前面所分析的市场现象4年各月

的时间序列资料绘制成图形进行观察，则对现象的变动规律看得更清楚，见图 9.10。

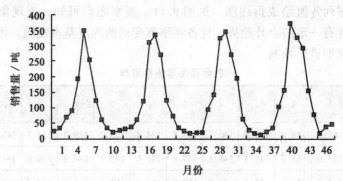

图 9.10　4 年的销售量折线图

从图 9.10 可以看出，该市场现象的季节变动在 4 年中每年都重复出现，且每年季节变动的幅度和规律也大致相同，这其中不含趋势变动。对于这种变动规律的市场现象，采用季节水平模型，找出现象在几年内反复出现的季节变动典型水平，就可对现象未来的状况作出预测。

大量的市场现象在具有季节变动的同时，还包含长期趋势变动，对此则必须采取另外的季节变动方法加以研究。

三、含趋势变动市场现象的季节变动预测

在大量季节变动明显的市场现象中，单纯表现为季节变动的只是少数情况，大部分市场现象的季节变动是与长期趋势变动交织在一起的。对于这些市场现象，在研究其季节变动的同时，还必须要考虑其长期趋势变动。即采用含趋势变动市场现象季节变动预测模型，将现象的季节变动和长期趋势变动同时加以测定，并将市场现象的两种变动规律联系起来对其未来表现进行预测。由于这类预测模型虽然也反映市场现象的长期趋势变动规律，但它还是以研究市场现象的季节变动为主，所以将它作为季节变动预测模型的一种形式。含趋势变动市场现象的季节变动，其规律也不尽相同，在研究时可采取不同的具体方法。

1. 季节性迭加趋势预测模型

若所研究和预测的市场现象时间序列，既有季节变动又有趋势变动，其每年都出现的季节变动的变动幅度，并不随市场现象的趋势变动而加大，需要采取季节性迭加趋势预测模型进行研究和预测。

季节性迭加趋势预测模型为

$$\hat{Y}_t = a + bt + \overline{d_i}$$

式中，$a + bt$——现象趋势值部分；

a, b——趋势方程参数；

t——时间序列观察期序号；

$\overline{d_i}$——平均季节变差。

【例9-19】 已知社会商品零售额资料，见表9.29，预测下一年各月份的零售额。

先将时间序列各值绘成折线图，见图9.11。观察图形可知，该现象不仅有明显的季节变动，还含有一定的上升趋势，且各年季节变动的程度基本相同，因此需要采用季节性迭加趋势模型进行预测。

表9.29　　　　　　　　　　　社会商品零售额资料　　　　　　　　　　　亿元

月 年	1	2	3	4	5	6	7	8	9	10	11	12
一年	168.7	158.4	126.5	130.7	133.8	134.4	128.2	129.7	143.7	142.6	154.0	174.3
二年	193.0	158.7	145.3	146.8	149.8	148.0	140.4	140.2	156.6	161.0	174.2	199.5
三年	215.7	156.0	165.3	161.8	163.9	163.2	152.8	151.1	167.1	171.0	182.8	220.0
四年	220.5	198.5	181.4	177.4	179.2	177.3	165.5	167.2	183.4	185.0	208.1	249.6

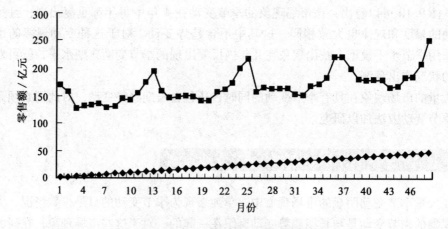

图9.11　4年商品零售额折线图

（1）建立趋势变动模型。观察图9.11知，该现象适合用季节性迭加趋势模型来综合反映和预测其长期趋势变动和季节变动。这就必须根据时间序列资料，测定其趋势值和季节变动程度。其趋势值的测定是采用最小二乘法求直线趋势方程参数 a,b 的公式，其季节变动程度和规律用平均季节变差来反映。求趋势方程的资料和数据见表9.30。

根据表9.30中有关数据，利用最小二乘法标准方程

$$\begin{cases} \sum y_t = na + b\sum t \\ \sum y_t t = a\sum t + b\sum t^2 \end{cases}$$

代入数据得

$$\begin{cases} 8001.9 = 48a + 1176b \\ 207835.1 = 1176a + 38024b \end{cases}$$

解得

$$\begin{cases} a = 135.3537 \\ b = 1.2797 \end{cases}$$

故趋势直线方程为

$$\hat{y}_t = 135.3537 + 1.2797t$$

表 9.30　　　　　　　　　建立趋势变动模型计算表　　　　　　　　　　亿元

月	序号 t	实际值 y_t	t^2	ty_t	月	序号 t	实际值 y_t	t^2	ty_t
1	1	168.7	1	168.7	1	25	215.7	625	5392.5
2	2	158.4	4	316.8	2	26	156.0	676	4056.0
3	3	126.5	9	379.5	3	27	165.3	729	4463.1
4	4	130.7	16	522.8	4	28	161.8	784	4530.4
5	5	133.8	25	669.0	5	29	163.9	841	4753.1
6	6	134.4	36	806.4	6	30	163.3	900	4896.0
7	7	128.2	49	897.4	7	31	152.8	961	4736.8
8	8	129.7	64	1037.6	8	32	151.1	1024	4835.2
9	9	143.7	81	1293.3	9	33	167.1	1089	5514.3
10	10	142.6	100	1426.0	10	34	171.0	1156	5814.0
11	11	154.0	121	1694.0	11	35	182.8	1225	6398.0
12	12	174.3	144	2091.6	12	36	220.0	1296	7920.0
1	13	193.0	169	2509.0	1	37	220.5	1369	8158.5
2	14	158.7	196	2221.8	2	38	198.5	1444	7543.0
3	15	145.3	225	2179.5	3	39	181.4	1521	7074.6
4	16	146.8	256	2348.8	4	40	177.4	1600	7096.0
5	17	149.8	289	2546.6	5	41	179.2	1681	7347.2
6	18	148.0	324	2664.0	6	42	177.3	1764	7446.6
7	19	140.0	361	2660.0	7	43	165.5	1849	7116.5
8	20	140.2	400	2804.0	8	44	167.2	1936	7356.8
9	21	156.6	441	3288.6	9	45	183.4	2025	8253.0
10	22	161.0	484	3542.0	10	46	185.0	2116	8510.0
11	23	174.2	529	4006.6	11	47	208.1	2209	9780.7
12	24	199.5	576	4788.0	12	48	249.6	2304	11980.8
					合计	1176	8001.9	38024	207835.1

第一年（序号1~12），第二年（序号13~24），第三年（序号25~36），第四年（序号37~48）

　　（2）计算各期季节变差。根据直线趋势方程可求出四年各观察期的48个趋势值，并可求出实际值与趋势值之差，即季节变差。再将季节变差平均化，将平均季节变差作为季节变动典型水平，反映季节变动规律。计算结果见表9.31。

　　表9.31中，趋势值 $\hat{y}_t$ 是根据前面确定出的趋势方程计算出来的，即

$$\hat{y}_t = 135.3537 + 1.2797t$$

则

$$\hat{y}_1 = 135.3537 + 1.2797 \times 1 = 136.63（亿元）$$

$$\vdots$$

$$\hat{y}_6 = 135.3537 + 1.2797 \times 6 = 143.03（亿元）$$

$$\vdots$$

$$\hat{y}_{12} = 135.3537 + 1.2797 \times 12 = 150.71 \ (亿元)$$
$$\vdots$$
$$\hat{y}_{24} = 135.3537 + 1.2797 \times 24 = 166.07 \ (亿元)$$
$$\vdots$$
$$\hat{y}_{36} = 135.3537 + 1.2797 \times 36 = 181.42 \ (亿元)$$
$$\vdots$$
$$\hat{y}_{48} = 135.3537 + 1.2797 \times 48 = 196.78 \ (亿元)$$

表9.31 　　　　　　　　　　季节变差计算表 　　　　　　　　　　　亿元

月	序号 t	实际值 y_t	趋势值 $\hat{y}_t$	季节变差 d_t	月	序号 t	实际值 y_t	趋势值 $\hat{y}_2$	季节变差 d_t
1	1	168.7	136.63	32.07	1	25	215.7	167.35	48.35
2	2	158.4	137.91	20.49	2	26	156.0	168.63	-12.63
3	3	126.5	139.19	-12.69	3	27	165.3	169.91	-4.61
4	4	130.7	140.47	-9.77	4	28	161.8	171.19	-9.39
5	5	133.8	141.75	-7.95	5	29	163.9	172.46	-8.56
6	6	134.4	143.03	-8.63	6	30	163.2	173.74	-10.54
7	7	128.2	144.31	-16.11	7	31	152.8	175.02	-22.22
8	8	129.7	145.59	-15.89	8	32	151.1	176.30	-25.20
9	9	143.7	146.87	-3.17	9	33	167.1	177.58	-10.48
10	10	142.6	148.15	-55.55	10	34	171.0	178.86	-7.86
11	11	154.0	149.43	4.57	11	35	182.8	180.14	2.66
12	12	174.3	150.71	23.59	12	36	220.0	181.42	38.58
1	13	193.0	151.98	41.01	1	37	220.5	182.70	37.79
2	14	158.7	153.27	5.43	2	38	198.5	183.98	14.52
3	15	145.3	154.55	-9.25	3	39	181.4	185.26	-3.86
4	16	146.8	155.83	-9.03	4	40	177.4	186.54	-9.14
5	17	149.8	157.11	-7.31	5	41	179.2	187.82	-8.62
6	18	148.0	158.39	-10.38	6	42	177.3	189.10	-11.8
7	19	140.0	159.67	-19.67	7	43	165.5	190.38	-24.88
8	20	140.2	160.95	-20.75	8	44	167.2	191.66	-24.46
9	21	156.6	162.23	-5.63	9	45	183.4	192.94	-9.54
10	22	161.0	163.51	-2.51	10	46	185.0	194.22	-9.22
11	23	174.2	164.79	9.41	11	47	208.1	195.50	12.60
12	24	199.5	166.07	33.43	12	48	249.6	196.78	52.82

（第一年：序号1~12；第二年：序号13~24；第三年：序号25~36；第四年：序号37~48）

表9.31中的季节变差是市场现象实际观察值与趋势值之差，其公式为

$$d_t = y_t - \hat{y}_t$$

则

$$d_1 = 168.7 - 136.63 = 32.07 \ (亿元)$$
$$\vdots$$
$$d_6 = 134.4 - 143.03 = -8.63 \ (亿元)$$

$$\vdots$$
$$d_{12} = 174.3 - 150.71 = 23.59\,(亿元)$$
$$\vdots$$
$$d_{24} = 199.5 - 166.07 = 33.43\,(亿元)$$
$$\vdots$$
$$d_{36} = 220.0 - 181.42 = 38.58\,(亿元)$$
$$\vdots$$
$$d_{48} = 249.6 - 196.78 = 52.82\,(亿元)$$

为了从四年季节变差资料中找到市场现象季节变差的典型水平，发现季节变动规律，必须计算平均季节变差，即将各年同月的季节变差平均化。其计算公式为

$$\overline{d_i} = \frac{d_i + d_{i+T} + \cdots + d_{i+(m-1)T}}{m} \qquad (i = 1,2,3,\cdots,T)$$

式中，$\overline{d_i}$——平均季节变差；

T——季节变动周期，月资料 $T = 12$，季资料 $T = 4$；

m——资料年数。

根据公式计算各年同月季节变差平均值为

$$\overline{d_1} = \frac{d_1 + d_{13} + d_{25} + d_{37}}{4} = \frac{32.07 + 41.01 + 48.35 + 37.79}{4} = 39.81\,(亿元)$$

$$\vdots$$

$$\overline{d_6} = \frac{d_6 + d_{18} + d_{30} + d_{42}}{4} = \frac{(-8.63) + (-10.38) + (-10.54) + (-11.80)}{4}$$
$$= -10.34\,(亿元)$$

$$\vdots$$

$$\overline{d_{12}} = \frac{d_{12} + d_{24} + d_{36} + d_{48}}{4} = \frac{23.59 + 33.43 + 38.57 + 52.82}{4} = 37.10\,(亿元)$$

表 9.32 　　　　　　　　　　各月份的平均季节变差 　　　　　　　　　　亿元

月份 i	$\overline{d_i}$	月份 i	$\overline{d_i}$	月份 i	$\overline{d_i}$
1	39.81	5	-8.11	9	-7.21
2	6.96	6	-10.34	10	-6.28
3	-7.60	7	-20.78	11	7.31
4	-9.33	8	-21.57	12	37.10

（3）建立季节选加预测模型，并进行预测。根据直线趋势方程和平均季节变差，此市场现象的预测模型为

$$\hat{Y}_t = a + bt + \overline{d_i} = 135.3537 + 1.2797t + \overline{d_i}$$

依此预测模型，商品零售额下一年各月的预测值计算结果见表 9.33。

表9.33 季节迭加趋势模型预测值表 亿元

月份	t	预测值 $\hat{Y}_t$	月份	t	预测值 $\hat{Y}_t$
1	49	237.8690	7	55	185.0172
2	50	206.2987	8	56	185.4469
3	51	193.0184	9	57	201.0866
4	52	192.5681	10	58	203.2963
5	53	195.0678	11	59	218.1660
6	54	194.1174	12	60	249.2357

表9.33中各预测值的计算过程为

$$\hat{Y}_{49} = 135.3537 + 1.2797 \times 49 + 39.81 = 237.8690 \text{（亿元）}$$
$$\vdots$$
$$\hat{Y}_{54} = 135.3537 + 1.2797 \times 54 + (-10.34) = 194.1175 \text{（亿元）}$$
$$\vdots$$
$$\hat{Y}_{60} = 135.3537 + 1.2797 \times 60 + 37.10 = 249.2357 \text{（亿元）}$$

2. 季节性交乘趋势预测模型

有些市场现象时间序列，既存在明显的季节变动又含有长期趋势变动，而且时间序列的季节变动幅度随现象的趋势变动而加大。对于这样的市场现象，在预测时必须采用季节性交乘趋势预测模型。

季节性交乘趋势预测模型为

$$\hat{Y}_t = (a + bt)\,\overline{f_i}$$

式中，$\hat{Y}_t$——预测值；

$a + bt$——趋势值部分；

a,b——趋势直线参数；

t——时间序列观察期序号；

$\overline{f_i}$——平均季节比率。

显然，季节交乘趋势预测模型既能反映市场现象的长期趋势变动，又能反映其季节变动。其中，市场现象的趋势变动规律用直线方程来描述，现象的季节变动规律用平均季节比率来反映。

【例9-20】 现有某种产品销售量3年按月份统计的资料，将该现象绘制成时间序列，并绘制成折线图（图9.12），观察其季节变动和趋势变动的状况。

图9.12中的变动情况显示，该现象既有明显的每年都出现的季节变动，也含明显的趋势变动，而且现象季节变动的幅度随趋势值增加而加大，因此用季节交乘趋势预测模型对它进行预测是适合的。

（1）建立趋势模型。

在季节交乘趋势模型中，其趋势部分仍然采用最小二乘法建立直线方程。最小二乘法的标准方程为

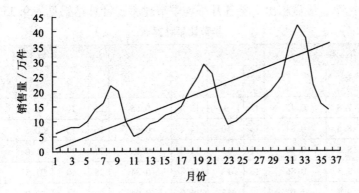

图9.12　3年按月统计的产品销售量的折线图

$$\begin{cases} \sum y_t = na + b \sum t \\ \sum y_t t = a \sum t + b \sum t^2 \end{cases}$$

根据市场现象3年的实际观察值建立直线方程，其资料和计算见表9.34。

表9.34　　　　　　　　　　　季节交乘模型趋势值计算表　　　　　　　　　　　万件

t	实际值 y_t	t^2	$y_t t$	t	实际值 y_t	t^2	$y_t t$	t	实际值 y_t	t^2	$y_t t$
1	6	1	6	13	9	169	117	25	12	625	300
2	7	4	14	14	10	196	140	26	15	676	390
3	8	9	24	15	12	225	180	27	17	729	459
4	8	16	32	16	13	256	208	28	19	784	532
5	10	25	50	17	15	289	255	29	21	841	609
6	14	36	84	18	20	324	360	30	25	900	750
7	16	49	112	19	24	361	456	31	36	961	1116
8	22	64	176	20	29	400	580	32	42	1024	1344
9	20	81	180	21	26	441	546	33	38	1089	1254
10	10	100	100	22	15	484	330	34	22	1156	748
11	5	121	55	23	9	529	207	35	16	1225	560
12	6	144	72	24	10	576	240	36	14	1296	504
合计								666	601	16206	13090

将表9.34中计算的相关数据代入到标准方程中，有

$$\begin{cases} 601 = 36a + 666b \\ 13090 = 666a + 16206b \end{cases}$$

由此计算出趋势直线方程中的参数 a, b 分别为

$$a = 7.3063, \qquad b = 0.5075$$

因此趋势直线方程为

$$\hat{y}_t = 7.3063 + 0.5075t$$

（2）计算各期的季节比率。

根据直线趋势方程可计算出各月的趋势值，并可根据实际观察值与趋势值计算出各

观察期的季节比率,最后求出 3 年各月平均季节比率。计算结果见表 9.35。

表 9.35　　　　　　　　　　　　　季节比率计算表

月	第1年				第2年				第3年				$\bar{f_i}$
	t	$\hat{y_t}$	$\hat{y_t}$	$f_t = \dfrac{y_t}{\hat{y_t}}$	t	$\hat{y_t}$	$\hat{y_t}$	$f_t = \dfrac{y_t}{\hat{y_t}}$	t	$\hat{y_t}$	$\hat{y_t}$	$f_t = \dfrac{y_t}{\hat{y_t}}$	
1	1	6	7.8	0.77	13	9	13.9	0.65	25	12	19.9	0.60	0.67
2	2	7	8.3	0.84	14	10	14.4	0.69	26	15	20.5	0.73	0.75
3	3	8	8.8	0.90	15	12	14.9	0.80	27	17	21.0	0.81	0.84
4	4	8	9.3	0.86	16	13	15.4	0.84	28	19	21.5	0.88	0.86
5	5	10	9.8	1.02	17	15	15.9	0.94	29	21	22.0	0.95	0.97
6	6	14	10.3	1.35	18	20	16.4	1.21	30	25	22.5	1.11	1.22
7	7	16	10.8	1.48	19	24	16.9	1.42	31	36	23.0	1.56	1.49
8	8	22	11.3	1.94	20	29	17.4	1.67	32	42	23.5	1.78	1.79
9	9	20	11.8	1.69	21	26	17.9	1.45	33	38	24.0	1.58	1.57
10	10	10	12.3	0.81	22	15	18.4	0.81	34	22	24.5	0.89	0.83
11	11	5	12.8	0.39	23	9	18.9	0.47	35	16	25.0	0.64	0.50
12	12	6	13.3	0.45	24	10	19.4	0.51	36	14	25.5	0.54	0.50

表 9.35 中,各期趋势值是根据趋势方程计算出来的。

$$\hat{y_t} = 7.3063 + 0.5075t$$

则

$$\hat{y_1} = 7.3063 + 0.5075 \times 1 = 7.8 \,(万件)$$
$$\vdots$$
$$\hat{y_6} = 7.3063 + 0.5075 \times 6 = 10.3 \,(万件)$$
$$\vdots$$
$$\hat{y_{12}} = 7.3063 + 0.5075 \times 12 = 13.3 \,(万件)$$
$$\vdots$$
$$\hat{y_{24}} = 7.3063 + 0.5075 \times 24 = 19.4 \,(万件)$$
$$\vdots$$
$$\hat{y_{36}} = 7.3063 + 0.5075 \times 36 = 25.5 \,(万件)$$

表 9.35 中,季节比率是市场现象各期实际观察值与趋势值之比,其公式为

$$f_t = \frac{y_t}{\hat{y_t}}$$

则

$$f_1 = \frac{y_1}{\hat{y_1}} = \frac{6}{7.8} = 0.77$$

$$\vdots$$

$$f_6 = \frac{y_6}{\hat{y_6}} = \frac{14}{10.3} = 1.35$$

$$\vdots$$

$$f_{12} = \frac{y_{12}}{\hat{y}_{12}} = \frac{6}{13.3} = 0.45$$

$$\vdots$$

$$f_{24} = \frac{y_{24}}{\hat{y}_{24}} = \frac{10}{19.4} = 0.51$$

$$\vdots$$

$$f_{36} = \frac{y_{36}}{\hat{y}_{36}} = \frac{14}{25.5} = 0.54$$

表 9.35 中，平均季节比率 $\bar{f_i}$ 的计算公式为

$$\bar{f_i} = \frac{f_i + f_{i+T} + \cdots + f_{i+(m-1)T}}{m}$$

式中，$\bar{f_i}$——平均季节比率；

T——季节变动周期；

m——资料年数；

$i = 1,2,3,\cdots,T$。

根据平均季节比率公式计算，得

$$\bar{f_1} = \frac{f_1 + f_{1+12} + f_{1+2\times12}}{3} = \frac{0.77 + 0.65 + 0.60}{3} = 0.67$$

$$\vdots$$

$$\bar{f_6} = \frac{f_6 + f_{6+12} + f_{6+2\times12}}{3} = \frac{1.35 + 1.21 + 1.11}{3} = 1.22$$

$$\vdots$$

$$\bar{f_{12}} = \frac{f_{12} + f_{12+12} + f_{12+2\times12}}{3} = \frac{0.45 + 0.51 + 0.54}{3} = 0.5$$

（3）建立季节预测模型并进行预测。

根据趋势方程和平均季节比率建立预测模型为

$$\hat{Y}_t = (7.3063 + 0.5075t)\bar{f_i}$$

应用预测模型对下年各月销售量进行预测，计算结果见表 9.36。

表 9.36　　　　　　　　　　季节交乘趋势模型预测值表　　　　　　　　　　万件

月份	t	预测值 $\hat{Y}_t$	月份	t	预测值 $\hat{Y}_t$
1	37	17.476	7	43	43.402
2	38	19.943	8	44	53.049
3	39	22.763	9	45	47.326
4	40	23.741	10	46	25.441
5	41	27.270	11	47	15.579
6	42	34.981	12	48	15.833

表 9.36 中预测值的计算过程为

$$\hat{Y}_{37} = (7.3063 + 0.5075 \times 37) \times 0.67 = 17.476 \,(\text{万件})$$

$$\vdots$$

$$\hat{Y}_{42} = (7.3063 + 0.5075 \times 42) \times 1.22 = 34.918 \,(\text{万件})$$

$$\vdots$$

$$\hat{y}_{48} = (7.3063 + 0.5075 \times 48) \times 0.50 = 15.833 \,(\text{万件})$$

四、比重预测法

1. 比重预测法的原理

有时候，按月或按季度收集了几年或十几年的历史统计数据，数据点比较多，应用趋势外推法计算量比较大。为了减少计算量，可以先按年建立预测模型，进行年销售量或需求量的预测，然后求出历史上各月在年销售量或需求量中所占的比重，最后利用数年的月比重平均值决定预测期各月的预测值，这种方法就叫比重预测法。

2. 比重预测法应用举例

【例9-21】 某商店 2002—2010 年各月 T 恤衫的销售量如表 9.37 所列。试预测 2011 年各月 T 恤衫的销售量。

解 （1）收集、整理历史统计数据，并列表（表9.37）。

表 9.37   某商店 2002—2010 年各月 T 恤衫的销售量   万件

年 ／ 月	2002	2003	2004	2005	2006	2007	2008	2009	2010
1	9	10	9	10	8	12	10	16	15
2	11	13	15	20	18	17	20	20	23
3	30	31	33	45	43	43	41	58	66
4	48	50	52	58	62	55	64	90	91
5	105	108	110	134	156	111	148	139	140
6	179	180	185	180	174	225	230	235	253
7	210	218	215	208	189	227	203	240	198
8	90	92	95	90	100	93	127	89	96
9	35	37	40	40	46	53	41	42	78
10	14	13	14	13	21	24	23	23	50
11	9	10	13	10	14	13	16	16	25
12	8	8	9	10	19	14	17	17	19
合计	748	770	790	818	850	887	935	985	1054

（2）计算每年各月份在年销售量中所占比重，见表9.38。

表9.38　　　　　　　　　　　各月在年销售量中的比重

月 年	2002	2003	2004	2005	2006	2007	2008	2009	2010	比重平均值
1	0.012	0.013	0.011	0.012	0.009	0.014	0.011	0.016	0.014	0.012
2	0.015	0.017	0.019	0.020	0.020	0.019	0.021	0.020	0.022	0.019
3	0.040	0.040	0.042	0.055	0.051	0.048	0.044	0.059	0.063	0.049
4	0.064	0.065	0.066	0.071	0.073	0.062	0.068	0.091	0.083	0.072
5	0.140	0.140	0.140	0.164	0.184	0.125	0.158	0.141	0.133	0.147
6	0.239	0.234	0.234	0.220	0.205	0.254	0.246	0.234	0.240	0.234
7	0.281	0.283	0.272	0.254	0.222	0.256	0.217	0.244	0.188	0.246
8	0.120	0.119	0.120	0.110	0.117	0.105	0.136	0.090	0.091	0.112
9	0.047	0.048	0.051	0.049	0.054	0.060	0.044	0.043	0.074	0.052
10	0.019	0.017	0.018	0.016	0.025	0.027	0.025	0.023	0.047	0.024
11	0.012	0.013	0.016	0.012	0.016	0.015	0.017	0.016	0.024	0.016
12	0.011	0.010	0.011	0.012	0.022	0.016	0.013	0.017	0.018	0.014

（3）计算各年相同月份销售量比重的平均值，结果见表9.38中最后一列。

（4）建立预测模型，并预测2011年的年销售量。

应用最小二乘法，对称选取时间序号，使 $\sum t = 0$。则

$$a = \frac{\sum y}{n} = \frac{7837}{9} = 870.78$$

$$b = \frac{\sum yt}{\sum t^2} = \frac{(-4) \times 748 + (-3) \times 770 + \cdots + 4 \times 1054}{(-4)^2 + (-3)^2 + \cdots + 3^2 + 4^2} = 37.13$$

得

$$y_t = a_t + b_t T = 870.78 + 37.13T$$

$$y_{2011} = 870.78 + 37.13 \times 5 = 1056.43（万件）$$

（5）计算2011年各月份销售量预测值。

1月：$1056.43 \times 0.012 = 12.68$；

2月：$1056.43 \times 0.019 = 20.07$；

3月：$1056.43 \times 0.049 = 51.77$；

4月：$1056.43 \times 0.072 = 76.06$；

5月：$1056.43 \times 0.147 = 155.30$；

6月：$1056.43 \times 0.234 = 247.20$；

7月：$1056.43 \times 0.246 = 259.88$；

8月：$1056.43 \times 0.112 = 118.32$；

9月：$1056.43 \times 0.052 = 54.93$；

10月：$1056.43 \times 0.024 = 25.35$；

11月：$1056.43 \times 0.016 = 16.90$；

12月：$1056.43 \times 0.014 = 14.79$。

本章小结

时间序列预测方法是市场预测方法中一种经常采用的定量分析方法，它把某一经济变量的实际观察值按时间先后顺序依次排列，构成一组统计的时间序列，然后应用某种数学方法建立模型，使其向外延伸，来预测该经济变量未来发展变化趋势和变化规律。

在运用时间序列预测方法进行市场预测时，算术平均法和几何平均法是最简单的数学方法。所谓算术平均法，就是以观察期数据之和除以求和时使用的数据个数（即资料期数），求得平均数的一种方法。运用算术平均法求平均数，有两种形式，即以最后一年的每月平均值或数年的每月平均值作为次年的每月预测值，以及以观察期的相同月平均值作为预测期对应月份的预测值。所谓几何平均法，就是用几何平均数求出发展速度，然后进行预测的方法。

移动平均法是将观察期的数据，按时间先后顺序排列，然后由远及近，以一定的跨越期进行移动平均，求得平均值。每次移动平均总是在上次移动平均的基础上，去掉一个最远期的数据，增加一个紧挨跨越期后面的新数据，保持跨越期不变，每次只向前移动一步，逐项移动，滚动前移。移动平均可分为简单移动平均和加权移动平均两类，其中简单移动平均又可细分为一次移动平均和二次移动平均等。

指数平滑预测方法是移动平均方法加以发展的一种特殊加权移动平均法。它可分为一次指数平滑法、二次指数平滑法和三次指数平滑法三种。移动平均法和指数平滑法一般用于时间序列数据资料既有长期趋势变动又有波动的场合。

季节指数法是指市场经济变量在一年内是以季节的循环周期为特征变动的，可通过计算销售量或需求量的季节指数来达到预测目的的一种方法。它首先要判断时间序列观察期数据是否呈季节性波动，然后再考虑它是否还受长期趋势变动和随机变动的影响等。一般分两种研究，即不考虑长期变动趋势的季节指数法和考虑长期变动趋势的季节指数法。

复习思考题

1. 试比较算术平均预测法、几何平均预测法、加权平均预测法的应用范围。

2. 一次移动平均法与二次移动平均法的模型有哪些不同？在实际应用中应注意什么？

3. 二次指数平滑预测法和二次移动平均预测法有何异同点？

4. 某商店在 2002—2010 年的销售额如表 9.39 所列。试用几何平均法预测 2011—2012 年销售额为多少万元？

表 9.39　　　　　　　　　　　某商店 2002—2010 年的销售额　　　　　　　　　　万元

年度	2002	2003	2004	2005	2006	2007	2008	2009	2010
销售额	520	540	580	610	640	670	710	740	770

5. 某市某年 1—11 月洗涤剂的销售额如表 9.40 所列，试用一次移动平均法分别以 $n = 3$ 和 $n = 5$ 预测 12 月的销售额，并比较 n 的大小对预测结果的影响。

月　份	1	2	3	4	5	6	7	8	9	10	11
销售额	400	270	380	396	620	350	310	260	440	540	470

表9.40　　　　　　　　　1—11月洗涤剂的销售额资料　　　　　　　　　万元

6. 某电动车 2000—2010 的销量如表 9.41 所列，试用一次指数平滑法预测 2011 年电动车的销量。($\alpha = 0.3$)

表9.41　　　　　　　　某电动车 2000—2010 年的销量　　　　　　　　万台

年度	2000	2001	2002	2003	2004	2005	2006	2007	2008	2009	2010
销量	26	28	30	23.6	33	36.2	24	46	60	75	90

7. 某产品月库存量如表 9.42 所列，当 $n = 5$ 时，试用二次移动平均法预测第 15 期、16 期的库存量各为多少吨？

表9.42　　　　　　　　　某产品月库存量资料　　　　　　　　　吨

期数	1	2	3	4	5	6	7	8	9	10	11	12	13	14
库存量	320	364	384	448	376	396	412	406	476	452	462	442	518	546

8. 某商品 2008—2010 年各季度销售量如表 9.43 所列，若 2011 年计划销售量为 3000 箱，试用季节平均预测法预测 2011 年各季度的销售量为多少箱？

表9.43　　　　　　　　某商品 2008—2010 年各季度销售量　　　　　　　　箱

年度	第一季度	第二季度	第三季度	第四季度
2008	190	617	1570	580
2009	363	1070	1750	960
2010	380	1300	1580	740

9. 某省 2008—2010 年各季度旅游收入如表 9.44 所列，试用季节比率预测法预测 2011 年各季度的旅游收入。

表9.44　　　　　　　　某省 2008—2010 年各季度旅游收入　　　　　　　　万元

年度	第一季度	第二季度	第三季度	第四季度
2008	169	80	113	89
2009	133	72	118	85
2010	140	82	128	94

10. 某企业产品 2005—2010 年各季度的销售额数据如表 9.45 所列，试用长期趋势下季节指数预测 2011 年各季度销售额为多少万元？

表9.45　　　　　　　　某产品 2005—2010 年各季度的销售额　　　　　　　　万元

年度	第一季度	第二季度	第三季度	第四季度
2005	835	1102	794	502
2006	860	1135	826	517
2007	911	1192	867	543
2008	948	1240	902	575
2009	1024	1336	965	622
2010	1080	1418	1022	652

能源生产及消费情况研究

　　能源是人类生存和社会发展的必要和重要因素，20 世纪 70 年代，西方国家曾因为能源供应安全造成了两次能源危机，社会和经济严重衰退。当前，我国的能源形势十分严峻，主要表现如下：能源年增长约 4%，不能满足国民经济年增长 8% ~ 10% 的要求；2000 年缺能约 4.6 亿~5.4 亿吨标煤，预计 2010 年缺能 8%，2050 年缺能 24%。所以进行我国能源生产量和消费的时间序列分析，对于了解我国能源情况，预测未来的需求情况有很大的帮助，对我国社会经济的发展也具有重要的现实意义。

　　表 9.46 为全国能源情况①。这些统计数据显示了 1990—2004 年这 15 年我国能源生产总量、能源消费总量、人均生活消费能源量（缺 2004 年数据）以及能源消费比上年增长率的情况。

表 9.46　　　　　　　全国 1990—2004 年能源生产和消费情况　　　　　　万吨标准煤

年份	能源生产总量	能源消费总量	人均生活消费能源量	能源消费比上年增长/%
1990	103922	98703	139.2	1.8
1991	104844	103783	138.1	5.1
1992	107256	109170	133.4	5.2
1993	111059	115993	130.6	6.3
1994	118729	122737	129.3	5.8
1995	129034	131176	130.8	6.9
1996	132616	138948	145.5	5.9
1997	132410	137798	133.1	- 0.8
1998	124250	132214	115.9	- 4.1
1999	109126	130119	116.1	- 1.6
2000	106988	130297	118.1	0.1
2001	120900	134914	121.3	3.5
2002	138369	148222	133.0	9.9
2003	159912	170943	149.5	15.3
2004	184 600	197 000	—	15.2

　　问题：根据表 9.46，选用本章介绍的合适的时间序列预测模型，分析各项指标观察值的趋势，并且预测之后几年的能源生产、消费数据情况，完成一份全面的案例分析。

---

　　①　摘自中华人民共和国国家统计局编制的《中国统计年鉴 2005》中 1985—2004 年的统计数据。

第十章 回归分析预测法

本章教学基本要求

1. 了解相关关系、相关分析和回归分析等的内涵
2. 熟悉回归分析的基本步骤和要求
3. 学会运用一元线性回归分析技术处理市场信息
4. 学会运用二元线性回归分析技术处理市场信息
5. 了解多元线性回归预测的原理
6. 掌握非线性回归处理问题的方法

引导案例

销售额与广告媒体的关系

某 VCD 连锁店非常想知道在电视台做广告与在广播电台做广告哪种更有效。它收集了连锁店各个商店的每月销售额（万元）和每月用在以上两种媒介的广告支出。通过多元线性回归分析，了解到每种媒介上的广告支出额对销售额的影响情况，得出了广播电台的广告形式带来的成本效益更高。因此，及时调整了促销策略，在市场竞争中赢得了较好的市场占有率。

> 在现实经济生活中，经济现象之间客观地存在着各种各样的有机联系，一种经济现象的存在和发展变化必然受与之相联系的其他现象存在和发展变化的制约与影响。回归分析预测法就是从各种经济现象之间的相互关系出发，通过对与预测对象有联系的现象变动趋势的分析，推算预测对象未来状态数量表现的一种预测方法。

第一节 回归分析概述

一、"回归"一词的含义

"回归"最初是遗传学中的一个名词，由英国生物学家、统计学家高尔登（Galton，

1822—1911）首先提出来。高尔登在研究人类的身高时，发现高个子父母的子女身高有低于其父母身高的趋势；而矮个子父母的子女身高往往有高于其父母身高的趋势。从整个发展趋势来看，高个子回归于人口的平均身高，而矮个子则从另一方向回归于人口的平均身高。"回归"这一名词，从此便一直为生物学和统计学所沿用。

回归的现代含义与过去不大相同。一般来说，回归是研究自变量与因变量之间的关系形式的分析方法。其目的在于根据已知自变量来估计和预测因变量的总平均值。例如，农作物亩产量对施肥量、降雨量和气温有着依存关系。通过对这种依存关系的分析，在已知有关施肥量、降雨量和气温信息的条件下，可以预测农作物的平均亩产量。

二、回归分析与相关分析

1. 相关关系的概念

现实世界中，每一事物的运动都是和它周围的事物相互联系、相互影响着的。因此，反映客观事物运动的各种变量之间也就存在着一定的关系。人们通过实践，发现变量之间的关系可以分成函数关系和相关关系两类。

（1）函数关系反映着现象之间存在着严格的依存关系。这种关系中，对于某一变量的每一个数值，都有另一个变量的确定值与之相对应，并且这种关系可以用一个数学表达式反映出来。例如，圆面积对于半径的依存关系，正方形的面积对于边长的依存关系等。

（2）相关关系反映着现象之间存在着非严格的、不确定的依存关系。这种依存关系有两个显著的特点。一是现象之间确实存在数量上的客观内在关系，表现为一个现象发生数量上的变化，要影响另一个现象也相应地发生数量上的变化。例如，劳动生产率的提高会影响成本的降低。二是现象之间数量依存关系不是确定的，具有一定的随机性，表现为给定自变量的一个数值，因变量会有若干个数值与之对应，并且因变量总是遵循一定规律围绕这些数值的平均数上下波动。其原因是影响因变量发生变化的因素不止一个。例如，影响工业总产值的因素除了职工人数外，还有固定资产总值、流动资金和耗电量等因素。

2. 回归分析与相关分析

回归分析与相关分析均为研究及测度两个或两个以上变量之间关系的方法。相关分析研究两个或两个以上随机变量之间相互依存关系的紧密程度。直线相关时用相关系数表示，曲线相关时用相关指数表示，多元相关时用复相关系数表示。回归分析研究某一随机变量（因变量）与其他一个或几个普通变量（自变量）之间的数量变动的关系。由回归分析求出的关系式，称为回归模型。

这两种分析的区别是，相关分析研究的都是随机变量，并且不分自变量与因变量；回归分析研究的变量要定出自变量与因变量，并且自变量是确定的普通变量，因变量是随机变量。这两种分析的联系是，它们是研究现象之间相互依存关系的两个不可分割的方面。在实际工作中，一般先进行相关分析，由相关系数或相关指数的大小决定是否需要进行回归分析。而在相关分析的基础上必须结合回归模型，以便进行推算、预测。

相关分析与回归分析的主要作用是：① 通过对数量关系的研究分析，深入认识现象之间的相互依存关系；② 通过回归模型进行预测和预报；③ 通过对比检查，补充缺少的资料。

三、回归模型的种类

1. 根据回归模型自变量的多少分类

根据回归模型中自变量的多少进行分类，回归模型可分为一元回归模型和多元回归模型。一元回归模型是根据某一因变量与一个自变量之间的相关关系建立的模型。例如，根据耐用消费品销售量对居民货币收入的相关关系建立的回归模型。多元回归模型是根据某一因变量与两个或两个以上自变量之间的相关关系建立的模型。例如，根据农作物产量对施肥量、降雨量和气温的相关关系建立的回归模型。

2. 根据回归模型是否存在线性关系分类

根据回归模型是否存在线性相关的关系进行分类，回归模型可分为线性回归模型和非线性回归模型。在线性回归模型中，因变量与自变量的关系呈直线型。例如，耐用消费品的销售量与居民货币收入的关系，基本上呈线性变化关系，则其回归模型就称为线性回归模型。在非线性回归模型中，因变量与自变量的关系呈曲线型。例如，某商店的商品流通费用率与销售额的变化关系呈双曲线型，则其回归模型就称做非线性回归模型。非线性回归分析通常可化为线性回归来处理，称做非线性回归分析的线性化。

本书所要研究的回归模型如图 10.1 所示。

$$\text{回归模型} \begin{cases} \text{线性回归模型} \begin{cases} \text{一元线性回归模型} \\ \text{多元线性回归模型} \end{cases} \\ \text{非线性回归模型} \end{cases}$$

图 10.1　回归模型分类

四、回归分析预测法的应用条件

回归分析预测法是一种实用价值很高的预测方法，但必须在一定条件下应用。应用回归分析预测法，要具备以下几方面的基本条件。

1. 市场现象的因变量与自变量之间存在相关关系

市场现象的自变量和因变量之间的依存关系必须是相关关系，才适合用回归分析预测法，建立回归模型，以自变量的变化去预测因变量的变化。对于不相关的各种市场现象变量就不适合用回归分析预测法。

2. 市场现象的因变量与自变量之间必须高度相关

应用回归分析预测法，不仅要求被研究的市场现象之间确实存在相关关系，而且还要求自变量与因变量之间的相关关系是密切的关系，即高度相关。存在相关关系的市场现象并不一定都是高度相关的，回归分析预测法只适用于预测存在高度相关的市场现象，对于相关程度不高的市场现象，一般认为进行回归分析无实际意义。因为只有高度相关的现象之间，才存在一定的变化规律，才有可能将这种规律用回归模型加以反映。

回归分析预测法的这个要求，在实际预测中表现为，与因变量具有高度相关关系的因素都必须选为自变量，与因变量不具有或只有低度相关关系的因素都不选为自变量。要做到这一点，必须对市场现象各因素作深入细致的分析，要从多方面对影响因素进行分析，通过各种检验方法进行检验，在回归模型中，决不遗漏一个高度相关的影响因素，也决不误选一个低度相关或不相关的影响因素。

3. 具备市场现象自变量和因变量的数据资料

应用回归分析预测法，最终目的是预测因变量的数值。要想求得因变量值就必须要具备自变量的值，不但要求具有确定回归模型方程所需的自变量和因变量的实际观察值，而且还要能够取得预测期内的自变量值，这是求得因变量预测值的基本条件之一。预测者在应用这种预测法时，必须要考虑到自变量各期的观察值，特别是自变量在预测期的值是否能够比较顺利地取得，是否能够取得比较准确的数值。如果不具备这种条件，就无法达到回归分析预测的最终目的。

回归分析预测法的这几个应用条件是互相联系的，不能将它们割裂开来理解。

五、回归分析预测法的一般程序

回归分析预测法尽管在形式上千差万别、各种各样，但是就回归预测的实质来说，它们有共同点。因此，根据这些共同点可以把回归预测分析的步骤概括如下。

1. 确立相关因素

相关因素的确定是回归分析的基础。因为只有当各因素存在着相关关系时，才可用回归分析进行预测。如果各因素不存在相关关系，或关系不重要，相关性不大，那就不能用此方法了。因此，相关变量选择的准确与否会直接影响回归预测结果的准确性。

2. 建立数学模型

根据已知的数据资料，找出变量之间相关关系的类型，并选择与其最为吻合的数学模型，代入已知数据并经过数学运算，求得有关的系数，从而建立起预测的数学模型。建立数学模型对市场预测工作来说十分重要。

3. 检验和评价数学模型

建立的数学模型是否正确，还必须用一套数理统计方法加以检验，并测量其误差大小和精确程度。如不正确，则要重新建模或对原模型进行修正。

4. 运用模型进行预测

数学模型经检验后如果正确，即可用它进行预测和控制了。

必须指出，回归预测虽然是一种科学的定量预测方法，但决不能把预测过程看成简单的数学运算，特别对经济预测来说，必须结合定性的分析来判断和推测未来市场的变化情况。另外，回归预测模型的适用对象必须是对象本身确实内含某种规律性，从而用回归方程能把这种规律性表示出来。如果研究对象无内在规律可循，那么也就无法进行回归预测了。

第二节 ▍ 一元线性回归分析

一元线性回归分析法，是在观察两个变量之间相互依存的线性关系形态后，借助回归分析方法推导出该变量之间的线性回归方程式，以此来描述两个变量之间的变化规律，并运用该回归方程对市场的发展变化趋势或状态进行预测和控制。

一、一元线性回归模型

如果影响预测对象的主要因素只有一个，并且影响因素与预测对象之间呈线性关系，那么可采用简单的一元线性回归分析预测法。设一元线性回归方程为

$$\hat{y}_i = a + bx_i$$

则实际值

$$y_i = a + bx_i + e_i$$

式中，x_i——自变量；

$\quad y_i$——因变量；

$\quad \hat{y}_i$——y_i 的回归值（或称估计值）；

$\quad e_i$——随机扰动项；

a,b——回归系数，a 直线在 y 轴上的截距，b 是斜率。对 a,b 两个参数通常采用最小二乘法进行求解。

二、最小二乘法求解回归系数

最小二乘法就是从过去若干期实际资料中，找到一条有倾向性的趋势直线——回归直线，使回归直线到实际资料各点间的距离平方和最短，即偏差的自乘之和最小。用最小二乘法所找出的倾向性回归直线，最能代表实际资料的变动趋势，因而可作为预测之用。

偏差平方和为

$$Q = \sum_{i=1}^{n} e_i^2 = \sum_{i=1}^{n} (y_i - \hat{y}_i)^2 = \sum_{i=1}^{n} (y_i - a - bx_i)^2$$

式中，y_i——i 期（$i = 1,2,\cdots,n$）的实际统计数据；

$\quad \hat{y}_i$——i 期预测值；

$\quad e_i$——y_i 与 $\hat{y}_i$ 的偏差；

$\quad Q$——偏差平方和；

$\quad n$——资料期数（数据点数）。

为使 Q 的值为最小，则对 Q 表达式中的 a,b 分别求偏导数，并令其偏导数为零。

即

$$\frac{\partial Q}{\partial a} = -2 \sum_{i=1}^{n} (y_i - a - bx_i) = 0$$

$$\frac{\partial Q}{\partial b} = -2 \sum_{i=1}^{n} (y_i - a - bx_i)x_i = 0$$

化成标准方程组为

$$\begin{cases} \sum_{i=1}^{n} y_i = na + b \sum_{i=1}^{n} x_i \\ \sum_{i=1}^{n} x_i y_i = a \sum_{i=1}^{n} x_i + b \sum_{i=1}^{n} x_i^2 \end{cases}$$

解得

$$\begin{cases} b = \dfrac{n \sum_{i=1}^{n} x_i y_i - \sum_{i=1}^{n} x_i \sum_{i=1}^{n} y_i}{n \sum_{i=1}^{n} x_i^2 - \left(\sum_{i=1}^{n} x_i \right)^2} \\ a = \bar{y} - b\bar{x} \end{cases}$$

于是得到一元线性回归预测模型为

$$\hat{y} = a + bx$$

回归模型中的系数 b 反映了 x 变化一个单位对 y 的影响程度，即反映了影响因素 x 对预测对象 y 的影响大小和方向。b 值大，x 对 y 的影响大；b 值小，x 对 y 的影响小。b 为正，表示 x 对 y 是正影响；b 为负，表示 x 对 y 是负影响。

三、回归模型检验

运用最小二乘法估计回归系数 a 和 b 后，就确定了一元线性回归模型。但若使用的数据资料不同，或数据资料数量多少不同，则求得的回归系数 a 和 b 就不同，一元线性回归模型也就不同。因此，在运用一元线性回归模型进行预测之前，还要借助数理统计方法对所建立的回归模型的可靠性进行检验。检验内容包括以下几个方面。

（一）方差分析

在一元线性回归模型中，观察值 y_i 的数值大小是上下波动的，一般不会正好落在回归直线上。这种波动现象称做误差。产生误差的原因有两个：一是受自变量本身变动的影响，即 x 取值不同的原因是造成 y 变动的结果；二是受其他随机干扰因素的影响，包括一元线性回归模型中没有包括的其他自变量的影响、观察误差的影响等。为了分析这两方面的影响，需要对回归模型中因变量 y 的离差平方和进行分析，以检验自变量 x 对因变量 y 的变异是否有显著的线性相关影响，判明回归效果的好坏。

对于 n 组观察值 (x_i, y_i) （$i = 1, 2, \cdots, n$），n 个因变量 y 观察值的偏差的大小记为 S_T^2。$S_T^2 = \sum_{i=1}^{n} (y_i - \bar{y})^2$，反映了观察值的总离差，称为总离差平方和；$S_R^2 = \sum_{i=1}^{n} (\hat{y}_i - \bar{y})^2$，反映了回归直线引起的偏差，称为回归平方和；$S_E^2 = \sum_{i=1}^{n} (y_i - \hat{y})^2$，反映了

随机因素引起的偏差，称为随机离差平方和（或称为剩余离差平方和或残差平方和）。

由于 $S_T^2 = \sum_{i=1}^{n} (y_i - \bar{y})^2$ ，对于 n 组观察值 (x_i, y_i)　$(i = 1, 2, \cdots, n)$ 有

$$S_T^2 = \sum (y_i - \bar{y})^2 = \sum [(y_i - \hat{y}) + (\hat{y}_i - \bar{y})]^2$$
$$= \sum (y_i - \hat{y}_i)^2 + \sum (\hat{y}_i - \bar{y})^2 + 2\sum (y_i - \hat{y}_i)(\hat{y}_i - \bar{y})$$

经数理统计证明，其中交叉项等于零，因此总离差平方和可以分解为回归平方和、剩余离差平方和两部分，即

$$\sum (y_i - \bar{y})^2 = \sum (\hat{y}_i - \bar{y})^2 + \sum (y_i - \hat{y}_i)^2$$
$$S_T^2 = S_R^2 + S_E^2$$

即总离差平方和 S_T^2 由回归离差平方和 S_R^2 与随机离差平方和 S_E^2 两部分构成。其中：$S_T^2 = \sum (y_i - \bar{y})^2$ 是 n 个观察值 y_1, y_2, $\cdots$, y_n 与其平均值 $\bar{y}$ 的离差平方和，它的大小反映了 n 个因变量观察值的分散程度；$S_R^2 = \sum (\hat{y}_i - \bar{y})^2$ 是 n 个因变量回归值 $\hat{y}_1$, $\hat{y}_2$, $\cdots$, $\hat{y}_n$ 与其平均值的离差平方和，它的大小反映了 n 个因变量回归值的分散程度；$S_E^2 = \sum (y_i - \hat{y}_i)^2$ 是每个因变量观察值 y_i 与其回归值 $\hat{y}_i$ 的离差平方和，它的大小反映了除自变量 x_i 之外其他随机因素对 y_i 的影响程度。

对于一组观察值 (x_i, y_i)　$(i = 1, 2, \cdots, n)$，可用方差分析表（表10.1）来计算 S_T^2, S_R^2 和 S_E^2。

表 10.1　　　　　　　　　　　　　　　　方差分析表

离差来源	平方和	自由度
回归（因素 x）	$S_R^2 = \sum (\hat{y}_i - \bar{y})^2 = \dfrac{L_{xy}^2}{L_{xx}}$	m
剩余（随机因素）	$S_E^2 = \sum (y_i - \hat{y}_i)^2 = L_{yy} - \dfrac{L_{xy}^2}{L_{xx}}$	$n - m - 1$
总计	$S_T^2 = \sum (y_i - \bar{y})^2 = L_{yy}$	$n - 1$

注　m 为回归方程中自变量的个数；n 为回归分析所用的观察数据的个数。

表 10.1 中

$$L_{xy} = \sum (x_i - \bar{x})(y_i - \bar{y}) = \sum x_i y_i - \frac{\sum x_i \sum y_i}{n} \tag{10-1}$$

其推导过程为

$$L_{xy} = \sum (x_i - \bar{x})(y_i - \bar{y})$$
$$= \sum (x_i y_i - \bar{x} y_i - x_i \bar{y} + \bar{x}\bar{y})$$
$$= \sum x_i y_i - \frac{\sum x_i}{n}\sum y_i - \sum x_i \frac{\sum y_i}{n} + n\frac{\sum x_i}{n}\frac{\sum y_i}{n}$$
$$= \sum x_i y_i - \frac{\sum x_i \sum y_i}{n}$$

同理

$$L_{xx} = \sum (x_i - \bar{x})^2 = \sum x_i^2 - \frac{\left(\sum x_i \right)^2}{n} \tag{10-2}$$

$$L_{yy} = \sum (y_i - \bar{y})^2 = \sum y_i^2 - \frac{\left(\sum y_i \right)^2}{n} \tag{10-3}$$

（二）标准误差分析

标准误差是指实际观察值分布在回归直线周围的离散程度的统计量，其数值大小等于剩余离差平方和的均方根值。即

$$s = \sqrt{\frac{S_E^2}{n - m - 1}} = \sqrt{\frac{\sum (y_i - \hat{y}_i)^2}{n - m - 1}}$$

s 越大，观察值对回归直线的离散程度也越大；反之亦然。当 $s/\bar{y} < 15\%$ 时，回归方程用于预测的精度令人满意；反之，则精度不能令人满意。

（三）相关分析

1. 相关系数的计算方法

相关分析是指通过相关系数 R 反映自变量 x 与因变量 y 之间线性相关关系的强弱程度。相关系数 R 的计算方法有两种。

（1）平方根法。

$$R^2 = \frac{S_R^2}{S_T^2} = 1 - \frac{S_E^2}{S_T^2} = \frac{\sum (\hat{y}_i - \bar{y})^2}{\sum (y_i - \bar{y})^2} = 1 - \frac{\sum (y_i - \hat{y}_i)}{\sum (y_i - \bar{y})}$$

则相关系数的计算公式为

$$R = \sqrt{\frac{\sum (\hat{y}_i - \bar{y})^2}{\sum (y_i - \bar{y})^2}} = \sqrt{1 - \frac{\sum (y_i - \hat{y}_i)^2}{\sum (y_i - \bar{y})^2}} \quad (0 \leqslant R^2 \leqslant 1)$$

（2）积差法。

$$R^2 = \frac{\sum (\hat{y}_i - \bar{y})^2}{\sum (y_i - \bar{y})^2} = \frac{\sum (a + bx_i - a - b\bar{x})^2}{\sum (y_i - \bar{y})^2} = \frac{b^2 \sum (x_i - \bar{x})^2}{\sum (y_i - \bar{y})^2} \tag{10-4}$$

其中

$$b = \frac{n \sum x_i y_i - \sum x_i \sum y_i}{n \sum x_i^2 - \left(\sum x_i \right)^2} = \frac{L_{xy}}{L_{xx}} = \frac{\sum (x_i - \bar{x})(y_i - \bar{y})}{\sum (x_i - \bar{x})^2}$$

代入式(10-4)，得

$$R^2 = \left[\frac{\sum (x_i - \bar{x})(y_i - \bar{y})}{\sum (x_i - \bar{x})^2} \right]^2 \frac{\sum (x_i - \bar{x})^2}{\sum (x_i - \bar{x})^2} = \frac{\left[\sum (x_i - \bar{x})(y_i - \bar{y}) \right]^2}{\sum (x_i - \bar{x})^2 \sum (y_i - \bar{y})^2}$$

所以

$$R = \frac{\sum (x_i - \bar{x})(y_i - \bar{y})}{\sqrt{\sum (x_i - \bar{x})^2} \sqrt{\sum (y_i - \bar{y})^2}} \tag{10-5}$$

由于根据积差法定义的相关系数不需要先求回归模型的剩余变差，可以直接从样本数据中计算得到，所以在实际工作中用得较为广泛。但用积差法计算相关系数，计算量

比较大，因此，根据方差公式(10-1)、式(10-2)和式(10-3)可将式(10-5)简化为

$$R = \frac{n\sum x_i y_i - \sum x_i \sum y_i}{\sqrt{n\sum x_i^2 - \left(\sum x_i\right)^2}\sqrt{n\sum y_i^2 - \left(\sum y_i\right)^2}}$$

2. 相关系数的取值

由上面可以看出，相关系数的取值范围为 $-1 \leqslant R \leqslant 1$。相关系数为正值表示两变量之间为正相关；相关系数为负值表示两变量之间为负相关。相关系数绝对值的大小表示相关程度的高低。

（1）当 $|R| = 1$ 时，称两变量完全线性相关，这时回归直线经过所有观察点；

（2）当 $0.7 \leqslant |R| < 1$ 时，表明两变量间有高度线性相关关系；

（3）当 $0.3 \leqslant |R| < 0.7$ 时，表明两变量间有中度线性相关关系；

（4）当 $0 < |R| < 0.3$ 时，表明两变量间有低度线性相关关系；

（5）当 $|R| = 0$，表明两变量为完全不相关。此时回归直线平行于 x 轴，不管 x 如何变化，因变量 y 都不发生变化。

（四）显著性检验

一元线性回归分析显著性检验分为相关系数显著性检验与回归方程显著性检验。

1. 相关系数显著性检验

相关系数是一元线性回归模型中用于衡量两个变量之间相关程度的指标。一般来说，$|R|$ 越大，说明两个变量之间的相关关系越密切。但 $|R|$ 大到什么程度时，方能认为两变量之间的相关关系是显著的、用回归模型预测是有意义的？这个问题，对于不同的观测值，或不同组数的观测值，按照不同数值的显著性水平，衡量的标准是不同的。相关系数检验法的步骤如下。

（1）计算相关系数 R。

（2）选择检验的显著性水平 α。通常 α 取 5% 或 10%，其意义是指利用局部资料计算的相关系数去说明总体客观相关系数，出错的概率是 5% 或 10%，或其置信度 $(1 - \alpha)$ 是 95% 或 90%。

（3）从相关系数临界值表中查出临界值 r_c。

（4）作出判断。若 $|R| \geqslant r_c$，表明两变量之间线性相关关系显著，检验通过，建立的回归模型可以用于预测；反之，若 $|R| < r_c$，表明两变量之间线性相关关系不显著，检验不能通过，这时的回归模型不能用于预测，应进一步分析原因，重新建立回归模型或对回归模型进行处理。

2. 回归方程显著性检验

它是利用方差分析结果，在考虑各自的自由度前提下的回归离差平方和 S_R^2 与剩余离差平方和 S_E^2 的比值，称为 F 统计量。即

$$F = \frac{S_R^2/m}{S_E^2/(n - m - 1)} \tag{10-6}$$

将计算得到的 F 值与查 F 分布表得到的临界值 F_c 进行比较，以判断回归方程是否具有显著性。检验步骤如下。

（1）按式（10-6）计算 F 值。

（2）选择显著性水平 α。

（3）根据 α 以及分子（m）和分母（$n-m-1$）的自由度，查 F 分布表的临界值 F_c。

（4）作出判断。若 $F > F_c(\alpha, m, n-m-1)$，则认为回归预测模型具有显著水平，说明自变量 x 的变化足够解释因变量 y 的变化，从总体上看所建立的回归模型是有效的；反之，若 $F \leqslant F_c(\alpha, m, n-m-1)$，则认为回归预测模型达不到应有的显著水平，自变量 x 的变化不足以说明因变量 y 的变化，从总体上看所建立的回归模型无效，模型不能用于预测。

四、预测区间估计

回归预测模型通过显著性检验后，就可以用于预测了。在一元线性回归模型中，对于自变量 x 的一个给定值 x_0，代入 $y = a + bx$，就可以求得一个对应的回归预测值 $\hat{y}_0$，称为点估计值。但在实践应用中，预测目标的实际值往往不是刚好就等于预测值，两者之间总会产生或大或小的偏差，如果仅仅根据点估计值的计算结果作出预测结论，难免出现谬误。因此，不但要预测出 y 的点估计值，而且还要给出 y 的预测区间。所谓预测区间，是指在一定的显著性水平上，应用数理统计方法确定因变量预测值可能的区间范围。

若只要求对因变量预测置信区间作近似估计，则可利用预测点估计值 $\hat{y}_0$ 和回归分析的标准差 s，作出以下不同置信度的结论：

（1）当置信度为 68.3% 时，预测值 $\hat{y}_0$ 的近似置信区间为 $[\hat{y}_0 - s, \hat{y}_0 + s]$；

（2）当置信度为 95.4% 时，预测值 $\hat{y}_0$ 的近似置信区间为 $[\hat{y}_0 - 2s, \hat{y}_0 + 2s]$；

（3）当置信度为 99.7% 时，预测值 $\hat{y}_0$ 的近似置信区间为 $[\hat{y}_0 - 3s, \hat{y}_0 + 3s]$。

五、应用举例

【例 10-1】 某企业某产品 2004—2010 年广告支出以及该产品销售收入资料如表 10.2 所列，如果 2011 年广告支出达到 40 万元，试预测同时期内该产品的销售额应为多少万元。

表 10.2　　　　　　　　调查资料数据和回归计算数据表　　　　　　　　　万元

年份	广告支出 x_i	销售额 y_i	$x_i - \bar{x}$	$y_i - \bar{y}$	$(x_i - \bar{x})(y_i - \bar{y})$	$(x_i - \bar{x})^2$	$(y_i - \bar{y})^2$
2004	5	100	-10	-86	860	100	7396
2005	10	120	-5	-66	330	25	4356
2006	12	150	-3	-36	108	9	1296
2007	15	180	0	-6	0	0	36
2008	18	200	3	14	42	9	196
2009	20	250	5	64	320	25	4096
2010	25	300	10	114	1140	100	12996
Σ	105	1300	0	15655	2800	268	30372

解 （1）绘制散点图，建立数学模型。

根据表 10.2 的资料数据，绘散点图（图 10.2），粗略判断各散点之间能用直线进行拟合，说明 x，y 两个变量之间具有线性相关关系，可以用一元线性回归模型来描述两个变量的因果关系。

$$\hat{y} = a + bx \tag{10-7}$$

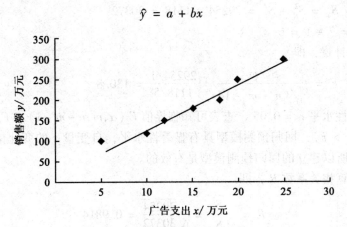

图 10.2 观察数据散点图及回归直线

（2）计算平均值。

$$\bar{x} = \frac{\sum x_i}{n} = \frac{105}{7} = 15$$

$$\bar{y} = \frac{\sum y_i}{n} = \frac{1300}{7} = 186$$

（3）计算回归参数，确定预测模型。

根据最小二乘法公式得到

$$b = \frac{\sum (x_i - \bar{x})(y_i - \bar{y})}{\sum (x_i - \bar{x})^2} = \frac{2800}{268} = 10$$

$$a = \bar{y} - b\bar{x} = 186 - 10 \times 15 = 36$$

将所求的 a，b 值代入式（10-7），得到所求的一元线性回归预测模型为

$$\hat{y} = a + bx = 36 + 10x$$

（4）预测模型的检验。

由已知条件得到

$$L_{xy} = \sum (x_i - \bar{x})(y_i - \bar{y}) = \sum x_i y_i - \frac{\sum x_i \sum y_i}{n} = 2800$$

$$L_{xx} = \sum (x_i - \bar{x})^2 = \sum x_i^2 - \frac{\left(\sum x_i\right)^2}{n} = 268$$

$$L_{yy} = \sum (y_i - \bar{y})^2 = \sum y_i^2 - \frac{\left(\sum y_i\right)^2}{n} = 30372$$

$$S_R^2 = \sum (\hat{y}_i - \bar{y})^2 = \frac{L_{xy}^2}{L_{xx}} = \frac{2800^2}{268} = 29254$$

自由度 $m = 1$；

$$S_E^2 = \sum (y_i - \hat{y}_i)^2 = L_{yy} - \frac{L_{xy}^2}{L_{xx}} = 30372 - 29254 = 1118$$

自由度 $n - m - 1 = 7 - 1 - 1 = 5$；

$$S_T^2 = S_R^2 + S_E^2 = 29254 + 1118 = 30372$$

自由度 $n - 1 = 7 - 1 = 6$。

计算 F 统计量，即

$$F = \frac{S_R^2/m}{S_E^2/(n - m - 1)} = \frac{29254/1}{1118/5} = 130.8$$

选择显著性水平 $\alpha = 0.05$，查表可知临界值 $F_c(\alpha, m, n - m - 1) = F_c(0.05, 1, 5) = 6.61$。由于 $F > F_c$，回归预测模型具有显著性水平，自变量 x 的变化能引起因变量 y 的显著变化，所以建立的回归预测模型是有效的。

也可以计算相关系数 R，即

$$R = \sqrt{\frac{S_R^2}{S_T^2}} = \sqrt{\frac{29254}{30372}} = 0.9814$$

查相关系数表：$r_c(0.05, 5) = 0.7545$。$R = 0.9814 > r_c$，表明 x 与 y 具有高度线性相关关系，所建立的回归模型可以用于预测。

（5）预测模型点估计及置信区间。

当 2011 年该产品的广告支出为 40 万元时，相应的该产品的销售额为

$$\hat{y}_0 = 36 + 10x = 36 + 10 \times 40 = 436（万元）$$

其标准误差

$$s = \sqrt{\frac{S_E^2}{n - m - 1}} = \sqrt{\frac{1118}{7 - 1 - 1}} = 15$$

当置信度为 95.45% 时，预测值 y_0 的置信区间为

$$[\hat{y}_0 - 2s, \hat{y}_0 + 2s] = [436 - 2 \times 15, 436 + 2 \times 15] = [406, 466]$$

即当 2011 年该产品的广告支出为 40 万元时，相应的该产品销售额在 406 万 ~ 466 万元之间的概率为 95.45%。

（6）综合分析，作出判断和估计。

根据上面的定量分析计算，综合考虑其他因素，最后将销售额定为 430 万元左右。

【例 10-2】 某地区人均收入与耐用消费品销售情况如表 10.3 所列，请根据人均收入的变化来预测耐用品的销售额。

解 根据预测目标很容易知道耐用品的年销售额为因变量，人均收入为自变量。因此有

$$\begin{cases} b = \dfrac{n \sum\limits_{i=1}^{n} x_i y_i - \sum\limits_{i=1}^{n} x_i \sum\limits_{i=1}^{n} y_i}{n \sum\limits_{i=1}^{n} x_i^2 - \left(\sum\limits_{i=1}^{n} x_i \right)^2} = \dfrac{9 \times 345.09 - 30.3 \times 91.1}{9 \times 115.11 - 30.3^2} = 2.9303 \\[4mm] a = \bar{y} - b\bar{x} = \dfrac{91.1}{9} - 2.9303 \times \dfrac{30.3}{9} = 0.2568 \end{cases}$$

表 10.3   调查数据和回归计算数据表

年 份	序 号	人均月收入 x_i / $\times 10^3$ 元	销售总额 y_i / $\times 10^5$ 元	计算栏/$\times 10^5$ 元			
				$x_i y_i$	x_i^2	y_i^2	$\hat{y}_i$
2002	1	1.5	4.8	7.20	2.25	23.04	4.65
2003	2	1.8	5.7	10.26	3.24	32.49	5.53
2004	3	2.4	7.0	16.80	5.76	49.00	7.29
2005	4	3.0	8.3	24.90	9.00	68.89	9.05
2006	5	3.5	10.9	38.15	12.25	118.81	10.51
2007	6	3.9	12.4	48.36	15.21	153.76	11.69
2008	7	4.4	13.1	57.64	19.36	171.61	13.15
2009	8	4.8	13.6	65.28	23.04	184.96	14.32
2010	9	5.0	15.3	76.50	25.00	234.09	14.91
Σ	—	30.3	91.1	345.09	115.11	1036.65	91.10

于是所求得的一元线性回归预测方程为

$$\hat{y}_i = 0.2568 + 2.9303 x_i$$

相关系数

$$R = \frac{\sum_{i=1}^{n} x_i y_i - n\bar{x}\bar{y}}{\sqrt{\sum x_i^2 - n\bar{x}^2}\sqrt{\sum y_i^2 - n\bar{y}^2}} = \frac{345.09 - 9 \times \frac{30.3}{9} \times \frac{91.1}{9}}{\sqrt{115.11 - 9 \times \left(\frac{30.3}{9}\right)^2}\sqrt{1036.65 - 9 \times \left(\frac{91.1}{9}\right)^2}}$$

$$= 0.864$$

说明 x 与 y 有很强的正相关关系，可以预测。

预测：2011 年若人均收入为 5600 元，该耐用消费品销售额的预测值为

$$\hat{y}_{2011} = 0.2568 + 2.9303 \times 5.6 = 16.67 \times 10^5 \text{（元）}$$

$$\sigma = \sqrt{\frac{\sum_{i=1}^{n}(y_i - \hat{y}_i)^2}{n-2}} = 0.78$$

所以预测区间为 $16.67 \pm 2 \times 0.78$，即预测值在 $(15.11, 18.23)$ 范围内的概率为 95.45%。

第三节 | 多元线性回归分析

如果所要预测的经济变量的变化是几个重要因素共同作用的结果，这时就需要选取几个自变量来建立回归方程，这就是多元回归问题。多元回归分析实际上只是一元回归分析的合理延伸，两者的基本原理和方法是完全一致的，其差别就在于计算上的简繁。多元回归中最简单的就是含两个自变量的线性方程。

一、二元线性回归预测模型

如果总体中因变量 y 与 x_1，x_2 两个自变量在统计意义上有相关关系，且为线性关系，则预测公式为

$$\hat{y}_i = a + b_1 x_{1i} + b_2 x_{2i}$$

其中回归系数也可由最小二乘法确定。

$$Q = \sum e_i^2 = \sum (y_i - a - b_1 x_{1i} - b_2 x_{2i})^2$$

$$\frac{\partial Q}{\partial a} = -2 \sum (y_i - a - b_1 x_{1i} + b_2 x_{2i}) = 0$$

$$\frac{\partial Q}{\partial b_1} = -2 \sum (y_i - a - b_1 x_{1i} + b_2 x_{2i}) x_{1i} = 0$$

$$\frac{\partial Q}{\partial b_2} = -2 \sum (y_i - a - b_1 x_{1i} + b_2 x_{2i}) x_{2i} = 0$$

经整理正规方程组

$$\left. \begin{array}{l} \sum y_i = na + b_1 \sum x_{1i} + b_2 \sum x_{2i} \\ \sum x_{1i} y_i = a \sum x_{1i} + b_1 \sum x_{1i}^2 + b_2 \sum x_{1i} x_{2i} \\ \sum x_{2i} y_i = a \sum x_{2i} + b_1 \sum x_{1i} x_{2i} + b_2 \sum x_{2i}^2 \end{array} \right\} \qquad (10\text{-}8)$$

解这个方程组就可求得参数 a，b_1，b_2 的值，进而得到

回归方程

$$\hat{y}_i = a + b_1 x_{1i} + b_2 x_{2i}$$

标准离差

$$s = \sqrt{\frac{\sum_{i=1}^{n} (y_i - \hat{y}_i)^2}{n - 3}}$$

复相关系数

$$R = \sqrt{1 - \frac{\sum_{i=1}^{n} (y_i - \hat{y}_i)^2}{\sum_{i=1}^{n} (y_i - \bar{y})^2}}$$

【例 10-3】 设某国每年小麦出口量的增长率 y 和该年小麦产量的增长率 x_1 及出口税率 x_2 有线性关系，其 2001—2010 年的样本数据如表 10.4 所列，求样本的回归方程并预测 2011 年的小麦出口量增长率。

解 将表 10.4 中数据代入式（10-8）得

$$\left\{ \begin{array}{l} 110 = 10a + 104b_1 + 27b_2 \\ 1282 = 104a + 1500b_1 + 279b_2 \\ 256 = 27a + 279b_1 + 89b_2 \end{array} \right.$$

解这三个方程式得

表 10.4　　　　　　　　调查数据及回归计算数据表

年份	出口增长率 y	产量增长率 x_1	出口税率 x_2	x_1y	x_2y	x_1x_2	x_1^2	x_2^2	y^2	$\hat{y}_i$	$(y_i-\hat{y}_i)^2$	$(y_i-\bar{y})^2$
2001	4	2	5	8	20	10	4	25	16	2.549	2.105	49
2002	9	1	2	9	18	2	1	4	81	9.763	0.582	4
2003	12	5	1	60	12	5	25	1	144	13.55	2.403	1
2004	16	8	1	128	16	8	64	1	256	14.507	2.229	25
2005	10	14	3	140	30	42	196	9	100	11.399	1.957	1
2006	5	7	4	35	20	28	49	16	25	6.655	2.739	36
2007	18	16	2	288	36	32	256	4	324	14.548	11.916	49
2008	14	20	2	280	28	40	400	4	196	15.824	3.327	9
2009	12	12	3	144	36	36	144	9	144	10.761	1.535	1
2010	10	19	4	190	40	76	361	16	100	10.483	0.233	1
Σ	110	104	27	1282	256	279	1500	89	1386	110.039	29.026	176

$$\begin{cases} a = 14.466 \\ b_1 = 0.319 \\ b_2 = -2.511 \end{cases}$$

则回归预测方程式为

$$\hat{y} = 14.466 + 0.319x_1 - 2.511x_2$$

$b_1 > 0, b_2 < 0$，说明随着小麦产量增长率的提高，小麦出口量的增长率也有提高，而随着出口税率的提高，小麦出口量的增长率是下降的。

$$R = \sqrt{1 - \frac{\sum_{i=1}^{n}(y_i - \hat{y}_i)^2}{\sum_{i=1}^{n}(y_i - \bar{y})^2}} = \sqrt{1 - \frac{29.026}{176}} = \sqrt{0.835} = 0.91$$

$$s = \sqrt{\frac{\sum_{i=1}^{n}(y_i - \hat{y}_i)^2}{n - 3}} = \sqrt{\frac{29.026}{7}} = \sqrt{4.1466} = 2.03$$

预测当 2011 年产量增长率 $x_1 = 10$，出口税率 $x_2 = 3$ 时，出口增长率为

$$\begin{aligned} \hat{y}_{2011} &= 14.466 + 0.319x_1 - 2.511x_2 \\ &= 14.466 + 0.319 \times 10 - 2.511 \times 3 \\ &= 10.123 \end{aligned}$$

所以，预测区间为 $\hat{y} \pm 2s = 10.123 \pm 2 \times 2.03$，即预测值在（6.063，14.183）范围内的概率为 95.45%。

二、多元线性回归预测模型

同样的方法，可以得出三元线性回归预测模型

$$\hat{y}_i = a + b_1x_{1i} + b_2x_{2i} + b_3x_{3i}$$

其中 a，b_1，b_2，b_3 可由下列正规方程组解出：

$$\begin{cases} \sum y_i = na + b_1 \sum x_{1i} + b_2 \sum x_{2i} + b_3 \sum x_{3i} \\ \sum x_{1i}y_i = a \sum x_{1i} + b_1 \sum x_{1i}^2 + b_2 \sum x_{1i}x_{2i} + b_3 \sum x_{1i}x_{3i} \\ \sum x_{2i}y_i = a \sum x_{2i} + b_1 \sum x_{1i}x_{2i} + b_2 \sum x_{2i}^2 + b_3 \sum x_{2i}x_{3i} \\ \sum x_{3i}y_i = a \sum x_{3i} + b_1 \sum x_{1i}x_{3i} + b_2 \sum x_{2i}x_{3i} + b_3 \sum x_{3i}^2 \end{cases}$$

同理，对于 m 个自变量的回归预测模型

$$\hat{y}_i = a + b_1 x_{1i} + b_2 x_{2i} + b_3 x_{3i} + \cdots + b_m x_{mi}$$

其中参数 a，b_1，b_2，b_3，$\cdots$，b_m 可由下列正规方程组解出：

$$\begin{cases} \sum y_i = na + b_1 \sum x_{1i} + b_2 \sum x_{2i} + b_3 \sum x_{3i} + \cdots + b_m \sum x_{mi} \\ \sum x_{1i}y_i = a \sum x_{1i} + b_1 \sum x_{1i}^2 + b_2 \sum x_{1i}x_{2i} + b_3 \sum x_{1i}x_{3i} + \cdots + b_m \sum x_{1i}x_{mi} \\ \sum x_{2i}y_i = a \sum x_{2i} + b_1 \sum x_{1i}x_{2i} + b_2 \sum x_{2i}^2 + b_3 \sum x_{2i}x_{3i} + \cdots + b_m \sum x_{2i}x_{mi} \\ \qquad\qquad\vdots \\ \sum x_{mi}y_i = a \sum x_{mi} + b_1 \sum x_{1i}x_{mi} + b_2 \sum x_{2i}x_{mi} + b_3 \sum x_{3i}x_{mi} + \cdots + b_m \sum x_{mi}^2 \end{cases}$$

标准离差

$$s = \sqrt{\frac{\sum_{i=1}^{n}(y_i - \hat{y}_i)^2}{n - m - 1}} \qquad (m \text{ 为自变量的个数})$$

复相关系数

$$R = \sqrt{1 - \frac{\sum_{i=1}^{n}(y_i - \hat{y}_i)^2}{\sum_{i=1}^{n}(y_i - \bar{y})^2}}$$

自变量超过 3 个时，可通过计算机来求解参数。

第四节 ▍ 非线性回归分析

在进行相关关系的回归分析时，常遇到的问题是因变量和自变量间的关系并不是线性型，而是曲线型。这时通常采用变量代换法将非线性模式线性化，然后再按照线性回归的方法处理。

常用的可化为线性回归的非线性回归模型的形式有

1. 双曲线

方程：

$$y = a + \frac{b}{x}$$

作变量代换

$$x' = \frac{1}{x}$$

变换后的线性方程

$$y = a + bx'$$

2. 幂函数

方程：

$$y = ax^b$$

取对数：

$$\ln y = \ln a + b\ln x$$

作变量代换

$$x' = \ln x, \qquad y' = \ln y, \qquad a' = \ln a$$

变换后的线性方程：

$$y' = a' + bx'$$

3. 对数曲线

方程：

$$y = a + b\ln x$$

作变量代换

$$x' = \ln x$$

变换后的线性方程

$$y = a + bx'$$

4. 指数曲线

方程：

$$y = ab^x$$

取对数：

$$\ln y = \ln a + (\ln b)x$$

作变量代换

$$y' = \ln y, \qquad a' = \ln a, \qquad b' = \ln b$$

变换后的线性方程：

$$y' = a' + b'x$$

5. 倒指数曲线

方程：

$$y = ae^{\frac{b}{x}}$$

取对数：

$$\ln y = \ln a + b\frac{1}{x}\ln e$$

作变量代换：

$$x' = \frac{1}{x}, \qquad y' = \ln y, \qquad a' = \ln a$$

变换后的线性方程：

$$y' = a' + bx'$$

6. S 型曲线

方程：

$$y = \frac{1}{a + be^{-x}}$$

取倒数：

$$\frac{1}{y} = a + be^{-x}$$

作变量代换：

$$x' = e^{-x}, \qquad y' = \frac{1}{y}$$

变换后的线性方程:

$$y' = a + bx'$$

【例 10-4】 某商店各个时期的商品流通费用水平和商品零售额呈双曲函数模型,数据如表 10.5 所列。预测下期如果商品零售额为 28 万元的流通费水平为多少?

表 10.5   调查数据及回归计算数据表

商品零售额 x /万元	商品流通费水平 y /%	$x' = \dfrac{1}{x}$	$(x')^2$	yx'
9.5	6.0	0.105	0.01103	0.63
11.5	4.6	0.087	0.00756	0.40
13.5	4.0	0.074	0.00549	0.30
15.5	3.2	0.065	0.00416	0.21
17.5	2.8	0.057	0.00327	0.16
19.5	2.5	0.051	0.00263	0.13
21.5	2.4	0.047	0.00216	0.11
23.5	2.3	0.043	0.00181	0.10
25.5	2.2	0.039	0.00154	0.09
27.5	2.1	0.036	0.00132	0.08
Σ	32.1	0.604	0.04097	2.21

解 双曲线预测模型

$$\hat{y} = a + \frac{b}{x}$$

令

$$x' = \frac{1}{x}$$

则

$$\hat{y} = a + bx'$$

根据一元线性回归模型求出参数 a , b :

$$b = \frac{n\sum x'y - \sum x' \sum y}{n\sum (x')^2 - \left(\sum x'\right)^2} = \frac{10 \times 2.21 - 0.604 \times 32.1}{10 \times 0.04097 - (0.604)^2} = 60.4$$

$$a = \bar{y} - b\bar{x}' = \frac{32.1}{10} - 60.4 \times \frac{0.604}{10} = -0.4377$$

则

$$\hat{y} = -0.4377 + 60.4x'$$

所以

$$\hat{y} = -0.4377 + 60.4\frac{1}{x}$$

当商品零售额为 28 万元时,流通费水平为

$$\hat{y} = -0.4377 + 60.4\frac{1}{x} = -0.4377 + 60.4 \times \frac{1}{28} = 1.72\ (\%)$$

【例 10-5】 某厂产品产量与成本相关资料如表 10.6 所列，若该厂 10 月的产量为 13 吨，预计其成本将会达到什么水平。

表 10.6 　　　　　　　　　　　　调查数据及回归计算数据表

月份	产量 x/吨	成本 y/(元/吨)	x^2	$y' = \lg y$	$(y')^2$	xy'	xy
1	10.00	545.60	100.00	2.7369	7.4906	27.369	5456.00
2	10.25	525.20	105.06	2.7203	7.4000	27.883	5383.30
3	10.50	521.56	110.25	2.7173	7.3837	28.532	5476.38
4	10.75	505.20	115.56	2.7035	7.3089	29.063	5430.90
5	11.00	498.49	121.00	2.6977	7.2776	29.675	5438.39
6	11.25	484.20	126.56	2.6850	7.2092	30.206	5447.25
7	11.50	476.22	132.25	2.6778	7.1706	30.795	5476.53
8	11.75	461.20	138.06	2.6639	7.0964	31.301	5419.10
9	12.00	451.71	144.00	2.6549	7.0485	31.859	5420.52
Σ	99	—	1092.7	24.2573	65.386	266.68	48993.37

从表中可以看出，该厂产量是逐月上升的，而成本是逐月下降的，产量与成本之间是负相关关系，但成本降低的程度并不是随着产量的增加而均匀变化的。逐期的产量是按等差（0.25）增加的，但成本是按等比（0.97）下降的。因此，该回归模型不能采用一元线性回归模型，而应选择指数模型。

解 $\hat{y} = ab^x$

$\lg\hat{y} = \lg a + (\lg b)x$

$y' = a' + b'x$

$$b' = \frac{n\sum xy' - \sum x \sum y'}{n\sum x^2 - (\sum x)^2} = \frac{9 \times 266.68 - 99 \times 24.2573}{9 \times 1092.74 - (99.0)^2} = -0.0394$$

$$a' = \bar{y}' - b'\bar{x} = \frac{24.2573}{9} - (-0.0394) \times \frac{99.0}{9} = 3.1287$$

$y' = a' + b'x = 3.1287 - 0.0394x$

$\lg\hat{y} = \lg a + (\lg b)x = 3.1287 - 0.0394x$

$\hat{y} = 1344.93 \times (0.913)^x$

$s = 3.5825$（元/吨）

如果建立一元线性回归模型，则预测方程为

$$\begin{cases} b = \dfrac{n\sum\limits_{i=1}^{n}x_iy_i - \sum\limits_{i=1}^{n}x_i \sum\limits_{i=1}^{n}y_i}{n\sum\limits_{i=1}^{n}x_i^2 - \left(\sum\limits_{i=1}^{n}x_i\right)^2} = \dfrac{9 \times 48993.37 - 99 \times 4469.38}{9 \times 1092.7 - (99.0)^2} = -71.9743 \\[4mm] a = \bar{y} - b\bar{x} = \dfrac{4469.38}{9} - (-71.9743) \times \dfrac{99}{9} = 1287.2151 \end{cases}$$

$\hat{y} = 1287.2151 - 71.9743x$

$s = 14.4630$（元/吨）

由此可见，在该例中用线性回归的效果远不如指数曲线回归效果好。实际上，从问题本身的实际意义也可以看出，单位产品成本不可能随着产量的增加而按线性趋势一味地降低下去，那将会出现当产量增加到一定数量时，成本变成零的不合理现象。因此，线性回归对该问题不是合理的模型，而应采用指数模型。

若该厂 10 月产量为 13 吨，则可求得成本的预测值为

$$\hat{y} = 1344.93 \times (0.913)^{13} = 416.93\ (元/吨)$$

本章小结

回归分析是研究自变量与因变量之间关系形式的一种方法。其目的在于根据已知自变量来估计预测因变量的总平均值。

相关分析与回归分析是两个既有区别又有联系的基本概念。相关分析研究两个或两个以上随机变量之间相互关系的密切程度，不表示它们的相关形式；回归分析研究某因变量与一个或多个自变量之间的数量变动关系。两者的区别：相关分析研究的都是随机变量，并且不分自变量和因变量；回归分析研究的变量要定出自变量和因变量，并且自变量是确定的普通变量，因变量是随机变量。两者的联系：它们是研究现象之间相互依存关系的两个不可分割的方面。在实际工作中，一般先进行相关分析，由相关系数的大小决定是否需要进行回归分析。而在相关分析的基础上必须拟合回归模型，以便进行推算、预测。

回归模型的种类：根据回归模型自变量的多少可分为一元回归模型和多元回归模型；根据回归模型是否线性可分为线性回归模型和非线性回归模型。

一元线性回归模型的预测过程包括：①列出回归模型 $y_i = a + bx_i + \varepsilon_i$；②求解回归参数 a，b；③显著性检验（包括相关系数显著性检验和回归模型显著性检验）；④进行预测（包括点估计和区间估计）。

多元线性回归模型的预测过程包括：①建立多元线性回归预测模型 $y_i = a + b_1 x_{1i} + b_2 x_{2i} + \cdots + b_m x_{mi} + \varepsilon_i$；②求解回归参数；③进行显著性检验；④进行点估计和区间估计。

非线性回归模型的预测过程包括：①通过画图或进行曲线拟合判断变量模型的类型，选用最合适的曲线模型；②通过变量代换将非线性模型变为线性模型；③针对变换后的线性模型，利用最小二乘法估计模型回归系数；④进行显著性检验；⑤将变量代回原模型，进行点预测和区间预测。

复习思考题

1. 一元线性回归分析法和多元线性回归分析法分别在什么情况下使用？
2. 相关系数 R 的取值表明变量之间有什么关系？
3. 如何计算标准误差？如何应用它进行区间估计？
4. 已知观察期数据资料（如表 10.7 所列）。

表 10.7 　　　　　　　　　　　　　　观察期数据资料

x	2	3	5	6	7	9	10	12
y	6	8	11	14	16	19	22	25

求：（1）建立一元线性回归预测模型；（2）计算相关系数 R；（3）计算标准误差 s。

5. 某家用电器的社会购买力与该市家庭人均货币收入的资料如表10.8所列。

表10.8　　　　　　　　　　购买力与人均收入统计资料

年度	2002	2003	2004	2005	2006	2007	2008	2009	2010
购买力/×10^{5}元	8.5	11.1	13.6	15.8	17.6	20.5	27.8	33.5	39.2
人均收入/×10^{2}元	11.6	14.1	17.1	19.6	22.1	25.6	33.6	40.5	47.8

求：（1）建立一元线性回归预测模型；（2）对回归模型进行显著性检验（$\alpha = 0.05$）；（3）如果市民人均收入按10%增长，试预测该市2011年、2012年的购买力各是多少？（4）对2011年该市市民购买力作区间估计（$\alpha = 0.05$）。

6. 某企业2003—2010年产品年利润率(%)与单位成本(元/件)数据资料如表10.9所列。

表10.9　　　　　　　　产品利润率与单位成本统计资料

年度	2003	2004	2005	2006	2007	2008	2009	2010
利润率/%	12	13	15	16	18	20	22	25
单位成本/(元/件)	95	88	84	82	79	75	70	66

求：（1）选择适当的曲线方程建立回归预测模型；（2）对回归预测模型进行显著性检验（$\alpha = 0.05$）；（3）若该企业2011年产品单位成本降到63元，试预测该年的利润率为多少？（4）若2011年产品利润率控制在25%~30%之间，则产品的单位成本应在什么范围？

案例分析

某公司管理层认为，对员工进行培训的一个好处是可以使员工重新燃起对工作和公司的兴趣和兴奋度。有人提出一个理由：员工受到的培训越多，则对补充知识的学习态度越积极，兴趣越大，同时缺勤的可能性也越小。假定表10.10数据反映的是上一年度20个员工的病假天数和相应的培训时数，用本章的统计方法对数据进行分析，包括回归分析和相关分析。讨论相关的强度以及建立的回归模型。

表10.10　　　　　　　　员工培训时间与病假天数统计表

员工号	培训时间/小时	病假天数/天	员工号	培训时间/小时	病假天数/天
1	24	5	11	8	8
2	16	4	12	60	1
3	48	0	13	0	9
4	120	1	14	28	3
5	36	5	15	15	8
6	10	7	16	88	2
7	65	0	17	120	1
8	36	3	18	15	8
9	0	12	19	48	0
10	12	8	20	5	10

第十一章 马尔柯夫预测法

本章教学基本要求

本章教学基本要求

1. 了解马尔柯夫预测方法的提出
2. 了解状态及状态转移的概念
3. 掌握马尔柯夫预测模型的建立
4. 掌握市场占有率预测应用
5. 掌握期望利润预测应用

引导案例

在经济现象中存在着一种"无后效性",即"系统在每一时刻的状态仅仅取决于前一时刻的状态"。

有一个很形象的例子来形容这一现象。池塘里有三张荷叶,编号为1,2,3,假设有只青蛙在荷叶上随机地跳来跳去,在初始时刻 t_0,它在第2张荷叶上。在时刻 t_1,它可能跳到第1张或第3张荷叶上,也可能在原地不动。把青蛙在某个时刻所在的荷叶称为青蛙所处的状态。这样,青蛙在未来处于什么状态,只与它现在所处的状态有关,与它以前所处的状态无关。这种性质就是"无后效性"。具备这个性质的离散性随机过程,称为马尔柯夫链。所谓马尔柯夫链,就是一种随机时间序列,它在将来取什么值,只与它现在的取值有关,而与它过去取什么值无关。

马尔柯夫（A. A. Markov）是俄国数学家,他所提出的数学方法已被广泛地运用于天文、气象预报,在20世纪80年代又被引入经济管理和预测之中。马尔柯夫预测法是应用概率论中的马尔柯夫链理论和方法来研究分析有关经济现象变化规律并借此预测未来状况的一种预测方法。

第一节 ▌ 马尔柯夫预测方法概述

马尔柯夫链的理论和方法是从研究对象在不同时刻的状态入手,考虑并描述状态之间发生转移的可能性以及研究对象所有的变化过程，在此基础上对研究对象未来的发展状态进行预测。下面先介绍相关的基本概念。

一、状　态

如前所述，青蛙所在的那张荷叶称为青蛙所处的状态。在经济系统的研究中，一种经济现象在某一时刻 t 所出现的某种结果，就是该系统在时刻 t 所处的状态。因所研究的现象及预测目标不同，状态的划分可有不同的表现形式。比如：在市场预测中，可把销售状况划分为"畅销""一般""滞销"三种状态，把企业的经营状况划分为"盈利""亏损"两种状态，等等。

通常，把随机运动系统的随机变量 X 在时刻 t 所处的状态 i 表示为

$$X_t = E_i \quad (i = 1,2,\cdots n; \quad t = 1,2,\cdots)$$

二、状态转移概率

由于状态转移是随机的，因此必须用概率来描述状态转移可能性的大小。对于由状态 E_i 转移到状态 E_j 的概率，称为从 i 到 j 的转移概率，记为

$$P_{ij} = P(E_i \rightarrow E_j)$$

【例11-1】　某地区有甲、乙、丙三家食品厂生产同一种食品，有1000个用户（或购货点）。假定在研究期间无新用户加入也无老用户退出，只有用户的转移。已知2010年5月有500户是甲厂的顾客；400户是乙厂的顾客；100户是丙厂的顾客。6月，甲厂有400户原来的顾客，上月的顾客有50户转乙厂，50户转丙厂；乙厂有300户原来的顾客，上月的顾客有20户转甲厂，80户转丙厂；丙厂有80户原来的顾客，上月的顾客有10户转甲厂，10户转乙厂。试计算其状态转移概率。

解　由题意得6月顾客转移情况（如表11.1所示）。

表11.1　　　　　　　　　　6月顾客转移情况

从＼到	甲	乙	丙	合　计
甲	400	50	50	500
乙	20	300	80	400
丙	10	10	80	100
合　计	430	360	210	1000

于是

$$P_{11} = \frac{400}{500} = 0.8, \quad P_{12} = \frac{50}{500} = 0.1, \quad P_{13} = \frac{50}{500} = 0.1$$

$$P_{21} = \frac{20}{400} = 0.05, \quad P_{22} = \frac{300}{400} = 0.75, \quad P_{23} = \frac{80}{400} = 0.2$$

$$P_{31} = \frac{10}{100} = 0.1, \quad P_{32} = \frac{10}{100} = 0.1, \quad P_{33} = \frac{80}{100} = 0.8$$

三、状态转移概率矩阵

从例 11-1 看到，状态转移概率具有如下特征：

$$0 \leqslant P_{ij} \leqslant 1 \qquad (i,j = 1,2,\cdots,N)$$

$$\sum_{j=1}^{N} P_{ij} = 1 \qquad (i = 1,2,\cdots,N)$$

并且，在一定的条件下，系统只能处在 E_1，E_2，$\cdots$，E_N 这 N 个状态中，而且每次只能处在一个状态中，那么每一个状态都有 N 个转向（包括转向自身）。则第 i 种状态的转移概率共有 N 个，即 p_{i1}，p_{i2}，$\cdots$，$p_{iN}(i = 1,2,\cdots,N)$。如果把 p_{ij} 作为矩阵的第 i 行，那么 N 个状态 $(j = 1,2,\cdots,N)$ 共有 N 行，其构成的矩阵

$$\boldsymbol{P} = \begin{bmatrix} p_{11} & p_{12} & \cdots & p_{1N} \\ p_{21} & p_{22} & \cdots & p_{2N} \\ \vdots & \vdots & & \vdots \\ p_{N1} & p_{N2} & \cdots & p_{NN} \end{bmatrix}$$

称为状态转移概率矩阵。

状态转移概率矩阵完全描述了所研究对象的变化过程。上述矩阵为一步转移概率矩阵。对于多步转移概率矩阵，可按如下定义给出。

若系统在时刻 t_0 处于状态 i，经过 n 步转移，在时刻 t_n 处于状态 j。那么，对这种转移的可能性的数量描述称为 n 步转移概率，记为 $p_{ij}(n)$。

并令

$$\boldsymbol{P}(n) = \begin{bmatrix} p_{11}(n) & p_{12}(n) & \cdots & p_{1N}(n) \\ p_{21}(n) & p_{22}(n) & \cdots & p_{2N}(n) \\ \vdots & \vdots & & \vdots \\ p_{N1}(n) & p_{N2}(n) & \cdots & p_{NN}(n) \end{bmatrix}$$

则称 $\boldsymbol{P}(n)$ 为 n 步转移概率矩阵。

特别是当 $n = 2$ 时，$p_{ij}(2)$ 为二步转移概率，$\boldsymbol{P}(2)$ 为二步转移概率矩阵。二步转移概率矩阵可由一步转移概率矩阵求出：

$$p_{ij}(2) = \sum_{k=1}^{N} p_{ik} p_{kj} \qquad (k = 1,2,\cdots,N)$$

即系统从状态 i 出发，经 2 步转移到状态 j 的概率等于系统从状态 i 出发经一步转移到状态 $k(k = 1,2,\cdots,N)$，然后再从状态 k 转移到状态 j 的概率总和。

故有

$$\boldsymbol{P}(2) = \begin{bmatrix} p_{11}(2) & p_{12}(2) & \cdots & p_{1N}(2) \\ p_{21}(2) & p_{22}(2) & \cdots & p_{2N}(2) \\ \vdots & \vdots & & \vdots \\ p_{N1}(2) & p_{N2}(2) & \cdots & p_{NN}(2) \end{bmatrix} = \begin{bmatrix} \sum_{k=1}^{N} p_{1k} p_{k1} & \sum_{k=1}^{N} p_{1k} p_{k2} & \cdots & \sum_{k=1}^{N} p_{1k} p_{kN} \\ \sum_{k=1}^{N} p_{2k} p_{k1} & \sum_{k=1}^{N} p_{2k} p_{k2} & \cdots & \sum_{k=1}^{N} p_{2k} p_{kN} \\ \vdots & \vdots & & \vdots \\ \sum_{k=1}^{N} p_{Nk} p_{k1} & \sum_{k=1}^{N} p_{Nk} p_{k2} & \cdots & \sum_{k=1}^{N} p_{Nk} p_{kN} \end{bmatrix}$$

$$= \begin{bmatrix} p_{11} & p_{12} & \cdots & p_{1N} \\ p_{21} & p_{22} & \cdots & p_{2N} \\ \vdots & \vdots & & \vdots \\ p_{N1} & p_{N2} & \cdots & p_{NN} \end{bmatrix} \cdot \begin{bmatrix} p_{11} & p_{12} & \cdots & p_{1N} \\ p_{21} & p_{22} & \cdots & p_{2N} \\ \vdots & \vdots & & \vdots \\ p_{N1} & p_{N2} & \cdots & p_{NN} \end{bmatrix}$$

$$= \begin{bmatrix} p_{11} & p_{12} & \cdots & p_{1N} \\ p_{21} & p_{22} & \cdots & p_{2N} \\ \vdots & \vdots & & \vdots \\ p_{N1} & p_{N2} & \cdots & p_{NN} \end{bmatrix}^2 = P^2$$

同理，对于 n 步转移概率有

$$p_{ij}(n) = \sum_{k=1}^{N} p_{ik}(n-1)p_{kj}$$

$$P(n) = P(n-1)P = P^n$$

并且，n 步转移概率与一步转移概率一样，具有以下性质：

$$0 \leqslant p_{ij}(n) \leqslant 1 \qquad (j,j = 1,2,\cdots,N)$$

$$\sum_{j=1}^{N} p_{ij}(n) = 1 \qquad (i = 1,2,\cdots,N)$$

第二节 ▎ 马尔柯夫预测方法的最简单类型

马尔柯夫预测方法在现实经济生活中有着广泛的用途。通过运用马尔柯夫链的方法建立预测模型，可以预测下一期最可能出现的状态，还可以进行市场占有率预测和期望利润预测，从而形成相应的预测方法。

这一节先介绍马尔柯夫链预测方法的最简单类型，即预测下一期最可能出现的状态。可按以下步骤来完成。

第一步，划分预测对象所出现的状态。

从预测目的出发，并考虑决策者的需要来划分现象所处的状态。

第二步，计算初始概率。

在实际问题中，分析历史资料所得到的状态概率称为初始概率。设有 N 个状态 E_1，$E_2,\cdots,E_N$。观察了 M 个时期，其中状态 $E_i(i = 1,2,\cdots,N)$ 共出现了 M_i 次。于是

$$f_i = M_i/M$$

就是 E_i 出现的频率——用它近似表示 E_i 状态的概率，即 $f_i \approx p_i(i = 1,2,\cdots,N)$。

第三步，计算状态转移概率。

仍然以频率近似地表示概率来进行计算。首先计算由 E_i 状态转移到 E_j 状态的频率 $f(E_i \rightarrow E_j)$。从第二步知道 E_i 出现了 M_i 次，接着从 M_i 个 E_i 出发，计算下一步转移到 E_j 状态的个数 M_{ij}，于是得到

$$f(E_i \rightarrow E_j) = M_{ij}/M_i$$

并使

$$f(E_i \to E_j) \approx p_{ij}$$

第四步，根据转移概率进行预测。

由上一步可得状态转移概率矩阵 P。如果目前预测对象处于状态 E_i，这时 p_{ij} 就描述目前状态 E_i 在未来将转向状态 $E_j(j = 1,2,\cdots,N)$ 的可能性。按最大可能性作为选择的原则，选择 $(p_{i1},p_{i2},\cdots,p_{iN})$ 中最大者为预测结果。

【例 11-2】 某商店最近 20 个月的商品销售量统计记录如表 11.2 所列。试预测第 21 个月的商品销售情况。

表 11.2   商品销售量统计表   千件

时间 t	1	2	3	4	5	6	7	8	9	10	11	12	13	14	15	16	17	18	19	20
销售量	40	45	80	120	110	38	40	50	62	90	110	130	140	120	55	70	45	80	110	120

解 依马尔柯夫预测方法步骤进行预测。

（1）划分状态。

以盈利状况为标准选取：①销售量 <60 千件，属滞销；② 60 千件≤销售量≤100 千件，属一般；③销售量大于 100 千件，属畅销。

（2）计算初始概率。

由表 12.2 可以看出，处于滞销状态的，$M_1 = 7$；处于一般状态的，$M_2 = 5$；处于畅销状态的，$M_3 = 8$。

（3）计算状态转移概率矩阵。

在计算转移概率时，最后一个数据不参加计算，因为它究竟转移到哪个状态尚不清楚。

由表 11.2 可得

$$M_{11} = 3, \qquad M_{12} = 4, \qquad M_{13} = 0$$
$$M_{21} = 1, \qquad M_{22} = 1, \qquad M_{23} = 3$$
$$M_{31} = 2, \qquad M_{32} = 0, \qquad M_{33} = 5$$

从而

$$p_{11} = 3/7, \qquad p_{12} = 4/7, \qquad p_{13} = 0/7$$
$$p_{21} = 1/5, \qquad p_{22} = 1/5, \qquad p_{23} = 3/5$$
$$p_{31} = 2/7, \qquad p_{32} = 0/7, \qquad p_{33} = 5/7$$

所以

$$P = \begin{bmatrix} 3/7 & 4/7 & 0 \\ 1/5 & 1/5 & 3/5 \\ 2/7 & 0 & 5/7 \end{bmatrix}$$

（4）预测第 21 个月的销售情况。

由于第 20 个月的销售量属于畅销状态，而经由一次转移到达三种状态的概率分别是

$$p_{31} = 2/7, \qquad p_{32} = 0, \qquad p_{33} = 5/7$$

即 $p_{33} > p_{31} > p_{32}$。因此，第 21 个月的销售量超过 100（千件）的可能性最大，即预测第 21 个月的销售状态是"畅销"。

第三节 ▎ 市场占有率预测

企业的产品在市场销售总额中各占一定的比例，如何通过现有的市场占有率和转移概率预测企业在其后时期的市场占有率，这对企业正确定位、制订相应政策和发展战略都有着重大的意义。

从上面的讨论看到，马尔柯夫预测的基本原理是：本期市场占有率仅取决于上期市场占有率及转移概率。如果假设市场的发展变化只与当前市场条件有关，没有新的竞争者加入，也没有老的竞争者退出，顾客阵容保持不变，顾客在不同品牌之间流动的概率也保持不变，这样就可用马尔柯夫预测方法对市场占有率进行预测了。

一、马尔柯夫预测模型

设系统在 $k = 0$ 时所处的初始状态 $S^{(0)} = (p_1^{(0)} \quad p_2^{(0)} \quad \cdots \quad p_N^{(0)})$ 已知，经过 k 步转移后处在 $S^{(k)} = (p_1^{(k)} \quad p_2^{(k)} \quad \cdots \quad p_N^{(k)})$ 状态，且有 $p_i^{(k)} \geq 0, \sum_{i=1}^{N} p_i^{(k)} = 1$。则马尔柯夫预测模型为

$$p_j^{(k)} = \sum_{i=1}^{N} p_i^{(k-1)} p_{ij} \qquad (k = 1, 2, \cdots)$$

用向量表示为

$$S^{(k)} = S^{(k-1)} P = \cdots = S^{(0)} P^k$$

写成矩阵形式为

$$S^{(k)} = (p_1^{(k)} \quad p_2^{(k)} \quad \cdots \quad p_N^{(k)}) = (p_1^{(k-1)} \quad p_2^{(k-1)} \quad \cdots \quad p_N^{(k-1)}) \begin{bmatrix} p_{11} & p_{12} & \cdots & p_{1N} \\ p_{21} & p_{22} & \cdots & p_{2N} \\ \vdots & \vdots & & \vdots \\ p_{N1} & p_{N2} & \cdots & p_{NN} \end{bmatrix}$$

$$= (p_1^{(0)} \quad p_2^{(0)} \quad \cdots \quad p_N^{(0)}) \begin{bmatrix} p_{11} & p_{12} & \cdots & p_{1N} \\ p_{21} & p_{22} & \cdots & p_{2N} \\ \vdots & \vdots & & \vdots \\ p_{N1} & p_{N2} & \cdots & p_{NN} \end{bmatrix}^k$$

即第 k 期的市场占有率等于初始占有率与 k 步转移概率矩阵的乘积。

二、稳定状态

从预测角度来考虑一个预测系统，当然不希望系统的变化永无休止地发展下去，而希望经过一个较长时间后系统能处于一个稳定的状态。所谓稳定的状态，就是顾客（或

用户）的流动对市场占有率将不起影响，即各企业丧失的顾客（或用户）与争取到的顾客（或用户）相抵消。这时的市场占有率称为稳定状态的市场占有率或终极市场占有率。现在的问题是当系统处于稳定状态时，如何求出稳定状态的概率。

当系统处于稳定状态时，有 $S^{(n)} = S^{(n-1)}$，即系统第 n 期的状态概率与 $n-1$ 期的状态概率相等，且有

$$\sum_{i=1}^{N} p_i^{(n)} = 1$$

由马尔柯夫预测模型得

$$S^{(n)} = S^{(n-1)} P$$

于是有

$$S^{(n)} = S^{(n)} P$$

写成矩阵形式

$$\begin{pmatrix} p_1^{(n)} & p_2^{(n)} & \cdots & p_N^{(n)} \end{pmatrix} = \begin{pmatrix} p_1^{(n)} & p_2^{(n)} & \cdots & p_N^{(n)} \end{pmatrix} \begin{bmatrix} p_{11} & p_{12} & \cdots & p_{1N} \\ p_{21} & p_{22} & \cdots & p_{2N} \\ \vdots & \vdots & & \vdots \\ p_{N1} & p_{N2} & \cdots & p_{NN} \end{bmatrix}$$

将上式展开，得

$$\begin{cases} p_1^{(n)} = p_1^{(n)} p_{11} + p_2^{(n)} p_{21} + \cdots + p_N^{(n)} p_{N1} \\ p_2^{(n)} = p_1^{(n)} p_{12} + p_2^{(n)} p_{22} + \cdots + p_N^{(n)} p_{N2} \\ \quad\quad \vdots \\ p_N^{(n)} = p_1^{(n)} p_{1N} + p_2^{(n)} p_{2N} + \cdots + p_N^{(n)} p_{NN} \end{cases}$$

该方程组有 N 个未知量 $p_1^{(n)}, p_2^{(n)}, \cdots, p_N^{(n)}$，$N$ 个方程，但它们不是独立的，还有一个约束条件

$$p_1^{(n)} + p_2^{(n)} + \cdots + p_N^{(n)} = 1$$

为此，可将上方程组中消去一个方程，不妨就消去第 N 个方程，加上约束条件，并移项整理后，可得新的方程组

$$\begin{cases} (p_{11} - 1) p_1^{(n)} + p_{21} p_2^{(n)} + \cdots + p_{N1} p_N^{(n)} = 0 \\ p_{12} p_1^{(n)} + (p_{22} - 1) p_2^{(n)} + \cdots + p_{N2} p_N^{(n)} = 0 \\ \quad\quad \vdots \\ p_1^{(n)} + p_2^{(n)} + \cdots + p_N^{(n)} = 1 \end{cases}$$

写成矩阵形式为

$$\begin{bmatrix} (p_{11} - 1) & p_{21} & \cdots & p_{N1} \\ p_{12} & (p_{22} - 1) & \cdots & p_{N2} \\ \vdots & \vdots & & \vdots \\ 1 & 1 & \cdots & 1 \end{bmatrix} \begin{bmatrix} p_1^{(n)} \\ p_2^{(n)} \\ \vdots \\ p_N^{(n)} \end{bmatrix} = \begin{bmatrix} 0 \\ 0 \\ \vdots \\ 1 \end{bmatrix}$$

若记

$$P_1 = \begin{bmatrix} (p_{11}-1) & p_{21} & \cdots & p_{N1} \\ p_{12} & (p_{22}-1) & \cdots & p_{N2} \\ \vdots & \vdots & & \vdots \\ 1 & 1 & \cdots & 1 \end{bmatrix}, \quad B = \begin{bmatrix} 0 \\ 0 \\ \vdots \\ 1 \end{bmatrix}$$

则有

$$P_1 S'^{(n)} = B$$

用 P_1 的逆矩阵 $P_1^{(-1)}$ 左乘上式，可得

$$S'^{(n)} = P_1^{(-1)} B \tag{11-1}$$

则

$$S^{(n)} = B' \left(P_1^{(-1)} \right)'$$

这就是所求的稳定状态的概率。

三、应用举例

【例 11-3】　已知市场上有 A，B，C 三种品牌的 MP3 播放器，3 月的市场占有率分别为 30%，40%，30%，且已知转移概率矩阵

$$P = \begin{bmatrix} 0.6 & 0.2 & 0.2 \\ 0.1 & 0.7 & 0.2 \\ 0.1 & 0.1 & 0.8 \end{bmatrix}$$

试求：（1）4 月与 5 月的市场占有率；（2）预测稳定状态的市场占有率。

解　（1）4 月市场占有率

$$S^{(1)} = S^{(0)} P = (0.3 \quad 0.4 \quad 0.3) \begin{bmatrix} 0.6 & 0.2 & 0.2 \\ 0.1 & 0.7 & 0.2 \\ 0.1 & 0.1 & 0.8 \end{bmatrix} = (0.25 \quad 0.37 \quad 0.38)$$

计算结果表明，4 月 A，B，C 三个品牌 MP3 播放器的市场占有率分别为 25%，37% 和 38%，与 3 月比较，A，B 两个品牌的 MP3 播放器的市场占有率下降了，只有 C 品牌的市场占有率提高了。

5 月市场占有率

$$S^{(2)} = S^{(0)} P^2 = S^{(1)} P = (0.25 \quad 0.37 \quad 0.38) \begin{bmatrix} 0.6 & 0.2 & 0.2 \\ 0.1 & 0.7 & 0.2 \\ 0.1 & 0.1 & 0.8 \end{bmatrix}$$

$$= (0.225 \quad 0.347 \quad 0.428)$$

此结果表示，5 月 A，B，C 三个品牌的 MP3 的市场占有率分别是 22.5%，34.7% 和 42.8%。A，B 的市场占有率继续下降，C 的市场占有率继续提高。

（2）稳定状态的市场占有率。

当系统处于稳定状态时，有 $S^{(n)} = S^{(n-1)}$。由马尔柯夫预测模型

$$S^{(n)} = S^{(n-1)} P$$

可得

$$S^{(n)} = S^{(n)} P$$

即

$$\begin{pmatrix} p_1^{(n)} & p_2^{(n)} & p_3^{(n)} \end{pmatrix} = \begin{pmatrix} p_1^{(n)} & p_2^{(n)} & p_3^{(n)} \end{pmatrix} \begin{bmatrix} 0.6 & 0.2 & 0.2 \\ 0.1 & 0.7 & 0.2 \\ 0.1 & 0.1 & 0.8 \end{bmatrix}$$

于是得线性方程组

$$\begin{cases} p_1^{(n)} = 0.6p_1^{(n)} + 0.1p_2^{(n)} + 0.1p_3^{(n)} \\ p_2^{(n)} = 0.2p_1^{(n)} + 0.7p_2^{(n)} + 0.1p_3^{(n)} \\ p_3^{(n)} = 0.2p_1^{(n)} + 0.2p_2^{(n)} + 0.8p_3^{(n)} \end{cases}$$

再加上约束条件

$$p_1^{(n)} + p_2^{(n)} + p_3^{(n)} = 1$$

解得

$$\begin{cases} p_1^{(n)} = 0.2 \\ p_2^{(n)} = 0.3 \\ p_3^{(n)} = 0.5 \end{cases}$$

上述结果表明，如果 A，B，C 三个品牌 MP3 播放器的市场占有率按照目前转移概率发展下去，经过一段时间流动达到稳定状态后，A，B 两个品牌 MP3 播放器的市场占有率将从最初的30%和40%分别下降到20%和30%，而 C 品牌 MP3 播放器的市场占有率，将从原来的30%增加到50%。因此 A，B 两个品牌 MP3 播放器的生产企业如不采取措施，将会出现十分不利的被动局面，所以必须立即着手研究市场占有率下降的内外原因，采取有效的措施以阻止其市场占有率下降，改变目前的被动局面。

【例11-4】 设某地区有甲、乙、丙三家企业，生产同一种产品，共同供应1000家用户，各用户在各企业间自由选购，但不超出这三家企业，也无新的用户。假定在10月末经过市场调查得知，甲、乙、丙三家企业拥有的用户分别是250，300，450 户，而11月用户可能的流动情况如表11.3所列。现要求根据这些市场调查资料分析预测11月、12月两个月三家企业市场用户各自的拥有量和市场占有率及稳定状态的市场占有率。

表 11.3 用户流动情况

从 \ 到	甲	乙	丙	Σ
甲	230	10	10	250
乙	20	250	30	300
丙	30	10	410	450

解 第一步：根据调查资料确定初始状态概率向量。此例中三个企业的初始状态概率向量为

$$S^{(0)} = \begin{pmatrix} p_1^{(0)} & p_2^{(0)} & p_3^{(0)} \end{pmatrix} = \begin{pmatrix} 250/1000 & 300/1000 & 450/1000 \end{pmatrix}$$

$$= \begin{pmatrix} 0.25 & 0.3 & 0.45 \end{pmatrix}$$

第二步：根据市场调查情况确定一步转移概率矩阵。此例中，由用户可能流动情况调查表11.3可知其一步转移概率矩阵为

$$P = \begin{bmatrix} 230/250 & 10/250 & 10/250 \\ 20/300 & 250/300 & 30/300 \\ 30/450 & 10/450 & 410/450 \end{bmatrix} = \begin{bmatrix} 0.92 & 0.04 & 0.04 \\ 0.067 & 0.833 & 0.1 \\ 0.067 & 0.022 & 0.911 \end{bmatrix}$$

矩阵中每一行的元素，代表着各企业保持和失去用户的概率。如第一行显示甲企业保持用户的概率是 0.92，而失去用户的概率是 $0.04 + 0.04 = 0.08$。

第三步：利用马尔柯夫预测模型进行预测。此例中，由马尔柯夫预测模型可知，11 月三家企业的市场占有率为

$$\boldsymbol{S}^{(1)} = \begin{pmatrix} p_1^{(1)} & p_2^{(1)} & p_3^{(1)} \end{pmatrix} = S^{(0)}P$$

$$= \begin{pmatrix} 0.25 & 0.3 & 0.45 \end{pmatrix} \begin{bmatrix} 0.92 & 0.04 & 0.04 \\ 0.067 & 0.833 & 0.1 \\ 0.067 & 0.022 & 0.911 \end{bmatrix}$$

$$= \begin{pmatrix} 0.28 & 0.27 & 0.45 \end{pmatrix}$$

11 月三家企业市场用户拥有量分别为

甲：$1000 \times 0.28 = 280$（户）

乙：$1000 \times 0.27 = 270$（户）

丙：$1000 \times 0.45 = 450$（户）

假如 12 月用户的流动情况与 11 月相同，则 12 月三家企业的市场占有率为

$$\boldsymbol{S}^{(2)} = \begin{pmatrix} p_1^{(2)} & p_2^{(2)} & p_3^{(2)} \end{pmatrix} = S^{(0)}P^2 = S^{(1)}P$$

$$= \begin{pmatrix} 0.28 & 0.27 & 0.45 \end{pmatrix} \begin{bmatrix} 0.92 & 0.04 & 0.04 \\ 0.067 & 0.833 & 0.1 \\ 0.067 & 0.022 & 0.911 \end{bmatrix}$$

$$= \begin{pmatrix} 0.306 & 0.246 & 0.448 \end{pmatrix}$$

12 月三家企业市场用户拥有量分别为

甲：$1000 \times 0.306 = 306$（户）

乙：$1000 \times 0.246 = 246$（户）

丙：$1000 \times 0.448 = 448$（户）

现在，假定该产品用户的流动情况按上述方向继续变化下去，求三个企业该种产品稳定状态的市场占有率。

由前面推导的公式(11-1)，可求得其稳定状态概率为

$$\boldsymbol{S}'^{(n)} = \begin{bmatrix} p_1^{(n)} \\ p_2^{(n)} \\ p_3^{(n)} \end{bmatrix} = \begin{bmatrix} (p_{11}-1) & p_{21} & p_{31} \\ p_{12} & (p_{22}-1) & p_{23} \\ 1 & 1 & 1 \end{bmatrix}^{-1} \begin{bmatrix} 0 \\ 0 \\ 1 \end{bmatrix}$$

$$= \begin{bmatrix} 0.92-1 & 0.067 & 0.067 \\ 0.04 & 0.833-1 & 0.022 \\ 1 & 1 & 1 \end{bmatrix}^{-1} \begin{bmatrix} 0 \\ 0 \\ 1 \end{bmatrix}$$

$$= \begin{bmatrix} -6.8027 & 0 & 0.4557 \\ -0.6478 & -5.2910 & 0.1598 \\ 7.4505 & 5.2910 & 0.3844 \end{bmatrix} \begin{bmatrix} 0 \\ 0 \\ 1 \end{bmatrix}$$

$$= \begin{bmatrix} 0.4557 \\ 0.1598 \\ 0.3844 \end{bmatrix}$$

上述结果表明：当达到稳定状态时，甲、乙、丙三企业的市场占有率分别为 45.6%，16.0%，38.44%。

第四节 期望利润预测

在企业的经营管理中，除了需要摸清销路的变化情况外，还要对利润的变化进行预测。所谓期望利润预测，是指产品在销售状况发生转移时对利润变化的预测。由此可见，要预测期望利润，除了必须掌握产品销售状态转移的转移概率矩阵（即产品由畅销转变为畅销或滞销，由滞销转变为畅销或滞销的概率）外，还必须有产品销售状况转移后所带来的利润的信息。在实际预测中，首先必须确定所谓畅销和滞销的数量界限，然后才能设法分析销路的转移以及由此带来的利润变化。

在期望利润预测中，产品销售状态的转移可视为马尔柯夫链，则由此带来的利润也必将发生转变。这种随马尔柯夫链的状态转移所赋予的利润转变，称为带利润的马尔柯夫链。

设产品销售状态的一次转移概率矩阵为

$$P = \begin{bmatrix} p_{11} & p_{12} \\ p_{21} & p_{22} \end{bmatrix}$$

其中，　p_{11} ——由畅销仍保持畅销的概率；

　　　　p_{12} ——由畅销转变为滞销的概率；

　　　　p_{21} ——由滞销转变为畅销的概率；

　　　　p_{22} ——由滞销仍保持滞销的概率。

相对应的利润矩阵为

$$R = \begin{bmatrix} r_{11} & r_{12} \\ r_{21} & r_{22} \end{bmatrix}$$

其中，　r_{11} ——由畅销仍保持畅销所带来的累计利润；

　　　　r_{12} ——由畅销转变为滞销所带来的累计利润；

　　　　r_{21} ——由滞销转变为畅销所带来的累计利润；

　　　　r_{22} ——由滞销仍保持滞销所带来的累计利润。

$r_{ij} > 0$，表示盈利；$r_{ij} < 0$，表示亏损；$r_{ij} = 0$，表示不盈不亏。

若在某时刻通过以往资料求得的销售状态转移概率矩阵为 P，相应的利润矩阵为 R，则经一次转移的期望利润，或称即时期望利润为

$$V_i^{(1)} = r_{i1}p_{i1} + r_{i2}p_{i2} = \sum_{j=1}^{2} r_{ij}p_{ij} \quad (i = 1, 2) \tag{11-2}$$

式(11-2)中，当 $i = 1$ 时，表示当本期处于畅销时的期望利润；当 $i = 2$ 时，表示当

本期处于滞销时的期望利润。

经二次转移的期望利润为

$$V_i^{(2)} = (V_1^{(1)} + r_{i1})p_{i1} + (V_2^{(1)} + r_{i2})p_{i2} = \sum_{j=1}^{2}(r_{ij} + V_j^{(2-1)})p_{ij}$$

经 k 次转移后的期望利润递推公式为

$$V_i^{(k)} = (r_{i1} + V_1^{(k-1)})p_{i1} + (r_{i2} + V_2^{(k-1)})p_{i2} = \sum_{j=1}^{2}(r_{ij} + V_j^{(k-1)})p_{ij} \quad (i = 1,2)$$

在实际应用中，当 $k = 1$ 时，规定 $V_1^{(0)} = V_2^{(0)} = 0$，并称一次转移的期望利润为即时期望利润，记为

$$V_i^{(1)} = q_i \quad (i = 1,2)$$

所以有

$$V_i^{(k)} = q_i + \sum_{j=1}^{2}p_{ij}V_j^{(k-1)}$$

现举例说明如何利用上述模型进行期望利润预测。

【例 11-5】 某企业产品的销路转移情况及利润转移情况如表 11.4 和表 11.5 所列。试求：（1）该企业即时期望利润；（2）三个月后该企业的期望利润。

表 11.4　　　　　　　　　　销路转移表

概率　状态 状态	畅销 1	滞销 2
畅销 1	0.4	0.6
滞销 2	0.3	0.7

表 11.5　　　　　　　　　　利润转移表　　　　　　　　　　百万元

利润　状态 状态	畅销 1	滞销 2
畅销 1	5	1
滞销 2	1	−1

解　由已知得状态转移概率矩阵

$$P = \begin{bmatrix} 0.4 & 0.6 \\ 0.3 & 0.7 \end{bmatrix}$$

状态转移利润矩阵

$$R = \begin{bmatrix} 5 & 1 \\ 1 & -1 \end{bmatrix}$$

（1）即时期望利润

$$V_i^{(1)} = r_{i1}p_{i1} + r_{i2}p_{i2} = \sum_{j=1}^{2}r_{ij}p_{ij}$$
$$V_1^{(1)} = r_{11}p_{11} + r_{12}p_{12} = 0.4 \times 5 + 0.6 \times 1 = 2.6$$
$$V_2^{(1)} = r_{21}p_{21} + r_{22}p_{22} = 0.3 \times 1 + 0.7 \times (-1) = -0.4$$

即当本月处于畅销时，下个月可期望获得利润 260 万元；当本月处于滞销时，下个月期望亏损 40 万元。

（2）当 $k = 2$ 时，有

$$V_i^{(2)} = q_i + \sum_{j=1}^{2} p_{ij} V_j^{(1)}$$

将上述数值代入可得

$$V_1^{(2)} = q_1 + \sum_{j=1}^{2} p_{1j} V_j^{(1)} = 2.6 + [0.4 \times 2.6 + 0.6 \times (-0.4)] = 3.4$$

$$V_2^{(2)} = q_2 + \sum_{j=1}^{2} p_{2j} V_j^{(1)} = -0.4 + [0.3 \times 2.6 + 0.7 \times (-0.4)] = 0.1$$

（3）当 $k = 3$ 时，有

$$V_i^{(3)} = q_i + \sum_{j=1}^{2} p_{ij} V_j^{(2)}$$

将上述数值代入可得

$$V_1^{(3)} = q_1 + \sum_{j=1}^{2} p_{1j} V_j^{(2)} = 2.6 + [0.4 \times 3.4 + 0.6 \times 0.1] = 4.02$$

$$V_2^{(3)} = q_2 + \sum_{j=1}^{2} p_{2j} V_j^{(2)} = -0.4 + [0.3 \times 3.4 + 0.7 \times 0.1] = 0.69$$

即当本月处于畅销时，预计 3 个月后可期望获利 402 万元；当本月处于滞销时，3 个月后可期望获利 69 万元。

本章小结

马尔柯夫预测法是应用概率论中的马尔柯夫链理论和方法来研究分析有关经济现象变化规律并借此预测未来状况的一种预测方法。所谓马尔柯夫链，就是一种随机时间序列，它在将来取什么值，只与它现在的取值有关，而与它过去取什么值无关，即无后效性（系统在每一时刻的状态仅仅取决于其前一时刻的状态）。具备这个性质的离散性随机过程，称为马尔柯夫链。

马尔柯夫链的理论和方法是从研究对象在不同时刻的状态入手，考察并描述状态之间发生转移的可能性以及研究对象所有的变化过程，在此基础上对研究对象未来的发展状态进行预测。

马尔柯夫链预测方法的最简单类型是预测下一期最可能出现的状态。可按以下步骤来完成：①划分预测对象所出现的状态；②计算初始概率；③计算状态转移概率；④根据转移概率进行预测——以最大可能性作为选择的原则，选择 $P_{i1}, P_{i2}, \cdots, P_{iN}$ 中最大者为预测结果。

市场占有率预测法的基本原理是：本期市场占有率仅取决于上期市场占有率及转移概率。第 k 期的市场占有率等于初始占有率与 k 步转移概率矩阵的乘积。

如果市场的顾客（或用户）流动趋向长期稳定，则经过一段时期以后的市场占有率将会出现稳定的平衡状态，这时的市场占有率称为终极市场占有率。据此可进行长期市场占有率预测。

所谓期望利润预测，是指对商品在市场上销售状态可能发生转变时带来的收益转变的预测，销售状态的改变可视为马尔柯夫链。根据已知的状态转移矩阵和利润矩阵对未来的利润进行预测，即期望利润预测法。

复习思考题

1. 对于竞争激烈，经常有企业加入或退出的产品，适合用马尔柯夫预测法吗？为什么？

2. 如果不同品牌之间，消费者的流动缺乏规律性，适合用马尔柯夫预测法吗？为什么？

3. 有三家企业 A，B，C，由于产品质量、服务质量、价格、促销、分销等原因，订户的变化如下。4 月：A 家 200 户；B 家 500 户；C 家 300 户。5 月：A 家保留 160 户，而从 B 转入 35 户，从 C 转入 30 户；B 家保留 450 户，而从 A 转入 20 户，从 C 转入 30 户；C 家保留 240 户，而从 A 转入 20 户，从 B 转入 15 户。试求其转移概率矩阵。

4. 某产品每月的市场销售状态分为畅销、滞销两种。6 年来 24 个季度的状态如表 11.6 所列。试求状态转移的一步和二步转移矩阵。

表 11.6　　　　　　　　　某产品各月的销售状态

季度	1	2	3	4	5	6	7	8	9	10	11	12
状态	畅	畅	滞	畅	滞	滞	畅	畅	畅	滞	畅	滞
季度	13	14	15	16	17	18	19	20	21	22	23	24
状态	畅	畅	滞	滞	畅	畅	滞	畅	滞	畅	畅	畅

5. 三家企业生产同种商品，已知在当地它们的当月市场占有份额为 (0.4　0.3　0.3) 且已知状态转移概率矩阵为

$$\boldsymbol{P} = \begin{bmatrix} 0.5 & 0.25 & 0.25 \\ 0.4 & 0.3 & 0.3 \\ 0.6 & 0.2 & 0.2 \end{bmatrix}$$

求两个月后它们的市场占有率及终极占有率。

6. 某种商品的销售状态转移矩阵为

$$\boldsymbol{P} = \begin{bmatrix} 0.5 & 0.5 \\ 0.2 & 0.8 \end{bmatrix}$$

状态转移利润矩阵为

$$\boldsymbol{R} = \begin{bmatrix} 8 & 3 \\ 5 & -2 \end{bmatrix}$$

求即时期望利润和二步转移期望利润。

7. A，B，C，D 四厂生产的电冰箱同时在某市销售，由于质量、价格、售后服务等因素的影响，每个月的订货量都有变化，2 月和 3 月的变化情况如表 11.7 所列，试求 3 月的转移矩阵。

表 11.7　　　　　　A，B，C，D 四厂 3 月份电冰箱订货数量转移表

厂　家	A	B	C	D	2 月订货数量
A	450	15	20	15	500
B	10	360	40	40	450
C	20	60	480	40	600
D	10	20	40	630	700
3 月订货数量	490	455	580	725	2250

第十二章　市场预测的综合分析

啤酒与尿布
——一个古老的故事

在美国沃尔玛公司的一个超级市场的货架上，尿布和啤酒赫然地摆在一起出售。一个是日用品，一个是食品，两个风马牛不相及的物品摆放在一起的结果是尿布和啤酒的销量双双激增。沃尔玛超市为什么要将这两种商品摆放在一起呢？摆在一起又为什么会使销量激增呢？原来，沃尔玛公司在美国的一位店面经理发现，每周末啤酒和尿布的销量都会有一次同比攀升，开始时搞不清楚是什么原因，后来，沃尔玛公司运用商业智能技术发现，购买这两种产品的顾客几乎都是25岁到35岁、家中有婴儿的男性，每次购买的时间均在周末。沃尔玛公司在对相关数据进行分析后得知，这些人习惯晚上边看球赛，边喝啤酒，边照顾孩子，为了图省事而使用一次性的尿布。得到这个结果后，沃尔玛公司决定把这两种商品摆放在一起，结果这两种商品的销量都有了显著增加。

从本案例中你得到了什么启示？可以从经济现象之间的关联性入手进行分析。

对于任何一项市场预测而言，预测人员在掌握各种预测方法和技术的同时，还会遇到各种各样的问题。例如，如何从众多的预测方法中选择适合预测目的的预测方法，如何对预测结果的可信程度作出评价，如何尽可能减少预测误差等一系列具体而实际的问题。对这些问题的综合分析、评价，称为市场预测的综合分析。

第一节 预测方法的选择

预测为决策提供依据，是决策的前提。因此，预测对象的选择和预测目的的分析都取决于对决策要求的分析，预测人员要根据决策的需要和预测对象的特性，确定预测目标、选择预测方法、评价预测结果。可以说，明确预测目标，是预测过程的起点；明确预测目的，是保证预测过程顺利进行的基础；而选择适合预测目标的预测方法才是达到预测效果的关键。

一、预测方法的分类

由于预测的对象、目标、内容和期限不同，形成了多种多样的预测方法。据不完全统计，目前世界上共有 300 多种预测方法，其中较为成熟的有 150 多种，常用的有 30 多种，用得最为普遍的有 10 多种。

（一）预测方法的分类体系

预测方法可按不同的标准进行分类，从而形成了预测方法的分类体系。

（1）按预测技术的差异性分类。可分为定性预测技术、定量预测技术、定时预测技术、定比预测技术和评价预测技术五类。

（2）按预测方法的客观性分类。可分为主观性预测方法和客观性预测方法两类。前者主要依靠经验判断，后者主要借助于数学模型。

（3）按预测分析的途径分类。可分为直观型预测方法、时间序列预测方法、计量经济模型预测方法、因果分析预测方法等。

（4）按采用模型的特点分类。可分为经验预测模型和正规的预测模型。后者包括时间关系模型、因果关系模型、结构关系模型等。

（二）市场预测常用方法分类

市场预测常用方法通常分为定性分析与定量分析两大类。定性分析预测法属于主观判断分析的预测方法。

1. 主观判断分析预测法

主观判断分析预测法亦称经验判断预测法，它是指预测者根据历史的与现实的观察资料，依赖个人或集体的经验与智慧，对市场未来的发展状态和变化趋势作出判断的预测方法。

（1）个人判断预测法。主要有相关类推法、对比类推法、比例类推法等。

（2）集体判断预测法。主要有意见交换法、意见测验法、意见汇总法、购买意向推断法、专家意见法、市场调研法、指标分析预测法等。

2. 定量分析预测法

定量分析预测法是依据调查研究所得的数据资料，运用统计方法和数学模型，近似地揭示预测对象及其影响因素的数量变动关系，建立对应的预测模型，据此对预测目标作出定量测算的预测方法。

（1）时间序列分析预测法。是以连续性预测原理作指导，利用历史观察值形成的时间序列对预测目标未来状态和发展趋势作出定量判断的预测方法，主要有移动平均法、指数平滑法、趋势外推法、季节指数预测法等。

（2）因果分析预测法。是以因果性预测原理作指导，分析预测目标同其他相关事件及现象之间的因果联系，进而对市场未来状态与发展趋势作出预测的定量分析方法，主要有回归分析预测法、经济计量模型预测法、投入产出分析预测法、灰色系统模型预测法等。

二、预测方法的选择原则

预测方法的选择是预测中的一个十分重要的问题，它直接影响到预测人员的预测效率和预测的可靠性。预测人员应全面考虑各方面的影响因素，选择适当的预测方法和预测模型。为此，需要重点考虑以下几个方面。

（一）预测的目的和要求

预测方法的选择首先应服从于预测的目的，应该能向决策者提供所需要的具体信息。例如，企业产品的市场预测与年度生产计划和经营发展规划所需要的预测信息是不同的，因此选择的预测方法、预测范围、预测期限的长短也可能不同。对市场形势的宏观预测，宜采用专家小组意见法和德尔菲法；对具体商品（产品）的市场需求预测和企业销售预测，宜采用时间序列预测法和回归分析预测法；另外，对预测期较短的预测，宜采用指数平滑法、趋势预测法、回归分析法等；预测期较长的预测，宜采用德尔菲法等。

（二）预测的目标特征

（1）预测目标用于战略性决策，要求采用适于中长期预测的方法，但对其精度要求较低。具体方法有经验判断预测法、趋势分析预测法等。

（2）预测目标用于战术性决策，要求采用适于中期和近期预测的方法，对其精度要求比较高。具体方法有趋势外推法、回归分析法、经济计量模型预测法等。

（3）预测目标用于业务性决策，要求采用适于近期和短期预测的方法，且要求预测精度高。具体方法有移动平均法、指数平滑法、季节指数预测法、直观判断法等。

（三）预测的精度要求

预测是决策的基础，预测精度要求是由决策需要决定的。对于预测精度要求不高的市场预测，宜采用定性预测方法；对于精度要求较高的市场预测，则宜采用定量预测的方法。有时可能还需要几种预测方法同时使用，综合预测结果，以提高预测质量。

（四）预测的费用预算

预测方法的选择，既要达到精度的要求，满足预测目标需要，还要尽可能节省费用——既要有高的经济效率，也要实现高的经济效益。一般情况下，预测精度高，预测成本也高。所以，预测人员应根据预测精度、预测成本以及决策需要，综合考虑选择所需的预测方法。用于预测的费用包括调研费用、数据处理费用、程序编制费用、上机费用、专家咨询费用等。

（五）预测目标历史统计数据的变动趋势

在预测目标的历史数据比较缺乏的情况下，宜多采用定性预测方法；在数据资料丰富、信息准确可靠的情况下，宜多采用定量预测方法。在选定定量预测方法后，具体采用何种定量预测方法和模型，主要取决于数据的变动规律。常用的方法是把历史数据绘制成散点图，进行观察和分析，判断其变化规律。

（1）若预测目标本身的历史时间序列接近某种函数曲线，则可采用相应的函数关系建立预测模型；若呈现线性变化规律，则可用直线趋势法、移动平均法等建立预测模型。

（2）若预测目标的数据模型不典型，此时往往选用几种比较接近的模型，分析比较它们的误差大小来选定最佳的预测模型。有时也把几种模型的预测结果进行综合后获得最终预测结果。

（3）若预测目标本身的数据出现无规则变动，则宜采用回归分析法进行预测。通过对预测目标以及有关的市场变量进行因果分析，找出一种或多种主要影响因素作为回归模型的自变量。一般情况下，回归分析法的预测结果比时间序列预测法所得的结果更为准确。因此，只要有可能，应尽量采用回归分析法进行预测。

（六）现有条件和基础

预测方法的选择必须建立在可以实现的基础上。尽管有的方法预测效果很好，但在实际预测中，往往由于数据、经费、人力、设备等方面的制约，实施起来十分困难。一个最好的办法是面对现实，建立一个可以实施的模型。在达到预测要求的情况下，预测模型越简单越好。大量预测实践表明，预测精度并不与预测模型的复杂性成正比。选用简单模型的另一个好处是易被决策者接受，因为对决策者来说，只有理解的东西，才会放心地使用它，也才能真正地发挥预测效益。

三、组合预测法

组合预测法（Method of Combinatorial Forecasting）是一种新的预测思想，但并非新的预测方法。它是指同时应用多种预测方法或预测模型对同一预测目标进行预测，通过一定的方法将多种预测结果进行组合，以获取一个最终的预测结果。由于组合预测比一般预测包含更丰富、更全面的信息，因此它的预测结果更为准确。应用组合预测方法的关键是掌握多种预测结果的综合处理方法。常用的综合处理方法是加权组合法。根据权重系数的取法不同，加权组合法又可分为以下几种形式。

1. 平均值法

平均值法的权重系数为

$$f_i = \frac{1}{r} \qquad (i = 1,2,\cdots,r)$$

这里，r 是使用不同方法得到的预测结果的个数，它对所有的预测方法采用平等的态度，特别适用于对预测模型取舍没有把握的情况。

2. 二项式系数法

二项式系数法的权重系数为

$$f_i = \frac{C_{r-1}^{i-1}}{2^{r-1}} \qquad (i = 1,2,\cdots,r)$$

二项式系数法要求先将预测值从小到大排列，然后取二项式 C_{r-1}^{i-1} 的展开系数作为权重系数。由于各预测值按增序排列，因此中位数将取得最大的权重系数，从而突出了中位数的重要地位，使得综合结果向中位数靠近。

3. 经验判断法

除上述两种确定权重系数的方法以外，还常用经验判断法确定权重系数，即根据预测人员的主观经验判断模型结果的可信度，并对每个预测模型给予不同的权重系数。

【例 12-1】 某公司对某项产品未来发展趋势采用了 6 种预测模型进行预测，各种预测模型得出的预测结果如表 12.1 所列，试采用组合预测方法得出最终预测结果。

表 12.1　　　　　　　　　　　各种预测模型预测值

预测模型	模型 1	模型 2	模型 3	模型 4	模型 5	模型 6
预测值 y_i	98.22	88.29	113.16	105.16	100.13	99.23

解 采用组合预测法得到的综合预测结果如下。

（1）运用平均值法预测。

$$f_i = \frac{1}{6} \qquad (i = 1,2,\cdots,6)$$

$$\hat{y} = \sum_{i=1}^{6} y_i f_i = \frac{1}{6}(98.22 + 88.29 + 113.16 + 105.16 + 100.13 + 99.23)$$

$$= 100.70$$

（2）运用二项式系数法预测。

按增序排列预测值 y_i，各种模型的预测值排列为

$$\{88.29, 98.22, 99.23, 100.13, 105.16, 113.16\}$$

二项式权重系数为

$$f_i = \frac{C_{r-1}^{i-1}}{2^{r-1}} = \frac{C_{6-1}^{i-1}}{2^{6-1}} = \frac{C_5^{i-1}}{2^5} \qquad (i = 1,2,\cdots,6)$$

将具体数据代入，得权重系数为

$$f = \{0.03125, 0.15625, 0.3125, 0.3125, 0.15625, 0.03125\}$$

综合预测结果为

$$\hat{y} = \sum_{i=1}^{6} y_i f_i$$

$$= 88.29 \times 0.03125 + 98.22 \times 0.15625 + 99.23 \times 0.3125 +$$

$$100.13 \times 0.3125 + 105.16 \times 0.15625 + 113.16 \times 0.03125$$

$$= 2.759 + 15.347 + 31 + 31.29 + 16.43 + 3.536$$

= 100. 362

下面再举一个经验判断法的例子。

【例12-2】 某公司在2009年对某品牌洗衣机未来几年在某农村的市场需求情况进行了预测，选用了四种预测模型分别得出不同的预测结果，如表12.2所列。试采用组合预测方法中的经验判断法，得出最终预测结果。

表12.2 各种预测模型预测结果的综合处理汇总表 台/百户

预测模型		农村居民收入模型	农村居民储蓄存款模型	日用品消耗模型	家庭户数模型	综合结果
权重系数		0.4	0.3	0.2	0.1	1.0
预测结果	2010 年	30	33	31	35	31.6
	2011 年	34	39	35	42	36.5
	2012 年	38	46	39	51	41.9
	2013 年	41	53	42	59	46.6
	2014 年	45	61	46	74	50.5
	2015 年	49	69	50	88	59.1

解 （1）根据预测人员主观经验判断预测模型结果的可信度，分别给予不同的权重系数——见表12.2中第二行。

（2）根据各种预测结果以及权重系数，采用组合预测法得到该地区今后各年对该品牌洗衣机的需求情况——见表12.2最右列。

第二节 预测结果的分析与评价

预测结果的分析和评价在整个预测过程中是很重要的一环，对预测结果的误差分析最终将直接影响决策的效果。预测人员分析预测误差的目的不在于消除误差，因为预测误差是不可避免的，消除误差是不可能的，因此分析预测误差的目的在于尽量减少预测的误差，从而提高预测精确度。

一、预测误差的概念及分类

（一）预测误差的概念

预测误差是指预测模型的理论估计值同历史观察期的实际发生值之间的差异。

预测模型的理论估计值是指将建立的预测模型用于对观察期的预测目标值作出的推算。由于预测期内的一切经济现象尚未发生，无法通过理论估计值同预测期内的实际值作比较来判断预测误差的大小，因此只能用预测模型的理论估计值同观测期内的历史数据作比较来近似地描述预测误差。可见，所谓预测误差，实际上是预测模型所产生的理论误差，而不是市场预测值在预测期内应验的误差。

预测误差是衡量预测精确度的重要指标，它可为选择合适的预测方法和调整预测模型提供重要依据，同时也是分析预测结果、编制预测报告的重要依据。

（二）预测误差的分类

1. 误 差

误差可定义为预测的理论估计值同历史观测期内同一时点的实际值之间的偏差，表达式为

$$e_i = y_i - \hat{y}_i \quad (i = 1,2,3,\cdots,n)$$

式中， e_i ——预测值的误差；

y_i ——预测目标历史观察值；

$\hat{y}$ ——预测目标理论估计值。

2. 相对误差

相对误差是指用百分数表示的相对于每一历史观察值的误差量值，表达式为

$$E = \frac{y_i - \hat{y}_i}{y_i} \times 100\%$$

即

$$E = \frac{e_i}{y_i} \times 100\% \quad (i = 1,2,3,\cdots,n)$$

式中， E ——预测值相对误差。

3. 平均相对误差

平均相对误差是指相对于全部样本数的相对误差的平均值，表达式为

$$ARE = \frac{1}{n} \sum_{i=1}^{n} \frac{y_i - \hat{y}_i}{y_i} \times 100\% = \frac{1}{n} \sum_{i=1}^{n} \frac{e_i}{y_i} \times 100\% \quad (i = 1,2,3,\cdots,n)$$

式中， ARE ——平均相对误差；

n ——样本数，即历史观察值的个数。

4. 平均误差

平均误差是指相对于全部样本数的误差的平均值，表达式为

$$ME = \frac{1}{n} \sum_{i=1}^{n} (y_i - \hat{y}_i) = \frac{\sum_{i=1}^{n} e_i}{n} \quad (i = 1,2,3,\cdots,n)$$

式中： ME ——平均误差；

n ——样本数，即历史观察值的个数。

由于每一时点绝对误差的符号可能为正也可能为负，取其代数和将导致误差的部分抵消，因此平均误差不能准确地反映预测误差的真实状况。于是，有必要引入以下表征预测误差的方法。

5. 平均绝对误差值

平均绝对误差值是指相对于全部样本数的误差绝对值的平均值，表达式为

$$MAE = \frac{1}{n} \sum_{i=1}^{n} |y_i - \hat{y}_i| = \frac{1}{n} \sum_{i=1}^{n} |e_i| \quad (i = 1,2,3,\cdots,n)$$

式中， MAE ——平均绝对误差值。

6. 均方误差

均方误差可用下式加以定义：

$$MSE = \frac{1}{n}\sum_{i=1}^{n}(y_i - \hat{y}_i)^2 = \frac{\sum_{i=1}^{n}e_i^2}{n} \qquad (i = 1,2,3,\cdots,n)$$

式中，　MSE——均方误差。

7. 均方根误差

均方根误差可用下式定义：

$$RMSE = \sqrt{\frac{1}{n}\sum_{i=1}^{n}(y_i - \hat{y}_i)^2} = \sqrt{\frac{\sum_{i=1}^{n}e_i^2}{n}} \qquad (i = 1,2,3,\cdots,n)$$

式中，　$RMSE$——均方根误差。

8. 误差的标准差

误差的标准差公式为

$$SDE = \sqrt{\frac{\sum_{i=1}^{n}(y_i - \hat{y}_i)^2}{n-1}} = \sqrt{\frac{\sum_{i=1}^{n}e_i^2}{n-1}} \qquad (i = 1,2,3,\cdots,n)$$

式中，　SDE——误差的标准差。

实际应用时，只需计算各种模型的任何一种误差，选择误差最小的预测方案。一般情况下，用得较多的是标准差和均方根误差。

二、预测误差产生的原因分析

（一）环境因素的影响

环境因素对预测误差的影响主要表现为两个方面。一是某些环境因素发生突变所带来的影响。二是由于预测人员对环境变化估计不足而导致的预测误差。在预测期间，若预测对象赖以存在的外部环境中的某些因素发生了根本性的变化或出现了某些意想不到的偶然因素，导致预测目标发生了转折性变化，这些变化在建立预测模型期间并未估计到，如果还用原有的模型和方法对未来进行预测，必然会产生较大的误差。

（二）预测方法和模型本身的局限性

预测方法和预测模型本身不够完善，具有一定局限性，也会使预测结果产生一定的误差。预测方法和模型的局限性主要表现在以下几个方面。

（1）任何一种预测方法和模型都有各自的特点，所包含的信息量和信息价值也是不同的。

（2）预测方法和模型总是取主要的影响因素，不可能把影响市场的所有因素都考虑在内，因此预测模型本身包含了一个理论上允许的误差，即拟合误差。

（3）预测模型的参数是根据历史数据来估计的，这些参数与预测期间的实际参数会有差别，这也必然会给预测带来误差。

（三）预测所需信息的质量与相关因素的误差

预测工作需要大量的信息，若信息的质量不高、统计数据不全或有重复计数和异常数据，在不加以分析和处理的情况下就直接利用这些数据进行预测，则会直接影响预测模型的质量，从而造成预测误差。有时需要对预测目标的相关因素进行先期预测，这种先期预测的误差必然会影响后期的主要预测工作。例如，在一元回归模型 $y_0 = a + bx_0$ 中，若参数 b 的数值较大，则自变量 x_0 的先期预测误差经过 b 倍放大后，直接对最终预测目标 y_0 产生很大的影响。

（四）人们认识能力和经验水平的限制

人们认识市场规律要有一定的过程，当未来事物的规律性尚未充分显示时，人们的认识就免不了带有一定的偏差。另外，预测目标的确定，信息资料的收集、评价、判断、加工整理，预测方法的选择，模型参数的估计，模型的建立以及最终对预测结果的综合，都离不开人的主观努力。因此，预测人员的知识、经验、观察思考和判断能力，对预测结果的准确性都会有重大影响，由于这方面原因造成的预测误差也是常见的。

（五）预测者心理因素的影响

预测过程不仅受到预测人员认识能力和经验水平的影响，同时还受到预测人员心理因素的影响。通常，造成预测误差的心理因素有以下几种情况。

（1）不科学的从众心理。在一些模糊性较大的预测中，小部分人往往不加深入分析就接受"大家的看法"，这可能将预测引入歧途。

（2）对领导与权威的迷信。人们往往会因为领导或权威人士掌握信息多，知识渊博，经验丰富，而盲目崇拜和迷信他们，有时甚至会放弃自己的正确意见，这也是很危险的。

（3）对个人专长或所熟悉工作的偏爱。预测者易重视自己熟悉或擅长的信息，而忽视其他信息，自觉或不自觉地片面强调对自己观点有利的一面，这也会影响预测的客观性。

三、提高预测精度的途径

在产生预测误差的各种原因中，有主观的原因，也有客观的原因，因此要完全消除误差是不可能的，关键的问题是如何通过一定的努力使预测误差减少到最小程度，以提高预测精度。提高预测精度的主要途径如下。

（一）重视对预测目标转折点的分析

外界环境因素突变对预测目标的影响往往表现为预测目标的变化出现转折点，即转折点前后的变化趋势截然不同，从而使预测产生较大的误差。对转折点分析的目的在于能够及时发现可能导致转折点产生的原因。比如技术环境发生突变，需着重进行替代品研究。一种全新产品可能完全替代某种旧产品，从而使该旧产品的市场销售趋势发生突然的逆转，产生转折点。此外，还要注意一种间接替代关系，它也会引起转折点的出现，如石油价格的变化会引起塑料价格的变化，从而间接地影响塑料产品替代金属品或纸品的现象。

（二）注重数据资料的分析处理

数据必须经过"去粗取精、去伪存真、由此及彼、由表及里"的分析处理才能应用。对于历史上的观察数据，有的年份波动过大，其原因不是源于自身发展规律，而是外界（如自然灾害或战争等）的干扰，这就需要经过判断，选用反映客观规律的数据，对受随机干扰的异常值，应予以剔除；若原始数据走向具有一定规律性，但因受随机因素的干扰，造成数据波动大，则应进行移动平均处理，以消除波动现象。

（三）重视定性定量相结合和多种预测方法的组合应用

定性分析和定量分析两大类方法具有很好的互补性，在具体应用时把这两类方法结合起来使用，既能在定量的基础上对事物的方向、性质作出判断和估计，又能使定性分析更有依据，并对事物的发展程度作出量化的测定。同时，由于事物的复杂性以及各种具体预测方法和模型的局限性，对同一预测目标，只要有可能，都应从多个不同角度（即用多种预测方法和模型）进行预测，综合各种预测方法的结果，提高预测精度。

四、预测效果的评价

预测效果是预测工作质量优劣的综合反映，效果如何，应从决策角度来分析评价。预测结果越接近决策实践结果，表明预测精度越高，预测越成功，效果就越好。反之，预测结果离开决策实践结果越远，精度越低，效果就越差。这种评价方法，也可采用预测误差的大小来衡量。如果预测误差落在决策预期要求的范围以内，就可以认为预测是成功的；反之，则要修正预测模型，直到预测结果满足要求为止。预测效果的分析评价，对提高预测人员的预测水平及科学决策都具有重要意义。

本章小结

由于预测的对象、目标、内容和期限不同，形成了多种多样的预测方法。而每种预测方法都有其适用范围和优缺点，必须根据实际情况着重从预测的目标、期限、精确度及成本等方面进行权衡并作出合理的选择。人们寻求简单的规划使预测者可以恰当地在成本允许的范围内选择能获取所需精确度的预测方法，但这项工作十分艰难。必须摒弃在方法选择上那种"技术越复杂越好"的使人误入歧途的观点。然而，某些重大决策对不精确的预测可能是很敏感的，这就需要仔细研究大范围内的备选方法，而不宜将预测方法的选择限制在很窄的范围。实践表明，多考虑几种方法会有好处，而且方法的差异越大越好。

市场预测过程中出现误差在所难免，所谓预测误差是指预测模型的理论估计值同历史观察期的实际发生值之间的差异。产生误差的原因是多种多样的，分析预测误差产生的原因，有利于预测者更科学地评价预测的结果，提高预测的精确度。

复习思考题

1. 定性预测和定量预测各自有哪些优点？实际运用中如何将两者结合起来使用？
2. 如何有效地选择合适的预测方法？
3. 预测误差产生的原因有哪些？
4. 怎样提高预测的精度？
5. 列举生产实际中的具体情况，进行调查研究，并选择合适的预测方法分析预测结果。

附　　录

附录1　　　　　　　　　　　　　　　　t 分布临界值表

t ＼ α ＼ n−m−1	0.10	0.05	0.01	t ＼ α ＼ n−m−1	0.10	0.05	0.01
1	6.314	12.706	63.657	18	1.734	2.101	2.878
2	2.920	4.303	9.925	19	1.729	2.093	2.816
3	2.353	3.182	5.841	20	1.725	2.086	2.845
4	2.132	2.766	4.604	21	1.721	2.080	2.831
5	2.015	2.571	4.032	22	1.717	2.074	2.819
6	1.943	2.447	3.707	23	1.714	2.069	2.807
7	1.895	2.365	3.499	24	1.711	2.064	2.797
8	1.860	2.306	3.355	25	1.708	2.060	2.787
9	1.833	2.262	3.250	26	1.706	2.056	2.779
10	1.812	2.228	3.199	27	1.703	2.052	2.771
11	1.796	2.201	3.106	28	1.701	2.048	2.763
12	1.782	2.179	3.055	29	1.699	2.045	2.756
13	1.771	2.160	3.012	30	1.697	2.042	2.750
14	1.761	2.145	2.977	40	1.684	2.021	2.704
15	1.753	2.131	2.947	60	1.671	2.000	2.660
16	1.746	2.120	2.921	120	1.658	1.980	2.617
17	1.740	2.110	2.898	180	1.645	1.960	2.576

附录2　　　　检验相关系数 $\rho = 0$ 的临界值 (t_c) 表

α / n	0.10	0.05	0.02	0.01	0.001	α / n
1	0.98769	0.99692	0.999507	0.999877	0.999988	1
2	0.90000	0.95000	0.98000	0.99000	0.99900	2
3	0.8054	0.8783	0.93433	0.95873	0.99110	3
4	0.7293	0.8114	0.8822	0.91720	0.97406	4
5	0.6694	0.7545	0.8329	0.8745	0.95074	5
6	0.6215	0.7067	0.7887	0.8343	0.92493	6
7	0.5822	0.6664	0.7498	0.7977	0.8982	7
8	0.5494	0.6319	0.7155	0.7646	0.8721	8
9	0.5214	0.6021	0.6851	0.7348	0.8471	9
10	0.4973	0.5760	0.6581	0.7079	0.8233	10
11	0.4762	0.5529	0.6339	0.6835	0.8010	11
12	0.4575	0.5324	0.6120	0.6614	0.7800	12
13	0.4409	0.5139	0.5923	0.6411	0.7603	13
14	0.4259	0.4973	0.5742	0.6226	0.7420	14
15	0.4124	0.4821	0.5577	0.6055	0.7246	15
16	0.4000	0.4683	0.5425	0.5897	0.7084	16
17	0.3887	0.4555	0.5285	0.5751	0.6932	17
18	0.3783	0.4438	0.5155	0.5614	0.6787	18
19	0.3687	0.4329	0.5034	0.5487	0.6652	19
20	0.3598	0.4227	0.4921	0.5368	0.6524	20
25	0.3233	0.3809	0.4451	0.4869	0.5974	25
30	0.2960	0.3494	0.4093	0.4487	0.5541	30
35	0.2746	0.3246	0.3810	0.4182	0.5189	35
40	0.2573	0.3044	0.3578	0.3932	0.4896	40
45	0.2428	0.2875	0.3384	0.3721	0.4648	45
50	0.2306	0.2732	0.3218	0.3541	0.4433	50
60	0.2108	0.2500	0.2948	0.3248	0.4078	60
70	0.1954	0.2319	0.2737	0.3017	0.3799	70
80	0.1829	0.2172	0.2565	0.2830	0.3568	80
90	0.1726	0.2050	0.2422	0.2673	0.3375	90
100	0.1638	0.1946	0.2301	0.2540	0.3211	100

附录3   *F* 分布表

分母自由度 $(n-m-1)$	$1-\alpha$	分子自由度 (m)											
		1	2	3	4	5	6	7	8	9	10	11	12
1	0.90	39.9	49.5	53.6	55.8	57.2	58.2	58.9	59.4	59.9	60.5	60.5	60.7
	0.95	161	200	216	225	230	234	237	239	241	242	243	244
2	0.90	8.53	9.00	9.16	9.24	9.29	9.33	9.35	9.37	9.38	9.39	9.40	9.41
	0.95	18.5	19.0	19.2	19.2	19.3	19.3	19.4	19.4	19.4	19.4	19.4	19.4
3	0.90	5.54	5.46	5.39	5.34	5.31	5.28	5.27	5.25	5.24	5.23	5.22	5.22
	0.95	10.1	9.55	9.28	9.12	9.10	8.94	8.89	8.85	8.81	8.79	8.76	8.74
4	0.90	4.54	4.32	4.19	4.11	4.05	4.01	3.98	3.95	3.94	3.92	3.91	3.90
	0.95	7.71	6.94	6.59	6.39	6.26	6.16	6.09	6.04	6.00	5.96	5.94	5.91
5	0.90	4.06	3.78	3.62	3.52	3.45	3.40	3.37	3.34	3.32	3.30	3.28	3.27
	0.95	6.61	5.79	5.41	5.19	5.05	4.95	4.88	4.82	4.77	4.74	4.71	4.68
6	0.90	3.78	3.46	3.29	3.18	3.11	3.05	3.01	2.98	2.96	2.94	2.92	2.90
	0.95	5.99	5.14	4.76	4.53	4.39	4.28	4.21	4.15	4.10	4.06	4.03	4.00
7	0.90	3.59	3.26	3.07	2.96	2.88	2.83	2.78	2.75	2.72	2.70	2.68	2.67
	0.95	5.59	4.74	4.35	4.12	3.97	3.87	3.79	3.73	3.68	3.64	3.60	3.57
8	0.90	3.46	3.11	2.92	2.81	2.73	2.67	2.62	2.59	2.56	2.54	2.52	2.50
	0.95	5.32	4.46	4.07	3.84	3.69	3.58	3.50	3.44	3.39	3.35	3.31	3.28
9	0.90	3.36	3.01	2.81	2.69	2.61	2.55	2.51	2.47	2.44	2.42	2.40	2.38
	0.95	5.12	4.26	3.86	3.63	3.48	3.37	3.29	3.23	3.18	3.14	3.10	3.07
10	0.90	3.28	2.92	2.73	2.61	2.52	2.46	2.41	2.38	2.35	2.32	2.30	2.28
	0.95	4.96	4.10	3.71	3.48	3.33	3.22	3.14	3.07	3.02	2.98	2.94	2.91
11	0.90	3.23	2.86	2.66	2.54	2.45	2.39	2.34	2.30	2.27	2.25	2.23	2.21
	0.95	4.84	3.98	3.59	3.36	3.20	3.09	3.01	2.95	2.90	2.85	2.82	2.79
12	0.90	3.18	2.81	2.61	2.48	2.39	2.33	2.28	2.24	2.21	2.19	2.17	2.15
	0.95	4.75	3.89	3.49	3.26	3.11	3.00	2.91	2.85	2.80	2.75	2.72	2.69
13	0.90	3.14	2.76	2.56	2.43	2.35	2.28	2.23	2.20	2.16	2.14	2.12	2.10
	0.95	4.67	3.81	3.41	3.18	3.03	2.92	2.83	2.77	2.71	2.67	2.63	2.60
14	0.90	3.10	2.73	2.52	2.39	2.31	2.24	2.19	2.15	2.12	2.10	2.08	2.05
	0.95	4.60	3.74	3.34	3.11	2.96	2.85	2.76	2.70	2.65	2.60	2.57	2.53
15	0.90	3.07	2.70	2.49	2.36	2.27	2.21	2.16	2.12	2.09	2.06	2.04	2.02
	0.95	4.45	3.68	3.29	3.06	2.90	2.79	2.71	2.64	2.59	2.54	2.51	2.48

参考文献

[1] 龚江辉. 商业调查实务[M]. 北京:经济科学出版社,2000.

[2] 胡健颖,等. 抽样调查的理论方法和应用[M]. 北京:北京大学出版社,2000.

[3] 卡尔·迈克丹尼尔,等. 当代市场调研[M]. 范秀成,等译. 北京:机械工业出版社,2000.

[4] 艾德·弗瑞斯特. 网上市场调查[M]. 北京:机械工业出版社,2002.

[5] 反町藤夫. 怎样进行市场调查[M]. 上海:复旦大学出版社,1997.

[6] 柯惠新,于立宏. 市场调查与分析[M]. 北京:中国统计出版社,2000.

[7] 阿尔文·C. 伯恩斯,等. 营销调研[M]. 梅清豪,等译. 北京:中国人民大学出版社,2001.

[8] 西摩·萨德曼,等. 营销调研[M]. 宋学宝,等译. 北京:华夏出版社,2004.

[9] Edmondston, Jack. Handle focus group research with care[J]. Business Markteting, 1994,79(6):38.

[10] David R. Boniface, experimnetal design and statistical metbods for behavioural and social researcb[M]. London:Chapman and Hall , 1995.

[11] Erdos P L, A J Morgan. Professional mail surveys[M]. New Nork:McGraw-Hall,1970.

[12] 陈友玲. 市场调查预测与决策[M]. 北京:机械工业出版社,2008.

[13] 胡祖光,等. 市场调研预测学:原理、方法和应用[M]. 杭州:浙江大学出版社,2001.

[14] 杜本峰,等. 市场调查与预测[M]. 北京:机械工业出版社,1999.

[15] 蒋萍. 市场调查[M]. 上海:格致出版社,上海人民出版社,2009.

[16] 马连福. 现代市场调查与预测[M]. 北京:首都经济贸易大学出版社,2008.

[17] 贾俊平,杜子芳. 市场调查与分析[M]. 北京:经济科学出版社,1999.

[18] 帕拉苏拉曼,等. 市场调研[M]. 王佳芥,等译. 北京:中国市场出版社,2009.

[19] 欧阳卓飞. 市场营销调研[M]. 北京:清华大学出版社,2006.

[20] 周思琴,刘红霞. 市场调查与预测[M]. 北京:科学出版社,2005.

[21] 韩德昌,等. 市场调查与市场预测[M]. 天津:天津大学出版社,2004.

[22] 陈殿阁. 市场调查与预测[M]. 北京:清华大学出版社,北京交通大学出版社,2004.

[23] 闫秀荣. 市场调查与市场预测[M]. 上海:上海财经大学出版社,2009.

[24] 郭凤兰. 市场调查与预测[M]. 重庆:重庆大学出版社,2006.

［25］ 魏颖,岁磊.市场调查与市场预测［M］.北京:经济科学出版社,2010.

［26］ 梁金华,郑媛媛.市场调查与预测［M］.北京:清华大学出版社,2004.

［27］ 庄贵军.市场调查与预测［M］.北京:北京大学出版社,2007.

［28］ 廖进球,李志强.市场调查与预测［M］.长沙:湖南大学出版社,2004.

［29］ 郭秀颖.市场调查与预测［M］.哈尔滨:哈尔滨工程大学出版社,2009.

［30］ 林红菱.市场调查与市场预测［M］.北京:机械工业出版社,2009.

［31］ 林根祥,吴晔,等.市场调查与预测［M］.武汉:武汉理工大学出版社,2005.

［32］ 刘利兰.市场调查与预测［M］.北京:经济科学出版社,2001.

［33］ 张明立.市场调查与预测［M］.哈尔滨:哈尔滨工业大学出版社,2003.

［34］ 暴奉贤,陈宏立.经济预测与决策方法［M］.广州:暨南大学出版社,2005.